Salvador Minuchin
H. Charles Fishman

Praxis der strukturellen
Familientherapie

Strategien und Techniken

Lambertus-Verlag

Das amerikanische Originalwerk erschien unter dem Titel
»Family Therapy Techniques« bei Harvard University Press,
Cambridge, Massachusetts, und London.
© 1981 by the President and Fellows of Harvard College

Aus dem Amerikanischen übersetzt von Juliane Nickel

4., unveränderte Auflage 1992
Alle deutschsprachigen Rechte beim Verlag
© 1983, Lambertus-Verlag, Freiburg im Breisgau
Gestaltung: Werner Bleyer, Freiburg im Breisgau
Herstellung: Greiser-Druck, Rastatt
ISBN 3-7841-0243-3

Inhalt

Gewidmet der Philadelphia Child Guidance Clinic,
einer Institution, die sich seit ihrer Gründung
um bessere Formen der Versorgung
und Betreuung unserer Kinder bemüht hat
und im Rahmen dieser Bemühungen
zu Forschungen angeregt und Abweichungen von der Norm
willkommen geheißen hat.

Dank

Die Anfänge dieses Buches liegen schon einige Jahre zurück. Zwei Schüler von Salvador Minuchin – H. Charles Fishman und Thomas A. Roesler – äußerten die Absicht, in Buchform darüber zu berichten, wie sie die Techniken erlernt haben, die Minuchin ihnen vermittelt hatte. In den folgenden Jahren machte das Manuskript parallel zu dem inzwischen eingetretenen Wandel in den Auffassungen und Lehrmethoden von Minuchin viele Veränderungen durch.

Wir danken Peggy Papp dafür, daß sie uns ihren Aufsatz »The Greek Chorus and Other Techniques of Paradoxical Therapy« aus der Zeitschrift Family Process, 19, Nr. 1 (März 1980) zur Verfügung gestellt hat; er erscheint hier als Kapitel 16. Paradoxe Interventionen werden von uns nicht so häufig angewandt wie von einer Reihe anderer familientherapeutischer Schulen; der Beitrag von Peggy Papp ist daher hier als authentische Aussage zu diesem Gegenstand aufgenommen.

Thomas Roesler gebührt Dank für seine Beiträge zu den ersten Diskussionen über dieses Buch; Dr. Patricia Minuchin hat wertvolle Anregungen und Formulierungen zu dem Kapitel über die Entwicklung der Familie beigesteuert. Wir möchten auch Virginia LaPlante für die Bemühungen um die Herausgabe und Marge Arnold für ihre unermüdliche Hilfe danken. Wie immer gebührt unser Dank auch Fran Hitchcock, ohne deren Mitarbeit das Buch äußerlich gewichtiger und innerlich dürftiger ausgefallen wäre.

Einführung in die deutsche Ausgabe

Salvador Minuchin ist im deutschen Sprachraum kein Unbekannter mehr. Seit einigen Jahren ist er Familientherapeuten durch Tagungen und Symposien, nicht zuletzt durch seine Schriften, vor allem aber durch sein ins Deutsche übersetzte Werk »Familie und Familientherapie«[1] als einer der führenden Familientherapeuten in den USA bekannt geworden. Der Mitautor des vorliegenden Bandes, H. Charles Fishman, ist Schüler von Minuchin und sein Nachfolger in der Leitung des Family Therapy Training Centers an der Philadelphia Child Guidance Clinic.

In seinen bisherigen Arbeiten hat sich Minuchin im besonderen mit den Grundlagen der strukturellen Familientherapie auseinandergesetzt. Das hier in Übersetzung vorliegende neueste Werk setzt in vielerlei Hinsicht seine früheren Arbeiten konsequent fort. Hier zeigen Minuchin und Fishman auf, wie der Familientherapeut in der Familie intervenieren kann. Dieses anspruchsvolle Vorhaben kennzeichnet Minuchins Art und seine besondere Fähigkeit, konkret zu beschreiben, ohne konkretistisch zu werden, und bei aller wünschenswerter Konkretheit Raum zu geben für schöpferisches Verstehen und Handeln.

Die amerikanische Ausgabe dieses Buches trägt den Titel »Family Therapy Techniques«. Den deutschsprachigen Übersetzer stellt dieser Titel vor besondere Schwierigkeiten. Zunächst deckt sich die Bedeutung des amerikanischen »technique« nicht mit der des deutschen Wortes »Technik«. Bei der vermeintlich wörtlichen Wiedergabe des amerikanischen Titels würden irreführende Erwartungen geweckt. Minuchin meint mit »technique« nicht festumschriebene Handgriffe, isoliert anzueignende Tricks. Auf Handlungsrezepte, die genau beschreiben, wie man etwas zu machen hat, läßt sich die Praxis der strukturellen Familientherapie nicht reduzieren. Die Autoren machen dies schon zu Beginn ihres Buches klar, wenn sie ausführen, daß »die Techniken, die mit so viel Mühe erlernt worden sind, vergessen werden müssen, damit der Therapeut am Ende zum Heilenden werden kann« (S. 18). Dem ersten Kapitel ihres Buches geben sie denn auch den Titel »Spontaneität«.

In der deutschsprachigen Ausgabe sollte der Ausdruck »Technik« noch aus einem weiteren wichtigen Grund nicht im Titel stehen. In der Sicht einer Familientherapie ökosystemischer Prägung erscheint jede Auseinandersetzung mit therapeutischen Interventionen nur als Ausschnitt, als Teilmoment in dem umfassenden Zusammenhang eines therapeutischen Prozesses, der immer in seiner ganzheitlichen Struktur und Zirkularität im Blick bleiben muß. Gregory Bateson, einer der bedeutendsten Anthropologen und Denker dieses Jahrhunderts, der der Entwicklung der Familientherapie entscheidende Anstöße gegeben hat, spricht immer wieder davon, daß in lebenden Systemen ganzheitliche Kreisläufe beachtet werden müssen[2]. Wenn jemand beschreibt, wie er dies oder jenes tut, bestimmte Vorgänge vorantreibt und beeinflußt, kann er dadurch nur einen Teilaspekt eines viel umfassenderen Ablaufs darstellen, in den auch der – beeinflussende und beeinflußte – Therapeut selbst einbezogen ist. Diesen ganzheitlichen Prozeß gilt es zu verstehen; es gilt im wahrsten Sinn des Wortes zu *sehen*, so wie Carlos Castaneda meint, wenn er sagt, daß »viele zaubern, aber wenige sehen können«[3]! Familie und Therapeut werden im Prozeß der Therapie Momente eines ganzheitlichen Zirkels, in dem sich alle Teilmomente gegenseitig beeinflussen und ergänzen. Im Hinblick darauf und nur so ist es erlaubt, vom Teilaspekt »Technik« oder »Strategie«, also davon zu sprechen, wie der Therapeut sich mit seinen Interventionen in das System Familie einbringt.

Unsere dualistischen Konzepte und sprachlichen Mittel machen es uns schwer, diesen Sachverhalt klar wiederzugeben, vom Ganzen und seinen Teilen gleichzeitig zu sprechen und zirkuläre Prozesse zu beschreiben. Die Autoren des Buches weisen darauf hin, daß die Sprachen unseres Kulturkreises dem Verständnis einer Denkweise, die von Ganzheiten, zusammenhängenden Mustern und Kreisläufen ausgeht, nicht nur nicht gerecht werden, sondern dieses geradezu erschweren (S. 29). Sie machen es am Begriff des »Holon« (griech.: das Ganze) deutlich, den sie als einen wichtigen Begriff ganzheitlichen Denkens einführen und benutzen. Angesichts dieser Schwierigkeit sind die zahlreichen in diesem Buch dokumentierten Auszüge aus Familiengesprächen ein äußerst wirksames Mittel, gerade diesen Zusammenhang deutlich zu machen. Wer genau verfolgt, wie Minuchin vorgeht, der wird erkennen, wie er durch die Familie dazu gebracht wird, so zu »tanzen«, wie er tanzt und daß er dabei die Familie zu anderen, ungewohnten Tanzfiguren animiert. Das siebente Kapitel des Buches beginnt mit der Frage von W. B. Yeats: »Wie scheiden wir den Tänzer von dem Tanz?«. Ich halte es für das bedeutendste Kapitel, da es besonders deutlich zeigt, wie Minuchin aus dem Eingebundensein in die Ökologie der Familie heraus arbeitet und von daher seine Vorgehensweisen entwickelt. Dabei wird nicht übersehen, daß die Familie selbst und auch der Therapeut in einen umfassenderen Kontext eingebettet sind. Diese ökosystemische Sicht wird in dem abschließenden Hinweis des Buches noch einmal vergegenwärtigt: »Jenseits der Technik steht die Weisheit, das Wissen um die wechselseitige Verbundenheit der Dinge« (S. 367).

Alle Beschreibungen einzelner Vorgehensweisen stehen unter dem Vorzeichen dieser genannten Gesamtperspektive. Salvador Minuchin und Charles Fishman haben mit bewundernswerter Klarheit versucht, therapeutische Strategien in ihrer Eigenart herauszuarbeiten, je für sich geradezu isoliert zu beschreiben und zu ordnen. Sie haben dazu zum Teil neue Bezeichnungen für therapeutische Verhaltensweisen eingeführt. Jedes Kapitel dieses Buches ist einem bestimmten therapeutischen Konzept gewidmet, das jeweils durch konkretes Fallmaterial belegt, illustriert und dann ausführlich diskutiert wird. Diese fokussierende Beschreibung einzelner Elemente darf allerdings nicht so verstanden werden, daß Vorgehensweisen als festumrissene Inhalte, als für sich stehende Sachen behandelt werden. Sie sind vielmehr als Metaphern, als Namen für ein bestimmtes interaktionelles Muster zu verstehen, das in einem – in unserer Sprache schwer zu beschreibenden – zirkulären Prozeß steht. Der Leser kann sich so davor bewahren, sich die hier vorgestellten Interventionen als isolierte »Techniken« anzueignen und vorschnell und vereinfachend richtiges von falschem Vorgehen unterscheiden zu wollen.

Die Autoren verwenden im vorliegenden Buch Begriffe, die sie nicht näher ausführen oder die schwer zu übersetzen waren. Sie sollen darum im folgenden kurz erläutert werden.

Epistemologie (griech.: Lehre vom Verstehen) meint Erkenntnistheorie, in der neueren wissenschaftlichen Auseinandersetzung Wissenschaftstheorie. In unserem Zusammenhang ist damit eine Gesamtsicht der Grundannahmen über menschliches Denken und Handeln gemeint. Minuchins Epistemologie struktureller und damit ökosystemischer Prägung hat ihre Wurzeln in der Kybernetik, der Ökologie und den Systemtheorien. Ihre wichtigsten Elemente sind Struktur, Komplementarität, Zirkularität. Jeder Mensch, auch der Therapeut, richtet sich nach einer bestimmten Epistemologie. Seine Grundannahmen bestimmen sein Denken und die Wahl seiner Strategien. Die neuere familientherapeutische

Literatur betont, wie wichtig, ja wie notwendig es ist, sich über die eigene Epistemologie mehr Klarheit zu verschaffen[4].

Isomorphie (griech. isos: gleich; morphē: Gestalt, Form) bedeutet Gleichförmigkeit. Minuchin spricht von Isomorphie, wo er zum Ausdruck bringen will, daß bestimmte Aktionen in ihrer Struktur gleich sein können, auch wenn sie sich inhaltlich unterscheiden. So stellt er im Gespräch mit Alan und seiner Familie fest, daß der Vater Alan hilft, wie schon zuvor Alans Schwester Kathy ihm geholfen hatte, wenn auch in einer anderen Situation und einer anderen Sache (S. 128). Hier liegen isomorphe Handlungen, Handlungen gleicher Struktur und Form vor.

Der Ausdruck *»idiosynkratisch«* (griech. idios: eigen; synkratos: zusammengemischt) wird von den Autoren im Sinne von »spezifisch«, »charakteristisch« benutzt. Damit bezeichnen sie Besonderheiten, Eigentümlichkeiten von Menschen, Situationen, Gegebenheiten, die nur gerade auf diese zutreffen.

Das siebente Kapitel der amerikanischen Ausgabe hat den Titel *»enactment«*. »To enact« kann heißen: ein Stück aufführen, inszenieren, eine Rolle darstellen; »enactment« kann übersetzt werden mit Spiel, Darstellung (einer Rolle). Minuchin beschreibt in diesem Kapitel eine »Technik«, die er selbst entwickelt und so benannt hat. Es ist eine Vorgehensweise, mittels welcher die Familie aufgefordert wird, ihr »Familiendrama«, ihre bisher üblichen Transaktionsmuster in der Therapiesitzung zu entfalten, damit der Therapeut sie kennenlernt und so einer Veränderung zugänglich machen kann. Um klarzustellen, worum es sich in diesem Kapitel handelt, haben wir den Begriff »enactment« im Text umschrieben und dem Kapitel den Titel »Darstellung der Familientransaktionen« gegeben.

Ähnlich schwierig ist zu übersetzen, was Minuchin mit *»tracking«* meint (to track: Spuren sichern, eine Spur verfolgen, aufspüren, nachspüren). Für Minuchin ist »tracking« eine Art therapeutischen Vorgehens, dem Inhalt der Kommunikation einer Familie so zu folgen, daß die Kommunikation in eine Richtung läuft, die der Therapeut angibt. Minuchin vergleicht dieses Vorgehen mit dem Vorgang, in dem die Nadel eines Plattenspielers den Rillen der Schallplatte folgt und auf diese Weise Musik erklingen kann[5]. Diese »Technik« hat ihre Wurzeln in der Hypnose. Der Therapeut scheint die Regeln der Familie zu unterstützen, fordert sie auch nicht heraus, beeinflußt sie aber im Sinne seiner Zielsetzung mit der Familie. Da der Begriff also nicht wörtlich übersetzt werden konnte, wurde versucht, ihn jeweils sinngemäß zu umschreiben.

Zusammen mit dem früheren Werk »Familie und Familientherapie«[6] ist dieses Buch ein Lehr- und Handbuch, wie es die Familientherapie bis heute nicht kennt. In mancherlei Hinsicht ist es ein Kunstwerk; es ist anregend, unterhaltsam, ja geradezu spannend. Nach meiner Einschätzung wird dieses Buch die theoretische Diskussion und die familientherapeutische Praxis entscheidend voranbringen.

Darmstadt, August 1983   VERENA KRÄHENBÜHL

Anmerkungen

[1] Salvador Minuchin: Familie und Familientherapie. Theorie und Praxis struktureller Familientherapie. Freiburg 1976 ([5]1983).
Salvador Minuchin, Bernice L. Rosman, Lester Baker: Psychosomatische Krankheiten in der Familie. Stuttgart 1978.
[2] Gregory Bateson: Ökologie des Geistes. Frankfurt 1982.
[3] Carlos Castaneda: Die Lehren des Don Juan. Ein Yaqui-Weg des Wissens. Frankfurt 1978.
[4] Bradford P. Keeney, Douglas H. Sprenkle: Ecosystemic Epistemology: Critical Implications for the Aestetics and Pragmatics of Family Therapy, in: Family Process, März 1982, S. 1–19.
Paul Dell: Toward a Concept of Coherence, in: Family Process, März 1982, S. 21–41.
[5] Salvador Minuchin: Structural Family Therapy, vervielfältigtes Manuskript der Philadelphia Child Guidance Clinic, ohne Jahreszahl, S. 12–13.
[6] Salvador Minuchin: Familie und Familientherapie, a. a. O.

1 Spontaneität

Allgemein verstehen wir unter *Techniken* handwerkliches Geschick: die Arbeit am Detail, das Verständnis für die Funktion des Produkts und den Einsatz für das Ergebnis der Arbeit. Man denkt z. B. an einen sauber gefugten Winkel, an eine mühelos gleitende Schublade, an die wundervollen Perlmutt-Intarsien einer mittelalterlichen Eingangstür, an die Feinheit griechischer Mosaiken oder an die Harmonie des Filigranwerks der Alhambra. Mit dem Ausdruck »Techniken der Familientherapie« haben wir dagegen Schwierigkeiten. Wir denken bei diesem Begriff an die Manipulation von Menschen durch Menschen, an Gehirnwäsche, an Überwachung um der eigenen Macht willen. Unsere moralischen Bedenken sind hier durchaus berechtigt. Hinzu kommt, daß Technik allein noch nicht für den Erfolg bürgt. Wenn der Therapeut sich allzu eifrig und allzu eng an die Technik hält und mithin »Handwerker« bleibt, dann wird sein Kontakt mit den Patienten zwar objektiv, leidenschaftslos und nicht zu beanstanden sein, er wird aber oberflächlich bleiben, er wird manipulativ sein, weil der Therapeut seine Macht nicht einbüßen möchte. Seine Therapie wird letzten Endes nicht besonders effektiv sein.

Die Ausbildung in Familientherapie muß deshalb die Techniken so vermitteln, daß das Wesentliche beherrscht wird und die Techniken dann wieder vergessen werden können. Dieses Buch sollte gelesen und anschließend weitergegeben oder in irgendeine Ecke gestellt werden. Der Therapeut sollte »Heilender« sein: ein Mensch und Mitmensch, dessen therapeutisches Ziel es ist, andere Menschen für die Lebensbereiche und Sachverhalte zu interessieren, die ihnen Kummer und Schmerz bereiten, der es zugleich aber keinen Augenblick lang an Respekt vor den Wertvorstellungen dieser Menschen, ihren Stärken und ihren ästhetischen Vorlieben fehlen läßt. Mit anderen Worten, das Ziel muß darin bestehen, über die Technik hinauszugelangen. Nur wer die Technik zunächst beherrscht und es dann fertigbringt, sie zu vergessen, kann ein guter Therapeut werden. Der mühelose Sprung eines Nijinskij ist das Ergebnis jahrelangen gewissenhaften

Übens und Studierens, das in einer Beherrschung des Körpers gipfelt, die nicht mehr an Technik, sondern eben an Kunst denken läßt.

Und was ist nun die Kunst der Familientherapie? Es ist die Fähigkeit, sich Zugang zu der Familie zu verschaffen, ihre Realität zu erfahren, wie die Mitglieder dieser Familie sie auch erfahren, sich in die immer gleichen Interaktionen tatsächlich hineinzufinden, die die Struktur dieser Familie ausmachen und das Denken und Verhalten ihrer Mitglieder formen. Es ist weiter die Fähigkeit, mit Hilfe dieses inneren Zugangs, den man sich zu der Familie verschafft hat, zum Werkzeug der Veränderung zu werden, zu einer treibenden Kraft also, die innerhalb der Begrenzungen des Familiensystems wirkt, und dies in einer Weise, die nur mit eben dieser ganz bestimmten Familie möglich ist, um so eine andere und fruchtbarere Lebensweise hervorzubringen. Es ist der Eintritt in das Labyrinth Familie und das Auswerfen des Fadens der Ariadne.

SPONTANEITÄT IN DER THERAPIE

Familientherapie erfordert den Einsatz der eigenen Person. Der Familientherapeut kann nicht von außen her beobachten und sondieren. Er muß diesem System von Menschen, die voneinander abhängig und miteinander verbunden sind, selbst als Teil angehören. Um als Mitglied dieses Systems etwas bewirken zu können, muß er sich den Gegebenheiten und den Regeln des Systems anpassen und dabei darauf bedacht sein, die eigene Person in größtmöglichem Umfang einzusetzen. Das ist es, was man unter dem Begriff der therapeutischen Spontaneität versteht.

Im allgemeinen Sprachgebrauch assoziieren wir den Ausdruck »spontan« mit »ungeplant«. Es kling daher wie ein Widerspruch, wenn vom »Einüben von Spontaneität« die Rede ist, und eine Bestätigung dafür findet sich auch in der Definition von Spontaneität als »Ausdruck eines natürlichen Empfindens oder einer angeborenen Neigung, die nicht von außen eingeschränkt oder begrenzt wird« (Webster). Aber dieser Widerspruch hat seine Wurzeln in unserer Kultur. Im ganzen westlichen Kulturkreis denkt man heutzutage an den Menschen als an ein Individuum, das von seinem Kontext unabhängig ist. Das heißt, man definiert den Begriff »Spontaneität« etwa so häufig wie die Australier den Begriff »Schnee« definieren. Die Eskimos besitzen mehrere Worte für »Schnee«, die jeweils wieder eine andere Art dieser Substanz bezeichnen. Auch die Skiläufer kennen eine Vielzahl von Ausdrücken dafür. Aber für die Australier, die noch niemals Schnee gesehen geschweige denn versucht haben, Bezeichnungen für die unterschiedliche Qualität von Schnee zu finden, ist Schnee ganz einfach Schnee. In eben dieser Weise verfährt der allgemeine Sprachgebrauch mit dem Begriff Spontaneität.

Wenn der Therapeut nun aber die Menschen, mit denen er es zu tun hat, in ihrem sozialen Kontext und im Gedanken an das ständige Wechselspiel zwischen Mensch und Umwelt betrachtet, dann gewinnt das Wort Spontaneität ganz erheblich an Gehalt. Es rückt dann wieder in die Nähe seiner eigentlichen Bedeutung: »aus eigenem Antrieb« (wie ein Fluß, der seinem Lauf folgt). In diesem Sinne ist der »spontane« Therapeut ein Therapeut, der gelernt hat, auf einen immer wieder anderen sozialen Kontext in immer wieder anderer Weise zu reagieren. Der Therapeut hat die Freiheit, zu reagieren, etwas in Gang zu bringen und zu sondieren, aber nur innerhalb des Toleranzspielraumes eines gegebenen Kontextes. So wie das Wort *Abhängigkeit*, das im neunzehnten Jahrhundert eine abwertende Bedeutung hatte, im zwanzigsten Jahrhundert zur offiziellen Bezeichnung eines ökologischen Tatbestands geworden ist, so gewinnt der Ausdruck Spontaneität vor dem Hintergrund des Kontextes an Sinn und Bedeutung.

Wenn wir ein Gemälde von de Kooning aus nächster Nähe betrachten, scheinen die einzelnen Pinselstriche nichts miteinander zu tun zu haben, sie kreuzen und vereinigen sich gewissermaßen ganz zufällig. Aber wenn wir dann zurücktreten und das Bild aus einer gewissen Entfernung anschauen, dann erscheinen die Frauen von Acabonig oder von Sag Harbor auf der Leinwand. Die wellenförmige Linie, die scheinbar nichts mit den übrigen Linien zu tun hatte, bezeichnet die Brust einer der dargestellten Frauen. Selbst auf den allerabstraktesten Gemälden de Koonings beginnen die Linien, wenn wir sie eine Weile betrachtet haben, miteinander zu spielen. Jede Linie ist ein Echo auf die übrigen, jede einzelne steht in einem Zusammenhang zu den übrigen. Das durch seinen Rahmen begrenzte Gemälde ist ein System der Harmonie, und jede Linie hat einen Bezug zum Ganzen.

Die Freiheit des Malers wird mit dem ersten Pinselstrich eingeschränkt, den er auf die Leinwand aufträgt. Auch Schriftsteller wissen, daß ihre Gestalten ein Eigenleben annehmen und eine Autonomie entwickeln, die nach einer ganz bestimmten weiteren Entwicklung verlangt. Pirandellos »Sechs Personen suchen einen Autor« ist eine Metapher dafür, welche Forderungen ein Werk an seinen

Autor stellt. Spontaneität, selbst die Spontaneität des Geistes, ist immer durch den Kontext begrenzt.

Die Spontaneität des Therapeuten hat ihre Grenzen im therapeutischen Kontext. Der Therapeut, der Menschen beeinflußt und verändert, befindet sich innerhalb des Umfeldes, das er beobachtet und auf das er Einfluß nimmt. Seine Handlungen sind zwar an den Therapiezielen ausgerichtet, aber zugleich auch das Ergebnis seiner Beziehung zur Klientenfamilie. Der Therapeut übernimmt gewissermaßen – wie in einer barocken Suite – den Part des basso continuo. Er kann tun, was er für richtig hält, solange er sich an die harmonische Struktur hält. Aber wir müssen auch die Vorteile sehen, die sich aus diesen kontextuellen Beschränkungen für die Therapie ergeben. Weil der Therapeut die Realität der Familie erfährt und weil die Regeln der Familienstruktur ihn aus dem Kontext heraus formen, bewegen sich seine Maßnahmen innerhalb bestimmter Toleranzgrenzen. Interventionen des Therapeuten, durch die überhaupt nichts bewirkt wird, führen nicht zu Chaos und Zerstörung; sie werden von der Familie ganz einfach assimiliert, ohne irgendeine Veränderung herbeizuführen. Es sind gewissermaßen die Beschränkungen der Situation, die dem Therapeuten seine Handlungsfreiheit geben. Weil er von dem Feld abhängig ist, an dem er teilhat, wird seine Spontaneität von eben diesem Feld geformt. Er kann den Dingen also gelassen begegnen, weil er weiß, daß sein Vorgehen nicht unbedingt »korrekt« sein muß – es wird den Umständen zumindest annähernd gerecht werden. Er kann es sich leisten zu sondieren, weil er weiß, daß die Reaktionen, die er bekommt, im ungünstigsten Fall doch immer noch nützliche Informationen darstellen. Wenn er die Grenzen dessen überschreitet, was für die Familie gerade noch akzeptabel ist, dann wird das System sich selbst korrigieren. Er kann eben deshalb spontan sein, weil er innerhalb eines ganz spezifischen Kontextes reagiert.

Die Ausbildung des Familientherapeuten hat Ähnlichkeiten mit der Vorbereitung des Samurai auf sein zukünftiges Leben als Krieger. Miyamoto Musashi, ein berühmter Samurai, der im fünfzehnten Jahrhundert lebte, hat uns die Techniken des Überlebens im Kampf geschildert, die den Techniken der Familientherapie zum Teil erstaunlich nahe kommen. Er beschreibt etwa das allmähliche »Eindringen« in den Feind: »Wenn man mit dem Gegner zu kämpfen beginnt und erkennt, daß man nicht vorankommt, dann durchdringt man ihn allmählich und wird eins mit ihm . . . Oft kann man tatsächlich gewinnen, wenn man weiß, wie man in den Feind eindringen muß, während man die Aussichten auf einen

Sieg verlieren würde, wenn man sich von ihm losmachen wollte.« Wenn der Samurai die Stellung des Feindes nicht erkennen kann, muß er »den Schatten bewegen«: »Man deutet an, daß man im Begriff ist, hart anzugreifen, um so die Fähigkeiten des Gegners zu erkennen. Dann kann man ihn mit einer anderen Methode leicht schlagen, wenn man erst einmal seine Kräfte kennt.«[1]* Ein Vergleich dieser Techniken mit dem Zugang, den sich der Therapeut zur Familie zu verschaffen sucht, zeigt uns, daß der Therapeut, auch wenn es sich bei der Therapie nicht um Kriegskunst handelt, sich doch wie der Samurai von dem System ziehen und stoßen lassen muß, um seine charakteristischen Merkmale in Erfahrung zu bringen.

Auch die Vorbereitung des Samurai auf seine spätere Tätigkeit war eine Vorbereitung auf spontanes Reagieren. Der Samurai konnte nur überleben, wenn das Schwert tatsächlich zu seinem verlängerten Arm wurde. Er schenkte daher noch den kleinsten Dingen gespannte Aufmerksamkeit, weil ihm dies wesentlich erschien, wenn er zur Spontaneität gelangen wollte. Um eines Tages ein Meister zu sein, mußte er sich drei bis fünf Jahre lang als Krieger üben. Nach Ablauf dieser Zeit, nachdem er sein Handwerk gründlich erlernt hatte, mußte er sich davon abwenden und einige Jahre mit dem Studium ganz anderer Dinge, etwa der Malerei, der Poesie, der Kalligraphie verbringen. Erst wenn er es auf diesen ganz anderen geistigen Gebieten zur Meisterschaft gebracht hatte, konnte ein solcher Krieger das Schwert wieder aufnehmen, denn erst jetzt war es wirklich zu seinem verlängerten Arm geworden. Er war nun ein Samurai, denn er hatte die Technik vergessen. Das ist ganz eindeutig auch der Sinn, den wir mit der Vorstellung vom spontanen Therapeuten verbinden.

Technische Meisterschaft läßt keine Unsicherheit zu; der geschickte und gewandte Handwerker ist sich seines handwerklichen Könnens sicher. Das heißt, der Therapeut, der alles daran gesetzt hat, die Technik zu meistern, muß sich nun hüten, das Schwergewicht allzu stark auf sein erlerntes Können zu legen. Es könnte nämlich sein, daß ihn seine Fähigkeit, zwei Stücke eines schönen Holzes zusammenzufügen, so fasziniert, daß er nicht merkt, daß sie ja niemals dazu bestimmt waren, zusammengefügt zu werden. Glücklicherweise steht das therapeutische System diesem seinem Können insofern im Wege, als es den Therapeuten ja zwingt, die Dinge »von innen her« zu erfahren und »von innen her« auf sie zu reagieren. Die Realität wird nur aus der Perspektive her sichtbar, die dem

* Anmerkungen jeweils am Kapitelende.

17

Therapeuten innerhalb des Systems zur Verfügung steht. Das heißt, Realität ist immer partieller Natur, und jede Wahrheit ist eine halbe Wahrheit. Die Techniken, die mit so viel Mühe erlernt worden sind, müssen also vergessen werden, damit der Therapeut am Ende zum Heilenden werden kann.

AUSBILDUNGSMETHODEN

Um spontan vorgehen zu können, muß der Therapeut Kenntnisse über die charakteristischen Merkmale des Systems Familie besitzen, Prozesse der Transformation von Familien kennen und seine eigene Beteiligung an solchen Prozessen einschätzen lernen. Dabei handelt es sich um theoretische Konstrukte, die deduktiv erlernt werden. Die spezifisch therapeutischen Fertigkeiten werden dagegen auf induktivem Wege vermittelt, also dadurch, daß der Therapeut eine Art Lehre absolviert. Hier macht er sich allmählich mit den kleinen Schritten der Therapie vertraut und wendet diese Bausteine in den folgenden therapeutischen Sitzungen und unter der Anleitung eines Supervisors an. Ganz allmählich lernt er dann auch, auf der Grundlage dieses Wissens und dieser Erfahrung zu generalisieren.

Dieses Vorgehen bedeutet also, daß der Therapeut gewissermaßen aus zwei unterschiedlichen Informationsquellen schöpft, nämlich aus der Dynamik der menschlichen Situation allgemein und aus der spezifischen therapeutischen Begegnung. Es ist so, als hätte er einerseits eine Liste mit Worten und andererseits ein episches Gedicht vor sich, die er lernend nun in einen Zusammenhang miteinander bringen muß. Die theoretischen Konstrukte müssen bestimmte therapeutische Ziele und Strategien vorgeben, die dann ihrerseits die einzelnen Schritte und Maßnahmen des Therapeuten lenken und leiten. Die Art, in der die schwierige Kunst der Familientherapie dem zukünftigen Therapeuten vermittelt wird, muß sowohl mit den Konzepten als auch mit der gelehrten Praxis harmonieren.

Eine Reihe bekannter Lehr- und Supervisionsmethoden ist ganz und gar ungeeignet, wenn es darum geht, den künftigen Therapeuten auf ein spontanes Vorgehen vorzubereiten. So ist es beispielsweise eine ganz unsinnige Art der Supervision, den Therapeuten um die Schilderung einer Sitzung zu bitten, wenn ihm nicht bewußt ist, daß er in das Familiensystem hineingezogen wurde. Es hat keinen Zweck, den Therapeuten im Rollenspiel zur Darstellung seiner Stellung in seiner Ursprungsfamilie zu verschiedenen Zeiten in seinem Leben aufzufordern, wenn es doch gerade darum geht, daß er leichter und freier als bisher in seinen Kontakten und Vorgehensweisen wird, um sich in Zukunft ganz unterschiedlichen Familien ohne Schwierigkeiten anpassen zu können. Und es genügt auch nicht, von einem angehenden Therapeuten zu verlangen, daß er in seiner eigenen Herkunftsfamilie eine andere Stellung einnimmt, wenn sein Ziel doch darin besteht, später einmal eine Vielzahl ganz unterschiedlicher Systeme gekonnt und mit Erfolg zu einer Veränderung aufzufordern. Alle diese Techniken mögen durchaus nützlich sein, wenn es darum geht, dem Therapeuten als Person seine Position im eigenen Familiensystem verständlich zu machen und ihm Einsicht in sein eigenes Verhalten und in das Verhalten seiner Familie zu verschaffen. Für den spontanen Therapeuten sind sie entweder nicht nötig oder aber nicht allein ausreichend. Sehr viel wirksamer sind in diesem Zusammenhang die induktiven Methoden des Lehrens und des Arbeitens mit Familien von Anfang an.

Im Idealfall ordnet man eine kleine Gruppe von fünf bis acht Studenten einem Supervisor und Lehrer verantwortlich zu. Dieser Gruppe muß eine ausreichende Zahl von zu behandelnden Familien zur Verfügung stehen, damit die Teilnehmer Gelegenheit haben, ganz unterschiedliche therapeutische Erfahrungen zu machen. Neben dem verantwortlichen Supervisor müssen noch weitere Lehrer zur Verfügung stehen, die einen mehr grundsätzlichen, theoretischen Beitrag leisten. Zur sachlichen Ausstattung gehören zudem eine Sammlung von Videobändern aus der Arbeit erfahrener Therapeuten, ein Raum mit einem Einwegspiegel für die Live-Supervision und eine komplette Videoanlage zur Aufnahme der Familiengespräche, damit die Arbeit der Studenten für die spätere Analyse zur Verfügung steht.

Die Ausbildung besteht aus zwei Phasen, von denen die erste der Beobachtung und die zweite der praktischen Tätigkeit gewidmet sind. In der ersten Phase stellen die Lehrer ihren therapeutischen Stil in Sitzungen mit Familien vor und werden von den Studenten beobachtet. Jeweils ein Lehrer arbeitet mit einer Familie vor dem Einwegspiegel, während ein anderer, der mit den Studenten zusammen die Sitzung hinter dem Spiegel verfolgt, alle Schritte und Maßnahmen des draußen tätigen Therapeuten unmittelbar kommentiert. Wenn die Studenten einen erfahrenen Therapeuten bei seiner Arbeit beobachten, verlieren sie oft den Mut. Sie haben das Gefühl, es niemals zu so viel Wissen und zu einem solchen Geschick in der Anwendung dieses Wissens bringen zu können, wie sie für diese magischen Interventionen offenbar notwendig sind. Oft sind sie dann der Meinung, der erfahrene Therapeut, der da draußen vor dem Spiegel arbeitet, müsse unabhängig von seinem Wissen und Können wohl auch so etwas wie ein angeborenes Talent für seinen Beruf besitzen. Aber der Lehrer, der hier mit ihnen hinter dem Spiegel sitzt, fordert sie auf, sich jetzt zunächst auf die Techniken zu konzentrieren, und merkt sich, welche einzelnen Vorgänge später noch ausführlicher besprochen und analysiert werden sollten.

Solche Beobachtungen hinter dem Spiegel wechseln ab mit der Vorführung und Analyse von Videobändern, die aus der Arbeit anderer erfahrener Therapeuten unter wieder anderen Bedingungen und mit anderen Familien stammen, mit dem Ziel, den Therapeuten als spezifisches Instrument der Therapie hervorzuheben. Lehrer wie Schüler sollen die eigene Person bestmöglich zum Einsatz bringen. Durch die Beobachtung der Arbeitsweise erfahrener Fachleute werden die Studenten angeregt, ihren eigenen therapeutischen Stil kritisch zu prüfen.

Wer Salvador Minuchin beobachtet, lernt, sich auf mein besonderes Anliegen zu konzentrieren, die Transaktionen der Familie im Raum sichtbar zu machen. Er lernt, sich darauf zu konzentrieren, wie ich zwischen Beteiligung und Beobachtung hin- und herpendele; er erkennt, daß und wie ich das System aus seinem Gleichgewicht bringe, indem ich ein Familienmitglied gegen ein anderes in Schutz nehme, und auf wie vielfältige Weise ich darauf reagiere, wenn Familienmitglieder in den psychologischen Raum des jeweils anderen eindringen. In Familien, deren Mitglieder zu eng miteinander verbunden sind, schaffe ich künstliche Grenzen zwischen Mitgliedern, indem ich gestikuliere, eine andere Körperhaltung einnehme, Stühle umstelle oder eine andere Sitzordnung einführe. In meinen Herausforderungen an das System steckt häufig auch ein stützendes Moment: ich trete jemanden und klopfe ihm zugleich auf die Schulter. Meine Metaphern sind konkret: »Manchmal bist du sechzehn, und manchmal bist du vier Jahre alt«; »dein Vater hat dir deine Stimme gestohlen«; »Sie haben zwei linke Hände mit zehn Daumen«. Ich bitte ein Elternteil und ein Kind, aufzustehen und zu vergleichen, wer von ihnen größer ist, oder ich vergleiche das Körpergewicht beider Eltern mit dem ihres Kindes. Selten bleibe ich die ganze Sitzung über auf meinem Stuhl sitzen. Ich rücke näher heran, wenn es mir um Vertrautheit geht, ich knie mich auf den Boden, um einem Kind gegenüber kleiner zu erscheinen, oder ich springe auf, wenn ich jemanden herausfordern oder ihm meine Mißbilligung zeigen möchte. Diese Handlungen erfolgen spontan; sie repräsentieren sozusagen meinen psychologischen Fingerabdruck. Mein therapeutisches Vorgehen basiert auf einem theoretischen Schema der Familie und ihrer Veränderung und daneben auf meiner persönlichen Art des Einsatzes der eigenen Person. Ich treibe gern Menschen an und möchte von ihnen angetrieben werden, denn ich weiß: wenn wir beide, die Familie und ich, uns innerhalb der Begrenzungen des therapeutischen Systems auf Risiken einlassen, dann werden wir auch Wege finden, die zur Veränderung führen.

Die zweite Phase der Ausbildung besteht aus Live-Supervision und der Analyse von Videobändern von Studenten, die jetzt bereits eigene Therapiesitzungen durchführen. Live-Supervision erfolgt mit Hilfe des Einwegspiegels im Therapieraum. Der verantwortliche Lehrer und Supervisor und die übrigen Studenten beobachten einen Mitstudenten bei seiner Arbeit mit einer Familie. Zwischen den beiden Räumen besteht eine telefonische Verbindung, die einen direkten Kontakt zwischen Praktikant und Supervisor ermöglicht. Der Student, der jetzt mit der Familie arbeitet, weiß, daß der Supervisor ihn anrufen wird, wenn er es für nötig hält. Diese Art des Trainings setzt voraus, daß die Studenten bereits eine Ausbildung auf einem Gebiet der Beratung haben, also etwa Psychologen, Psychiater, Sozialarbeiter, Schwestern oder Pfarrer sind. Kandidaten, die keine derartige Vorbildung besitzen, brauchen eine andere und sehr viel intensivere Ausbildung[2].

Der Supervisor kann auf sehr verschiedene Weise eingreifen. Wenn beispielsweise ein Familienmitglied schweigsam bleibt und der angehende Therapeut sich nur den aktiveren Mitgliedern der Familie zuwendet, dann erhält er unter Umständen einen Anruf des Supervisors, der ihm rät, jetzt noch einmal jenes Familienmitglied zu aktivieren, das sich bisher aus der Sitzung herausgehalten oder so besonders unruhig verhalten hat. Wenn der Supervisand an einem bestimmten Punkt einfach nicht mehr weiter weiß, kann der Supervisor ihn hinter den Einwegspiegel bitten, damit man gemeinsam beraten kann, wie der Rest der Sitzung gestaltet werden kann. Der Supervisor kann auch in den Therapieraum gehen und sich an Ort und Stelle mit dem Studenten beratschlagen oder im Raum bleiben im Sinne einer Art Kotherapie. Solche Interventionen können zu jedem Zeitpunkt der Ausbildung erfolgen. Mit der Zeit wird der Student immer sicherer, und er wird es immer seltener nötig haben, daß der Supervisor direkt in seine Arbeit eingreift. Am Ende besteht die Supervision dann nur noch aus Gesprächen vor Beginn der Sitzung oder im Anschluß an die Sitzung.

Zunächst mag diese Art der Supervision so anmuten, als handele es sich um

Einmischung. In Wahrheit festigt sich bei dem angehenden Therapeuten dadurch aber das Gefühl, daß er sich ganz auf seinen Supervisor und auf dessen Hilfe verlassen darf, wenn es darum geht, die Sitzung in der richtigen Weise zu beenden oder aber schwierige Augenblicke während der Sitzung durchzustehen. Der Student weiß, daß sein Supervisor ihm aus schwierigen Situationen heraushelfen wird.

Die Gruppe hinter dem Spiegel beobachtet ihren Kollegen und diskutiert die Sitzung mit dem Supervisor. Das heißt also, jeder dieser angehenden Therapeuten arbeitet direkt mit einer ihm zugeteilten Familie und verfolgt darüber hinaus auch die therapeutischen Sitzungen mit anderen Familien. Auf diese Weise erfährt er, auf welche Schwierigkeiten seine Kollegen treffen und wie sie einen eigenen und wirksamen Interventionsstil entwickeln.

Live-Supervision ist von ihrer Anlage her eine besondere Form der Kotherapie. Die Verantwortung für das Ergebnis des Gesprächs mit der Familie liegt hier sowohl bei dem Studenten als auch bei seinem Supervisor. Dieses Vorgehen ist in mehrfacher Hinsicht von Vorteil: Die Studenten können mit ihrer therapeutischen Tätigkeit beginnen, noch bevor sie sich ganz sicher fühlen, weil sie die Unterstützung des Supervisors haben. Da die Supervision in einer realen Situation geschieht, konzentriert sie sich auf die jeweils ganz spezifischen und einmaligen Merkmale der Sitzung. Die Kenntnis der Dynamik der Familie und des therapeutischen Systems ist gewissermaßen die Plattform, auf dem dann die während der Sitzung zustandekommenden Transaktionen (die Figuren) angeordnet werden. Lehrer, Schüler und Beobachter folgen gespannt den kleinen Aktionen, die notwendig sind, um die Sitzung erfolgreich zu Ende zu bringen. Die zunehmende Erfahrung, die der Student aus seinen und den Familiensitzungen seiner Kollegen gewinnt, führt ihn schließlich an jenen entscheidenden Punkt, an dem die einzelnen spezifischen Schritte der Therapie in theoretische Aussagen münden.

Jede einzelne Sitzung innerhalb der Ausbildung wird auf Videoband aufgenommen, um den Verlauf der Therapie zu verfolgen. Bei dieser Art der Supervision verlagert sich der Brennpunkt auf den angehenden Therapeuten. Da der Supervisor hier nicht mehr für die Familie verantwortlich ist, gibt nun die Familie die Plattform ab, und der Therapeut mit seinem Arbeitsstil wird zur Figur auf diesem Grund.

Mit Hilfe des Bandes kann man jeden beliebigen Teil der Sitzung festhalten, und so kann der Student ein bestimmtes Segment herausgreifen und daran erläutern, welche therapeutischen Ziele er im Zeitpunkt dieses Segments verfolgt hat. Das Band zeigt mithin den Zusammenhang zwischen Intention und Ergebnis, zwischen den Zielen und den im Blick darauf eingesetzten Fertigkeiten. Es zeichnet eine Art Profil des Stils des jeweiligen Studenten: seine Stärken und Schwierigkeiten, die jeweils ganz eigene Art, in der er seine therapeutischen Konzepte in Strategien verwandelt, und die Mittel, durch die diese Strategien zum Zuge kommen. Der Supervisor schlägt Maßnahmen vor, wie die Fertigkeiten des Studenten verbessert werden können. Im Rahmen seines eigenen Stiles kann der Student dann beispielsweise daran arbeiten, seine zentrale Stellung abzubauen, seine Bemerkungen kürzer zu halten, Konflikte zu aktivieren oder umzuleiten, die Stärken der Familie hervorzuheben. Der Lehrer faßt seine Anweisungen so, daß sie sich möglichst eng auf das beobachtete Verhalten des Studenten beziehen. Bei der nächsten Live-Supervision gilt sein Augenmerk dann der Frage, wie weit der Student sich an die vorgeschlagenen Änderungen hält. Vor dieser Sitzung wird der Student noch einmal an seine Aufgabe erinnert, und während der Sitzung wird der Supervisor nötigenfalls intervenieren, um dem Studenten zu helfen, sein Vorgehen in der empfohlenen Art und Weise zu ändern.

Dieses Vorhaben – die Erweiterung des Arbeitsstiles des Therapeuten – ist schwierig sowohl für den Lehrer als auch für den Studenten, weil dieser unter Umständen seinem üblichen Verhalten nicht mehr recht traut und sich allzu stark auf die Führung durch den Lehrer verläßt. In dieser Übergangsphase erweisen sich nahezu alle Studenten plötzlich wieder als weniger fähig in ihrem therapeutischen Vorgehen, weil sie sich jetzt nicht mehr auf ihre gewohnten Vorgehensweisen verlassen können und andererseits noch keine neuen entwikkelt haben.

Jeder Therapeut muß einige ganz spezifische Fertigkeiten besitzen, um sein Ziel, die Veränderung der Familie, zu erreichen; jeder geht aber beim Einsatz der eigenen Person mit dem Ziel, die erlernten Techniken anzuwenden, wieder anders vor. Der Supervisor muß also sowohl auf die persönlichen Merkmale jedes einzelnen Studenten als auch auf die Besonderheiten der jeweiligen Familie achten. Manche Therapeuten können aus einer untergeordneten Position heraus gut Führung übernehmen. Sie regen die Familie dazu an, sie zu lehren, wie die Dinge gewöhnlich in dieser Familie gehandhabt werden. Andere ziehen es vor, ihre führende Stellung von einer Machtposition her zu erreichen. Sie verstehen es, ihre Expertenstellung deutlich zu machen und etwas von außerhalb des Familiensystems her zu operieren. Wir haben es hier mit zwei verschiedenen

Möglichkeiten des geschickten Einsatzes der eigenen Person zu tun; *der* Weg zur führenden Stellung im therapeutischen System existiert nämlich nicht. Das Wort »education« (Edukation, Ausbildung, Erziehung) bedeutet etymologisch soviel wie »Herausziehen«, und die Ausbildung in Familientherapie ist in vieler Hinsicht eine »Edukation«.

Die Ausbildung muß notwendig mit einem Überblick über die Theorie beginnen, und beide Phasen der Ausbildung müssen von theoretischen Seminaren begleitet sein, damit Theorie und Praxis vom Studenten miteinander integriert werden können. Der Student soll nicht Techniker, sondern Therapeut sein. Die Autoren dieses Buches waren jahrelang der Meinung, daß es im Hinblick auf dieses Ziel und zur Vermeidung der Gefahren, die sich aus der allzu theoretischen Ausrichtung der meisten psychotherapeutischen Ausbildungsgänge ergaben, vielleicht eher nötig sei, die »Tanzschritte« hervorzuheben, die Spezifika der Therapie, anstatt eine Theorie. Im Verlauf eines induktiven Prozesses würde der Student – mit abnehmender Unsicherheit – schließlich den Augenblick des »Aha«! erreichen: die Theorie. Wenn das Schwergewicht auf dem Stil des jeweiligen Studenten selbst liege, würde ihm dies zum Verständnis seines Selbst als eines therapeutischen Instruments und zugleich zu einer Erweiterung seines Stils verhelfen, was dann wirklich eine Erweiterung seines eigenen Lebensrepertoires bedeuten würde. Wir waren der Auffassung, dies würde sich erreichen lassen, ohne daß man den Studenten allzu stark mit Theorie belastet, die ihn in der unmittelbaren therapeutischen Situation nur niederdrücken und behindern und seinem Zugang zur Familie im Wege stehen würde. Obgleich wir der Überzeugung Carl Whitakers nicht zustimmten, daß die Familientherapie am allerdringendsten eine »Nichttheorie« brauche, schlossen wir uns ihm und Jay Haley doch in bezug auf die mißtrauische Haltung gegenüber den »großen Dosen an Theorie« an, insbesondere zu Beginn der Ausbildung.

Eine zwanzigjährige Lehrtätigkeit aber hat uns gezeigt, daß man es mit einem Mittelweg versuchen muß. In der Familientherapie gibt es viele Therapeuten, die die Stühle umstellen wie Minuchin, Anweisungen erteilen wie Haley, das Hauptgewicht auf Primärprozesse legen wie Whitaker, Paradoxien auf italienisch anbieten, die Menschen mit Stricken aneinanderbinden wie Satir, ethische Überlegungen anstellen wie Nagy, das kathartische Weinen anregen wie Paul, ein Videoband von der Sitzung mit der Familie ansehen wie Alger und es manchmal sogar fertigbringen, alle diese Methoden in einer einzigen Sitzung heranzuziehen. Sicherlich kann diese Mischung aus den verschiedensten Techniken, wenn sie mit Geist und Witz gewürzt ist, bei manchen Familien den sofortigen und heilsamen Sprung in die Gesundheit bewirken. Aber ein solches Meisterwerk ist nicht so leicht nachzuschneidern, und ein Durchschnittstherapeut wird damit nun einmal nichts anfangen können. Das heißt also, für die Ausbildung braucht es nicht nur ein Bündel klar differenzierter Techniken, sondern auch eine Reihe von übergreifenden Konzepten, die den Techniken erst Sinn und Bedeutung verleihen.

Leider ist es häufig so, daß man den Anfänger mit neuen Fertigkeiten eher verwirrt. Es ist immer dasselbe, wenn ein Mensch irgend etwas lernt oder wiedererlernt: vor lauter Bäumen sieht er den Wald nicht mehr. Die Therapieziele verlieren ihren Fokus, sie sind die Plattform, während die Techniken zu Figuren werden. Wie der Samurai braucht auch der Student der Familientherapie einige Jahre, um es zur Meisterschaft zu bringen, und eine ganze Reihe weiterer Jahre, um zu Spontaneität zu gelangen.

Eine Ausbildung in Weisheit müßte vom Studenten verlangen, den Techniken den Rücken zu kehren und sich den wirklichen Schwierigkeiten des täglichen Lebens zuzuwenden. Allzuviele junge Therapeuten strömen in die helfenden und heilenden Berufe, ohne die notwendige Lebenserfahrung zu besitzen, die allein geeignet wäre, ihnen die Schwierigkeiten verständlich zu machen, zu deren Behandlung man sie gerufen hat. Es wäre ideal, wenn sie sich gar nicht erst mit Familien beschäftigen würden, deren augenblicklichen Entwicklungsstand sie selbst noch gar nicht erfahren haben. Wenn das nicht möglich ist, dann sollten sie ihre Unwissenheit in diesem Punkt zugeben und die Familien bitten, sie in diesen Dingen eben ihrerseits zu belehren.

Aber mit zunehmender Erfahrung und Sicherheit stellt der Student auch fest, daß er gewisse Dinge schon sehr gut bewältigt. Am Ende gerät das ganze unzusammenhängende Bündel von Fertigkeiten dann doch zum einheitlichen und ihm gemäßen Stil. Der junge Familientherapeut stellt fest, daß bestimmte Metaphern, die er einmal mit Erfolg bei einer bestimmten Familie angewendet hat, ihm in ähnlichen Situationen auch gegenüber einer ganz anderen Familie wieder ins Gedächtnis kommen. Er begreift allmählich, daß es jenseits der an der Oberfläche zu beobachtenden Diskontinuität in den Transaktionen von Familien doch auch viele Gemeinsamkeiten gibt. Mit der Zeit lernt er, Vorgänge, die zunächst ganz unterschiedlicher Natur zu sein scheinen, miteinander zu verknüpfen. Er macht sich jetzt vielleicht Gedanken darüber, ob die Mutter, die ihrem Kind immer Fragen stellt, auf die es nur mit Ja oder Nein zu antworten hat, sich nicht etwa im Grunde der gleichen Formen bedient wie der Vater, der seinem heranwachsenden Sohn aus dem Mantel hilft. Auf dem Weg zum erfahrenen Therapeuten erkennt er, daß er von der Beobachtung einzelner Transaktionen zur Generalisierung von Strukturen gelangt. Es gelingt ihm, seine Einsichten und Erkenntnisse in Handlungen umzuwandeln, die die notwendige Intensität haben, um die Familienmitglieder zu erreichen. Im Verlaufe dieses Prozesses entdeckt der Therapeut auch, daß er über ein Repertoire spontaner Arbeitsweisen verfügt. Jetzt kann er anfangen, für sich selbst zu lernen.

Anmerkungen

[1] Musashi, Miyamoto: A Book of Five Rings: A Guide to Strategy. Woodstock, N. Y.: The Overlook Press 1974, S. 78 f.
[2] Haley, Jay: Problem Solving Therapy. San Francisco: Jossey-Bass 1976, S. 172; dt. Direktive Familientherapie. München: Pfeiffer 1977.

2 Die Familienstruktur und die Entwicklung der Familie

Alles Lebendige hat die Tendenz, zusammenzukommen, Verbindungen herzustellen, im anderen zu leben, zu früheren Lösungen zurückzukehren, miteinander auszukommen, wo immer das möglich ist. Das ist der Lauf der Welt.

Lewis Thomas

Wenn davon die Rede ist, daß Menschen sich zusammentun, um miteinander auszukommen, dann ist in der Regel irgendeine Form der Familiengruppe gemeint. Die Familie ist der natürliche Kontext für Wachstum und Heilung, und auf diesen Kontext ist der Familientherapeut angewiesen, wenn er seine therapeutischen Ziele verwirklichen will. Die Familie ist eine natürliche Gruppe, die im Laufe der Zeit bestimmte Interaktionsmuster entwickelt hat. Diese Muster bilden die Familienstruktur, die ihrerseits das Verhalten der Familienmitglieder lenkt, ihren Verhaltensspielraum absteckt und ihre Interaktion ermöglicht. Es muß eine lebensfähige Familienstruktur vorhanden sein, damit die Familie ihre wesentlichen Aufgaben erfüllen kann: Individuation und zugleich Gewährleistung der Zugehörigkeit zur Familie.

Familienmitglieder erleben sich in der Regel keineswegs als Teil einer Familienstruktur. Jeder Mensch betrachtet sich vielmehr als Einheit, als ein Ganzes, das mit anderen Ganzheiten in Interaktion steht. Er weiß, daß er das Verhalten anderer Menschen beeinflußt und diese anderen wiederum Einfluß auf sein Verhalten ausüben. Durch seine Interaktionen innerhalb der Familie lernt der einzelne das Weltbild seiner Familie kennen. Er weiß, daß es in einigen Bereichen heißt: »Hier kannst du es halten, wie du willst«, in anderen: »Hier mußt du vorsichtig sein« oder auch einfach »Halt!« Wenn das Familienmitglied eine solche Grenze überschreitet, trifft es auf einen bestimmten regulierenden Mechanismus. In manchen Fällen wird das Familienmitglied sich in die Dinge fügen; in anderen Fällen wird es dagegen rebellieren. Es gibt auch Bereiche, über denen

»Eintritt verboten« steht. Werden solche Bereiche dann doch betreten, kommt es zu starken gefühlsmäßigen Reaktionen: Schuldgefühle, Angst, ja sogar Selbstbestrafung und -verdammung.

Die einzelnen Familienmitglieder kennen also die Geographie ihres Territoriums, wobei diese Kenntnis mehr oder weniger bewußt und detailliert ist. Jedes Familienmitglied weiß, was erlaubt ist, welche Kräfte einem Abweichen vom Wege des Erlaubten entgegenstehen, wie das entsprechende Warnsystem beschaffen und wie wirksam es ist. Da der einzelne Familienangehörige aber ein einsamer Wanderer im Territorium der Familie und der übrigen Welt ist, erfährt er das Familiennetz kaum jemals als ein Ganzes.

Für den Familientherapeuten ist dagegen das Netz der familialen Transaktionen in seiner ganzen Komplexität sichtbar. Er sieht das Ganze, das größer ist als die Summe seiner Teile. Die Familie als Ganzes ist so etwas wie ein Verband gesellig lebender Tiere – eine Einheit aus verschiedenen Lebensformen, in der jeder Teil seinen eigenen Dingen nachgeht, zugleich aber auch ein vielleibiger Organismus und als solcher auch in sich eine Lebensform.

Es ist für einen Studenten nicht leicht, dieses vielleibige Familien-Wesen zu betrachten. Es fällt ja jedem Bewohner des westlichen Kulturkreises schwer, einen Blick für das zu haben, was über das Individuum hinausgeht. Wir sind dazu erzogen, der individuellen Selbstbestimmung den Vorzug zu geben, und dies aus ethischen und aus ästhetischen Gründen. Der Gedanke, daß das Individuum ein Teil einer größeren sozialen und biologischen Einheit sei, ist uns bestenfalls unangenehm. Vielleicht ist das der Grund, warum die Versuche, sich mit der Interdependenz des Menschen auseinanderzusetzen, so oft in mystischen oder holistischen Vorstellungen enden, die den Menschen mit dem Universum verbinden wollen. Es ist weniger schmerzlich, sich den Menschen als einen Teil eines universalen Geistes vorzustellen denn als Teil des familialen Netzes, eines lebenden Organismus, der unserer Erfahrung sehr viel näher steht. Wir sind allenfalls bereit, uns den Menschen als einen Helden des Universums vorzustellen – aber wir sehen lieber nicht hin, wenn jemand mit seiner Frau darüber streitet, wer denn nun eigentlich die Haustür hätte abschließen sollen.

Dagegen wissen wir recht gut, daß der Fußballspieler in seiner Mannschaft oder der Oboist in seinem Quintett diesen Gedanken an eine über den Menschen hinausweisende Einheit irgendwie sichtbar werden lassen. Wir spüren den Impuls, der dreißigtausend Zuschauer in einem Stadion von den Sitzen reißt und unisono in gellende Rufe ausbrechen läßt. Und auch der Therapeut kann uns

Bilder von den Vorgängen liefern, die in jenem vielleibigen Wesen ablaufen, das wir als die Familie kennen. Wir haben sogar Grund zu der Annahme, daß die familialen »Bindungen« über die verhaltensmäßige Ebene hinausreichen und bis in die physiologische Ebene hinein wirksam sind. Minuchin u. a. sind im Rahmen ihrer Beschäftigung mit psychosomatischen Familien auf zahlreiche Anhaltspunkte dafür gestoßen, daß sich zumindest bei einigen Familien die Schwierigkeiten, die zwischen den Eltern bestehen, im Blut desjenigen Kindes nachweisen und messen lassen, das seine Eltern in ihrem Konflikt beobachtet[1].

Der angehende Therapeut muß nun nicht notwendig diesen Gedanken auch der physiologischen Zusammenhänge übernehmen. Er sollte in der Familie aber mehr sehen als nur eben ein Aggregat differenzierter Subsysteme – nämlich einen Organismus in sich selbst. Denn was er hier fühlt, das ist der Pulsschlag der Familie. Er spürt die Forderung der Familie nach Anpassung und Entgegenkommen, und er wird sich nur dann ruhig und sicher fühlen können, wenn er sich an ihr Tempo hält. Er erfährt, was in dieser Familie gerade noch als angemessen gilt, was ihr peinlich ist, wie gut sie Konflikte erträgt, was sie für lächerlich hält, was ihr heilig ist und wie ihr Bild von der Welt beschaffen ist.

Das Studium der Familie wird durch die Sprachen unseres westlichen Kulturkreises noch erschwert, die nur wenige Worte und kaum eine Wendung besitzen, mit denen man Einheiten aus mehr als einem Menschen überhaupt beschreiben kann. Wir benutzen den Ausdruck *Symbiose* zur Bezeichnung einer Zweipersoneneinheit, die im Extremfall pathologischer Natur ist, in der nämlich einer der Beteiligten »sich uneingeschränkt als ›Teil‹ fühlt und nur ungenügende Erfahrungen von sich selbst als einem Ganzen besitzt«, um mit Albert Scheflen zu sprechen, so daß es zu einer psychotischen Episode kommen kann, wenn in diesem Organismus ein Bruch entsteht[2]. Aber dieser Ausdruck schließt die normalen Interaktionen zwischen zwei Menschen nicht ein. Es gibt auf unserem Gebiet zwar eine unübersehbare Zahl von Untersuchungen über die normalen Transaktionen zwischen Mutter und Kind, aber wir kennen keinen Ausdruck, mit dem sich diese komplexe Zweipersoneneinheit beschreiben ließe. Man könnte ein solches Wort natürlich neu prägen – man könnte etwa vom *Mukind* oder der *Kimutter* sprechen –, aber natürlich ist es ganz unmöglich, nun alle irgend denkbaren multiplen Einheiten mit neuen Ausdrücken zu versehen.

Arthur Koestler, der auf diese begrifflichen Schwierigkeiten aufmerksam macht, beobachtete folgendes: »Wenn man von dem traditionell falschen Gebrauch der Wörter ›Ganzes‹ und ›Teil‹ fortkommen will, muß man mit so unhandlichen

Begriffen wie ›Sub-Ganzheit‹ oder ›Teil-Ganzheit‹ operieren.« Er prägte einen neuen Terminus, »um jene janusköpfigen Erscheinungen auf den einzelnen Stufen jeder Hierarchie zu bezeichnen«, das Wort Holon, vom griechischen Wort *holos* (ganz); die Nachsilbe *on* deutet dabei wie in Pro*ton* oder Neut*ron* auf den Partikel- oder Teilcharakter hin[3].

Diese Begrifflichkeit von Koestler ist für die Familientherapie von ganz besonderem Wert, denn die Einheit der Intervention ist immer ein Holon. Jedes Holon – das Individuum, die Kernfamilie, die erweiterte Familie, das Gemeinwesen – ist sowohl Ganzes als auch Teil, das eine nicht mehr als das andere, und ohne daß ein Widerspruch zwischen den beiden Zuständen bestünde. Als Ganzes setzt das Holon seine Wettbewerbsenergien im Sinne seiner Autonomie und Selbsterhaltung ein. Als Teil besitzt es zugleich eine gewisse integrative Energie. Die Kernfamilie ist ein Holon der erweiterten Familie, die erweiterte Familie ist ein Holon des Gemeinwesens und so fort. In jedem Ganzen ist der Teil enthalten und in jedem Teil auch das durch das Ganze vorgegebene »Programm«. Teil und Ganzes unterhalten miteinander einen ständigen, immerwährenden und anhaltenden Prozeß der Kommunikation und der gegenseitigen Beziehung.

DAS INDIVIDUELLE HOLON

Die Betrachtung des Individuums als Holon fällt dem Angehörigen des westlichen Kulturkreises besonders schwer. Die amerikanische Bevölkerungsstatistik versteht zum Beispiel unter der »Nichtfamilie« einen »ledigen Erwachsenen ohne Anhang«. Darin haben wir ein sprechendes Beispiel für unsere individualistische Denkweise. Nirgends unter lebenden Organismen finden wir so etwas wie »Anhanglosigkeit«, und doch existiert dieser Begriff in unserer Klassifizierung von Menschen. Unsere Verfassung, unser Steuersystem, unsere Sozialversicherung, das Gesundheitswesen, der Bereich der Psychohygiene, das Bildungs- und Erziehungswesen – ja selbst jene teuren Wohnanlagen, die nur den älteren Mitbürgern zugänglich sind –, sie alle bringen nicht nur das Konzept des autonomen Individuums zum Ausdruck, sondern lassen auch erkennen, daß sie das autonome Individuum wünschen.

Diese Sicht durchzieht das gesamte Feld des Gesundheitswesens und dringt sogar in den Bereich der Familientherapie vor. In Ronald Laings Konzept der Familienpolitik ist die Forderung enthalten, das Individuum von den Fesseln der

Familie zu befreien (was vermutlich seine statistische Einordnung als unverheirateter Erwachsener ohne Anhang erleichtern würde). Murray Bowens Differenzierungsmaßstab des Selbst, der zur Klärung der Frage herangezogen wird, bis zu welchem Grad das Selbst von menschlichen Beziehungen unbeeinflußt bleibt, weist ebenfalls sehr deutlich auf den »Kampf« zwischen dem Individuum und der Familie hin. Wann immer das Individuum als Teil irgendeines größeren Ganzen angesehen wird, sieht man es irgendwie auch als den Unterlegenen an[4]. Der angehende Therapeut ist vielleicht ganz besonders anfällig für die eingehende Beschäftigung gerade mit den Beschränkungen, die die Familie ihrem einzelnen Mitglied auferlegt. Er ist in aller Regel ja in einer Familie aufgewachsen, in der er sich auch durch den Prozeß der Individuation innerhalb der familialen Gruppe hindurcharbeiten mußte. Und möglicherweise befindet er sich augenblicklich selbst in jenem Stadium seines Lebenszyklus, in dem er sich von seiner Herkunftsfamilie löst und eine eigene Kernfamilie gründet, in einem Stadium also, in dem die Forderungen nach Aufbau eines neuen Holons mit seiner Erfahrung seines Selbst kollidieren. Deshalb gilt sein ganz besonderes Interesse vielleicht gerade der Frage, wie sich Interdependenz und Komplementarität denn tatsächlich auswirken.

Das individuelle Holon birgt in sich das Konzept des »Selbst in seinem Kontext«. Es schließt die persönlichen und die historischen Determinanten des Selbst ein. Darüber hinaus aber schließt es auch die gegenwärtigen und laufenden Eingaben des sozialen Kontextes ein. Durch die spezifischen Transaktionen des Individuums mit anderen Menschen werden jene Aspekte der individuellen Persönlichkeit geweckt und verstärkt, die dem Kontext angemessen sind. Das Individuum wiederum übt Einfluß auf jene anderen Menschen aus, die in der einen oder anderen Weise mit ihm interagieren, denn seine Reaktionen haben deren Reaktionen geweckt und verstärkt. Wir haben es also mit einem zirkulären, kontinuierlichen Prozeß der gegenseitigen Beeinflussung und Verstärkung zu tun, der in der Regel einem festen Muster folgt. Zugleich zeichnen sich aber sowohl das Individuum als auch der Kontext durch eine gewisse Kapazität zum flexiblen Verhalten und zur Veränderung aus.

Es ist nicht schwer, die Familie als Einheit und im Individuum ein Holon dieser Einheit zu sehen. Aber das Individuum vereinigt in sich noch andere Aspekte, die im Individuum als einem Holon der Familie nicht enthalten sind, wie in der nachfolgenden graphischen Darstellung deutlich wird:

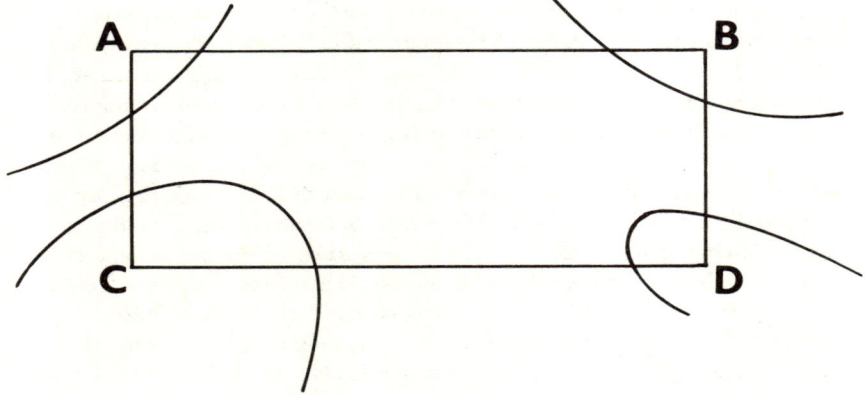

Das Rechteck stellt die Familie dar. Jeder Bogen ist ein individuelles Familienmitglied. Es sind also nur bestimmte Segmente des Selbst in dem Organismus Familie enthalten. C und D brauchen die Familie dringender als A und B, die vielleicht eine größere Verbundenheit mit ihren Kollegen, ihren Herkunftsfamilien und ihrer Altersgruppe empfinden. Aber der Spielraum des zulässigen Verhaltens wird dennoch von der Organisation der Familie bestimmt. Wie großzügig dieser Verhaltensbereich im jeweiligen Familienprogramm ausgelegt ist, hängt wiederum davon ab, wie weit die Familie in der Lage ist, Energien und Informationen aus dem außerfamilialen Bereich zu absorbieren und in sich aufzunehmen.

Die ständige Interaktion, die in und zwischen den einzelnen Holons zu verschiedenen Zeiten stattfindet, erfordert die Heranziehung ganz unterschiedlicher Segmente des Selbst. Ein Kind, das mit seiner allzu stark mit ihm beschäftigten Mutter interagiert, greift zum Mittel der Hilflosigkeit, um ihre Fürsorge und Zuwendung zu wecken. Seinem älteren Bruder gegenüber zeigt es sich dagegen als gerissener Konkurrent, um schließlich das zu bekommen, was es haben möchte. Ein Mann, der in seiner Familie ein autoritärer Ehemann und Vater ist, muß sich in der Arbeitswelt vielleicht mit einer niedrigeren Stellung in der Hierarchie begnügen. Ein Heranwachsender, der in seiner Altersgruppe den Ton angibt, solange er sich in Koalition mit seinem älteren Bruder befindet, lernt sich höflich zu verhalten, wenn der Bruder einmal nicht da ist. Das heißt also, daß unterschiedliche Kontexte auch ganz unterschiedliche Verhaltensaspekte des Menschen auf den Plan rufen.

Wir können also sagen, daß Menschen immer nur einen Teil ihrer Möglichkeiten nutzen. Es stehen ihnen viele Möglichkeiten zur Verfügung, aber die jeweilige kontextuelle Struktur ruft nur einige wenige von ihnen auf den Plan bzw. schränkt einige wenige ein. Das heißt also, wenn der Kontext durchbrochen oder erweitert wird, dann tauchen unter Umständen neue Möglichkeiten auf. Der Therapeut erweitert Kontexte und sorgt so dafür, daß auch die Erkundung dessen möglich ist, was der Familie bisher nicht vertraut war. Er bestätigt die Familienmitglieder und regt sie an, mit Verhaltensweisen zu experimentieren, die bisher durch das Familiensystem beschnitten waren. Mit dem Auftauchen neuer Verhaltensmöglichkeiten wird der Familienorganismus komplexer und entwickelt schließlich annehmbarere alternative Lösungsmöglichkeiten.

Familien sind in sich hochkomplexe multi-individuelle Systeme, aber zugleich auch Subsysteme größerer Einheiten – der erweiterten Familie, des Wohnquartiers, der Gesellschaft insgesamt. Aus den Interaktionen mit diesen größeren Holons leitet sich ein beträchtlicher Teil ihrer Probleme und Aufgaben, aber auch ihre Formen der Unterstützung her.

Daneben besitzen Familien auch ihrerseits differenzierte Subsysteme. Jedes Individuum ist ein Subsystem, ferner auch die Dyade, also Mann und Frau. Größere Untergruppierungen entstehen zum Beispiel aus der Generation (das geschwisterliche Subsystem), aus dem Geschlecht (Großvater, Vater, Sohn) oder der Aufgabe (das elterliche Subsystem). Zu diesen verschiedenen Subsystemen finden sich die Menschen in der Art eines Kaleidoskops immer neu zusammen. Der Sohn muß dem elterlichen Subsystem gegenüber wie ein Kind auftreten, so daß der Vater als Erwachsener handeln kann. Wenn er aber auf seinen kleinen Bruder aufpassen soll, dann hat dieser Sohn gewisse Machtbefugnisse. Innerhalb des familialen Holons sind neben dem Individuum drei Einheiten von besonderer Bedeutung: das eheliche, das elterliche und das geschwisterliche Subsystem.

DAS EHELICHE HOLON

In der Familientherapie empfiehlt es sich, den Beginn des Konzepts der Familie an dem Punkt anzusetzen, an dem zwei erwachsene Menschen, ein Mann und eine Frau, sich in der Absicht zusammentun, eine Familie zu gründen. Diese

Übereinkunft muß nicht legalisiert sein, um signifikant zu sein, und unsere begrenzten therapeutischen Erfahrungen mit homosexuellen Partnern mit Kindern deuten darauf hin, daß familientherapeutische Konzepte im Umgang mit solchen Klienten genau die gleiche Gültigkeit haben wie im Umgang mit heterosexuellen Paaren mit Kindern. Jeder der neuen Partner hat bestimmte Wertvorstellungen und Erwartungen, die ihm teils bewußt, teils nicht bewußt sind und die von der Frage der Selbstbestimmung bis zu der Frage reichen, ob man morgens frühstücken soll oder nicht. Die beiden Werthaltungen müssen nun mit der Zeit in Einklang miteinander gebracht werden, damit ein Zusammenleben überhaupt möglich ist. Jeder der beiden Partner muß einen Teil seiner Vorstellungen und liebgewordenen Gewohnheiten aufgeben, er büßt an Individualität ein, gewinnt dafür aber das Gefühl der Zugehörigkeit zum anderen. Allmählich entsteht auf diese Weise ein neues System.

Die Transaktionsmuster, die sich allmählich herausbilden, werden in der Regel gar nicht als solche erkannt. Sie sind ganz einfach da, sie gehören gewissermaßen zum Unterbau des Lebens – Dinge, die notwendig sind, über die man jedoch nicht nachdenkt. Viele sind mühelos oder fast mühelos zustandegekommen. Wenn beispielsweise beide Partner aus patriarchalischen Familien stammen, dann werden sie es wohl für ganz selbstverständlich halten, daß die Frau die Hausarbeit verrichtet. Andere Transaktionsmuster entstehen als Folge einer klaren Abmachung: »Du bist heute mit Kochen dran.« In jedem Fall beherrschen die einmal entstandenen Muster die Art und Weise, wie jeder Partner sich und seinen Partner im ehelichen Kontext erlebt. Verhaltensweisen, die nicht mit dem übereinstimmen, woran man sich inzwischen gewöhnt hat, schmerzen und verletzen schließlich. Normenwidriges Verhalten gewinnt den Ruch des Verrats, auch wenn keiner der beiden Partner genau angeben könnte, was los ist. Reibungspunkte wird es immer geben, und das System wird sich auf die sich wandelnden Forderungen aus der Umgebung umstellen müssen. Aber an einem gewissen Punkt wird sich eine bestimmte Struktur herausbilden, die allen ehelichen Transaktionen zugrunde liegt.

Zu den wichtigsten Aufgaben des ehelichen Subsystems gehört die Entwicklung von Grenzen, die die Partner schützen und ihnen einen Bereich sichern, in dem sie ihre psychischen Bedürfnisse befriedigen können, ohne daß ihre Eltern, die Kinder oder andere Außenstehende sich einmischen können. Die Angemessenheit dieser Grenzen ist einer der wichtigsten Aspekte im Zusammenhang mit der Lebensfähigkeit der Familienstruktur.

Wenn man die Kernfamilie losgelöst von anderen Kontexten betrachtet, dann sieht es so aus, als sei jeder Partner der alleinige Kontext des jeweils anderen Partners. In unserer hochmobilen Gesellschaft kann es in der Tat vorkommen, daß die Kernfamilie von anderen Formen der Unterstützung abgeschnitten ist, was eine übermäßige Belastung des ehelichen Subsystems zur Folge hat. Margaret Mead spricht von dieser Situation als einer der Gefahren, denen die Familie heute in der westlichen Welt ausgesetzt ist. Das eheliche Subsystem ist also ein sehr macht- und einflußreicher Kontext für Bestätigung, aber auch für Disqualifikation.

Das eheliche Subsystem kann seinen Mitgliedern eine stützende Basis bieten, um sich von hier aus mit der außerfamilialen Welt auseinanderzusetzen, und es kann einen Hafen für sie darstellen, in den sie sich nach den in der Außenwelt erfahrenen Belastungen zurückziehen können. Wenn allerdings die Regeln dieses Subsystems so starr sind, daß die Partner ihre Erfahrungen aus ihren außerfamilialen Transaktionen nicht hier einbringen können, dann sind die beiden »Partner im System« vielleicht an Überlebensregeln aus früheren Kontrakten gebunden, die heute nicht mehr aureichen, und können ihr Selbst nur dann umfassend zum Einsatz bringen, wenn sie voneinander getrennt sind. Wenn das der Fall ist, büßt das eheliche Subsystem seinen inneren Reichtum und seine Lebenskraft immer weiter ein, bis es am Ende als Quelle des Wachstums für seine Mitglieder nicht mehr zugänglich ist. Wenn dies anhält, erachten die Partner es möglicherweise für notwendig, das System aufzulösen.

Das eheliche Subsystem ist für die Entwicklung des Kindes lebenswichtig. Es ermöglicht dem Kind die Beobachtung einer engen und herzlichen Beziehung, wie sie in den täglichen Interaktionen der Partner miteinander zum Ausdruck kommt. Am ehelichen Subsystem liest das Kind gewissermaßen ab, auf welche verschiedene Weise Zuneigung sich ausdrücken läßt, wie man mit einem Partner umgeht, der unter einer inneren Belastung steht, und wie zwei gleichberechtigte Partner Konflikte angehen und lösen. Was das Kind hier sieht, prägt zunehmend seine Wertvorstellungen und Erwartungen, wenn es dann allmählich in Kontakt mit der Welt außerhalb der Familie tritt.

Jede ernsthafte Dysfunktion innerhalb des ehelichen Subsystems hat Rückwirkungen auf die ganze Familie. Wenn die Situation bereits pathogen ist, wird das Kind unter Umständen zum Sündenbock gemacht oder von einem der Partner in eine gegen den anderen gerichtete Allianz hineingedrängt. Der Therapeut muß ein wachsames Auge darauf haben, ob und in welcher Weise das Kind als

Mitglied eines Subsystems benutzt wird, dem es im Grunde nicht angehören sollte, und ob es in Transaktionen verwickelt ist, die ohne Zweifel mit den elterlichen Funktionen zu tun haben.

DAS ELTERLICHE HOLON

Die Transaktionen innerhalb des elterlichen Holons umfassen zunächst einmal die Aufgaben im Zusammenhang mit der Erziehung und Sozialisation der Kinder. Aber die Entwicklung des Kindes ist auch noch in anderer Weise durch die kindlichen Interaktionen innerhalb dieses Subsystems beeinflußt. Hier lernt das Kind, welche Erwartungen es an Menschen stellen kann, die über größere Ressourcen und Kräfte verfügen. Es lernt Autorität als eine vernünftig oder als eine willkürlich gehandhabte Eigenschaft kennen. Es stellt fest, ob seine Bedürfnisse Unterstützung finden, und es lernt, wie es mit dem größtmöglichen Erfolg und getreu dem Stil seiner Familie mitteilen kann, was es braucht und was es möchte. Sein Selbstwertgefühl entwickelt sich danach, wie die Eltern darauf antworten, wobei es auch eine Rolle spielt, ob diese Reaktionen dem Alter des Kindes angemessen sind oder nicht. Das Kind erfährt ferner, welche Verhaltensweisen belohnt werden und welche auf Ablehnung stoßen. Schließlich macht das Kind innerhalb des elterlichen Subsystems erste Erfahrungen damit, wie die Familie mit Konflikten umgeht und sie regelt.

Das elterliche Holon kann in seiner Zusammensetzung sehr unterschiedlich sein. Zum Beispiel kann auch ein Großvater oder eine Tante diesem Subsystem angehören. Einer der Eltern kann sehr weitgehend ausgeschlossen sein. Es kann ein Elternkind einschließen, dem das Amt zukommt, seine Geschwister zu beaufsichtigen und zu erziehen. Der Therapeut muß herausfinden, wer die Mitglieder dieses Subsystems sind; es hat wenig Sinn, der Mutter zu helfen, ihr Kind zu erziehen, wenn ihre Stelle in Wahrheit von der Großmutter eingenommen wird.

Das Kind wird älter, seine Bedürfnisse wandeln sich, und parallel dazu muß sich auch das elterliche Subsystem verändern. Das Kind erwirbt immer mehr und immer vielfältigere Fähigkeiten, und damit muß man ihm nun auch vermehrt Gelegenheit geben, Entscheidungen zu treffen und die Kontrolle über die eigene Person selbst auszuüben. Familien mit heranwachsenden Kindern sollten anders miteinander verhandeln als Familien mit kleineren Kindern dies tun. Die Eltern müssen ihren größer gewordenen Kindern mehr Autonomie zugestehen und zugleich mehr Verantwortungsgefühl von ihnen verlangen.

Den erwachsenen Mitgliedern des elterlichen Subsystems kommt die Aufgabe zu, die Kinder zu versorgen, zu schützen und zu brauchbaren Mitgliedern der Gesellschaft zu erziehen – aber neben diesen Pflichten haben sie auch Rechte. Sie haben beispielsweise das Recht, Entscheidungen zu treffen, die mit dem Überleben des gesamten Systems zu tun haben – denken wir an einen Wohnsitzwechsel, an die Überlegung, in welche Schule sie ihre Kinder schicken wollen, an die Festlegung der Regeln, die alle Familienmitglieder schützen. Sie haben das Recht – und übrigens auch die Pflicht –, den privaten Raum rund um das eheliche Subsystem zu schützen und darüber zu bestimmen, welche Rolle die Kinder im Leben der Familie insgesamt spielen sollen.

Unsere auf das Kind ausgerichtete Kultur neigt dazu, die Verpflichtungen der Eltern besonders hervorzuheben, ihren Rechten dagegen nicht allzuviel Aufmerksamkeit zu schenken. Aber ein Subsystem, dem Aufgaben zufallen, muß auch die Autorität haben, sie durchzuführen. Das Kind wiederum muß die Freiheit haben, Dinge zu erkunden und sich weiterzuentwickeln; es wird sich aber nur dann an seine Erkundungsgänge wagen, wenn es das Gefühl hat, daß seine Welt vorhersagbar ist.

Auseinandersetzungen um Ausmaß und Art der Kontrolle sind eine ganz selbstverständliche Komponente des elterlichen Holons. Solche Fragen und Probleme werden in allen Familien ständig besprochen und auf dem Wege von Versuch und Irrtum mehr oder weniger gelöst. Die Art der Lösungen hängt davon ab, welches Entwicklungsstadium die Familie im Augenblick erreicht hat. Wenn eine Familie in diesem Bereich nicht mehr weiter weiß und schließlich zur Behandlung kommt, dann muß der Therapeut unbedingt dem Umstand Rechnung tragen, daß vermutlich alle Mitglieder am Fortbestehen der dysfunktionalen Transaktionen beteiligt sind und ihnen allen auch die Mittel und Möglichkeiten zur Lösung der Probleme zugänglich sind.

Das geschwisterliche Holon

Die Geschwister sind die erste Peergruppe des Kindes. Innerhalb dieses Kontextes stützen und attackieren die Kinder einander, haben ihren Spaß miteinander und lernen voneinander. Sie entwickeln eigene Transaktionsmuster im Verhan-

deln, Zusammenarbeiten und im Konkurrieren. Sie lernen, wie man Freundschaften schließt und sich mit Gegnern auseinandersetzt, sie erfahren, daß man
von anderen lernen kann, und sie entdecken, wie man Anerkennung erhält. In
der Regel nehmen sie in diesem ständigen Wechselspiel von Geben und Nehmen
immer wieder andere Positionen ein, und der ganze Prozeß stärkt sowohl ihr
Zugehörigkeitsgefühl zu einer Gruppe als auch ihre Überzeugung, daß es
innerhalb eines solchen Systems Möglichkeiten der individuellen Entscheidung
und des alternativen Vorgehens gibt. Diese Erfahrungen werden wichtig, wenn
sie dann allmählich in außerfamiliale Peergruppen hineinwachsen, also in das
Schulsystem und später in das Berufsleben.

In großen Familien finden sich die Kinder je nach der erreichten Entwicklungsstufe zu unterschiedlichen Subsystemen zusammen. Der Therapeut muß die für
die jeweilige Entwicklungsstufe charakteristische Sprache beherrschen und mit
den unterschiedlichen Möglichkeiten und Bedürfnissen auf den einzelnen Stufen
vertraut sein. Es hat sich als nützlich erwiesen, die Geschwister untereinander
ihre Fähigkeiten, Konflikte zu lösen – ob es nun um Fragen der Autonomie, der
Rivalität, der unterschiedlichen Kompetenzen geht – immer wieder gewissermaßen spielerisch einüben zu lassen, damit sie diese später in ihren außerfamilialen
Subsystemen anwenden können.

Familientherapeuten neigen dazu, den Kontext der Geschwister zu gering zu
bewerten und statt dessen solche Therapieziele vorzuziehen, mit denen nur die
Eltern unterstützt werden. Aber eine Therapiesitzung mit den Geschwistern
allein, die Herbeiführung therapeutischer Situationen, in denen die Geschwister
sich über gewisse Sachverhalte unterhalten, während die Eltern nur Beobachter
sind, oder das Ingangsetzen von »Dialogen« zwischen dem geschwisterlichen
und dem elterlichen Holon kann außerordentlich gute Wirkungen zeigen, nämlich neue Formen von Autonomie und Kontrolle zu finden. Wo die Eltern
geschieden sind, haben sich gerade Zusammenkünfte der Kinder mit dem
ausgezogenen Elternteil als sehr nützlich erwiesen; solche Zusammenkünfte
wirken sich so aus, daß der komplexe »geschiedene Organismus« am Ende besser
funktioniert.

Wie die Familie ihre Aufgaben ausführt, ist nicht annähernd so wichtig wie die
Frage, wie gut sie sie bewältigt. Der Familientherapeut, Kind seiner eigenen Zeit
und Kultur, muß sich also davor hüten, immer nur solche Modelle im Blick zu
haben, mit denen er besonders vertraut ist, und nur solche Verhaltensregeln zu
empfehlen, die ohnehin allgemein bekannt sind. Auch muß er darauf achten, daß

er nicht etwa der Tendenz nachgibt, nur die Kernfamilie zu sehen und die Bedeutung der erweiterten Familie außer acht zu lassen – die ja mit der Kernfamilie kommuniziert und einen erheblichen Einfluß auf sie ausübt. Jüngere Therapeuten sind in Gefahr, vor allem die Rechte der Kinder zu sehen, denn sie haben den schwierigen Stand der Eltern noch nicht am eigenen Leibe erfahren. Es kann vorkommen, daß sie die Eltern verurteilen, weil sie deren Anstrengungen nicht wahrgenommen haben. Männliche Therapeuten neigen vielleicht dazu, das eheliche Subsystem ins Ungleichgewicht zu bringen, weil ihnen die Stellung des männlichen Partners in diesem System eher zugänglich ist und stützenswert erscheint. Weibliche Therapeuten, denen besonders die Zwänge auf den Nägeln brennen, die den Frauen durch patriarchalische Familiensysteme entstehen, versuchen unter Umständen, die Differenzierung der Frau in der Ehe noch über die Möglichkeiten hinaus zu fördern, wie sie in der jeweiligen Familie vorhanden sind. Alle Therapeuten sollten sich immer wieder vor Augen halten, daß die Familie ein Holon und als solches in die größere Kultur eingebettet ist, und daß die therapeutische Aufgabe darin besteht, der Familie zu helfen, daß sie – gemessen an den jeweiligen Möglichkeiten innerhalb ihres familialen wie auch des größeren kulturellen Systems – ihren Funktionen besser gerecht wird.

Entwicklung und Veränderung der Familie

Die Familie ist keine statische Größe. Sie befindet sich – so wie ihr Kontext – in ständiger Veränderung. Wenn wir menschliche Wesen losgelöst von Wandel und Zeit betrachten, so ist dies allein ein sprachliches Phänomen. Tatsächlich halten die Therapeuten die Zeit gewissermaßen an, wenn sie die Familie betrachten, so wie man eine Folge von Bildern anhält, um sich auf ein einzelnes Bild in seinem Rahmen zu konzentrieren.

Dabei hat man sich in der Familientherapie bisher kaum jemals darum gekümmert, daß die Familie sich mit der Zeit verändert. Das liegt zum Teil daran, daß die Familientherapeuten ihr Interesse vornehmlich auf das Hier und Jetzt richten, im Gegensatz zur psychoanalytisch orientierten Therapie, für die die Exploration der Vergangenheit eine große Rolle spielt. Es liegt weiter aber auch daran, daß der Familientherapeut sich dem ganz erheblichen Druck nicht entziehen kann, den die Familienstruktur als lenkendes und beherrschendes System ausübt. Der Therapeut ist in ein lebendiges System eingetreten, das seine ureigene Seinsweise besitzt und über wirkungsvolle Mechanismen verfügt, diese zu bewahren. In der Unmittelbarkeit der therapeutischen Begegnung spürt er in erster Linie diese stabilisierenden Mechanismen, während die flexiblen Elemente der Struktur nur selten einen so nachhaltigen Einfluß ausüben. Veränderungen geschehen in der Gegenwart, aber ihre Bedeutung wird erst auf lange Sicht erkennbar.

Die Familie sieht sich immer neuen Forderungen nach Wandel und Veränderung ausgesetzt, die sowohl von innen als auch von außen an sie herangetragen werden. Wenn ein Großelternteil stirbt, kann es sein, daß das gesamte elterliche Subsystem einer neuen Ausrichtung bedarf. Wenn die Mutter ihre Arbeitsstelle verliert, müssen unter Umständen das eheliche, das exekutive und das elterliche Subsystem eine Veränderung erfahren. Veränderung ist in Wahrheit die Regel, und die langfristige Betrachtung jeder beliebigen Familie würde uns zeigen, daß sie flexibel, in ständiger Fluktuation begriffen und höchstwahrscheinlich eher im Ungleichgewicht als im Gleichgewicht ist.

Eine Längsschnittbetrachtung der Familie zeigt uns, daß wir es mit einem Organismus zu tun haben, der sich im Laufe der Zeit herausbildet. Zwei individuelle »Zellen« vereinigen sich und formen so einen mehrleibigen Körper, vergleichbar der Gruppe gesellig lebender Tiere. Diese Einheit bewegt sich durch Phasen des Älterwerdens, die jeden Körper einzeln und individuell berühren, bis die beiden Erzeugerzellen schließlich wegsterben, während andere den Lebenszyklus von neuem beginnen.

Wie alle lebenden Organismen hat auch das Familiensystem die Tendenz sowohl zur Bewahrung als auch zur Entwicklung. Forderungen nach einer Veränderung werden in der Regel Mechanismen aktivieren, die der Veränderung entgegenwirken, aber insgesamt entwickelt sich das System zu immer größerer Komplexität. Fluktuationen sind zwar nur innerhalb eines gegebenen Spielraums möglich, aber die Familie hat doch eine erstaunliche Kapazität, sich anzupassen, und sich bei gleichzeitiger Wahrung ihrer Kontinuität zu verändern.

Lebende Systeme mit diesen Merkmalen sind definitionsgemäß offene Systeme, im Gegensatz zu den geschlossenen Gleichgewichtsstrukturen der klassischen Thermodynamik. Ilya Prigogine erklärt den Unterschied so: »Das Kristall etwa ist ein typisches Beispiel einer Gleichgewichtsstruktur. Dissipative (lebende) Strukturen sind von ganz anderer Art: sie kommen zustande und bleiben erhalten aufgrund des ständigen Austauschs zwischen Energie und Materie unter Bedingungen des Ungleichgewichts.« Lebende Systeme erhalten durch die inneren oder äußeren Fluktuationen eine neue Struktur: »Eine neue Struktur ist immer das Ergebnis einer Instabilität. Sie entstammt einer Fluktuation. Während auf eine Fluktuation in der Regel eine Reaktion folgt, die das System in seinen stabilen Zustand zurückführt, werden dagegen bei der Bildung einer neuen Struktur die Fluktuationen größer.« Die klassische Thermodynamik, sagt Prigogine, »ist im wesentlichen eine Theorie der Zerstörung der Struktur. Aber irgendwie muß eine solche Theorie durch eine Theorie der Bildung und Entstehung von Struktur ergänzt werden.«[5]

Jahrelang hat die Familientherapie immer wieder darauf hingewiesen, daß ein System die Macht besitzt, bestehende Strukturen zu bewahren. Aus der Arbeit von Prigogine und anderen wird dagegen deutlich, daß, wenn ein System teilweise offen ist für den Einfluß von Energie oder Information, »die sich ergebenden Instabilitäten nicht zu einem zufälligen Verhalten führen, sondern das System zu einer neuen dynamischen Ordnung führen, das einer neuen Komplexität entspricht.«[6]

Die Familie, ein lebendes System, tauscht nach außen Informationen und Energie aus. Einer inneren oder äußeren Fluktuation folgt in der Regel eine Reaktion, durch die das System in seinen stabilen Zustand zurückgeführt wird. Wenn die Fluktuation aber stärker wird, dann gerät die Familie unter Umständen in eine Krise, in der durch Transformation eine andere Verhaltens- und Funktionsebene erreicht wird, wodurch die Bewältigung der Situation möglich wird.

Diese Sicht der Familie als lebendes System legt den Gedanken nahe, daß die langfristige Untersuchung jeder Familie die (in der nachstehenden Skizze angedeutete) Entwicklung zeigt, daß sich Perioden des Ungleichgewichts mit Perioden der Homöostase abwechseln und die Fluktuation innerhalb eines zu bewältigenden Maßes bleibt:

Dieses Modell bietet dem Therapeuten die Grundlage, von der aus er sich rasch dem Zusammenhang zwischen dem Entwicklungsstadium der Familie und den therapeutischen Zielen zuwenden kann, weil die therapeutische Krise einem Entwicklungsplan folgt. Anders als andere derartige Modelle ist das hier vorgestellte Modell nicht auf das Individuum und seinen Kontext beschränkt. Es arbeitet mit Holons und postuliert, daß entwicklungsbedingte Veränderungen des Individuums sich auf die Familie auswirken, während die Veränderungen in der Familie und in den außerfamilialen Holons wiederum von Einfluß auf die individuellen Holons sind.

Die Entwicklung der Familie erfolgt gemäß diesem Modell in fortlaufenden Schritten und in Richtung einer immer größeren Komplexität. Es gibt Perioden des Gleichgewichts und der Anpassung, in denen die anfallenden Aufgaben durch den geschickten Einsatz der dazu notwendigen Fertigkeiten gut bewältigt werden. Es gibt auch Perioden des Ungleichgewichts, die entweder vom Individuum oder vom Kontext herrühren. Sie enden mit dem Erreichen einer neuen und komplexeren Stufe, wo neue Aufgaben und neue Fertigkeiten entwickelt werden.

Ein zweijähriges Kind wird in den Kindergarten aufgenommen. Ohne die Mutter experimentiert es hier mit neuen Formen der Lebens- und Umweltbewältigung und wird nun auch nach einer Neugestaltung der Beziehungen in der Familie verlangen. Die Mutter, die von Warten im überfüllten Lebensmittelgeschäft schon ganz nervös ist, muß dem Kind nun auch noch gestatten, die Sorte Kekse auszusuchen, die im Kindergarten üblicherweise gegessen wird. Am selben Abend muß der Vater die Mutter mit einer spaßhaften Bemerkung über die »schrecklichen Zweijährigen« besänftigen. Die Wahrheit ist, daß alle drei Familienmitglieder sich von der Stufe Kleinstkind/Vater bzw. Kleinstkind/Mutter trennen müssen. Das Kind-System, die Mutter-Kind-Dyade und die gesamte familiale Triade befinden sich im Augenblick in einer Auflösungsstruktur. Die Fluktuation hat durch die inneren und äußeren Einflüsse zugenommen, und die daraus entstehende Instabilität wird dem System zu einer neuen Komplexität verhelfen.

Das Entwicklungsmodell der Familie nennt vier Hauptstadien, die alle am Wachstum der Kinder ausgerichtet sind: das Stadium, in dem das Paar zueinander findet, das Stadium der Familie mit kleinen Kindern, das Stadium der Familie mit schulpflichtigen und heranwachsenden Kindern, das Stadium der Familie mit den erwachsenen Kindern.

Das Zusammenfinden des Paares

In der ersten Phase entstehen die Transaktionsmuster, die insgesamt die Struktur des ehelichen Holons bilden. Die Grenzen, die die Beziehungen der neuformierten Einheit gegenüber den Herkunftsfamilien, den Freunden, der Arbeitswelt, der Nachbarschaft und anderen signifikanten Kontexten regeln, müssen ausgehandelt werden. Das Paar muß neue Formen des Umgangs mit anderen Menschen erarbeiten. Wichtige bisherige Kontakte müssen fortgeführt werden, aber zugleich muß auch ein Holon begründet werden, dessen Grenzen deutlich genug ausgeprägt sind, um eine intime und vertraute eheliche Beziehung entstehen zu lassen. Ständig tauchen neue Fragen auf: Wie oft werden sie *seine* Zwillingsschwester besuchen? Wie werden sie mit *seiner* Abneigung gegen *ihre* beste Freundin fertig werden? Wie sollen sie es mit *ihrer* abendlichen Tätigkeit im Labor halten, der sie so gerne nachgeht, die aber auch bedeutet, daß *er* zweimal in der Woche allein zu Abend essen muß?

Innerhalb des ehelichen Holons müssen die Partner ihren jeweiligen Lebensstil und ihre beiderseitigen Erwartungen miteinander in Einklang bringen und zu einer Einigung darüber gelangen, wie sie einander über gewisse Dinge informieren, wie sie miteinander umgehen und wie sie den Bereich der Gefühle handhaben wollen. Sie müssen Regeln für das Zusammenleben entwickeln, Hierarchien festlegen, sich darüber einigen, wer sich auf welchem Gebiet spezialisieren und dort als sachkundig gelten soll, und sie müssen Formen der Kooperation finden. Jeder muß die Fähigkeit entwickeln, die Schwingungen im anderen zu erahnen, beiden müssen mit der Zeit die gleichen Assoziationen und Wertvorstellungen kommen, beide müssen heraushören können, was dem anderen wichtig ist, und gemeinsam müssen sie zu einer gewissen Übereinstimmung darüber gelangen, wie sie mit dem Umstand fertigwerden wollen, daß sie nicht in jeder einzelnen Wertfrage der gleichen Meinung sind.

Zunächst und vor allem muß das eheliche Holon lernen, mit Konflikten umzugehen, die unweigerlich auftauchen, wenn zwei Menschen eine neue Einheit bilden – ob es sich nun darum handelt, ob man bei geöffnetem oder geschlossenem Fenster schläft, oder ob es um die Ausgaben für den Haushalt geht. Es gehört zu den wichtigsten Aufgaben dieser frühen Periode, wirklich brauchbare Formen dafür zu entwickeln, wie Konflikte ausgedrückt und gelöst werden.

Hier haben wir es ganz deutlich mit einer Ausweitungsphase zu tun. Zwischen dem Holon und seinem Kontext wie auch innerhalb des Holons selbst erfolgt ein sehr reger Informationsaustausch. Es kommt auch zu Spannungen zwischen den Bedürfnissen des ehelichen Holons und den Bedürfnissen der beiden Individuen. Regeln, die bisher jeden einzelnen befriedigt haben, müssen jetzt modifiziert werden. In der Phase der Paarbildung sind die Themen von Teil und Ganzem von großer Bedeutung. Jeder Partner erlebt sich zunächst als ein Ganzes, das mit einem anderen Ganzen interagiert. Aber wenn die neue eheliche Einheit zustandekommen soll, muß jeder zum Teil werden. Das wird unter Umständen als eine Einbuße an Individualität empfunden. Es kommt vor, daß ein Therapeut, der mit einer in diesem Prozeß befindlichen Familie arbeitet, die Komplementarität in den Mittelpunkt stellen muß, um den Partnern zu der Erkenntnis zu verhelfen, daß die Zusammengehörigkeit sowohl bereichert als auch einengt.

Mit der Zeit festigt sich der neue Organismus und wird zu einem ausgeglichenen System. Diese Entwicklung zu einer höheren Ebene der Komplexität verläuft keineswegs schmerzlos. Aber wenn das Holon sie durchsteht, dann erreichen die Partner ein Stadium, in dem – falls es nicht zu signifikanten inneren Veränderungen bzw. äußeren Einwirkungen kommt – die Fluktuationen des Systems innerhalb der festgelegten Grenzen bleiben.

FAMILIEN MIT KLEINEN KINDERN

Die zweite Stufe wird mit der Geburt des ersten Kindes erreicht, wenn sich nun ganz plötzlich neue Holons etablieren: das elterliche Holon, das Mutter-Kind-Holon, das Vater-Kind-Holon. Das eheliche Holon muß sich umstellen, um mit den neuen Aufgaben zurechtzukommen, und es müssen neue Regeln festgelegt werden. Das Neugeborene ist in jeder Hinsicht auf verantwortungsbewußte Fürsorge und Pflege angewiesen. Daneben läßt es bereits Elemente seiner eigenen Persönlichkeit erkennen, an die die Familie sich gewöhnen muß.

Auch hier haben wir es wieder mit einer Ausweitung der Strukturen zu tun – bis hin zu dem Punkt, wo das System selbst in Gefahr geraten kann. Die Frau sieht sich bestimmten Anforderungen an ihre Zeit und ihre Aufmerksamkeit gegenüber, die sie in Konflikt bringen. Der Mann entfernt sich vielleicht von ihr. Der Therapeut muß ihn dann unter Umständen wieder auf die Mutter und das Kind hin bewegen, ihm seine väterlichen Funktionen vor Augen halten und ihm zu einer komplexeren und differenzierteren Sicht seiner selbst im ehelichen wie im elterlichen Holon verhelfen.

Wenn diesen Erfordernissen nur unzureichend entsprochen wird, kann es geschehen, daß sich Koalitionen quer durch die Generationen bilden. Mutter oder Vater können mit dem Kind in eine gegen den Partner gerichtete Koalition eintreten und den ausgeschlossenen Elternteil damit entweder an die Peripherie oder aber in eine allzugroße Kontrollposition drängen.

Während die Familie sich mit Fragen der Kontrolle und der Sozialisation beschäftigt, muß sie aber auch neue Kontakte mit der Außenwelt aushandeln. Es kommt zu neuen Beziehungen zu den Großeltern, den Tanten und Onkeln, den Cousins und Cousinen. Die Familie muß mit dem Krankenhaus verhandeln, dem Kindergarten bzw. der Schule und sich auf die gesamte auf das Kind und seine Bedürfnisse hin orientierte Industrie einstellen.

Das Kleinkind, das sich mehr und mehr selbständig bewegt und beginnt, seine Wünsche und Bedürfnisse auszusprechen, braucht eine Art der Beaufsichtigung, die seine Sicherheit ebenso gewährleistet wie der private Raum und die Autorität der Eltern. Die Erwachsenen müssen ihre bereits gebildeten Muster der Hinwendung zum Kind und der Erfüllung seiner Bedürfnisse jetzt modifizieren, das heißt, sie müssen angemessene Formen von Kontrolle anwenden, zugleich aber die Entwicklung des Kindes fördern. In allen familialen Holons müssen die entsprechenden neuen Muster erprobt und gefestigt werden.

Mit der Geburt weiterer Kinder werden die stabilen Muster, die rund um die Person des ersten Kindes errichtet worden waren, wieder unterbrochen. Jetzt muß ein komplexerer und differenzierterer Lageplan der Familie angelegt werden, in dem auch das geschwisterliche Holon entwickelt wird.

FAMILIEN MIT SCHULPFLICHTIGEN BZW. HERANWACHSENDEN KINDERN

Zu einer spürbaren Veränderung kommt es in dem Augenblick, in dem die Kinder in die Schule eintreten und mit dem die dritte Entwicklungsphase beginnt. Jetzt muß sich die Familie mit einem neuen, wohlorganisierten und hochsignifikanten System auseinandersetzen. Die ganze Familie muß neue Muster entwickeln: Wer soll bei den Schulaufgaben helfen, und wie soll diese Hilfe aussehen? Welche Regeln gelten für das Zubettgehen, die Hausarbeiten und die Freizeitgestaltung? Wie wird die Beurteilung des Kindes durch die Schule aufgenommen?

Im Heranwachsen führen die Kinder dem Familiensystem neue Elemente zu.

Das Kind stellt fest, daß die Familien seiner Freunde sich an andere und anscheinend gerechtere Regeln halten. Wieder tritt die Familie in Verhandlungen ein und ändert die eine oder andere Regel. Die neuen Grenzen zwischen Vater bzw. Mutter einerseits und dem Kind andererseits müssen den Kontakt weiterhin ermöglichen, dem Kind aber auch die Freiheit lassen, gewisse Erfahrungen für sich zu behalten.

Für das heranwachsende Kind gewinnt dann die Gruppe der Gleichaltrigen an Macht und Einfluß. Hier handelt es sich um eine eigene Kultur mit eigenen Ansichten über Sex, Drogen, Alkohol, Kleidung, Politik, Lebensstil, Zukunft. Die Familie hat es hier mit einem starken und häufig in Konkurrenz mit ihr befindlichen System zu tun, und das heranwachsende Kind ist dank seiner zunehmenden Fähigkeiten und Fertigkeiten nun in der Lage, den Eltern immer weitergehende Zugeständnisse abzuverlangen. Die Fragen von Autonomie und Kontrolle müssen auf allen Ebenen von neuem ausgehandelt werden.

Die Kinder sind allerdings nicht die einzigen Familienmitglieder, die reifer werden und sich verändern. Es gibt auch im Leben des Erwachsenen ganz spezifische Übergänge, die sich in der Regel mehr oder weniger mit der Vollendung eines weiteren Lebensjahrzehnts decken. Auch diese Phasen nehmen Einfluß auf die familialen Holons und werden ihrerseits von diesen beeinflußt. In dieser Phase können sich allmählich ein neuer Druck und neue Anforderungen gegenüber der Familie bemerkbar machen, und zwar von seiten der Eltern der Eltern. Eltern in den mittleren Lebensjahren, die sich gerade mit ihren Kindern über deren Wunsch nach Autonomie und zugleich nach fortdauernder Hilfe und Unterstützung auseinandersetzen, müssen unter Umständen nun auch ihren Wiedereintritt in das Leben ihrer eigenen Eltern planen, deren Kräfte allmählich nachlassen oder die in ihrem Schmerz über den Verlust eines geliebten Menschen Trost und Zuspruch brauchen.

Ein leichtes Ungleichgewicht, das nach Anpassung verlangt, ist über weite Strecken dieser dritten Phase typisch für alle Familien, die sich in diesem Stadium ihres Lebens befinden. Auflösungs- und Ausweitungserscheinungen allerdings sind deutlich zur Zeit des Schuleintritts und zu gewissen Zeiten während der Adoleszenz sichtbar, wenn die sexuellen Interessen, die Anforderungen der Schule und die Verlockungen der Gruppe der Gleichaltrigen die eingefahrenen familialen Muster zerstören.

Schließlich beginnt in dieser Phase der Prozeß der Loslösung, und diese neue Veränderung ist nun im ganzen Familiensystem sehr deutlich zu spüren. Das zweite Kind hatte bisher vielleicht eine relativ losgelöste Stellung innerhalb eines im übrigen stark verstrickten elterlichen Holons. Wenn nun die ältere Schwester ins Studium geht, stellt dieses zweite Kind fest, daß es mehr und mehr der Aufmerksamkeit seiner Eltern ausgesetzt ist. Die Versuchung ist groß, jetzt die altgewohnten Strukturen erneut zu schaffen, indem ein neues Mitglied in das längst etablierte Muster hineingezogen wird. Wenn das geschieht, ist es unter Umständen ein Anzeichen dafür, daß die Familie den Anforderungen nach Veränderung nicht in ausreichendem Maße gewachsen ist.

FAMILIEN MIT ERWACHSENEN KINDERN

In der vierten und letzten Phase haben die Kinder, die jetzt junge Erwachsene sind, sich bereits für einen eigenen Lebensstil, für einen Beruf, persönliche Beziehungen und schließlich für einen Partner entschieden. Die ursprüngliche Familie besteht nun erneut aus zwei Personen. Alle Familienmitglieder verbindet jetzt zwar eine lange gemeinsame Vergangenheit, in der die Muster sich immer wieder wandelten; diese neue Phase verlangt aber dennoch wieder nach einer klaren Neuregelung der Formen, wie Eltern und Kinder sich als Erwachsene begegnen.
Diese Phase wird gelegentlich als das Stadium des »leeren Nestes« bezeichnet, und mit diesem Begriff verbindet man gewöhnlich die Depression der Frau, die keine Aufgabe in ihrem Leben mehr erkennen kann. In Wahrheit ist es so, daß das eheliche Subsystem nun zum zweiten Mal zum wichtigsten familialen Holon für beide Partner wird. Auch wenn Enkelkinder da sind, sind neue Verhandlungen im Zusammenhang mit diesen Beziehungen notwendig. Diese Periode, die so oft mit dem Begriff »Verlust« überschrieben wird, kann also ganz im Gegenteil eine Periode des fruchtbaren Wachstums sein, wenn die Ehepartner, als Individuen wie als Paar, sich jetzt wieder ihren gemeinsamen Erfahrungen, Träumen und Erwartungen zuwenden, um neue Möglichkeiten auszuschöpfen, die ihnen nicht offenstanden, solange sie mit ihren elterlichen Aufgaben beschäftigt waren.
Dieses Entwicklungsschema gilt nur für die Mittelschichtfamilie, die aus Ehemann, Ehefrau und (statistisch) 2,2 Kindern besteht. Die Fälle mehren sich, in denen Familien größere Netzwerke bilden oder Scheidung, Weggang und schließlich Wiederverheiratung erleben. Solche Entwicklungen stellen ebenfalls eine große Herausforderung für die beteiligten Menschen dar. Aber wie auch

immer die näheren Umstände aussehen, der Gang der Dinge bleibt immer der gleiche: Die Familie muß bestimmte Stadien der Entwicklung und des Älterwerdens durchlaufen. Sie muß Zeiten der Krise und des Übergangs bewältigen. Für die Therapie ist dabei wichtig, daß beides, Wandel und Kontinuität, alle lebenden Systeme kennzeichnet. Der Organismus Familie bewegt sich wie das individuelle Holon zwischen zwei Polen. Der eine Pol repräsentiert die Sicherheit des Bekannten. Der andere ist das Entdecken von Neuem, das notwendig ist, um sich an wandelnde Gegebenheiten anzupassen.

Wenn eine Familie zur Behandlung kommt, dann befindet sie sich in Schwierigkeiten, weil sie in ihrem homöostatischen Zustand festgefahren ist. Das Verlangen nach Wahrung des Status quo schränkt die Familienmitglieder in ihrer Fähigkeit zur schöpferischen Bewältigung ihrer veränderten Lebensumstände ein. Das Festhalten an Regeln, die einst mehr oder weniger nützlich gewesen sein mögen, hindert daran, sich auf eine Veränderung einzulassen. Ein Ziel in der Therapie lautet daher, die Familie in ein Stadium der schöpferischen Unruhe zu führen, in dem das, was bisher vorgegeben war, durch die Suche nach neuen Möglichkeiten ersetzt werden muß. Der Familie muß Flexibilität gewissermaßen induziert werden, indem die Fluktuationen innerhalb des Systems gefördert werden und es damit am Ende auf eine komplexere Ebene geführt wird. So verstanden ist Therapie eine Kunst, die menschliches Leben nachahmt. Zur Entwicklung der normalen Familie gehören Fluktuationen, gehören Krisenzeiten und die Bewältigung der Krisen auf einer Ebene, die sich durch größere Komplexität auszeichnet. Die Therapie ist ein Prozeß, durch den bei einer Familie, die in ihrer Entwicklung festgefahren ist, eine Krise herbeigeführt wird, damit sie ihre ureigenen Kräfte zur Bewältigung freisetzen kann.

Anmerkungen

Vorangestelltes Motto: Thomas, Lewis: The Lives of a Cell: Notes of a Biology Watcher. New York: Bantam Books 1974, S. 147.

[1] Minuchin, Salvador, Bernice L. Rosman und Lester Baker: Psychosomatic Families: Anorexia Nervosa in Context. Cambridge: Harvard University Press 1978, S. 45; dt. Psychosomatische Krankheiten in der Familie. Stuttgart: Klett-Cotta 1981.

[2] Scheflen, Albert: Familiy Communication and Social Connectedness in the

Development of Schizophrenia, in: Andolfi, Maurizio, und Israel Zwerling: Dimensions in Family Therapy. New York: Guilford Press 1980, Kap. 9.

[3] Koestler, Arthur: Janus: A Summing Up. New York: Vintage Books 1979, S. 33; dt. Der Mensch – Irrläufer der Evolution. Bern-München: Scherz 1978, S. 46.

[4] Bowen, Murray: Family Therapy in Clinical Practice. New York: Jason Aronson 1978, S. 306 f.

[5] Glansdorff, P., und Ilya Prigogine: Thermodynamic Theory of Structure, Stability and Fluctuations. New York: Wiley 1971, S. XIV-XXI.

[6] Jantsch, Erich: Design for Evolution: Self Organization and Planning in the Life of Human Systems. New York: George Braziller 1975, S. 37. Die Autoren danken auch Paul F. Dell und Harold A. Goolishian, deren Vortrag »Order through Fluctuation: An Evolutionary Epistemology for Human Systems« (vorgetragen auf der Wissenschaftlichen Jahrestagung des A. K. Rice Institute, Houston, Texas, im Jahre 1979) unser Verständnis der Ausführungen von Prigogine und Jantsch vertiefte.

3 Der Zugang zur Familie

Der Familientherapeut muß von Anfang an die Führung übernehmen. Theoretisch beginnen die Familie und der Therapeut die Therapie mit den gleichen Zielen. Mit ihrer Anwesenheit bestätigt die Familie, daß sie Hilfe wünscht und daß sie den Therapeuten bittet, in ihr System einzutreten und ihr bei der Veränderung einer Situation zu helfen, die belastend, unangenehm oder schmerzlich ist. In der Praxis allerdings ist es meistens so, daß die Familienmitglieder und der Therapeut unterschiedlicher Auffassung über die Lokalisierung des Problems, seine Ursache und den notwendigen Heilungsprozeß sind.

Meistens hat die Familie bereits eines ihrer Mitglieder als Ort des Problems identifiziert. Er liegt für sie im internalisierten pathologischen Verhalten dieses Individuums. Sie erwartet daher, daß der Therapeut sich auf dieses Familienmitglied konzentriert und sich bemüht, es zu verändern. Für den Therapeuten aber ist der identifizierte Patient nur der Träger des Symptoms; die Ursache der Schwierigkeiten sind die dysfunktionalen Transaktionen der Familie, die im Verlauf der Therapie verändert werden müssen. Die Fluktuationen innerhalb des Systems müssen verstärkt werden, damit das System auf eine komplexere Organisationsebene kommt, auf der es dann leichter möglich ist, mit den augenblicklichen Lebensumständen fertigzuwerden.

Folglich wird der Therapeut jene Mechanismen innerhalb des Familiensystems aktivieren, die die Homöostase erhalten. Im Zusammenleben der Familie sind Regeln entstanden, die die Beziehungen der Mitglieder untereinander festlegen. Auf eine Herausforderung dieser Regeln wird automatisch eine Gegenreaktion erfolgen. Außerdem hat eine Familie, die zur Behandlung kommt, sich bereits vorher bemüht, ihr Problem selbst zu lösen. Ihre Versuche, damit fertigzuwerden, haben unter Umständen ihre Lebenserfahrung eingeschränkt. Die Familie neigt dazu, den Problembereich übermäßig zu betonen und unter Belastung ihre üblichen Vorgehensweisen noch zu verstärken. Die Familienmitglieder sind also weniger frei als sonst, und ihre Fähigkeit, den Dingen auf den Grund zu gehen, ist eingeschränkt.

So gehen die Familie und der Therapeut eine Partnerschaft mit einem gemeinsamen Ziel ein, das mehr oder weniger deutlich ausgesprochen wird: Befreiung des Symptomträgers der Familie von den Symptomen, Reduzierung der Konflikte und Belastungen, unter denen die ganze Familie zu leiden hat, Lernen neuer Formen der Lebens- und Problembewältigung. Zwei soziale Systeme sind hier zusammengekommen, um für eine bestimmte Zeit gemeinsam an einer bestimmten Aufgabe zu arbeiten.

Als nächstes müssen die Aufgaben der Teilnehmer in diesem therapeutischen System definiert werden. Der Therapeut sitzt mit der Familie im gleichen Boot, aber er ist der Steuermann. Was kennzeichnet nun diesen Steuermann? Welche Qualifikationen muß er besitzen? Welchen impliziten oder expliziten Plan dieser Gewässer kann er heranziehen, um das Schiff sicher hindurchzuführen?

Der Therapeut kennt die typischen Merkmale dieses speziellen Familientanzes noch nicht, aber er hat ja schon viele Tänze von Familien gesehen. Auch er hat seinen eigenen genetischen Kode und seine eigenen Lebenserfahrungen. Er setzt seine ganz persönliche und einmalige Art der Kontaktaufnahme und seine theoretischen Kenntnisse ein. Die Familie muß sich darauf einstellen, so wie sich der Therapeut auf sie einstellen muß.

In den meisten Fällen wird die Familie die Führung des Therapeuten in dieser Partnerschaft akzeptieren, aber er muß sich dieses Recht, Führung zu übernehmen, erst erwerben. Er muß sich ganz auf sein Gegenüber einstellen, es verführen, sich ihm unterwerfen, es stützen, lenken und anregen und ihm auch einmal folgen. Ein Therapeut, der Spontaneität gelernt hat, kann diese paradoxe Aufgabe, ein System zu führen, dem er als Mitglied angehört, mit Gelassenheit übernehmen. Er hat die Fähigkeit erworben, sich selbst zum Instrument einer transaktionalen Veränderung zu machen. Er hat Wissen und praktische Erfahrungen mit Familien, mit Systemen und mit Prozessen der Veränderung. Er weiß, daß er als Mitglied des therapeutischen Systems dessen Anforderungen ausgesetzt sein wird. Er wird zu bestimmten Zeiten in bestimmte Bahnen in einer bestimmten Art und Weise gelenkt. Gelegentlich wird ihm dies bewußt sein, zu anderen Zeiten wird er es dagegen gar nicht wahrnehmen. Er muß es hinnehmen, daß die impliziten Forderungen, die das Verhalten der Familienmitglieder lenken, auch auf ihn einwirken. Er wird in der Regel das zentrale Mitglied der Familie ansprechen und heimlich über die Unfähigkeit dieses »Schlemihls« lächeln. Er wird versucht sein, den Symptomträger zu retten oder aber ihn auch als Sündenbock zu verfolgen. Seine Aufgabe verlangt von ihm, sich so den

Zugang zur Familie zu verschaffen. Aber er muß auch die Fähigkeit besitzen, sich wieder zu lösen und sich erneut und auf andere Weise Zugang zu den Familienmitgliedern zu verschaffen – und eben hier beginnen die Schwierigkeiten.

DER THERAPEUT BENUTZT SICH SELBST

Unter den Familientherapeuten herrscht keine Einigkeit darüber, wie der Einsatz der eigenen Person genau aussehen muß, wenn es darum geht, die Führung im therapeutischen System zu übernehmen. Anfänglich galt der Therapeut als objektiver Datensammler, aber dies ist inzwischen weithin in Verruf geraten. Selbst in der Psychoanalyse hat die Frage nach der Person des Therapeuten im Prozeß der Gegenübertragung erhebliche Unruhe sowohl in der Theorie als auch in der Praxis ausgelöst. »Es trifft vermutlich zu«, schreibt Donald Meltzer, »daß eine Analyse, die bis zu den Leidenschaften des Patienten vordringt, das gleiche auch für den Analytiker bewirkt und eine Entwicklung in Gang setzt, die für dessen Selbstanalyse sehr nützlich sein kann.« Eine von Inspiration getragene Interpretation setzt »jene Art der geistigen Verwandtschaft voraus, die ihrerseits eine Atmosphäre von Abenteuer schafft, in der sich eine Kameradschaft zwischen dem erwachsenen Teil der Persönlichkeit des Patienten und dem Analytiker als einem kreativen Wissenschaftler entwickelt . . ., die therapeutische Möglichkeiten für beide Teilnehmer an diesem Abenteuer mit sich bringt.«[1]
Familientherapeuten haben häufig nur die traditionelle psychodynamische Sicht der Therapie. Es ist daher nicht ohne Reiz festzustellen, wie eng unser Interesse am Einsatz der eigenen Person des Therapeuten dem ganz anderen Paradigma der Psychoanalyse benachbart ist.
Als die Therapeuten dazu übergingen, die Familie als Ganzes zu sehen, galt ihr Augenmerk hauptsächlich der Gefahr, daß der Therapeut, wenn er seine eigene Person benutzt, in einem solchen Ausmaß in die Familie hineingezogen werden könnte, daß er seine therapeutische Manövrierfähigkeit verlieren würde. Lyman Wynne und andere Autoren haben die Verwirrung und die Angst beschrieben, die viele Therapeuten erfahren, wenn sie mit schizophrenen Familien arbeiten[2]. Um den therapeutischen Einfluß nicht zu verlieren, empfiehlt Carl Whitaker den Einsatz eines Kotherapeuten: »Ich kann mir nicht vorstellen, daß ein Therapeut allein soviel Macht besitzt, daß er hingehen, die Familie verändern und sich

wieder lösen kann . . . Ich möchte nicht für den Rest meines Lebens mit einem Bein im Sumpf steckenbleiben.« Mit einem Kotherapeuten, sagt Whitaker, kann der Therapeut sein »Problem der Gegenübertragung lösen, indem er sich in seine Beziehung zu diesem anderen Therapeuten flüchtet; dann wird der therapeutische Prozeß zu einem Prozeß der Beziehung zweier Gruppen miteinander«. Whitaker verläßt sich auf das »Uns«, nämlich den Kotherapeuten und sich selbst, nicht aber auf einen allein; gemeinsam verfügen sie über eine »stereoskopische Sicht« der Dinge[3]. Unter dem Schutz seines Kotherapeuten läßt Whitaker, dessen Ziel die kreative Ausweitung sowohl der Familie als auch seiner eigenen Person ist, sich auf eine intensive persönliche Beziehung mit der Familie ein, wobei er den »Druck« der Familie auf den Therpeuten für unvermeidlich und nützlich hält.

Das genaue Gegenteil vertritt die Mailänder Schule mit dem Postulat, daß ein Hereinziehen in das System sich gar nicht vermeiden läßt, wenn der Therapeut sich erst einmal auf ein enges Verhältnis mit der Familie eingelassen hat[4]. Um diese Induktion zu vermeiden, wenden sich die Therapeuten betont der eigenen Gruppe zu, die aus zwei Kotherapeuten und zwei weiteren Mitgliedern des Teams besteht, die die beiden ersteren bei ihrer Arbeit beobachten und unterstützen. Die Beziehung zwischen den Therapeuten und der Familie ist zwar nach außen hin durchaus freundlich, aber es verbirgt sich dahinter eine Gegnerschaft. Die Therapeuten wollen durch ihre Interventionen den Widerstand in der Familie provozieren, um ein Verhalten hervorzubringen, das sie als therapeutisch ansehen. Der Gefahr, daß die Therapeuten sich dem Familiensystem anschließen und in Konflikte von Subsystemen hineingezogen werden, wird mit größter Vorsicht begegnet.

Eine mittlere Stellung nimmt Murray Bowen ein, der seine Objektivität zu wahren und seinen Einsatz der eigenen Person dadurch unter Kontrolle zu halten sucht, daß er als eine Art Trainer fungiert. In dieser Position des Experten nimmt der Therapeut eine ausgesprochen zentrale Stellung ein: er ist derjenige, auf den sich alle Kommunikationen richten. Die Klienten sind aufgefordert, über ihre emotionalen Prozesse zu sprechen, ohne sie in der Sitzung zu erfahren. Der Therapeut bemüht sich, eine ruhige emotionale Atmosphäre zu schaffen. Was dabei herauskommt, ist ein therapeutisches System, das sehr stark von den natürlichen Transaktionen der Familie abweicht und weniger intensiv ist. Die auf diese Weise verwässerten Regeln sind in ihrer Macht, den Therapeuten mit einzubeziehen, stark eingeschränkt. Der Therapeut hat zwar eine zentrale, zugleich aber auch eine geschützte Stellung inne und leitet die Sitzung weitgehend nach seinen eigenen Vorstellungen[5].

Unsere Position zur Frage des Einsatzes der eigenen Person lautet, daß der Therapeut es verstehen muß, sich ganz unterschiedlich stark zu engagieren. Jede Technik kann sich als nützlich erweisen, je nach dem Therapeuten, der Familie und dem Zeitpunkt. Gelegentlich wird der Therapeut den Wunsch haben, sich von der Familie zu lösen und ihr, wie die Mailänder Therapeuten, ein bestimmtes Verhalten zu verschreiben, und mit einer verborgenen Zielsetzung zu arbeiten. Zu anderen Zeiten wird er eine vermittelnde Position einnehmen und, wie Bowen, als Trainer fungieren. Zu wieder anderen Zeiten wird er sich, wie Whitaker, in den Kampf einlassen, den Platz eines der Mitglieder im System einnehmen, sich deutlich mit dem von der Familie Benachteiligten verbünden oder irgendeine andere Taktik anwenden, die seiner therapeutischen Zielsetzung und seiner Sicht dieser Familie entspricht. Je nach seinen persönlichen Eigenschaften und den Eigenschaften der Familie werden seinem Einsatz der eigenen Person Grenzen gesetzt sein. Aber innerhalb dieser Grenzen kann der Therapeut lernen, Techniken anzuwenden, die ein unterschiedlich starkes Engagement erfordern.

Das Zugangschaffen zu einer Familie ist insgesamt eher eine Haltung als eine Technik, es ist gewissermaßen der Schirm, unter dem alle therapeutischen Transaktionen stattfinden. Dazu gehört, daß man die Familie wissen läßt, daß der Therapeut sie versteht und mit ihr und für sie arbeiten will. Nur unter seinem Schutz kann die Familie die Sicherheit haben, Alternativen auszuloten, das Ungewöhnliche zu versuchen und sich zu verändern. Der Prozeß des Zugangschaffens ist der Leim, der das therapeutische System zusammenhält.

Wie verschafft sich ein Therapeut Zugang zur Familie? Wie die Familienmitglieder ist auch der Therapeut »mehr Mensch als etwas anderes«, um mit Harry Stack Sullivan zu sprechen[6]. Irgendwo in seinem Innern besitzt er Saiten, die auf jede menschliche Frequenz anzusprechen vermögen. Bei der Schaffung des therapeutischen Systems werden Aspekte seiner Persönlichkeit zum Leben erweckt, die es ihm erleichtern, eine gemeinsame Grundlage für sich und die Familie zu schaffen. Er wird darüber hinaus auch bewußt solche Teile seines Selbst aktivieren, die sich mit denen der Familie decken. Aber er wird sich der Familie so anschließen, daß er auch die Freiheit hat, die Familienmitglieder zu erschüttern. Er wird sich an die Familie anpassen, aber er wird auch verlangen, daß die Familie sich ihm anpaßt.

54

Der Prozeß des Zugangschaffens zu einem therapeutischen System geht über die einfache Unterstützung der Familie hinaus. Obwohl Zugangschaffen oft mit stützenden Maßnahmen einhergeht, geschieht dies manchmal auch dadurch, daß dysfunktionale Muster aufgegriffen werden und der Familie auf diese Weise die Hoffnung vermittelt wird, daß der Therapeut die Dinge tatsächlich zum Besseren wenden kann. Wenn ein Therapeut wie Whitaker mit der Familie eines Psychotikers arbeitet, dann erfolgt sein Zugang zu diesem System häufig auf dem Weg über die Forderung, daß die Familienmitglieder sich ihm anpassen sollen. Diese Technik der Aktivierung des »immobilen Objekts« ist eine wirksame Maßnahme, sich Zugang zur Familie zu verschaffen; eine Kombination aus dem Weltbild des Therapeuten, seiner Kenntnis des Familienprozesses und seiner Selbstachtung. Obwohl dieses Vorgehen für den Beobachter etwas Bestürzendes haben kann, gibt es dem therapeutischen System insgesamt doch einen Rahmen, der die Möglichkeiten der Hilfe eröffnet.

Weil der Einsatz der eigenen Person im therapeutischen System das wirksamste Mittel zur Veränderung von Familien ist, muß der Therapeut seine Möglichkeiten, Zugang zu schaffen, genau kennen. Wenn Minuchin sich diesen Zugang gelegentlich dadurch verschafft, daß er wie ein verärgerter Vater auftritt, so heißt das nicht, daß ein junger Therapeut mit einer einschmeichelnden Stimme nach der gleichen Methode verfahren könnte. Der Therapeut muß die eigenen Ressourcen nutzen, nicht aber einen erfolgreichen Experten zu imitieren suchen. Eine weitere Faustregel für das Gelingen dieses Schrittes lautet, daß der Therapeut nur mit Familien arbeiten sollte, deren Entwicklungsstand er bereits aus eigener Erfahrung kennt. Wenn er es mit Situationen zu tun hat, die er selbst noch nicht erlebt hat, dann empfiehlt es sich, den Zugang zur Familie von unten her zu erreichen, nämlich darum zu bitten, daß die Familie ihm hilft, sie besser zu verstehen, weil dadurch sowohl der Therapeut als auch das therapeutische System Zeit für ihre Entwicklung finden.

Wie alle menschlichen Unternehmungen ist auch der Prozeß des Zugangschaffens zur Familie nicht notwendigerweise ein durchdachter und bewußter. Vieles davon geschieht unter der Oberfläche und im Rahmen von normalen Beziehungen. Dazu kommt, daß sich der Stil des Therapeuten mit manchen Familien in Einklang befindet und er er selbst sein kann. Anderen Familien gegenüber verhält er sich vielleicht ungestümer oder aber besonders zurückhaltend. Einigen Familien gegenüber gibt er sich wortreicher, anderen begegnet er sehr wortkarg. Auch der Rhythmus seiner verbalen Äußerungen ist unterschiedlich. Bei manchen Familien wird er mehr mit der Mutter als mit den übrigen Angehörigen sprechen, in anderen Fällen wiederum spricht er alle Familienmitglieder gleichermaßen an. Er sollte diese Veränderungen bei sich selbst als Reaktion auf die impliziten Transaktionsmuster der Familie ansehen und solche äußeren Zeichen nutzen; sie sind ebenfalls Informationen über die Familie.

Der Zugang des Therapeuten zur Familie kann aus unterschiedlicher Nähe heraus erfolgen. Die Techniken, die er einsetzt, um sich den gewünschten Zugang zur Familie zu verschaffen, variieren je nachdem, ob er zur Familie eine nahe oder eine mittlere Position innehat, oder ob er ihr eher fernsteht.

ZUGANGSCHAFFEN AUS EINER NAHEN POSITION

Aus einer Position der Nähe heraus kann der Therapeut sich leicht an die Familienmitglieder anschließen und vielleicht sogar mit einigen von ihnen eine Koalition gegen die übrigen eingehen. Das wirksamste Mittel des Zugangschaffens ist wohl die Bestätigung. Der Therapeut bestätigt die Realität der Holons, denen er sich angeschlossen hat. Er sucht nach positiven Aspekten und bemüht sich, sie anzuerkennen und zu belohnen. Er identifiziert auch Bereiche des Schmerzes, der Schwierigkeiten oder Streßsituationen und gibt zu verstehen, daß er diese Bereiche zwar nicht umgehen kann, dafür aber ein besonderes Feingefühl hat.

Unter Umständen wird er selbst solche Familienmitglieder bestätigen, die er nicht mag, ohne daß er dabei in übertriebenen Eifer und Optimismus verfallen müßte. Wenn man einen Menschen mag, richtet man sein eigenes Auftreten und Verhalten so aus, daß es jene Saiten dieses anderen anspricht, die mit der eigenen Sicht der Dinge übereinstimmen. Entsprechendes gilt für den Fall, daß man einen Menschen nicht mag: man sucht nach seinen negativen Eigenschaften und ignoriert die positiven. Man schirmt sich gegen jede Unsicherheit ab, indem man seine Aufmerksamkeit auf jene Seiten des oder der anderen Menschen richtet, die geeignet sind, die eigene Position zu bestätigen. Der strukturelle Familientherapeut, der ja weiß, daß die Menschen selektiv beobachten, um sich in ihren Ansichten bestätigt zu sehen, kann sich vornehmen, Positives finden zu wollen. Schließlich tun die Menschen, die zur Therapie kommen, ihr Bestes, so wie wir alle dies tun.

Dadurch, daß er die positiven Seiten des Menschen sieht und bestätigt, wird der

Therapeut zur Quelle der Selbstachtung für die Familienmitglieder. Zugleich sehen die anderen Familienmitglieder den so bestätigten Angehörigen in einem neuen Licht. Der Therapeut vergrößert seinen Einfluß, wenn er sich in dieser Weise zur Quelle der Selbstachtung und des Ansehens der Familie macht. Umgekehrt kommt dem Umstand, daß er seine Zustimmung zurückzieht, wenn die Klienten seiner Führung nicht folgen wollen, ein sehr viel größeres Gewicht zu.

Bestätigung ist häufig ganz einfach die wohlwollende Reaktion auf die emotionale Selbstdarstellung eines Familienmitgliedes: »Sie machen den Eindruck, als seien Sie besorgt . . . niedergeschlagen . . . zornig . . . müde . . . ausgepumpt.« Bestätigung kann auch die Form einer ganz neutral gehaltenen Beschreibung der Transaktionen zwischen zwei Familienmitgliedern annehmen: »Sie scheinen sich in einem ständigen Kampf miteinander zu befinden.« »Wenn Sie sprechen, widerspricht er . . . verfällt er in Schweigsamkeit . . . fühlt er sich herausgefordert.« Diese Art der Intervention ist keine Interpretation. Die Familienmitglieder wissen bereits, was der Therapeut ihnen hiermit sagt. Seine Feststellung ist ganz schlicht die Bestätigung dafür, daß er ihre Botschaft erhalten hat und bereit ist, gemeinsam mit ihnen an ihren Schwierigkeiten zu arbeiten.

Eine andere Art der Bestätigung besteht darin, daß man eine eindeutig negative Eigenschaft eines der Anwesenden beschreibt und ihn zugleich von der Verantwortung für sein Verhalten entbindet. Zu einem Kind könnte der Therapeut sagen: »Du bist ganz schön kindisch. Wie haben deine Eltern es denn nur angestellt, daß du so klein geblieben bist?« Zu einem Erwachsenen könnte er sagen: »Sie sind in allen Dingen sehr abhängig von Ihrer Frau. Was macht sie denn, daß Sie so wenig kompetent sind?« Durch dieses Vorgehen fühlt sich das angesprochene Familienmitglied in einem problematischen Bereich erkannt, ohne sich kritisiert vorzukommen oder sich schuldig fühlen zu müssen. Seine Antwort auf die Frage des Therapeuten wird dann vielleicht so ausfallen, als sei er soeben als Person bestätigt worden.

Bestätigung erfolgt im gesamten Verlauf der Therapie immer wieder. Der Therapeut ist ständig und ganz betont darum bemüht, das Verhalten der Familienmitglieder in positivem Licht zu sehen, und zugleich verfolgt er sein Ziel der strukturellen Veränderung der Familie. Er gewährt jederzeit Unterstützung und Zuwendung und ist zugleich Lenker und Leiter des therapeutischen Systems.

Wenn der Therapeut aus einer nahen Position heraus arbeitet, muß er sich darüber im klaren sein, daß er eben dadurch in seiner Bewegungsfreiheit auch wieder eingeschränkt ist, wenn er sich in das Familiensystem hineinziehen läßt. Wohl erreicht er aus seiner nahen Position heraus Intensität, aber zugleich ist er als Teilhaber am System in diesen Regeln gefangen. Es ist wichtig, seine eigene Person unter diesen spezifischen Bedingungen einsetzen zu können, aber ebenso wichtig ist auch, daß er weiß, wie er sich wieder lösen kann, nachdem er in das System hineingekommen ist.

ZUGANGSCHAFFEN AUS EINER MITTLEREN POSITION

Aus der Mittelposition heraus nähert sich der Therapeut der Familie als aktiver und neutraler Zuhörer. Er hilft den Menschen, ihre Geschichte zu erzählen. Diese Form des Zugangs zur Familie, die man Spurensichern (tracking) nennt, wird von den psychodynamisch orientierten therapeutischen Schulen sehr nachdrücklich empfohlen und vertreten. Es ist eine gute Methode, Daten zu sammeln. Aber so neutral und so objektiv, wie ihre Vertreter meinen, ist diese Methode nun auch wieder nicht, und auch sie kann den Therapeuten in seiner Bewegungsfreiheit einschränken. Wenn die Familienmitglieder ihre Geschichte mit großem Eifer erzählen, ist die Aufmerksamkeit des Therapeuten unter Umständen auf den Inhalt gelenkt. Manchmal verfolgt der Therapeut die Kommunikation der gesprächigsten Familienmitglieder und übersieht dabei ganz und gar, daß sich vor seinen Augen das Familienleben abspielt.

Aus seiner mittleren Position heraus kann der Therapeut sich auch auf den Familienprozeß einstellen. Wenn die Mutter die Schaltstelle in der Familie ist und der Vater eher am Rande steht, kann der Therapeut sich zunächst dadurch Zugang zu dieser Familie verschaffen, daß er der Mutter respektvoll zuhört, obwohl sein eigentliches Ziel darin besteht, dem Vater zu mehr Macht in diesem System zu verhelfen.

Der Therapeut kann wertvolle Informationen über die Familie gewinnen, indem er bei sich beobachtet, wie er den Familienprozeß aufnimmt. Spricht er vielleicht am meisten mit der Mutter? Hat er es etwa unterlassen, sich danach zu erkundigen, warum der Vater zur heutigen Sitzung nicht mitgekommen ist? Hat er das Gefühl, ein bestimmtes Familienmitglied schützen zu wollen, oder ist ihm jemand vielleicht ein Ärgernis? Der Therapeut, der die Zwänge kennt, unter denen sein eigenes Verhalten steht, kann den Zugang zur Familie vielleicht in der

Weise schaffen, daß er sich dafür entscheidet, sich diesen Zwängen eben zu fügen. Er interpretiert der Familie seine Reaktionen nicht, denn das würde ja seine Rolle als Außenstehender, als der Familie eigentlich Fremder, nur noch unterstreichen. Aber er merkt sie sich, einmal um zu verhindern, daß er in das System hineingezogen wird, zum anderen, um sich mit der Struktur vertraut zu machen, die das Verhalten der Mitglieder dieses Systems lenkt und beherrscht. Als Beispiel für das Spurensichern lassen wir hier einen Ausschnitt aus einer Sitzung mit der Familie Javits folgen. Diese Familie kam zur Behandlung, weil der Ehemann, der identifizierte Patient, an Depressionen litt. Das nachstehende Gespräch fand in der Mitte der ersten Sitzung statt.

Minuchin (zur Mutter): Finden Sie, daß es in Ihrem Haushalt allzusehr drunter und drüber geht?
Mutter: Nicht allzusehr, aber es könnte besser sein.
Minuchin: Wenn Ihr Mann sagt, daß es drunter und drüber geht, meint er dann, daß Sie die Dinge nicht richtig in die Hand nehmen?

Der Therapeut fragt konkret nach; im Kern lautet seine Frage folgendermaßen: »Welche Wirkung hat Ihr Verhalten auf das Bild, das Ihr Mann von Ihnen besitzt?«

Mutter: Ja.
Vater: Ja.
Minuchin: (zur Mutter): Und kann er Ihnen das sagen, oder muß er es herunterschlucken?

Dieses Nachfragen enthält eine Vermutung über das Transaktionsmuster des Ehepaares. Das veranlaßt die Partner, über ihre Beziehung zueinander nachzudenken.

Mutter: Das ist unterschiedlich – manchmal kann er einfach so damit herausplatzen, ohne daß es ihm etwas ausmacht, und dann wieder behält er es bei sich, weil ich ärgerlich werde, wenn er damit kommt. Es kommt darauf an, ob er meiner Erregung in diesem Augenblick gewachsen ist oder nicht.
Vater: Ich glaube, wenn mich so etwas stört, dann setzt es sich bei mir, und ich behalte es für mich, bis irgendeine Lappalie als Auslöser wirkt. Dann werde ich sehr kritisch und ärgerlich. Dann sage ich ihr, daß es mir einfach ein Rätsel ist, warum das alles so sein muß. Andererseits bemühe ich mich, nicht ungerecht zu

sein oder allzu böse zu werden, denn sonst bekomme ich hinterher Schuldgefühle.

Minuchin: Das heißt also, die Familie fühlt sich manchmal wie in einer Falle.

Vater: Nicht so sehr die Familie; es ist . . . (zeigt auf seine Frau).

Durch das Aufnehmen der Spur verdichten sich die Einzelheiten im Zusammenhang mit der Kritik des Mannes an seiner Frau zu einer einzigen metaphorischen Feststellung; es fällt der Ausdruck »Falle«, der so stark affektgeladen ist, daß die Mutter sich unbehaglich fühlen muß. Der Mann fühlt sich zur Konfrontation mit seiner Frau gezwungen.

Minuchin (vervollständigt die Geste des Mannes): Kit also?

Durch dieses simple Aufnehmen der Spur wird die nichtverbale in eine verbale Feststellung umgewandelt.

Vater (seine Frau anblickend): Nein, sie auch nicht. Ich meine ganz einfach den Umstand, daß sie manche Dinge nicht tut und andere eben tut, die Art und Weise, wie sie ihre Zeit verbringt. Manchmal denke ich, andere Dinge sollten ihr doch wichtiger sein.

Minuchin: Kit, er schwächt meine Bemerkung ab!

Der Therapeut verfolgt den Prozeß, hier also den affektiven Unterschied zwischen der ersten und der zweiten Aussage des Mannes, und fordert die Frau auf, ihrerseits etwas zu seiner Beschreibung des Verhaltens ihres Mannes zu sagen.

Mutter: Über das In-der-Falle-Sitzen?

Minuchin: Ja, über das In-der-Falle-Sitzen. Ich glaube, manchmal werden Menschen deshalb depressiv, weil sie, wie Ihr Mann auch, einfach nicht direkt sein können. Er gehört nicht zu denen, die alles geradeheraus sagen. Überhaupt gibt es in Ihrer Familie sehr viel Indirektheit, weil Sie nämlich im Grunde alle sehr nette und liebe Menschen sind, denen sehr daran gelegen ist, dem anderen nur ja nicht weh zu tun. Und deshalb müssen Sie häufig auch zu Notlügen greifen.

Jetzt geschieht das Spurenverfolgen auf dem Weg über eine Bestätigung: Der Therapeut spricht ganz sachlich und neutral von der Depression des Mannes und stellt die dysfunktionalen Transaktionen so dar, als dienten sie der gegenseitigen Beschützung.

Vater: Es handelt sich nicht so sehr ums Lügen als vielmehr darum, daß nicht gesagt wird, was gesagt werden sollte.

Minuchin (zur Mutter): Und Sie machen es ihm zuliebe genauso.

Mutter: Bin ich denn indirekt?

Minuchin: Fragen Sie ihn.

Der Therapeut hat Eingang in das System gefunden und kann sich nun wieder zurückziehen, indem er die Beteiligten bittet, den gleichen Sachverhalt nun untereinander zu verhandeln.

Mutter (zum Ehemann): Bin ich es?

Vater: Ich weiß nicht recht. Manchmal bist du sogar sehr direkt; aber ich frage mich, ob du mir in allen Einzelheiten erzählst, was dich beschäftigt. Wenn du etwas hast, dann bin ich mir gar nicht immer so sicher, ob ich eigentlich weiß, was dich so nervt.

Mutter: Du meinst, daß mich eine Sache aus der Fassung bringen kann, die dich gar nicht weiter aufregen würde?

Vater: Ja, das gehört vielleicht auch dazu.

Mutter (lächelt, aber zugleich kommen ihr die Tränen): Du weißt anscheinend immer sehr viel besser als ich, was mich beschäftigt, was in diesem Augenblick mein Problem ist.

Minuchin (zum Vater): Sehen Sie, was hier vorgeht? Sie spricht geradeheraus, aber weil sie Angst hat, daß Sie vielleicht gekränkt sein könnten, wenn sie geradeheraus spricht, fängt sie an zu weinen und zu lächeln. Damit sagt sie »Nimm es nicht so ernst, wenn ich so geradeheraus rede, das passiert halt, wenn man unter Streß steht.« Genau das ist es, was Sie beide einander gegenseitig antun. Auf diese Weise können Sie sich nicht gut verändern. Weil nämlich keiner von Ihnen dem anderen sagt, in welche Richtung die Veränderung eigentlich gehen soll.

Der Therapeut schiebt die Ebene der Transaktion jetzt vom inhaltlichen auf den zwischenmenschlichen Prozeß, bleibt aber beim angeschnittenen Thema. Hier wird ganz deutlich, daß er das eheliche Subsystem zu einer therapeutischen Auseinandersetzung führt.

Vater: Wir streiten tatsächlich nicht sehr oft.

Mutter: Nein.

Vater: Denn wenn wir streiten, dann kann ich meinen Standpunkt logisch verteidigen, und das macht sie hilflos.

Mutter: Und dann weine ich, und dann fühlt er sich hilflos.

Minuchin: Ich möchte, daß Sie an diesem Punkt arbeiten. Wenn er nämlich lernen kann, seine Kritik deutlicher zu äußern, dann muß er nicht länger depressiv sein. Und wenn Sie *(zur Frau)* deutlicher zeigen können, was Ihnen nicht paßt, dann brauchen Sie nicht mehr so oft zu weinen. Dann können Sie sich vielleicht gegenseitig mehr Freiheit zugestehen. Wenn Sie ihm sagen können, was Sie nervt, und er sich das anhören kann, dann kann er Ihnen vielleicht auch deutlicher sagen, daß er es gerne sehen würde, wenn es im Haushalt weniger drunter und drüber ginge.

Schließlich übernimmt der Therapeut wieder die Kontrolle über das therapeutische System, indem er die Intervention umstrukturiert, nämlich Alternativen aufzeigt.

Diese Familientherapiesitzung zeigt die Komplexität des Spurenverfolgens. Spurenverfolgen heißt nicht nur, dem Gesprächsthema zu folgen, sondern die Familienmitglieder vorsichtig zur Auseinandersetzung mit neuem Verhalten zu führen. Gemeint ist die Verschiebung vom Inhalt zum Prozeß und die konkrete Anbindung des Prozesses an den Inhalt.

Durch leichtes Drängen und Nachfassen hilft der Therapeut der Familie, ihre Transaktionen in einer Atmosphäre des Angenommenseins zu betrachten. Das Spurenverfolgen gelingt besser, wenn der Therapeut gleichzeitig die Familienmitglieder bestätigt, etwa indem er Transaktionen, die für die Beteiligten belastend sind, so darstellt, als gingen sie auf die wechselseitige Fürsorge und Anteilnahme zurück. Auch die neustrukturierenden Interventionen des Therapeuten sind Teil des Zugangschaffens, weil sie ein Element der Hoffnung in ihrer Beschreibung alternativer Verhaltensweisen enthalten.

Das Aufnehmen und Verfolgen der Spur macht es erforderlich, die Sprache zu kennen, die in der Familie gesprochen wird. Wenn er den Mitteilungen kleiner Kinder nachgehen möchte, muß der Therapeut schon außerordentlich sprachgewandt sein. Er muß wissen, daß ein zwei- oder vierjähriges Kind eine andere Sprache hat, und er muß diese Sprache auch selbst – und zwar in Gegenwart der Erwachsenen – mit dem Kind sprechen und dabei zugleich auch mit den Erwachsenen kommunizieren.

In der Familie Kuehn sind die Eltern beide Anfang dreißig, die Töchter Patti und

Mimi sind vier bzw. zwei Jahre alt. Die ältere Tochter ist die identifizierte Patientin. Das Problem, weshalb die Familie zur Therapie kommt, lautet, daß Patti nicht zu zügeln ist. Beim Erstgespräch, nachdem die Eltern sich vorgestellt haben, spricht der Therapeut mit der identifizierten Patientin:

Minuchin: Hallo, wie geht's?

Patti: Gut. Gibt es hier was zu spielen?

Minuchin: Wir werden uns ein paar Spielsachen holen (*kniet sich hin*). Du heißt also Patti?

Vater: Ja.

Minuchin: Patti, wie heißt denn deine Schwester?

Patti: Mimi.

Minuchin: Mimi? (*Steckt den Daumen in den Mund, wie Mimi dies auch tut, und verschränkt Mimis kleinen Finger mit seinem eigenen.*) Hallo, Mimi.

Patti: Nehmen Sie sie nicht hoch. Nehmen Sie sie nicht hoch. Nehmen Sie sie ja nicht hoch. Wissen Sie warum?

Minuchin: Warum?

Patti: Weil sie einen schlimmen Arm hat.

Minuchin: *Was* hat sie?

Patti: Sie hat einen schlimmen Arm, weil sie aus dem Bett gefallen ist.

Minuchin (zeigt): Welcher Arm ist es, dieser oder dieser?

Patti: Welcher, Mama?

Mutter: Der linke, welcher ist das?

Patti (zeigt): Der hier, ja?

Mutter: Hm.

Patti: Der hier. Und sie hat einen Bruch . . . äh . . . (*sieht zur Mutter hin*)

Mutter: Einen Schlüsselbeinbruch.

Patti: Schlüsselbeinbruch.

Minuchin: Ach du meine Güte!

Patti: Es ging klatsch-bum. Wissen Sie warum? Weil sie nochmal aus dem Bett gefallen ist!

Minuchin (zu den Eltern): Benützen wir diesen Aschenbecher doch am besten gemeinsam, dann müssen wir uns zusammensetzen.

Vater: Einverstanden.

Der Therapeut benutzt zwei Vorgehensweisen, die in der Arbeit mit kleinen Kindern sehr wichtig sind. Die eine hat mit der Körpergröße zu tun. Er kniet sich auf den Boden, um etwa so groß zu sein wie das Kind, mit dem er gerade spricht. Das andere Vorgehen bezieht sich auf die richtige sprachliche Ebene. In seiner Unterhaltung mit der vierjährigen Patti ist der Therapeut konkret in seiner Sprache; er fragt nach ihrem Namen und nach dem Namen ihrer kleinen Schwester, und dann zeigt er auf beide Arme der Kleinen, um sich von Patti genau belehren zu lassen. Dadurch, daß er Patti fragt, zeigt er ihr, daß sie eine wichtige Position hat als ein Mensch, der auf Fragen antwortet, und daß sie das ältere Mitglied des geschwisterlichen Subsystems ist. Seine Kommunikation mit der Zweijährigen erfolgt auf der motorischen Ebene. Er begrüßt sie, indem er seinen Finger mit dem Finger des kleinen Kindes verhakt, seinen Daumen in den Mund steckt, wie das kleine Mädchen dies auch gerade tut, und einen Gesichtsausdruck zeigt, den Mimi nachahmen kann.

Sein Zugang zu dieser Familie mit den sehr kleinen Kindern sieht also so aus, daß er zu Beginn der Sitzung den Kontakt auf dem Weg über die Kinder aufnimmt. Das steht im Gegensatz zu der Art der Annäherung an Familien mit schulpflichtigen und älteren Kindern. Dort würde der Therapeut zunächst Kontakt mit dem exekutiven Subsystem aufnehmen. Wenn Vorschulkinder in der Familie sind, kann der Therapeut sich der Familie in spielerischer Weise und auf der nichtverbalen Ebene nähern. Das wirkt befreiend – der Therapeut tritt hier als Autorität auf, die mit Kindern spielt und in den Erwachsenen zunächst die Eltern sieht.

ZUGANGSCHAFFEN AUS EINER LOSGELÖSTEN POSITION

Der Therapeut kann sich auch von einer losgelösten Position aus Zugang zur Familie verschaffen. In diesem Fall tritt er als Experte auf, der es immer wieder versteht, einen therapeutischen Kontext zu schaffen, der den Familienmitgliedern das Gefühl ihrer Kompetenz vermittelt bzw. ihnen Hoffnung auf Veränderung gibt. Hier ist der Therapeut nicht der Handelnde, sondern der Regisseur. Im Blick auf die Muster des »Familientanzes« schafft er Szenarien, er fördert die Inszenierung gewisser Bewegungen und Schritte der Familienmitglieder oder führt Neuerungen ein, indem er die Familienmitglieder zwingt, sich auf ungewöhnliche Transaktionen miteinander einzulassen. Diese Techniken bewirken einerseits Veränderung, zugleich ermöglichen sie dem Therapeuten aber auch den Zugang zur Familie und unterstützen seine führende Stellung, weil er als der die Regeln der therapeutischen Sitzung Bestimmende empfunden wird.

Aus seiner Expertenstellung heraus hat der Therapeut ein Auge auf das Weltbild der Familie. Er akzeptiert und unterstützt gewisse Wertvorstellungen und Ansichten der Familie. Andere Wertvorstellungen und Ansichten umgeht er dagegen oder ignoriert sie ganz bewußt. Er erfährt, was die Erfahrung für die Familiemitglieder bedeutet, daß »wir die Familie Schmidt sind und uns so und so verhalten sollten«. Er achtet auf die Kommunikationsmuster, aus denen die Erfahrungen der Familie sichtbar werden und durch die diese Erfahrungen noch gefördert werden; und er notiert aus der Fülle der Mitteilungen jene Sätze und Wendungen, die für diese Familie von Bedeutung sind. Er kann sie dann dazu einsetzen, sich Zugang zur Familie zu verschaffen, um entweder die Realitätserfahrung der Familie zu bestätigen oder aber ein erweitertes Weltbild zu schaffen, das Flexibilität und Veränderung zuläßt.

Probleme beim Zugangschaffen

Es kommt vor, daß ein Therapeut mit Menschen arbeiten muß, zu denen er nicht so rasch Zugang findet, weil sie ein anderes Wertsystem, eine andere politische Meinung vertreten, anders als er auf ihre Mitmenschen zugehen oder ganz einfach nach einem anderen Muster gestrickt sind. Das Beste ist in diesem Fall, wenn der Therapeut den Patienten zu einem Kollegen schicken kann, von dem er glaubt, daß er für diese Familie die bessere Lösung findet. Aber häufig ist dieser Schritt nicht möglich, und der Therapeut stellt fest, daß er immer weniger bewirkt, je mehr er sich anstrengt. Am Ende sind die Fronten eher noch verhärtet, und auf beiden Seiten breitet sich ein Gefühl der Hilflosigkeit aus.

In solchen Fällen muß der Therapeut sich sagen, daß es ganz unmöglich ist, daß sich nicht wenigstens gewisse Eigenschaften dieser Familie mit seinen eigenen Eigenschaften decken. Vielleicht ist es schwierig, sie zu finden, aber sie müssen irgendwo vorhanden sein. Das Problem besteht einfach darin, daß der Therapeut nicht ausreichend motiviert ist, nach ihnen zu suchen.

Minuchin überwies einem seiner Kollegen einmal eine Familie, deren erwachsener Sohn drogensüchtig war. Der identifizierte Patient war unselbständig, selbstsüchtig, zügellos und ohne Verantwortungsgefühl – diese Liste ließe sich noch beliebig fortsetzen. Der Kollege wußte sich nicht recht zu helfen; seine Versuche, in der Familie die Kontrolle zu übernehmen, hatten keinen Erfolg. Als wir uns einmal kurz miteinander über diesen Fall berieten, fragte ich den Therapeuten, ob er wisse, daß dieser Patient ein sehr guter Dichter sei. Er war ganz entsetzt darüber, daß er sich so etwas überhaupt nicht hatte vorstellen können. Wenn der Therapeut dem Patienten überhaupt helfen kann, dann mag er diesen Patienten auch; es geht also darum, einen Weg zu finden, um helfen zu können. Wenn der Therapeut dieses Problem einmal gelöst hat, dann werden die Schwierigkeiten des Zugangschaffens verschwinden.

Wenn man es mit einer Familie zu tun hat, in der eines der Kinder mißhandelt wurde, dann gestaltet sich der Zugang besonders schwierig. Zunächst wird der Therapeut wohl so reagieren, daß er sich am liebsten auf die Seite des mißhandelten Kindes stellen und den verantwortlichen Erwachsenen deutlich seine Meinung ins Gesicht sagen möchte. Das gleiche gilt übrigens auch für Familien, die ihre Kinder im psychologischen Sinne mißhandeln, ihre Entwicklung beschneiden oder ein Verhalten von ihnen erwarten, das auf der jeweilien Entwicklungsstufe nicht angemessen ist. Um die Situation aber ändern zu können, muß der Therapeut sich einen Zugang zum ganzen System verschaffen. Auch die Eltern müssen seine Unterstützung spüren, und er ist auf ihre Bereitschaft zur Zusammenarbeit angewiesen. Und schließlich steht es dem Therapeuten wohl an, sich auch genau darüber zu informieren, welche Rolle das verletzte Familienmitglied bei der Erhaltung des Systems spielt.

Die Familie Morris besteht aus Mutter, Vater und dem achtjährigen Sohn. Sie wurde vom Kinderkrankenhaus überwiesen, weil die Eltern den Jungen mißhandelt hatten. Einmal schlugen sie ihn so sehr, daß er ins Krankenhaus aufgenommen werden mußte. Während die Mutter spricht, sitzt der Junge ein wenig außerhalb des Familienkreises. Er weint und sieht auf den Fußboden.

Mutter: Johnny ist einfach nicht zu bändigen. Er hat mir und meinem Mann das Weihnachtsfest gründlich verdorben.

Minuchin (zur Mutter): Das muß sehr schlimm für Sie gewesen sein, daß Ihnen das Fest so vergällt war. Wie hat Ihr Sohn das angestellt?

Der Therapeut zwingt sich, gegen seine eigentliche Neigung zu handeln. Es würde ihm Genugtuung bereiten, der Mutter gleich jetzt deutlich zu sagen, was er von Leuten hält, die ihre Kinder schlagen. Aber wenn dieses Kind seinen Eltern nicht weggenommen werden soll – was immer eine zweifelhafte Lösung ist –, dann muß er hoffen, daß die Familie sich ändert. Um eine solche Änderung herbeizuführen, muß der Therapeut die Familie weiter in Behandlung behalten. Das ist nur möglich, wenn er ein therapeutisches System schafft, in dem die

Eltern sich unterstützt und verstanden wissen, bevor sie irgendwie herausgefordert werden. Wenn der Therapeut zudem das Kind schon von Anfang an unterstützen würde, dann wäre der Junge noch stärker in Gefahr, mißhandelt zu werden. Welche Richtung die Behandlung am Ende auch nimmt, der erste Schritt muß darin bestehen, sich mit der Erfahrung dieser Familie wirklich vertraut zu machen, ihrer Sicht des Problems nachzugehen und ihr sein Mitgefühl wegen des ganz und gar verdorbenen Weihnachtsfestes auszusprechen.

Die chronischen Dispute innerhalb einer kampflustigen Dyade sind dem Zugang zur Familie ganz besonders hinderlich, insbesondere dann, wenn der Therapeut seine führende Stellung im therapeutischen System noch nicht aufgebaut hat. Wenn er Partei für die eine Person ergreift, entfremdet er sich die andere; wenn er nicht Partei ergreift, riskiert er, daß der Konflikt unkontrolliert weitergeht und die streitenden Partner sich nur noch hilfloser fühlen.

Wenn er es irgend kann, wird der Therapeut sich in einem solchen Fall zunächst in eine gewisse Distanz begeben und darauf warten, daß der Sturm sich legt. In manchen Fällen aber wird ihm nichts anderes übrig bleiben, als das System in irgendeiner Weise aus dem Gleichgewicht zu bringen; er wird sich mit dem einen Mitglied gegen das andere verbünden und hoffen, daß dieses Vorgehen die Familie nicht davon abhalten wird, zur nächsten Sitzung wiederzukommen. In wieder anderen Fällen entscheidet er, daß die beste Art des Zugangs zu dieser Familie darin besteht, das Verhalten beider Mitglieder mit dem Hinweis herauszufordern, daß es doch möglich sein muß, sich anders und besser zu verhalten. In der ersten Sitzung mit einem zerstrittenen Paar kann der Therapeut etwa, zu der Frau gewendet, sagen: »Sie haben recht«, und gleich anschließend dem prompt in Zorn geratenen Ehemann versichern: »Und Sie haben ebenfalls recht.« Danach fährt er fort: »Aber der Preis, den Sie für Ihr Rechthaben und Ihre Rechtschaffenheit bezahlen, besteht darin, daß Sie Ihr schlimmes Zusammenleben weiterführen.« Das ist zwar keineswegs die sanfte Art, sich der Familie zu nähern, aber mit dieser Herausforderung (»Soll der Teufel euch doch alle beide holen!«) vermittelt der Therapeut den Angesprochenen doch die Überzeugung, daß er an ihrer Situation Anteil nimmt.

Ein Fallbeispiel

Die Familie Bates besteht aus Vater, Mutter und dem vierzehnjährigen Bud. Buds Schwestern, die heute 28 und 24 Jahre alt sind, haben geheiratet und leben nicht mehr bei den Eltern. Bud schwänzt die Schule, raucht Marihuana und ist depressiv. Er wurde in die Tagesklinik überwiesen, aber er kommt dort jeden Morgen zu spät an und erklärt dazu, daß er sich einfach nicht aufraffen könne. Die hier im Ausschnitt wiedergegebene Sitzung ist eine Konsultation.

Minuchin: Die Klinik hat mich gebeten, mich mit Ihnen in Verbindung zu setzen und zu prüfen, ob ich irgendwie helfen kann. Ich stehe Ihnen also in der nächsten Stunde zur Verfügung. Vielleicht kann jemand von Ihnen mal anfangen, mir zu erzählen, um welche Fragen und Sachverhalte es augenblicklich bei Ihnen geht.

Der Therapeut nimmt zunächst die Haltung des Experten ein. Er fordert die Familie auf, sich sein Wissen zunutze zu machen: »Ich stehe Ihnen in der nächsten Stunde zur Verfügung.«

Mutter: Unser großes Problem im Augenblick und schon damals, als wir zum ersten Mal herkamen, ist, daß Bud morgens einfach nicht aus dem Bett kommt und nicht dorthin geht, wo er hingehen sollte. Um halb zehn Uhr morgens sollte er immer hier ankommen. Und es ist nicht nur, daß man ihn aus dem Bett herauskriegen muß, damit er in die Klinik geht, es ist mit allem so, was er machen muß. Als er noch in die Schule ging, ist er auch schon nicht aufgestanden.
Minuchin: Bud, sag mir mal, bist du ein Nachtmensch? Bleibst du abends lange auf?
Bud: Bis zwölf oder halb eins.
Minuchin: Ach so, es ist also leichter für dich, nachts wach zu sein. Manche Leute sind nämlich Morgenmenschen, und dann gibt es halt auch Nachtmenschen. Du würdest also meinen, daß du eher ein Nachtmensch bist. Abends bist du wahrscheinlich lebendiger, wacher, eher bereit, irgend etwas zu tun?

Als die Mutter sich so bereitwillig an die Schilderung der Schwierigkeiten macht, die die Eltern mit Bud haben, unterbricht sie der Therapeut und wendet sich dem identifizierten Patienten zu. Das entspricht nicht gerade den Regeln der Höflichkeit und wird als die Handlung einer Autorität angesehen. Was der Therapeut dann Bud gegenüber äußert (»Du bist wohl eher ein Nachtmensch«), macht aus dem Problem eine ganz normale Sache.

Bud: Ich bin nicht wirklich ein Nachtmensch. Aber gerade morgens habe ich eben einfach keine Lust, irgend etwas zu machen.
Minuchin: Aber das heißt, daß du abends aktiver bist.
Bud: Nein, ich bin den ganzen Tag aktiv, aber . . .
Minuchin: Wenn du einen guten Wecker hättest, würde das etwas nützen?
Bud: Ach, der Wecker, den ich jetzt habe . . .
Minuchin: Wer ist denn der Wecker?
Bud: Ich habe einen für mich allein.
Minuchin: Hast du einen Wecker, oder ist deine Mutter dein Wecker?

Beim Zugangschaffen dadurch, daß der Therapeut den Äußerungen des Jungen nachgeht und das Problem als eine ganz normale Sache bezeichnet, hat der Therapeut gewissermaßen den Gang gewechselt, führt mit Hilfe einer Metapher den Gedanken der Nähe ein und läßt anklingen, daß große Nähe vielleicht etwas mit dem Sympton zu tun hat. Er hat nämlich festgestellt, daß Bud ganz dicht neben seiner Mutter sitzt und sie sich mit nichtverbalen Signalen verständigen. In spaßhaftem und ganz besonders freundlichem Ton fordert er nun das Mutter-Sohn-Holon heraus.

Bud: Ich habe einen.
Mutter: Und ich auch.
Minuchin: Bist du sicher, daß sie kein Wecker ist, Bud?
Bud: Ja.
Minuchin: Wer weckt dich morgens?
Bud: Meistens sie.
Minuchin: Also ist sie doch dein Wecker.
Mutter: Wenn Sie es so nennen wollen . . .
Minuchin: Gut, dann haben Sie also eine Funktion: Sie sind ein Wecker!

In leicht neckendem Ton bestätigt der Therapeut die Mutter und geht Buds Äußerungen nach. Zugleich wird die Mutter-Sohn-Beziehung ins Spiel gebracht.

Mutter: Ja, im Augenblick haben wir sogar zwei Wecker in seinem Schlafzimmer.
Minuchin: Und die tun's immer noch nicht?
Mutter: Und dann noch mich.

Die Mutter schafft Zugang zum Therapeuten.

Minuchin: Dann könnten Sie doch vielleicht einen dritten Wecker einführen. Der erste weckt um sieben Uhr dreißig, der zweite um sieben Uhr vierzig und der dritte um sieben Uhr fünfzig.
Mutter: So mache ich es im Augenblick auch.
Minuchin: Du meine Güte! Du mußt ja einen tiefen Schlaf haben, Bud!
Bud: Ja.
Minuchin: Ich bin heute morgen schon um vier Uhr aufgestanden. Ich konnte nicht schlafen. Ich wollte, ich hätte dein Symptom! Wenn deine drei Wecker nicht funktionieren, dann kannst du bis zum Mittag schlafen, bis ein Uhr, bis zwei Uhr . . . Was war denn so dein Rekord im Schlafen? *(Bud sieht seine Mutter an.)* Frag nicht *sie*! Das ist nicht ihre Funktion. Sie ist ein Wecker. Oder ist sie vielleicht auch ein Notizbuch?

Der Therapeut, der das Geschichtenerzählen einfach nicht lassen kann, interpretiert das Symptom dadurch als eine gute Sache, daß er über seine eigenen Schlafstörungen spricht. Er fängt auch an, ein Auge auf das sehr enge Verhältnis zwischen Mutter und Sohn zu haben. Zugangschaffen und Neustrukturierung gehen in dieser Phase zügig voran, weil der Therapeut das Gefühl hat, sich hier durchaus im Rahmen des Erlaubten zu bewegen. Bisher ist es in dieser Sitzung in der Hauptsache um konkrete Verhaltensweisen und um kleine Transaktionen gegangen, bei deren Erörterung die Familie sich noch einigermaßen behaglich fühlt. Jetzt nimmt der Therapeut Kontakt zu dem schweigsamen Vater auf.

Minuchin: Ich wette, Sie hätten dieses Schlafvermögen auch gerne. Wann wachen Sie denn morgens auf?
Vater: Ich? So um viertel vor fünf, fünf Uhr. *(Sieht seine Frau an.)*
Mutter (nickt): Ja.
Vater: Um fünf Uhr.
Minuchin: Schon um fünf? Ist Ihre Frau denn die Datenbank in der Familie? Nicht nur Bud sieht sie an, wenn es um eine Information geht – auch Sie haben eben zu ihr hingesehen!

Der Therapeut, der sich nun allen drei Familienmitgliedern zugewandt hat, schafft bereits einen Fokus, um den herum die Sitzung von nun an organisiert sein wird. Der Inhalt betrifft alltägliche Dinge, und der Ton ist so leicht, als wenn es um ein Gespräch über das Wetter ginge. Dennoch – in den Augen der Familie ist der Therapeut ein Zauberer: ein Experte, der sie alle versteht.

Vater: Ja.

Minuchin: Da hat sie ja eine Menge zu tun. Sie ist ein Wecker und eine Datenbank. *(Zum Vater)* Und wann gehen Sie aus dem Haus?

Vater: So zwischen dreiviertel sechs und sechs Uhr.

Minuchin: Wie liegt Ihre Arbeitszeit?

Vater: Manchmal von sechs bis halb fünf, manchmal von sieben bis halb sechs. Es kann aber auch zu jeder anderen Zeit sein.

Minuchin: Das heißt also, Sie arbeiten zehn Stunden lang?

Vater: Manchmal zehn, manchmal elf, manchmal acht. Meistens neun.

Minuchin: Sind das zum Teil Überstunden?

Vater: Ja.

Minuchin: Wenn Sie also zehn Stunden arbeiten, dann können Sie sich freuen, weil Sie dann ein paar Stunden gut haben. Was arbeiten Sie denn?

Vater: Ich bin Vorarbeiter in einem Betrieb, der elektronische Geräte herstellt. Wir stellen Schaltungen her.

Minuchin: Das heißt, daß Sie dort schon seit vielen Jahren arbeiten, wenn Sie Vorarbeiter sind?

Vater: Seit dreißig Jahren.

Minuchin: Seit dreißig Jahren! Wie alt sind Sie?

Vater: Fünfzig.

Minuchin: Sie haben mit zwanzig angefangen und sind die ganze Zeit in dieser Stelle geblieben?

Vater: Hm.

Minuchin: Dann gehören Sie jetzt sicher zu den dienstältesten Mitarbeitern.

Vater: Ja.

Minuchin: Wieviele Leute arbeiten in dem Betrieb?

Vater: Siebzehn.

Minuchin: Und wieviele Vorarbeiter?

Vater: Zwei, aber der andere ist nicht so lange da wie ich.

Minuchin: Dann ist Ihnen die Stelle also sicher.

Vater: O ja.

Der Therapeut geht den Äußerungen des Vaters nach und erhält neutrale Informationen von ihm, nachdem er ihm konkrete Fragen gestellt hat, um den Kontakt aufrechtzuerhalten. Jetzt wird er einen konzeptionellen Sprung vollziehen, nämlich diese Informationen mit dem Symptom des Sohnes verknüpfen.

Minuchin: Dann haben wir hier also jemanden, der über Zeit und Einteilung von Zeit gut Bescheid weiß und der auch weiß, was Verantwortung heißt. Sie haben Ihr ganzes Leben lang gearbeitet?

Vater: Hm.

Minuchin: Und wie kommen Sie dann zu einem Sohn, der die Zeit nicht kennt, keine Ahnung hat, wie man seine Zeit einteilt, und so etwas wie Motivation nicht kennt? Wie haben Sie das angestellt?

Vater: Ich weiß nicht. Das ist es ja, was wir einfach nicht verstehen.

Minuchin: Da ist irgend etwas schiefgelaufen.

Vater: Ja.

Der Therapeut und der Vater haben sich in ihrem gemeinsamen Interesse an der Arbeit des Vaters gefunden. Jetzt bringt der Therapeut das Symptom in einen Zusammenhang damit, daß der Vater seinem Sohn kein Vorbild gewesen ist. Aber er drückt es so aus, daß »etwas« schiefgelaufen ist, nicht daß »jemand« versagt hat. Der Vater stimmt sofort zu; er und der Therapeut sind in diesem Fall Partner in einem zielgerichteten Vorgehen.

Minuchin: Vielleicht haben Sie ihm nicht das richtige Beispiel gegeben. Vielleicht will er nicht so sein wie Sie.

Vater: Mag sein.

Minuchin: Vielleicht denkt er, daß Sie zu schwer arbeiten und . . . was meinst du? *(Zu Bud)* Du möchtest wohl nicht so sein wie dein Vater?

Bud: O doch, ich wäre gerne so wie er.

Minuchin: Dreißig Jahre lang am gleichen Arbeitsplatz zu arbeiten, immer von sechs bis vier Uhr, würde dir das Spaß machen?

Bud: Ja.

Minuchin: Meistens sagen so junge Kerle wie du, wenn sie von ihrem alten Herrn reden: »Das ist kein Leben für mich.« Würdest du wirklich gerne so sein wie er?

Bud: Ja. Ich möchte auch dort arbeiten, wo er arbeitet.

Minuchin: Du würdest dort auch gern arbeiten? Bist du schon dort gewesen?

Bud: Ja. *(Die Mutter nickt zustimmend.)*

Minuchin: Also, du siehst nicht nur deine Mutter an und regst sie an, etwas zu tun – auch wenn du gar nicht zu ihr hinsiehst, tut sie etwas. *(Alle lachen)* Ich habe dich gefragt, und du hast Ja gesagt, und auch sie hat Ja gesagt. Also, sie ist tatsächlich mit euch allen verdrahtet *(Zur Mutter)* Sind Sie so verdrahtet, daß Sie auch etwas sagen, wenn er antwortet?

Mutter: Ich denke schon. Ja.

Der Therapeut hat den Inhalt aufgenommen und verfolgt, als plötzlich eine kleine nichtverbale Transaktion ihm Daten liefert, die den von ihm gewählten Fokus unterstreichen. So kehrt er wieder zu der Metapher der Nähe zurück. Die Metapher von der »Verdrahtung« benutzt der Therapeut normalerweise nicht; daß er hier gerade dieses Bild gewählt hat, hängt mit dem Beruf des Vaters zusammen und zeigt, daß der Therapeut sich auch an die Sprache dieser Familie anschließt.

Minuchin: Toll! Ist das nicht einfach toll, wie Familien so verdrahtet sein können?
Vater: Ja, das stimmt.
Minuchin: Wirklich gut! Das heißt also, Bud hat diesmal gar nicht zur Mutter hingesehen. Ich weiß es – du hast nämlich mich angesehen. Sehr schön. Da laufen also unsichtbare Drähte von dir zu deiner Mutter. Können Sie die Schwingungen hören?
Mutter: Hm.

Der Therapeut stellt dieses übermäßige Engagement der beiden Familienmitglieder füreinander als eine bemerkenswerte Leistung und als etwas Positives hin, das der Organismus Familie zustandebringt.

Minuchin: Sind Sie immer so mit den Leuten verdrahtet gewesen?
Mutter: Ja, doch. Ich denke schon. Weil ich immer verantwortlich für Menschen gewesen bin.
Minuchin: Dann sind Sie beide also wirklich sehr verantwortungsbewußte Menschen. Sie *(zum Vater)* sind sehr gewissenhaft bei Ihrer Arbeit, und Sie *(zur Mutter)* fühlen sich sehr verantwortlich für Ihre Familie. Ist das Ihre Art der Arbeitsteilung? Ihre Aufgabe besteht darin, die Familie zu ernähren, und Sie haben die Kinder zu versorgen?

Der Therapeut bestätigt beide Eltern und unterstreicht die positiven Aspekte. Zugleich aber trifft er Vorbereitungen dafür, das Verhalten, das er eben noch gelobt hat, zum Objekt einer Herausforderung zu machen.

Mutter: Ja.
Vater: Hm.
Minuchin: Und das klappt auch immer?

Mutter: Bisher hat es jedenfalls gut geklappt.

Minuchin: Wie lange sind Sie miteinander verheiratet?

Mutter: Wir sind dreißig Jahre verheiratet, und wir haben noch zwei andere Kinder außer Bud – zwei verheiratete Töchter.

Minuchin (zu Bud): Du bist der einzige Sohn und das jüngste Kind in der Familie. Wie alt sind deine Schwestern?

Bud: Lena ist ungefähr vier . . . vier- oder fünfundzwanzig. *(Bud sieht seinen Vater an, aber die Mutter hat die Antwort parat.)*

Mutter: Achtundzwanzig und vierundzwanzig.

Minuchin (zu Bud): Du hast sie beide im Griff! Sehr gut! Also, das war gut, Bud hat seinen Vater angesehen und ihn aktiviert, und die Mutter hat sich selbst aktiviert. Prima. Sehr unsichtbare, aber sehr starke Drähte. Also achtundzwanzig und vierundzwanzig. Dann ist ja auch deine jüngere Schwester sehr viel älter als du. Wie lange wirst du noch das Baby bleiben? Bis du fünfzig bist? Oder bis du zwanzig bist? Ich weiß nicht, aber manche Familien halten sich ihre Babys doch recht lang.

Wieder wird die Verstrickung auf humorvolle Weise angegriffen, zugleich wird das angesprochene Familienmitglied aber auch gestützt. Diese Art der Herausforderung ist möglich, weil sich die Familie mit dem leicht spöttischen Ton des Therapeuten angefreundet hat. Inzwischen sieht es so aus, als seien der Therapeut und die Familie schon seit Jahren miteinander befreundet.

Bud: Ich weiß nicht.

Minuchin: Frag deine Mutter, wie lange du noch das Baby der Familie sein wirst.

Bud: Wie lange?

Mutter: Bis du erwachsen bist.

Minuchin: Ach, das kann ein Leben lang dauern. Du kannst auch mit siebzig noch das Baby sein. Versuch doch mal herauszufinden, was sie meint. Wie lange wird es noch dauern? Das mußt du herausfinden. Mütter haben nämlich ihre ganz besondere Art zu rechnen. Wie lange wirst du noch das Baby sein?

Mutter: Wie lange du noch das Baby sein wirst? Bis du Verantwortung anerkennst, die ich dir einräumen will – aber du mußt sie eben auch akzeptieren. Und wenn du sie schließlich akzeptierst, dann würde ich meinen, daß du erwachsen bist.

Minuchin (zu Bud): Bist du damit einverstanden? Es liegt also nur an dir, ob du erwachsen wirst oder nicht?

Bud: Warum schiebst du mir die ganze Verantwortung zu?

Mutter: Weil es *dein* Leben ist. Ich bin ja bereit zu führen, aber ich möchte gerne, daß du die Verantwortung übernimmst.

Minuchin: Bud, ich kenne Leute, die so verdrahtet sind wie deine Mutter und du – so eng verdrahtet, daß sie gar keinen Raum mehr für sich selbst haben. In anderen Familien bleiben Leute, die so verdrahtet sind wie du, noch ewig klein.

Schon nach zwanzig Minuten sind der Therapeut und die Familie miteinander verbunden und arbeiten zusammen. Für den Rest dieser Sitzung nimmt der Therapeut sich nun den Vater vor. Er sagt, daß er der Mutter wegen beunruhigt ist: Sie ist allzuschnell bereit, anderen zu helfen, und das kann nicht gut für sie sein. Sie ist allzu eng mit anderen verdrahtet; der Vater muß mit der Drahtschere kommen und sie aus ihrer Verdrahtung retten. Für die Familie endet die Sitzung mit der Überzeugung, daß sie eine bestimmte Richtung eingeschlagen hat; der Therapeut hat am Ende das Gefühl, daß er Menschen, die er mag, echt hat helfen können.

Das Zugangschaffen zur Familie ist keine Technik, die sich von der Veränderung der Familie trennen läßt; durch das Zugangschaffen verändert der Therapeut bereits einiges. Es ist auch kein Prozeß, der nur auf einen Teil der Therapie beschränkt wäre. Vielmehr handelt es sich um einen Vorgang, der kontrapunktisch zu jeder therapeutischen Intervention abläuft. Der Therapeut schafft immer und immer wieder Zugang, in jeder Sitzung und während des gesamten Verlaufs der Therapie. Allerdings gelten mit fortschreitender Therapie immer weniger Überlegungen und Gedanken gerade diesem speziellen Vorgehen. Zu Beginn der Therapie müssen der Therapeut und die Familie sich darauf konzentrieren, sich aneinander und zugleich an die Rolle des Therapeuten als desjenigen, der führt im System, zu gewöhnen. Aber mit der Zeit werden die entsprechenden Bemühungen immer automatischer. Der Therapeut muß jetzt nicht mehr darüber nachdenken, wie er sich am besten Zugang verschaffen könnte. Er kann sich darauf verlassen, daß die Muster des therapeutischen Systems ihn schon entsprechend informieren werden, wenn diese Frage wieder einmal in den Vordergrund tritt.

Wenn er Techniken des Zugangs zur Familie – wie übrigens auch andere therapeutische Techniken – anwendet, kommt der Therapeut sich gelegentlich vor wie der Tausendfüßler, der überhaupt keine Bewegung mehr ausführen konnte, weil ihm nicht klar war, welches Bein er als nächstes bewegen sollte.

Aber sein Erfolg hängt davon ab, ob er es versteht, zur gleichen Zeit sowohl Zugang als auch Herausforderung zu erreichen. Die Erweiterung seines Repertoires wird ihn letzten Endes zu einem besseren Therapeuten machen. Und wenn er erst einmal zum Experten im Erkennen der Rückmeldungen der Familie geworden ist, dann wird er auch wieder imstande sein, spontan zu sein, in der ruhigen Gewißheit, daß sein Verhalten im Rahmen des vom therapeutischen System akzeptierten Verhaltens liegt.

Anmerkungen

[1] Meltzer, Donald: Routine and Inspired Interpretations, in: Contemporary Psychoanalysis, 14, Nr. 2 (April 1978), S. 211–225.
[2] Wynne, Lyman, I. Ryckoff, J. Day und S. Hersch: Pseudo-Mutuality in the Family Relationships of Schizophrenics, in: Psychiatry 21 (1958), S. 205–220.
[3] Haley, Jay, und Lynn Hoffman: Techniques of Family Therapy. New York: Basic Books 1967, S. 307 f.; Napier, Augustus Y. mit Carl A. Whitaker: The Family Crucible. New York: Harper & Row 1978, S. 9; dt. Tatort Familie. Düsseldorf und Köln: Diederichs 1979.
[4] Selvini-Palazzoli, Mara, L. Boscolo, G. Cecchin und G. Prata: Paradoxon und Gegenparadoxon. Stuttgart: Klett 1977.
[5] Bowen, Murray: Family Therapy in Clinical Practice. New York: Jason Aronson 1978, S. 310.
[6] Blitsten, Dorothy R.: The Social Theories of Harry Stack Sullivan. New York: William-Frederick Press 1953.

4 Der Therapieplan

Vom Flugzeug aus könnte man beim Anblick einer Schar von Pinguinen den Eindruck haben, hier handele es sich um eine Versammlung von Butlern – eine so peinliche Ordnung in Schwarzweiß und eine solche Majestät der Bewegungen ist wohl keiner anderen Gruppe eigen. Bei genauerem Hinsehen allerdings müßte man diese Vorstellung wieder aufgeben. Diener haben Arme und nicht Flossen; sie sind Menschen, und diese Geschöpfe sind es eindeutig nicht. Was aber sind sie? Wenn man dann sehen würde, wie ein solches Wesen ganz plötzlich ins Wasser taucht und mühelos davonschwimmt, dann würde man vielleicht meinen, Pinguine seien Fische. Nur die noch nähere Bekanntschaft mit ihnen würde uns dazu veranlassen, auch diese zweite Hypothese fallenzulassen und uns der richtigen Antwort zuzuwenden.

Es ist immer ein Fehler, so warnte Sherlock Holmes, über die vorhandenen Daten hinaus zu theoretisieren. Die Planung der Behandlung kann man nur unter Berücksichtigung ihrer Grenzen vornehmen, wie uns die Fabel von den Pinguinen lehrt. Familientherapeuten lernen wohl, über die vorhandenen Daten hinaus über eine Familie zu theoretisieren, aber immer in dem Bewußtsein, daß die Struktur einer Familie dem Therapeuten niemals sofort erkennbar wird. Nur indem er Zugang zur Familie schafft und ihre Transaktionen sondiert, kann er allmählich die hier vorhandene Struktur und die Art und Weise des Umgangs der Familienmitglieder miteinander kennenlernen. Alle zu Beginn aufgestellten Hypothesen müssen im Verlauf dieser Annäherung an die Familie auf ihre Richtigkeit hin überprüft und unter Umständen ohne Ausnahme sofort wieder fallengelassen werden.

Die erste Hypothese kann dennoch für den Therapeuten von unschätzbarem Wert sein. Jede Familie präsentiert eine andere Form und eine andere Struktur, und da die Form Einfluß auf die Funktion hat, reagiert die Familie auf Belastungen in einer ganz bestimmten Weise, die durch ihre jeweilige Form bedingt ist.

Diese Form deutet schon auf mögliche funktionale Bereiche und auf mögliche Schwachstellen innerhalb der gesamten Struktur.

Nach einer ersten Prüfung bestimmter grundsätzlicher Aspekte der Familienstruktur kann der Therapeut sich eine Vorstellung von der Familie als einem Ganzen machen. Schon aus den einfachsten Informationen, die der Therapeut der telefonischen Verabredung zum ersten Gespräch mit der Familie oder dem Aufnahmeformular der Beratungsstelle entnimmt, kann er einige Annahmen entwickeln: Wieviele Menschen beispielsweise zur Familie zählen und wo sie leben, wie alt die Familienmitglieder sind und ob die Familie sich vielleicht in einer normalen Übergangsphase befindet, die für jede Familie eine Belastung darstellt. Das vorgestellte Problem selbst kann – und dies gilt für alle Klientenfamilien – auf Bereiche möglicher Schwächen und Stärken hinweisen. Aus diesen einfachen Elementen gewinnt der Therapeut Hinweise über die Familie, von denen er sich bei seinen ersten Sondierungen der Familienstruktur leiten läßt. Den direktesten Hinweis liefert die Zusammensetzung der Familie. Bestimmte Kombinationen weisen bereits auf bestimmte Bereiche, die erkundet werden müssen. Die Familienformen, die man am allerhäufigsten antrifft, sind die Pas-de-deux-Familien, die Drei-Generationen-Familien, Familien mit einem Elternkind, Familien mit einem abwesenden Elternteil, unstabile Familien und Pflegefamilien.

PAS-DE-DEUX-FAMILIEN

Stellen wir uns eine Familie vor, die aus nur zwei Mitgliedern besteht. Der Therapeut kann in einem solchen Fall davon ausgehen, daß diese beiden Menschen einander sehr viel bedeuten. Wenn es sich um eine Mutter und ihr Kind handelt, dann verbringt das Kind vermutlich viel Zeit in der Gesellschaft von Erwachsenen. Es drückt sich wahrscheinlich sehr gewandt aus, ist schon lange vor seinen Altersgenossen an den Fragen und Sorgen der Erwachsenen interessiert, weil es verhältnismäßig viel mit Erwachsenen zu tun hat, und macht insgesamt einen reiferen Eindruck. Ein solches Kind ist seltener mit Gleichaltrigen zusammen, es hat daher mit seinen Altersgenossen nicht so viel gemeinsam wie die anderen Kinder und kommt, was das Spielen angeht, unter Umständen zu kurz. Die Mutter kann, wenn sie das möchte, dem Kind mehr Aufmerksamkeit zuwenden als wenn sie sich auch noch um einen Ehemann und weitere

Kinder kümmern müßte. Folglich versteht sie es vielleicht besonders gut, die Stimmungen des Kindes zu erfassen, seine Bedürfnisse und Wünsche zu erfüllen und auf seine Fragen einzugehen. Vielleicht neigt sie sogar dazu, mehr in dem Kind zu sehen als eigentlich vorhanden ist, denn sie hat ja sonst niemanden, auf den sie ihre Aufmerksamkeit richten könnte, und es ist vielleicht auch niemand da, mit dem sie ihre Beobachtungen besprechen könnte. Die Folge ist unter Umständen ein sehr stark ausgeprägtes Zusammengehörigkeitsgefühl, das eine wechselseitige Abhängigkeit und zugleich auch wechselseitige Ressentiments fördert.

Ein weiteres Beispiel für Pas-de-deux-Familien sind ältere Ehepaare, deren Kinder das Elternhaus verlassen haben. Von diesen beiden Partnern sagt man gelegentlich, sie litten unter dem Syndrom des leeren Nestes. Pas-de-deux-Familien können ferner auch aus einem Elternteil und einem erwachsenen alleinstehend gebliebenem Kind bestehen, die von der Geburt des Kindes an immer zusammengelebt haben.

Jede Familienstruktur, gleichgültig wie lebensfähig sie im einzelnen Fall sein mag, enthält Bereiche, in denen es zu Schwierigkeiten kommen kann, oder aber »schwache Glieder« in der Kette. Die Zwei-Partner-Struktur birgt in sich die Möglichkeit einer Art »Flechtenbildung«, also eines Zustandes, in dem die Individuen in nahezu symbiotischer Weise voneinander abhängig sind. Dieser Möglichkeit wird der Therapeut nachgehen. Wenn seine Beobachtungen darauf hindeuten, daß das übermäßige Engagement der beiden Menschen füreinander jeden von ihnen in seinen Möglichkeiten beschneidet, dann wird er seine Interventionen so ausrichten, daß eine Grenze zwischen den Mitgliedern dieser Dyade gezogen wird und sich zugleich jene Grenzen öffnen, die die Beteiligten bisher davon abgehalten haben, andere Beziehungen einzugehen. Unter Umständen erkundet der Therapeut die außerfamilialen Möglichkeiten der Stützung oder Anteilnahme, um so die hier geltende Sicht der Familienrealität (»Wir sind eine Insel«) anzugreifen.

Drei-Generationen–Familien

Die erweiterte Familie, in der mehrere Generationen eng zusammenleben, ist wohl weltweit die am meisten verbreitete Familienform überhaupt. Viele Therapeuten halten es für sehr wichtig, mit drei Generationen zu arbeiten, auch wenn sie geographisch voneinander getrennt sind. Im urbanen Kontext des westlichen Kulturkreises ist die Vielgenerationenfamilie nun allerdings eher für die untere Mittelschicht und die sozioökonomisch schwachen Gruppen typisch. Deshalb ist der Therapeut unter Umständen versucht, bei dieser Familienform von Anfang an ihre Schwächen und Defizite zu sehen, anstatt nach dem auch in dieser Form vorhandenen Potential an Anpassungsfähigkeit zu suchen.

Die erweiterte Familie hat, da sie aus mehreren Generationen besteht, die Möglichkeit, Funktionen zu spezialisieren. Unterstützung und Zusammenarbeit bei den Familienaufgaben werden möglich, weil solche Familien sich durch eine ihnen eigene Flexibilität auszeichnen und das Einspringen und Zuhilfekommen ganz selbstverständlich für sie ist. Diese Art der Organisation erfordert einen Kontext des ständigen harmonischen Nebeneinander von Familie und Außenbereich. Wie jede Familienform braucht auch die erweiterte Familie einen gesamtgesellschaftlichen Kontext, der ihre Handlungen ergänzt.

Wenn der Therapeut mit einer Drei-Generationen-Familie arbeitet, muß er sich vor seiner Neigung, Trennungslinien zu ziehen, in acht nehmen. In der Regel möchten Therapeuten nämlich die Grenzen der Kernfamilie festlegen. In einer Familie, die aus Großmutter, Mutter und Kind besteht, lautet die erste Frage des Therapeuten dann oft: »Wer versorgt das Kind (das heißt wer vertritt Elternstelle an dem Kind)?« Wenn die mütterlichen Aufgaben der Großmutter übertragen sind, dann beginnt der Therapeut, der mit einer Landkarte arbeitet, sofort gewisse Strategien zu entwickeln, mit denen die Familienform so umorganisiert werden soll, daß die »wirkliche« Mutter die Verantwortung für die Versorgung des Kindes übernimmt und die Großmutter in den Hintergrund rückt. Wir sollten dieses Festhalten an den kulturellen Normen ein wenig in Frage stellen, denn es könnte ja sein, daß dieser Drei-Generationen-Familie am ehesten damit gedient ist, daß man innerhalb des hier bestehenden kooperativen Systems auf eine Differenzierung der Funktionen hinarbeitet, nicht aber damit, daß man sie gewaltsam in eine Struktur drängt, die den kulturellen Normen entspricht.

Es ist wichtig, daß der Therapeut herausfindet, wie die idiosynkratische Anordnung dieser Familie im einzelnen aussieht. Es kann sein, daß die Großmutter bei ihrer Tochter und dem Enkelkind lebt. Möglich ist aber auch, daß die Großmutter das Familienoberhaupt ist und Mutter und Kind unter ihrer Obhut stehen. Die Frage muß also lauten, ob hier eine klar umrissene Struktur vorhanden ist, gemäß der die beiden erwachsenen Frauen gleichberechtigt nebeneinander leben und die eine von ihnen Elternstelle an dem Kind vertritt, ob die Erwachsenen so zusammenarbeiten, daß ihre jeweiligen Funktionen und Fähigkeiten deutlich voneinander differenziert sind, oder aber ob sie miteinander darum wetteifern, wer von ihnen den ersten Rang einnimmt, und ob, wenn das letztere der Fall ist, das Kind sich in einer Koalition mit der einen Frau gegen die andere befindet. Es gibt viele Formen der Drei-Generationen-Familie, angefangen von der (alleinstehenden) Mutter-Großmutter-Kind-Kombination bis hin zum komplexen Netzwerk ganzer Verwandtschaftssysteme, die nicht im gleichen Haus miteinander leben müssen, um ihren großen Einfluß geltend zu machen. Unter Umständen muß der Therapeut erst einmal klären, wer denn »die Familie« eigentlich ist, wieviele Mitglieder dazugehören und welchen Kontakt die Familie mit dem erweiterten Familiennetz unterhält. Auf keinen Fall darf man den Einfluß der erweiterten Familie auf die Funktionen der Kernfamilie unterschätzen[1].

Ein potentiell schwaches Glied der Vielgenerationenfamilie ist ihre hierarchische Organisation. Wenn eine erweiterte Drei-Generationen-Familie mit einem ihrer Mitglieder als Symptomträger zur Therapie kommt, wird der Therapeut zunächst der Frage nachgehen, ob und welche Koalitionen hier über die Generationen hinweg bestehen, die ein Familienmitglied zum Sündenbock oder einige Holons dysfunktional machen.

In einigen desorganisierten erweiterten Familien kann es sein, daß die erwachsenen Mitglieder losgelöst sind und sich nach außen orientieren. In solchen Fällen sind gewöhnlich die exekutiven Funktionen, einschließlich Kindererziehung, unzureichend definiert und fallen durch die Maschen des Netzes. Dieses Problem findet man häufig bei armen und übermäßig belasteten Familien in heruntergekommenen Wohngegenden und ohne ausreichende soziale Sicherung. Die Verdeutlichung der Grenzen zwischen den einzelnen Holons kann dazu beitragen, Funktionen zu differenzieren und die Zusammenarbeit zu erleichtern[2].

FAMILIEN MIT EINEM ELTERNKIND

Die Familie mit mehreren Kindern ist in unserer Kultur nicht mehr so verbreitet wie in früheren Zeiten. Früher war es üblich, viele Kinder zu haben. Kinder galten der Familie als eine Art Kapital. Diese Zeiten sind vorbei, aber die strukturellen Beziehungen, wie sie die meisten großen Familien kennzeichnen, bestehen noch. Wenn eine Institution eine bestimmte Größe erreicht, muß Autorität delegiert werden. Wo viele Kinder in einem Haushalt leben, tragen gewöhnlich eines oder mehrere der größeren Kinder eine gewisse elterliche Verantwortung. Solche Elternkinder übernehmen stellvertretend für die Eltern Erziehungsaufgaben.

Diese Lösung bewährt sich, solange die Pflichten des Elternkindes von den Eltern klar definiert sind und sich mit den Fähigkeiten des Kindes und seinem Reifegrad vereinbaren lassen. Das Elternkind befindet sich in einer besonderen Lage; es ist aus dem geschwisterlichen Subsystem ausgeschlossen und nach oben, in das elterliche Subsystem gedrängt worden. Diese Position hat eine Reihe verlockender Züge, denn das Kind hat direkten Zugang zu den Eltern, und seine Fähigkeiten, exekutive Funktionen wahrzunehmen, werden gefördert. Die Beziehungsform hat sich tausendfach bewährt. Auch viele Therapeuten sind früher Elternkinder gewesen. Aber die Struktur einer großen Familie kann an diesem Punkt zusammenbrechen, und der Therapeut muß diese Möglichkeit in seine Überlegungen einbeziehen.

Ein Elternkind kann pathologische Symptome entwickeln, wenn es mit der Verantwortung, die ihm übertragen worden ist, nicht fertig wird, oder wenn ihm nicht zugleich die notwendige Autorität zugestanden wird, um seine Aufgaben durchzuführen. Das Elternkind ist, wie schon in der Bezeichnung anklingt, in einer mittleren Position gefangen. Es spürt, daß es aus dem Kontext der Geschwister ausgeschlossen ist und vom elterlichen Holon nicht voll und ganz akzeptiert wird. Der wichtige Sozialisationskontext des geschwisterlichen Subsystems ist eingeschränkt. Die Zuwendung der Eltern, die die jüngeren Kinder so dringend brauchen, kann durch das Elternkind blockiert werden.

In der Therapie kann es sich als nützlich erweisen, grenzenschaffende Techniken einzusetzen, die das elterliche Subsystem – ohne das Elternkind – umorganisieren, und Sitzungen nur mit den Geschwistern abzuhalten, in denen die Position des Elternkindes im geschwisterlichen Subsystem neu festgelegt wird. Sollte das elterliche Subsystem bereits allzu stark belastet sein, dann kann man auch so vorgehen, daß man die Verantwortung für seine Entlastung gerechter unter den Geschwistern aufteilt.

FAMILIEN MIT EINEM ABWESENDEN ELTERNTEIL

Es gibt Familien, in denen ein Elternteil immer wieder für längere Zeit abwesend ist. Ein klassisches Beispiel dafür ist die Soldatenfamilie. Wenn der eine Partner weggeht, muß der zurückbleibende Elternteil zusätzliche Funktionen der Versorgung, Erziehung und Führung der Kinder übernehmen, oder diese Dinge unterbleiben. Die elterlichen Funktionen liegen in dieser Zeit also bei einer einzigen Person. Solche Familien können, was ihre Form angeht, mit der Zeit zu einer Teilfamilie werden. Der Ehepartner zu Hause übernimmt zusätzliche Funktionen, und dies auf Kosten der Partnerschaft. Die Kinder tragen unter Umständen zur weiteren Trennung der Eltern voneinander bei, ja sie ordnen sie ein als den »guten Vater« und die »böse Mutter, die uns verlassen hat«. Mit dieser Sicht der Dinge wird der ohnehin schon an der Peripherie stehende Elternteil vollends aus der Familie gedrängt.

Familien mit einem abwesenden Elternteil kommen dann zur Therapie, wenn der Elternteil, der viel unterwegs war, seinen Beruf wechselt und nun wieder einen festen Platz in der Familienorganisation einnimmt. An diesem Punkt muß es zu einer Neuorganisation der familialen Aufgaben kommen, denn das alte Programm steht der Entwicklung neuer Funktionen, die auch den bisher abwesenden Partner miteinbeziehen, hemmend im Wege. Der periphere Elternteil muß wieder einbezogen werden und eine sinn- und bedeutungsvolle Position im System einnehmen.

In solchen Situationen wie in anderen Übergangssituationen besteht die Therapie nicht nur aus neustrukturierenden, sondern auch aus erzieherischen Maßnahmen. Die Familie muß begreifen, daß sie im Grunde jetzt eine »neue« Familie geworden ist. Es ist nicht ganz leicht, dieses Konzept zu akzeptieren, denn die »Teile« dieser Familie haben jeweils lange zusammengelebt; nur die Form der Familie ist neu.

UNSTABILE FAMILIEN

Es gibt Familien, die ständig von einem Ort zum anderen ziehen wie die Gettofamilie, die abreist, wenn die Miete allzulange überfällig ist, oder wie die Familien von leitenden Angestellten, die von ihren Firmen immer wieder an eine andere Niederlassung versetzt werden. In anderen Familien ist es die Zusammensetzung, die sich ständig ändert. Das ist am häufigsten dort der Fall, wo eine alleinstehende Mutter bzw. ein alleinstehender Vater eine Liebesaffäre nach der anderen hat. Der Vater geht von einer Freundin zur anderen, und jede von ihnen ist eine potentielle Ehepartnerin und Mutter. Diese Konfiguration wird dem

Therapeuten beim ersten Kontakt mit der Familie vielleicht nicht deutlich, aber sie schält sich heraus, wenn er länger mit der Familie arbeitet.

Wenn sich dieser sich stets wandelnde Kontext auf die signifikanten Erwachsenen bezieht, dann muß der Therapeut sich um die Vorgeschichte bemühen und herausfinden, ob das, was zunächst nach stabiler Organisation aussieht, in Wahrheit vielleicht nur einen Übergang darstellt. Zu seinen Aufgaben gehört es dann, der Familie bei der deutlichen Definition ihrer Organisation und ihrer Struktur behilflich zu sein. Wenn der sich wandelnde Kontext der Ort ist, dann verlieren beide, die Familie und die Gemeinschaft, Systeme der Unterstützung. Die Familie ist verwaist. Kinder, die ihren Freundeskreis verloren haben und sich in einer neuen Schule zurechtfinden müssen, reagieren vielleicht dysfunktional. Wenn die Familie der einzige Ort in einer sich wandelnden Welt ist, an dem man Halt und Unterstützung findet, dann kann ihre Fähigkeit zum außerfamilialen Kontakt Schaden nehmen.

Der Therapeut muß wissen, daß die Familienmitglieder durch einen Ortswechsel und dem damit verbundenen Verlust ihrer gewohnten Umgebung in eine Krise geraten und ihre Aufgaben nicht so gut bewältigen kann wie wenn der außerfamiliale Kontext sie stützt. Es ist also wichtig, daß er sich ein Bild von den Fähigkeiten der Familie als Organismus wie auch von ihren einzelnen Mitgliedern macht. Er darf in einem solchen Fall nicht einfach annehmen, daß die Krise ein Anzeichen von Pathologie in dieser Familie sei. Das familiale Holon ist stets Teil eines größeren Kontextes. Wenn dieser größere Kontext zerstört ist, dann wird die Familie Zerrissenheit erfahren.

PFLEGEFAMILIEN

Ein Pflegekind ist definitionsgemäß ein Familienmitglied auf Zeit. Die zuweisende Stelle macht darauf aufmerksam, daß die Pflegefamilie sich nicht an das Kind binden soll; eine Eltern-Kind-Beziehung muß vermieden werden. Dennoch entstehen oft Bindungen, die dann wieder zerrissen werden, wenn das Kind in eine andere Pflegefamilie kommt oder zu seiner eigenen Familie zurückkehrt. Eine potentielle Schwierigkeit besteht bei dieser Familienform darin, daß die Familie sich gelegentlich dann doch nicht wie eine Pflegefamilie organisiert. Das Kind wird vielmehr voll in das Familiensystem aufgenommen. Wenn es Symptome entwickelt, kann das daran liegen, daß der Familienorganismus unter

Belastung steht. Aber Therapeut und Familie gehen vielleicht davon aus, daß die Symptome des Kindes ein Produkt seiner Erfahrungen vor Eintritt in diese Familie oder aber Ausdruck einer internalisierten Pathologie sind, denn es handelt sich ja um ein Pflegekind und genaugenommen nicht um ein Mitglied dieser Familie.

In solchen Fällen muß der Zusammenhang zwischen dem Symptom und der familialen Organisation untersucht werden. Wenn die Symptome als Folge des Eintritts des Kindes in ein neues System auftreten, dann funktioniert dieses System so, als befinde es sich in einer Übergangskrise. Wenn andererseits das Kind bereits voll in die Familie integriert war, dann sind seine Symptome familienbedingt und hängen mit den Belastungen zusammen, die die übrigen Familienmitglieder in anderer Weise zum Ausdruck bringen.

In dieser letztgenannten Situation bildet die Anwesenheit einer sozialen Dienststelle im Hintergrund eine zusätzliche Erschwernis. Solche Stellen, die mit großem Aufwand an Zeit und Mühe bestrebt sind, gute Pflegeeltern zu finden, beschützen unter Umständen diese Familien sehr. Ihre Maßnahmen können die Anpassung von Kind und Gastfamilie aneinander behindern. Wenn das der Fall ist, muß der Therapeut sich überlegen, ob er den Mitarbeiter der Dienststelle in den therapeutischen Kontext hineinnimmt und ihn als Kotherapeuten in die Behandlung einbezieht, um so dem gesamten Familienorganismus und dem Pflegekind zu helfen.

Die Informationen bei der Aufnahme des einzelnen Falles sagen oft nicht nur etwas aus über diese verschiedenen Arten der Zusammensetzung der Familie, sondern auch über den von der Familie im Augenblick erreichten Entwicklungsstand. Zur Entwicklung der Familie gehören auch Übergänge. Die Familie verändert sich im Zuge ihrer Anpassung an neue und andere Situationen. Gewisse Ereignisse, die im jeweiligen Entwicklungsstadium der Familie eintreten, können das Gleichgewicht der Familie bedrohen. Viele Familien kommen gerade deshalb zur Therapie, weil sie sich in einer Übergangsphase befinden, in der die Forderungen nach Veränderung und die gegen die Veränderung gerichteten Mechanismen, die von diesen Forderungen aktiviert werden, sie in ihrem normalen Funktionieren behindern. Solche Probleme der Diskontinuität treten vorwiegend in Stieffamilien und Familien mit einem Geist auf.

STIEFFAMILIEN

Wenn ein Stiefelternteil zur Familie hinzukommt, dann erfordert das einen Integrationsprozeß, der mehr oder weniger erfolgreich verlaufen kann. Vielleicht fällt sein Engagement für die neue Familie nur begrenzt aus, oder die ursprüngliche Einheit hält das neue Mitglied in einer Randstellung. Die Kinder zeigen sich unter Umtänden dem natürlichen Elternteil gegenüber anspruchsvoller und machen es ihm schwer, nach allen Seiten hin gleichmäßig loyal zu sein. Wenn die Kinder bis zur Wiederheirat ihres leiblichen Elternteils getrennt von ihm gelebt haben, müssen sie sich nun sowohl an den leiblichen Elternteil als auch an den Stiefelternteil gewöhnen.

Die Krisen, wie sie in solchen Familien auftreten, lassen sich mit den Schwierigkeiten vergleichen, die ein neuer familialer Organismus erfährt; man sollte sie als normal ansehen. Die westliche Kultur fordert eine sofortige Familienbildung. Nach dem legalen oder paralegalen Ritual stürzen sich die Mitglieder einer gemischten Familie in familiale Holons. Dabei konnte ihnen diese kurze Zeit noch gar nicht zur funktionalen Legitimität verhelfen. Einer solchen Familie muß der Therapeut helfen, einen allmählichen Entwicklungsplan aufzustellen. In manchen Fällen ist es nützlich, wenn die Mitglieder der beiden Ursprungsfamilien anfangs ihre funktionalen Grenzen beibehalten und einander als zwei kooperierende Hälften begegnen, um die anstehenden Aufgaben allmählich zu lösen und allmählich zu einer Einheit zu werden.

FAMILIEN MIT EINEM GEIST

Wenn in der Familie ein Todesfall eingetreten ist oder einer der Angehörigen die Familie für immer verlassen hat, dann kann die Neuverteilung der Aufgaben des nicht mehr anwesenden Mitgliedes den übrigen Familienmitgliedern Schwierigkeiten bereiten. Manchmal setzt sich eine Haltung durch, die sich etwa folgendermaßen formulieren läßt: »Ja, wenn die Mutter noch am Leben wäre – sie wüßte genau, was in dieser Situation zu tun ist.« Daß ein anderes Familienmitglied die Aufgaben der Mutter nun übernimmt, gilt in solchen Familien ihrem Andenken gegenüber als illoyal. Auch alte Koalitionen werden unter Umständen weiterhin respektiert, so, als ob die Mutter noch am Leben wäre.

Probleme können in solchen Familien von den einzelnen als unvollendete

Trauerarbeit empfunden werden. Wenn der Therapeut ebenfalls von dieser Prämisse ausgeht, sorgt er damit eher für eine Kristallisation des gegenwärtigen Zustandes, als daß er der Familie hilft, eine neue Organisation für sich zu finden. Vom therapeutischen Standpunkt aus betrachtet ist diese Familie in einer Übergangsphase. Die alten Formen behindern die Entwicklung neuer Strukturen.

Während der Therapeut sich alle Informationen, die er gleich zu Beginn über eine bestimmte Familie erhalten hat, durch den Kopf gehen läßt, entsteht vor seinem inneren Auge ein Bild von der Struktur dieser Familie, das die Konfiguration bestätigt, die die Familie selbst schon als wichtig bezeichnet hat. Der augenblickliche Entwicklungsstand der Familie und die Probleme, die in dieser Phase unter Umständen auftauchen können, sind darin enthalten. Wenn die Konfession, die wirtschaftlichen Verhältnisse oder der ethnische Hintergrund der Familie bekannt sind, fügt der Therapeut diese Information den bereits vorhandenen Daten hinzu. Schließlich ist in dem Bild auch noch das vorgestellte Problem enthalten. Wenn es darum geht, daß ein sehr kleines Kind sich nicht entwickeln kann, wird der Therapeut zunächst einmal die Mutter-Kind-Interaktion auf Dysfunktionalität hin untersuchen. Wenn dagegen ein älteres Kind nicht hört und nicht gehorcht, dann wird der Therapeut herauszufinden versuchen, ob innerhalb der Hierarchie dieser Familie eine Allianz besteht, die das Kind in seinem Ungehorsam unterstützt.

Bestimmte Symptome weisen auf ganz bestimmte strukturelle Gegebenheiten in der jeweiligen Familie hin. Das »vorgestellte Problem« löst daher sofort die Vorstellungskraft des Therapeuten aus. Er sieht mit einem Schlag eine bestimmte Seite in einem psychologischen Lehrbuch, das Gesicht eines Kindes, das er früher einmal behandelt hat, oder aber eine andere Familie mit ähnlichen Schwierigkeiten vor sich. Diese Bilder helfen ihm, erste Hypothesen über diesen Fall aufzustellen, mit denen er dann an die Familie herangeht.

FAMILIEN MIT PROBLEMEN DER KONTROLLE

In Familien, in denen eines der Mitglieder Symptome in bezug auf Kontrolle zeigt, kann der Therapeut davon ausgehen, daß es in einem oder in allen der nachstehend genannten Bereiche Probleme gibt: in der hierarchischen Organisation der Familie, im Vollzug der exekutiven Funktionen, im elterlichen Subsystem, in der Nähe von Familienmitgliedern zueinander.

Je nach dem Entwicklungsstand der einzelnen Familienmitglieder sind die Probleme der Kontrolle unterschiedlich. Familien mit kleinen Kindern präsentieren am häufigsten das Vorschulkind, von dem die Eltern sagen, es sei ein »Monster« und halte sich an keine einzige Regel. Wenn so ein kleiner Tyrann die ganze Familie terrorisiert, dann muß man annehmen, daß er einen Komplizen in der Familie hat. Und ein Dreikäsehoch, der die übrigen Familienmitglieder überragt, sitzt bildlich gesprochen auf den Schultern eines der Erwachsenen. In diesen Fällen kann der Therapeut mit Sicherheit davon ausgehen, daß die Eltern einander disqualifizieren, wodurch der kleine Tyrann eine Machtposition erhält, die sowohl für ihn selbst als auch für die Familie erschreckend ist.

Das therapeutische Ziel besteht in dieser Situation in einer Neuorganisation der Familie, der zufolge die Eltern zusammenarbeiten und das Kind in die ihm gemäße Stellung zurückversetzt wird. Die Entwicklung einer klar umrissenen Hierarchie, in der die Eltern als exekutives Subsystem die Kontrolle innehaben, erfordert eine therapeutische Maßnahme, die das elterliche Holon in seiner Gesamtheit umfaßt.

Wenn es in Familien mit heranwachsenden Kindern Probleme in bezug auf Kontrolle gibt, so hängen sie meist mit der Unfähigkeit der Eltern zusammen, von besorgten Eltern kleiner Kinder zu respektvollen Eltern junger Erwachsener zu werden. Die alten Vorgehensweisen waren gut und richtig, als die Kinder noch klein waren, aber jetzt stehen sie der Entwicklung einer neuen Familienform im Wege. Während sich die Kinder mit Veränderungen in ihrer Entwicklung schon ganz gut fühlen, haben die Eltern noch keine Alternative zu ihrer eigenen Entwicklungsstufe gefunden.

Ein heranwachsendes Kind kann auch seinerseits so stark an seinem Elternteil hängen, das ständig um das Kind bemüht ist, daß keine seiner Handlungen unbemerkt bleibt. Wenn man dieses allzugroße Engagement blockiert, ist der Weg frei für mehr wirkliche Begegnungen zwischen dem elterlichen Holon und dem Kind, und dann wird es für beide Teile einfacher, nach neuen und anderen Umgangsformen zu suchen.

Im allgemeinen wählt der Therapeut, der es mit Familien mit heranwachsenden Kindern zu tun hat, am besten den Mittelweg. Er wird den Eltern bestätigen, daß sie ein Recht darauf haben, gewisse Forderungen an das heranwachsende Kind zu stellen und in ihrer Position als Eltern Respekt von ihm verlangen können. Er wird aber auch den dringenden Wunsch des jungen Menschen nach Veränderung befürworten.

In Familien mit straffälligen Kindern hängt die Kontrolle der Eltern von ihrer Anwesenheit ab. Regeln existieren nur, solange die Eltern anwesend sind und auf ihrer Einhaltung bestehen. Das Kind hat also gelernt, daß in einem Kontext gewisse Regeln gelten, daß diese Regeln aber in einem anderen Kontext keine Rolle spielen. In solchen familialen Organisationen äußern die Eltern ein Verbot bzw. eine Aufforderung nach der anderen, ohne daß dies irgendeine Wirkung hat: Ein Elternteil stellt eine Forderung, das Kind gehorcht nicht, der Elternteil äußert eine weitere Forderung usw. Es herrscht Übereinstimmung darüber, daß das Kind nach einer gewissen Anzahl solcher elterlichen Forderungen schließlich reagieren wird.

Die Kommunikationsmuster sind in solchen Familien chaotisch. Niemand erwartet, daß die anderen ihn auch nur anhören, und Mitteilungen auf der Beziehungsebene sind wichtiger als der Inhalt. Die Kommunikation scheint in der Regel rund um unbedeutende, unzusammenhängende und affektgeladene Teile von Mitteilungen oder Transaktionen organisiert zu sein.

Wenn solche Familien mehrere Kinder haben, dann kann dem geschwisterlichen Subsystem insofern eine wichtige Rolle zukommen, als man dafür sorgt, daß die Bemühungen um eine Neuorganisation der Familie und um die Schaffung sinnvoller Grenzen von hier aus ihren Anfang nehmen. Weitere therapeutische Techniken, die sich für die Behandlung solcher Familien eignen, sind schon an anderer Stelle von Minuchin und anderen Autoren[3] beschrieben worden.

In Familien mit Kindesmißhandlung kann das System die destruktiven Reaktionen der Eltern gegenüber den Kindern nicht kontrollieren. Gewöhnlich fehlt es den Eltern an Unterstützung von außen. Sie sehen in den Kindern im Grunde nichts anderes als eine Fortsetzung ihrer selbst. Jede Handlung eines der Kinder wird von einem Elternteil als Reaktion an seine Adresse angesehen. Solche Eltern haben keinen eigenen erwachsenen Kontext, in dem sie sich kompetent fühlen. Die Familie wird zu sehr zum einzigen Feld, auf dem die Eltern ihre Macht und Fähigkeiten demonstrieren, die als Aggression zum Vorschein kommen. Menschen können einander nur schlagen, wenn sie sich körperlich nahe sind, und nur übermäßig verstrickte Subsysteme neigen dazu, Eltern hervorzurufen, die ihre Kinder mißhandeln.

Manchmal ist eine Familie, in der ein Kind mißhandelt wurde, rund um eine verstrickte Dyade organisiert, nämlich einem Elternteil und dem Kind. Gewöhnlich handelt es sich dabei um Mutter und Kind, während der Vater die beiden als eine ihm feindlich gesinnte Allianz unterschiedslos attackiert. In solchen Familien gehen Übergriffe und Kränkungen zwischen den Eltern zu Lasten des Kindes.

Die Familie mit dem Kleinkind, das sich nicht entwickelt, wird manchmal in ein und dieselbe Kategorie mit der ihre Kinder mißhandelnde Familien eingeordnet, weil in beiden Fällen am Ende das Kind in Gefahr gerät. Aber die Merkmale der beiden Familien sind verschieden. Wenn ein Kind sich nicht entwickelt, hat das nicht so sehr mit übergroßer Nähe und Verstrickung zu tun, sondern vielmehr mit der Unfähigkeit der Eltern, auf die Bedürfnisse des Kindes einzugehen. Tatsächlich haben wir es hier mit einer losgelösten Familienorganisation zu tun. Die Mutter gibt dem Kind nicht in ausreichendem Maße, was es braucht. Sie ist mit ihren Gedanken woanders, wenn sie dem Säugling die Brust oder die Flasche gibt. In einem solchen Fall versucht der Therapeut den Eltern zu helfen, sich mehr auf das Kind einzulassen, während es im Fall der mißhandelnden Eltern darum geht, grenzziehende Techniken anzuwenden.

Es gibt zwei Arten von Familien, deren Kinder sich weigern, zur Schule zu gehen. Im einem Fall ist die Schulphobie die Manifestation einer familialen Organisation, wie wir sie von Familien mit Delinquenten kennen. Im anderen Fall ist die Situation ähnlich wie bei den Familien mit psychosomatischen Kindern: zwischen dem Kind und einem Familienmitglied besteht eine allzu enge und intensive Bindung, die das Kind dazu zwingt, als Gefährte des anderen zu Hause zu bleiben.

PSYCHOSOMATISCHE FAMILIEN

Wenn die Familie als Grund für ihr Kommen ein psychosomatisches Problem bei einem Familienmitglied angibt, dann ist die Struktur so, daß die beschützenden Rollen überbetont werden. Eine solche Familie funktioniert am besten, wenn eines ihrer Mitglieder krank ist. Die Familie zeichnet sich durch außergewöhnliche Fürsorglichkeit und Verstrickung aus, ferner durch die Unfähigkeit, Konflikte zu lösen, durch ein starkes Interesse an der Wahrung von Frieden und Harmonie und der Vermeidung von Konflikten und schließlich durch extreme Starrheit – Starrheit nicht in dem Sinne, daß keinerlei Reaktion auf eine Herausforderung erfolgt, sondern vergleichbar der »Unbeweglichkeit« von Wasser, das sich nur fassen läßt, um sofort wieder seine ursprüngliche Form anzunehmen. Solche Familien sehen genauso aus wie eine ganz normale Durchschnittsfamilie.

Sie sind gutwillige und freundliche Nachbarn, mit denen es keinen Streit gibt, loyale und um das Wohl ihrer Mitmenschen besorgte Leute – kurz, die ideale Familie.

Schwierigkeiten machen solche Familien dem Therapeuten unter anderem damit, daß sie so liebenswert sind. Sie scheinen durchaus willens, sich auf das gemeinsame Unternehmen einzulassen. Der Therapeut hat das Gefühl, daß sie zur Zusammenarbeit bereit sind, aber am Ende stellt er immer wieder fest, daß er von den hier vorhandenen Schwierigkeiten überrumpelt und zugleich in den Sumpf dieser Harmonie um jeden Preis hineingezogen worden ist.

ENTWURF EINER STRUKTUR AUFGRUND VON ERSTEN TRANSAKTIONEN

Die höchst spärlichen Informationen, die man einem Aufnahmeformular oder einem Telefongespräch entnehmen kann, lassen schon an eine bestimmte Familienform und einen bestimmten Problembereich denken. Dieses kognitive Bild hilft dem Therapeuten, seinen ersten Kontakt mit der Familie vorzubereiten. Aber erst im Zuge des Aufbaus des therapeutischen Systems können Informationen zusammengetragen werden, die die ursprüngliche Hypothese bestätigen, klären oder aber verwerfen. Die folgenden Fallberichte zeigen, wie man die Struktur aus den ersten Transaktionen herauslesen kann.

In der Familie Malcolm ist der 23jährige Michael der identifizierte Patient. Im letzten Jahr seines College-Aufenthaltes hatte er einen psychotischen Schub. Daraufhin kam er mit seiner Frau, die er vier Monate zuvor geheiratet hatte, wieder in die Stadt und wurde dort ins Krankenhaus aufgenommen. Zur ersten Sitzung erscheinen Michael, seine Frau Cathi, Michaels Eltern und sein jüngerer Bruder Doug, der gerade sein Studium begonnen hat.

Diese wenigen Angaben auf dem Aufnahmeformular sagen dem Therapeuten, daß die Familie im Verlauf eines Jahres die Heirat des älteren und den Weggang des jüngeren Sohnes ins College erlebt hat. Sofort tauchen die einschlägigen Fragen auf: Fällt dieser Familie die Trennung besonders schwer? Hat das Vakuum, das durch den Weggang des jüngeren Sohnes entstanden ist, vielleicht zur Instabilität der Familie geführt? Falls es Michael schwergefallen ist, sich von seiner Familie zu lösen – hat dieser Umstand sich vielleicht noch verstärkend auf die Probleme ausgewirkt, die er mit seiner eigenen Partnerbeziehung hat?

Die Familie betritt den Raum, und Herr und Frau Malcolm setzen sich auf die eine Seite des Zimmers. Michaels Frau setzt sich ihnen gegenüber. Nun kommt Michael herein und fragt, ohne dabei einen der Anwesenden direkt anzusehen: »Wo soll ich mich hinsetzen?« Seine Mutter verschränkt die Arme, streckt dann eine Hand aus und deutet auf einen Stuhl. »Ich denke, du sitzt neben deiner Frau«, sagte sie. Michael erwidert: »Ich glaube, ich werde mich neben meine Frau setzen.«

Michaels Frage war nicht an eine bestimmte Person gerichtet. Daß seine Mutter sie beantwortet, läßt darauf schließen, daß zwischen Michael und seiner Mutter eine besonders enge Beziehung besteht. Wäre die Position der beiden Ehepaare deutlicher definiert, dann hätte Michael die Frage vielleicht an seine Frau gerichtet, oder die junge Frau hätte sie beantwortet. Noch wahrscheinlicher: Michael hätte eine solche Frage gar nicht gestellt; er hätte sich ganz automatisch neben seine Frau gesetzt. Auch die Art und Weise, wie die Mutter antwortet, deutet auf eine besonders enge Beziehung zwischen ihr und dem Sohn oder doch zumindest auf eine ambivalente Einstellung zur Ehe des Sohnes.

Um diese Spekulationen auf ihre Richtigkeit hin zu prüfen, bedarf es weiterer Informationen. Der Therapeut kann sich nicht einfach für eine bestimmte Definition der Familienstruktur und der hier vorhandenen Probleme entscheiden, solange er nicht noch eine Reihe weiterer Transaktionen der Familienmitglieder beobachtet hat. Außerdem muß er sich noch über die übrigen Beziehungen in dieser Familie klarwerden. Wie sieht die Beziehung zwischen Mutter und Vater aus? Wenn diese Mutter ihrem Sohn so ungewöhnlich nahe steht, dann ist ihr Verhältnis zu ihrem Mann vielleicht von Distanz oder sogar von Konflikt gekennzeichnet. Welche Stellung nimmt der jüngere Sohn ein? Hat er stabilisierend auf seine Familie gewirkt, bevor er ins College ging, und hat sein Weggang Instabilität erzeugt, die zu Michaels Zusammenbruch beigetragen hat? Oder ist Michael trotz Collegeaufenthalt und Heirat weiterhin eng in die Transaktionen zwischen seinen Eltern einbezogen, so daß Doug in einer gewissen Distanz geblieben ist? Wie gut ist es Michael und Cathi gelungen, ihre Ehebeziehung zu gestalten (nach dem Anmeldeformular gibt es auch in dieser Beziehung bereits »Probleme«)? Wo steht Cathi in dieser Familie?

Immerhin verfügt der Therapeut doch schon über eine Hypothese von der Struktur dieser Familie, von der er sich bei seinen ersten Erkundungsgängen leiten lassen wird: Er vermutet, daß die Mutter und Michael eine übermäßig verstrickte Dyade bilden und den Vater und Cathi in einer Randstellung halten. Mit diesen Hinweisen hat der Therapeut schon einmal einen brauchbaren ersten

Entwurf in der Hand. Im Laufe der Behandlung wird er diesen Entwurf erweitern oder modifizieren, unter Umständen auch ganz und gar über Bord werfen – aber es steht ihm damit doch zunächst ein Rahmen für seine ersten Kontakte mit der Familie zur Verfügung. Er wird die angenommene übergroße Nähe zwischen Michael und seiner Mutter erforschen und die Beziehungen zwischen Michael und Cathi wie auch zwischen Herrn und Frau Malcolm analysieren. Wenn seine Hypothese durch weitere Daten erhärtet worden ist, wird der Therapeut die beiden ehelichen Subsysteme stärken, und zwar nicht nur dadurch, daß er die Grenze zwischen ihnen deutlich macht, sondern auch dadurch, daß er die positiven Aspekte der Partnerschaft herausarbeitet. Die Hypothese, die der Therapeut sich aus den Angaben auf dem Anmeldeformular über die hier vorhandene Familienstruktur zurechtgelegt hat und die durch seine erste Begegnung mit der Familie bestätigt wird, vermittelt ihm eine deutlichere Vorstellung davon, wo er sich augenblicklich befindet, und sogar davon, wohin er sich nun begeben muß.

In der Familie Jackson leben vier Kinder im Alter von 14, 17, 19 und 20 Jahren mit ihrer Mutter zusammen. Das Aufnahmeformular zeigt, daß die übrigen fünf Geschwister das Haus schon verlassen haben, daß aber eine Tochter mit ihrem Baby inzwischen zurückgekehrt ist und solange wieder bei der Mutter leben möchte, bis sie eine Stelle gefunden hat. Die identifizierte Patientin ist die siebzehnjährige Joanne. Sie ist von der Schule überwiesen worden, weil sie schlechte Noten hat und mit Gleichaltrigen nicht zurechtkommt.

Aus dieser ersten Information ersieht der Therapeut, daß die Familie sich in der Phase befindet, in der die Kinder allmählich das Haus verlassen. Alle Kinder, die jetzt noch bei der Mutter leben, sind Jugendliche und vermutlich in Gedanken schon damit beschäftigt, sich ein eigenes Leben unabhängig von der Familie aufzubauen, was die älteren Geschwister schon vor einigen Jahren in Angriff genommen haben. Der Therapeut stellt zunächst für sich die Hypothese auf, daß Joanne sich vor dieser Trennung fürchtet.

Die Familie kommt unter viel Scherz und Gelächter ins Behandlungszimmer. Einer der Söhne läßt ein Transistorradio in höchster Lautstärke laufen. Alle sprechen durcheinander. Die Mutter, die älter wirkt als 48 Jahre, setzt sich in eine Ecke und sagt kaum etwas. Allem Anschein nach ist Joanne das Familienoberhaupt, sie gibt ihren Geschwistern ständig irgendwelche Anweisungen und achtet darauf, daß sie befolgt werden. Der Therapeut schaut den vierzehnjährigen Sohn an und fragt ihn nach seinem Namen. Das Kind schweigt. Joanne wirft ihrem Bruder einen Blick zu und sagt: »Antworte dem Mann.« Der Junge antwortet. Ein anderes der Geschwister möchte auf die Toilette gehen. Der Therapeut sagt: »Ja, natürlich, geh nur.« – »Aber vergiß nicht wiederzukommen« ruft Joanne hinterher. Später fragt der Therapeut nach dem Namen des kleinen Enkelkindes. Joanne steht auf und nimmt das Kind auf den Arm. »Das ist Tyrone« antwortet sie.

Aus diesen wenigen Transaktionen wird bereits klar, daß der Therapeut seine ursprüngliche Hypothese ganz erheblich erweitern muß. Zweifellos ist Joanne das Oberhaupt einer großen und desorganisierten Familie und hat die Rolle ihrer depressiven Mutter übernommen. Der Therapeut überlegt sich, daß Joannes zahlreiche Verpflichtungen zu Hause, als Elternkind in einer desorganisierten Familie, ihren altersspezifischen Aktivitäten, etwa dem Schulbesuch, entgegenstehen müssen.

Wenn diese Hypothese zutrifft, dann weiß der Therapeut, wie der Behandlungsplan aussehen muß. Dem Elternkind Joanne muß ein Teil seiner Belastung abgenommen werden. Der Therapeut muß auch mit der Mutter arbeiten und ihr helfen, ihre Schwierigkeiten wenigstens teilweise zu überwinden und sich in der Familie besser durchzusetzen. Ein Teil der exekutiven Funktionen muß auf die übrigen Kinder verteilt werden. Vermutlich werden alle Kinder, die jetzt noch zu Hause leben, irgenwann einmal Hilfe brauchen, um den Prozeß ihrer Loslösung durchzustehen.

Vom systemtheoretischen Standpunkt aus betrachtet, ist das Konzept von der Familienform in solchen Fällen nur von geringem Wert. Der Therapeut darf niemals vergessen, daß er sich beim Zusammentragen der Daten ja innerhalb des Systems befindet, das er untersuchen will. Zudem ist die Familie niemals eine statische Größe. Eine Hypothese über die Familienform anhand von ersten Informationen ist ein nützlicher Anfang, aber eben nur das. Der Therapeut muß sich im Grunde sofort darüber hinwegsetzen und sich dem eigentlichen Tanz der Therapie zuwenden.

Anmerkungen

[1] Leichter, Hope J., und William E. Mitchell: Kinship and Casework. New York: Russell Sage Foundation 1967.
[2] Minuchin, Salvador, Braulio Montalvo, B. G. Guerney, B. L. Rosman und Florence Schumer: Families of the Slums. New York: Basic Books 1967.
[3] Minuchin u. a., Families of the Slums.

5 Veränderung

Alle Familientherapeuten sind sich darüber einig, daß man die dysfunktionalen Aspekte der Familienhomöostase herausfordern muß. Wie weit diese Herausforderung gehen sollte, ist allerdings umstritten, und die Methoden und Zielsetzungen sind je nach dem theoretischen Weltbild des Therapeuten verschieden. Wohl führt die Technik zur Veränderung, aber wie der Therapeut diese erreicht, hängt von seiner Einschätzung der Familiendynamik und seiner Konzeption des Veränderungsprozesses ab. Die Effektivität einer bestimmten Technik kann ohne Kenntnis des therapeutischen Zieles nicht beurteilt werden. Die Art und Weise, wie die Theorie die therapeutischen Techniken bestimmt, soll am Beispiel von drei verschiedenen Positionen in der Familientherapie aufgezeigt werden – am existentiellen Konzept Carl Whitakers, an der strategischen Schule, wie sie von Jay Haley und Cloé Madanes vertreten wird, und schließlich an der strukturellen Position[1].

Für Whitaker ist die Familie ein System, in dem jedes Mitglied gleichermaßen wichtig und bedeutsam ist. Jeder einzelne muß individuell verändert werden, wenn das Ganze verändert werden soll. Folglich fordert Whitaker jedes Familienmitglied einzeln heraus, indem er die Loyalität jedes einzelnen gegenüber der Welt- und Lebensbetrachtung der Familie ins Wanken bringt. Jeder einzelne muß bewußt erfahren, wie absurd es ist, daß er das idiosynkratische Weltbild seiner Familie für gültig hält.

Whitaker arbeitet scheinbar ohne feste Richtung, denn er akzeptiert jede Kommunikation jedes Familienmitgliedes und geht ihr nach. Selten fordert er den Inhalt einer Botschaft heraus, und ebenso selten akzeptiert er ihn. Jede Aussage, die ihm als vollständig vorgetragen wird, verwandelt er in ein Fragment; wie James Joyce ist auch Whitaker ein Revolutionär der Grammatik des Lebens. Er bringt eine Assoziation zu seinem eigenen Leben, er erzählt eine Anekdote über seinen Bruder, er wandelt die Bemerkung, die eines der Familienmitglieder soeben gemacht hat, leicht ab, oder er witzelt: »Was würde er wohl tun, wenn

Gott in den Ruhestand ginge?« Seine Interventionen scheinen zufällig, aber sie sind alle darauf gerichtet, die Bedeutung in Frage zu stellen, die seine Klienten den Ereignissen beimessen möchten.

Whitaker scheint davon auszugehen, daß sich durch seine Herausforderung der Form, in der etwas dargestellt wird, kreative Prozesse sowohl im Individuum als auch in der Familie entstehen können. Die Gesamtheit der neuen Erfahrungen führt dann unter Umständen zu einem besseren Übereinkommen unter den Familienmitgliedern.

Whitaker zerstört verfestigte Formen. Wenn ein Familienmitglied einen Dialog mit ihm beginnt, dann dauert es nicht sehr lange, und Whitaker stellt einem Dritten eine Frage, die mit dem soeben behandelten Gegenstand bestenfalls am Rande zu tun hat. Der Inhalt der Kommunikation von Familienmitgliedern wird ausgedehnt, bis er schließlich Bereiche anrührt, die allen Menschen als »menschlich« bekannt sind, von denen sie aber nur ungern sprechen oder auch nur Kenntnis nehmen: da geht es etwa um rasende Wut, Totschlag, Verführung, paranoide Ängste, Inzest. All dies wird wie beiläufig und unter einer Fülle von ganz allgemeinen und wenig bedeutsamen Aussagen ins Spiel gebracht.

Whitaker kommentiert sich auch selbst und bezieht seine Mitteilungen auf einen anderen Menschen, eine Phantasie oder eine Erinnerung. Auch bindet er die Familienmitglieder immer und immer wieder aneinander, während er zur gleichen Zeit ihre Verbindungen untereinander zerstört – wie ein Bildhauer, der eine wächserne Statue mit weißglühenden Werkzeugen bearbeitet.

Whitakers therapeutischer Stil ist verwirrend, weil seine Interventionen so unendlich vielfältig sind. Er benutzt Scherz, Anspielung, Verführung, Entrüstung, Primärprozesse, Langeweile, ja selbst Einschlafen als wirksame Instrumente des Kontaktes und der Herausforderung. Am Ende der Behandlung sind alle Familienmitglieder von Whitakers Zauberkraft angerührt. Jeder fühlt sich herausgefordert, mißverstanden, akzeptiert, zurückgewiesen oder gekränkt. Aber jeder ist mit einem Teil seines Selbst in Berührung gekommen, der ihm bisher kaum bekannt war.

Whitakers Vorgehen ist nur innerhalb seines theoretischen Bezugsrahmens sinnvoll. Nach seiner existentiellen Formel ist der Therapeut nicht für das Entstehen oder Nichtentstehen neuer Strukturen verantwortlich.

Das strategische Vorgehen von Haley und Madanes ist wieder ganz anders. Ihre Techniken sind auf das Ziel hin orientiert – das heißt darauf ausgerichtet, ganz bestimmte dysfunktionale Aspekte der Familie zu mildern. Der Therapeut ist sehr weitgehend dafür verantwortlich, daß Entwicklung möglich und eine Besserung herbeigeführt wird.

Die strategische Schule sieht die Familie als ein komplexes System aus hierarchisch gegliederten Subsystemen. Eine Dysfunktion in einem Subsystem kann analog in einem anderen Subsystem zum Ausdruck kommen; die Organisation der Familienmitglieder rund um das Symptom gilt als analoge Darstellung ihrer dysfunktionalen Strukturen. Der Therapeut kann isomorphe Veränderungen im gesamten System auslösen, wenn er die Organisation rund um das Symptom neu anordnet.

In dieser strategischen Formulierung gilt der identifizierte Patient als Symptomträger, der die Familie beschützt. Zugleich wird das Symptom durch eine Familienorganisation am Leben gehalten, in der die in der Familie bestehenden Hierarchien nicht übereinstimmen: Zum Beispiel befindet sich der identifizierte Patient gegenüber jenen Familienmitgliedern, die für ihn sorgen, in einer untergeordneten Position; andererseits hat er aber auch eine übergeordnete Position inne, weil er unter ihrer Fürsoge keine Besserung zeigt. Die therapeutischen Techniken werden entsprechend dieser Erkenntnis so ausgerichtet, daß sie den Kern der dysfunktionalen Struktur angreifen: die Organisation des Symptoms.

Die Vertreter der strategischen Schule konzentrieren sich bei ihren therapeutischen Explorationen auf das Therapeut-Supervisor-Holon. Grundlage ihres Vorgehens in der Arbeit mit schwer gestörten jungen Erwachsenen ist eine Neuordnung der Machtverhältnisse in der Familie. Sie schaffen ein Umfeld, in dem Autonomie, Verantwortung und Zusammenarbeit ausgeübt werden können, indem sie die familialen Holons so organisieren, daß jedes eine definitive Hierarchie erhält und die Verantwortlichen für die exekutiven Holons verpflichtet werden, Kontrolle zu übernehmen. Um erstarrte familiale Systeme und deren Art und Weise, ihren Familienmitgliedern eine starre und restriktive Sicht der Realität vorzuschreiben, herauszufordern, empfehlen Haley und Madanes den Patienten, doch einmal so zu tun, als lägen die Dinge ganz anders: Der depressive Ehemann soll so tun, als sei er depressiv, und seine Frau soll herausfinden, ob er wirklich nur so tut. Die Kontrolle, die der Mann bisher dadurch über seine Frau ausgeübt hatte, daß er einerseits keine Besserung zeigte und andererseits in seiner machtlosen Position verharrte, wird in ein Spiel umgewandelt, in dem die Eheleute eine andere Art der Machtverteilung ausprobieren.

Wenn ein Kind Angstsymptome entwickelt, zeigt sich die sonst sehr ängstliche Mutter den Dingen gewachsen – sie beschützt das Kind vor seinem Symptom, während in Wahrheit das Kind seine Mutter vor ihren eigenen Symptomen schützt. Der Therapeut bittet die Mutter, so zu tun, als ob sie sich vor Einbrechern fürchtet. Das Kind gibt vor, sie zu beschützen. Plötzlich sieht die Frage des Schutzes ganz anders aus. Durch diese Technik des Tun-als-Ob wird die Mutter-Kind-Hierarchie neu aufgebaut, denn ein Kind beschützt seine Mutter ja nur im Spiel.

An diesen Fällen wird deutlich, wie die Techniken der strategischen Schule vom theoretischen Ansatz bestimmt werden. Die Therapeuten wenden je nach der familialen Situation viele unterschiedliche Techniken an. Aber der Leitgedanke ist das spezifische Ziel zur Veränderung der Familie.

Whitakers Ansatz ist schwierig anzuwenden, wenn der Therapeut nicht zugleich Whitakers theoretische Ansichten vertritt und die entsprechenden Fertigkeiten besitzt. Dagegen sind die Techniken der strategischen Schule so genau beschrieben, und ihre Absicht scheint so klar, daß sie bei den Therapeuten, denen an solider handwerklicher Arbeit liegt, Anklang finden. Man darf dabei nur nicht vergessen, daß diese Techniken ohne das zugehörige ganz spezielle Verständnis von Dysfunktion und Veränderung ihre Wirksamkeit einbüßen und dann nur noch unzusammenhängende Werkzeuge sind.

Der strukturelle Ansatz sieht die Familie als einen Organismus, als ein komplexes System, das seine Möglichkeiten nicht ausschöpft. Der Therapeut erschüttert die bestehende Homöostase und schafft Krisen, die das System in die Richtung einer besser funktionierenden Organisation drängen. Das heißt also, daß im strukturellen Ansatz sowohl Elemente der existentiellen als auch der strategischen Schule enthalten sind. Wie der Stratege ordnet auch der Strukturalist signifikante Organisationen neu an, um Veränderung im gesamten System zu erzielen. Und wie der Existentialist greift auch der Strukturalist die Realitätssicht der Familie an, um Wachstum zu erreichen. Die strukturelle Familientherapie teilt das Interesse des Existentialisten am Wachstum und das Interesse an Heilung, das den Strategen kennzeichnet.

Die Techniken der strukturellen Therapie ermöglichen die Neuorganisation der Familie dadurch, daß die bisherige Organisation herausgefordert wird. Dabei läßt uns der Begriff *Herausforderung* schon erkennen, wie dieser dialektische Kampf zwischen der Familie und dem Therapeuten innerhalb des therapeutischen Systems beschaffen ist. Das Wort impliziert nicht etwa schroffes Vorgehen oder Konfrontation, obwohl zuzeiten beides durchaus angezeigt sein kann. Vielmehr läßt es an die Suche nach neuen Mustern und an den Umstand denken, daß – wie im Tun des Shiva, des Gottes der Zerstörung, die alte Ordnung erst einmal unterhöhlt werden muß, damit die neue überhaupt zustandekommen kann.

Es gibt drei Hauptstrategien in der strukturellen Familientherapie mit jeweils einer Anzahl von Techniken. Bei diesen Strategien handelt es sich um die Herausforderung des Symptoms, um die Herausforderung der Familienstruktur und um die Herausforderung der »Realität der Familie«.

Die Herausforderung des Symptoms

Familien, die nach längeren inneren Kämpfen und Auseinandersetzungen schließlich zur Therapie kommen, haben in der Regel eines ihrer Mitglieder als das Problem identifiziert. Nun breiten sie ihre Kämpfe vor dem Therapeuten aus, sie berichten, welche Möglichkeiten einer Lösung sie erprobt haben, und weisen darauf hin, daß alle diese Versuche fehlgeschlagen sind. Der Therapeut allerdings nähert sich der Situation in der Annahme, daß die Familie im Unrecht ist. Das Problem ist nicht der identifizierte Patient, sondern es sind gewisse Interaktionsmuster in dieser Familie. Was die Familie bisher zur Lösung der Schwierigkeiten unternommen hat, sind stereotype Wiederholungen unwirksamer Transaktionen, die nur die Erregung verstärken, aber nichts verändern. Der Therapeut beobachtet nun die Organisation der Familienmitglieder rund um das Symptom und den Symptomträger, das heißt er nimmt eine Art »transaktionaler Biopsie« vor, um die bevorzugten Reaktionen des Organismus Familie kennenzulernen – Reaktionen, mit denen die Familie noch immer und in ganz unsinniger Weise versucht, die gegenwärtige Situation irgendwie zu meistern.

Der strategisch orientierte Therapeut sieht das Symptom als eine protektive Lösung; der Symptomträger opfert sich, um die Homöostase der Familie zu bewahren. Der Strukturalist, für den die Familie ein Organismus ist, sieht in diesem Schutzverhalten nicht etwa ein zweckgerichtetes und »hilfreiches« Vorgehen, sondern die Reaktion eines Organismus unter Streß. Die übrigen Familienmitglieder sind ebenso symptombelastet. Die Aufgabe des Therapeuten besteht folglich darin, die Definition des Problems durch die Familie und die Art ihrer Reaktion darauf herauszufordern. Die Herausforderung kann direkt oder indirekt, explizit oder implizit, leicht verständlich oder paradox sein. Das Ziel besteht in der Umdefinition der Sicht, die die Familie von ihrem Problem hat, so daß sie gehalten ist, sich um alternative Verhaltensweisen, andere kognitive und affektive Reaktionen zu bemühen. Dieser strategische Ansatz enthält die Techniken der Darstellung von Transaktionen (enactment), des Fokussierens und der Schaffung von Intensität.

Die Mitchells, ein Akademikerehepaar mit einer zwölfjährigen Tochter und einem fünfjährigen Sohn, kommen zur Behandlung, weil der Junge auf den Fußboden uriniert, wenn er ärgerlich auf seine Mutter ist. Die Eltern haben alles mögliche dagegen unternommen, aber ohne Erfolg. Sie haben das Kind belohnt, indem sie es Dinge tun ließen, die es gerne tut, und sie haben es bestraft, indem sie ihm weniger Zärtlichkeit entgegenbrachten und es schlugen. Eltern und Kind sind nun gewissermaßen am Ende; sie wissen nicht, was sie noch tun könnten, und sie empfinden Schuldgefühle. Das Symptom beschäftigt sie allesamt allzu stark und kettet sie in unguter Weise aneinander.

Im ersten Gespräch, das in der Wohnung des Therapeuten stattfindet, setzt dieser seinen Hund, der überall auf dem Rasen seine »Duftmarken« hinterläßt, als Kotherapeuten ein. Also weist der Therapeut das Kind an, dem Hund durch den Garten zu folgen und sein Verhalten zu beobachten. Außerdem »entgiftet« er das Symptom, indem er sagt, daß es ja noch ganz andere und viel destruktivere Möglichkeiten für den Buben gibt, Ärger zum Ausdruck zu bringen: Hat er vielleicht schon mal daran gedacht, sich auf das Bett der Schwester zu stellen und ihr ins Gesicht zu pinkeln? Dieser Scherz hilft den Eltern, die Dinge wieder in der richtigen Perspektive zu sehen: das Kind ist schließlich noch recht klein, ein Fünfjähriges, das geeignetere Formen der Kontaktaufnahme noch nicht beherrscht.

Der Therapeut geht dann der Frage nach, welche anderen Möglichkeiten es gibt, um in dieser Familie Ärger und Nichtübereinstimmung zum Ausdruck zu bringen. Er prüft nach, wie stark das Symptom den Vater bzw. die Mutter beschäftigt, welche Bedeutung es für jedes einzelne Familienmitglied und welche Bedeutung es im ehelichen und im geschwisterlichen Subsystem hat. Das Symptom wird umdefiniert: das Kind benutzt es als eine Möglichkeit, die Mutter immer von neuem für sich zu interessieren, nachdem diese ihre Beziehung zu Kind und Mann in letzter Zeit verändert hat. Diese Umdefinition macht die Konflikte zwischen den Ehepartnern, die Entfernung zwischen Vater und Sohn und die bevorzugte Stellung des Sohnes im geschwisterlichen Subsystem sichtbar. Wenn die Familienmitglieder für sich neue Bereiche entdecken, wird ihr Mut zur Veränderung größer und zur gleichen Zeit werden sie optimistischer.

Die Herausforderung der Familienstruktur

Das Weltbild der Familienmitglieder hängt sehr weitgehend davon ab, welche Positionen sie in den verschiedenen familialen Holons einnehmen. Wenn sie übermäßig verstrickt sind, schränken die Regeln des jeweiligen Holons sie in ihrer Funktionsfähigkeit ein. Bei zu losgelösten Beziehungen ist das einzelne Familienmitglied unter Umständen isoliert und findet zu wenig Unterstützung. Durch mehr oder weniger Nähe zwischen den Mitgliedern signifikanter Holons kann sich ein anderes Denken, Fühlen und Handeln entwickeln, was bisher durch die Teilhabe am Subsystem verhindert wurde.

Wenn sich der Therapeut zu der Familie Zugang schafft, wird er Teilnehmer des Systems, das zu verändern er bestrebt ist. Wenn er die Transaktionen der Familie miterlebt, beginnt er, aufgrund seiner Erfahrungen eine Diagnose ihrer Funktionsfähigkeit zu machen. Dieser Lageplan der Familie zeigt die Positionen der Familienmitglieder zueinander auf. Er enthüllt Koalitionen, Bündnisse, explizit und implizit vorhandene Konflikte und wie die Familienmitglieder sich zum Zweck der Konfliktlösung zusammentun. Er macht deutlich, welche Familienmitglieder Konflikte umleiten und welche als Schaltstelle fungieren. Der Plan zeigt an, wer andere nährt, heilt und verfolgt. Seine Darstellung der Grenzen zwischen den Subsystemen zeigt, wo Bewegung stattfindet, und deutet auf mögliche Bereiche der Stärke oder der Dysfunktion hin.

Dysfunktionale Bereiche in der Familie haben häufig mit übermäßiger oder aber zu geringer Verbundenheit der Familienmitglieder zu tun. Deshalb ist die Therapie oft sehr weitgehend damit befaßt, Nähe bzw. Distanz neu zu gestalten. Der Therapeut ist zwar durch die Forderungen des Systems in gewisser Weise eingeschränkt, andererseits aber auch Außenstehender. Er kann seine Position wechseln, er kann einmal in diesem, dann wieder in jenem Subsystem arbeiten, er kann die Kennzeichnung der Rollen und Funktionen der Familienmitglieder, wie diese sie vorgenommen haben, herausfordern. Die Techniken dieser Herausforderung sind das Grenzenziehen, die Erschütterung des hierarchischen Gleichgewichts der Familie und das Lehren von Komplementarität.

Die Familie Dexter beispielsweise (die Eltern zwischen dreißig und vierzig, die Söhne Mark und Ronny neun bzw. vier Jahre alt) kam zur Therapie, weil Ronny einen bösen Hautausschlag hat, der immer noch schlimmer wird, da er sich entgegen allen Ermahnungen und Verboten ständig kratzt. Frau Dexter ist sehr verstrickt mit Ronny. Sobald sie sich Mark zuwendet, fängt Ronny an, sich zu kratzen, reizt damit seine Haut und erreicht es, daß die Mutter sich wieder mit ihm beschäftigt. Der Vater, ein sehr guter Lehrer, kann zwar gut mit beiden Kindern umgehen, aber durch die Verstrickung seiner Frau mit Ronny steht er seinem kleineren Sohn doch recht fern. Seiner Meinung nach ist seine Frau allzu stark mit Ronny beschäftigt. Beide Eltern sind zwar überfürsorgliche, dabei aber ernsthaft an ihren Kindern interessierte Menschen. Die Beziehung zwischen den Ehepartnern ist etwas distanziert.

Der Therapeut beobachtet Ronny, der seine Mutter ununterbrochen mit Beschlag belegt, und erkennt dabei, wie verstrickt diese Dyade und wie fest sie nach außen umgrenzt ist, so daß der Vater und Mark völlig ausgeschlossen sind. Dann stellt er eine Aufgabe. Die Eltern sollen sich unterhalten, ohne Ronny zu gestatten, sich einzumischen. Immer wenn Frau Dexter zu Ronny hinsieht, soll Herr Dexter ihre Aufmerksamkeit wieder auf sich lenken.

Dieses grenzenschaffende Vorgehen ruft Ronnys übliche Reaktion auf den Plan: zuerst wimmert er, dann fängt er an zu weinen, hüpft auf seinem Stuhl auf und ab und kratzt sich wütend. Vom Therapeuten unterstützt, ignorieren die Eltern sein Verhalten und sprechen weiter miteinander. Mark, ganz offensichtlich das Elternkind, wirft mit einem Spielzeug nach dem Bruder und setzt damit eine halb spaßhafte, halb aggressive Transaktion mit ihm in Gang. Ronny schleudert das Spielzeug zurück und läuft zu seiner Mutter. Herr Dexter aber sorgt dafür, daß die Aufmerksamkeit seiner Frau sich sogleich wieder auf ihn richtet.

Anfangs kommt Ronny fast jede Minute zu seiner Mutter gelaufen. Aber da sie ihn nicht beachtet, zeigt er schließlich ein anderes Verhalten. Er untersucht das Zimmer, nimmt schließlich einen großen Gegenstand und fängt an, immer wieder damit nach Mark zu werfen. Seine motorische Aktivität ist nicht mehr so zögernd wie zu Beginn, und das Kratzen hört ganz auf. An Frau Dexter können wir eine ähnliche Beobachtung machen: seit sie nicht mehr wie eine Närrin um Ronny herumtanzt, ist ihre Hinwendung zu ihrem Mann sehr viel direkter. Herr Dexter macht eine kritische Bemerkung, und anstatt sich nun aus dem drohenden Konflikt davonzustehlen und sich mit Ronny einzulassen, geht sie zur offenen Konfrontation über.

Es sieht so aus, als ob bestimmte Verhaltensweisen in der verstrickten Mutter-Sohn-Dyade auf ein Signal hin zustande kommen. Wenn keine solchen Signale mehr eintreffen, weil der Therapeut die entsprechende Grenze deutlich markiert, können andere Fertigkeiten des Jungen an die Oberfläche kommen, die er in der Regel viel zu wenig nutzt.

Hier hat die Intervention des Therapeuten den Kontext der einzelnen Familienmitglieder verändert. Ein verstricktes Paar (Mutter und Sohn) ist ein wenig voneinander getrennt worden. Die Folge ist, daß Ronny sich seinem älteren Bruder zuwendet und eine Dyade schafft, in der er sich besser und kompetenter verhalten muß. Die Mutter rückt aus der Situation der »Nur-Mutter«, die Fürsorge und Kontrolle übt, heraus und beginnt, mit einer Peerfigur, nämlich mit ihrem Partner im ehelichen Holon, Konflikte zu regeln. Die Veränderungen in der Subsystemzugehörigkeit haben einen Wandel in den Funktionen bewirkt, wodurch Kapazitäten freigesetzt werden, um das tägliche Leben zu bewältigen. Wenn der Therapeut die Regeln herausfordert, die die Menschen einschränken, ruft er Aspekte ihres Repertoires wieder ins Leben, die unterdrückt waren. Die Folge ist, daß die Familienmitglieder an sich selbst und den anderen neue Verhaltensweisen wahrnehmen. Die Modifizierung des Kontexts führt also zu einer veränderten Erfahrung.

Eine weitere Technik, mit der sich die Verstrickung verändern läßt, besteht darin, daß man die Aufmerksamkeit der Familienmitglieder darauf hinlenkt, daß sie ein Holon sind. Der Therapeut versucht also, die Epistemologie der Familienmitglieder zu verändern, indem er sie von der Definition ihres Selbst als einer losgelösten Einheit zu einer Definition ihres Selbst als Teil eines Ganzen führt. Der Individualtherapeut sagt zu seinem Patienten: »Verändern Sie sich, arbeiten Sie an sich, damit Sie wachsen.« Der Familientherapeut äußert sich in ganz anderer Weise. Familienmitglieder können sich nur verändern, wenn zuvor der Kontext verändert worden ist, in dem sie leben. Die Botschaft des Familientherapeuten lautet also: »Hilf dem anderen zur Veränderung, das wird auch dich in deinem Umgang mit ihm verändern und wird euch beide innerhalb des Holons verändern.«

DIE HERAUSFORDERUNG DER FAMILIENREALITÄT

Patienten kommen zur Therapie, weil sie mit der Realität, die sie sich geschaffen haben, nicht mehr fertig werden. Alle Therapieformen sind also darauf angewiesen, zunächst einmal die Konstrukte des jeweiligen Patienten herauszufordern. Die psychoanalytische Therapie postuliert, daß die bewußte Realität des Patienten zu eng ist; es gibt auch eine unbewußte Welt, die er erkunden muß. Die Verhaltenstherapie sagt, daß der Patient in seiner Art, mit seinem Kontext umzugehen, gewisse Dinge falsch erlernt hat. Die Familientherapie sagt aus, daß die Realitätserfahrung der Menschen von ihren Transaktionsmustern abhängig ist. Wenn man also die Art und Weise der Realitätsbetrachtung der Familienmitglieder verändern möchte, muß man zunächst neue Formen der Interaktion in der Familie schaffen. Die Techniken, die bei dieser Strategie angewandt werden, sind kognitive Konstrukte, paradoxe Interventionen und Betonung der Stärken. Der Therapeut nimmt die Daten, die die Familie ihm liefert, und reorganisiert sie. Die konfliktgeladene und stereotype Realität der Familie erhält einen neuen Bezugsrahmen. Wenn die Familienmitglieder sich selbst und einander in neuer und anderer Weise erfahren, tauchen neue Möglichkeiten auf.

Nehmen wir das Beispiel der Familie Gilbert – Mutter und Vater in den Vierzigern, Tochter Judy fünfzehn Jahre alt –, die zur Therapie kommt, weil Judy an Anorexia nervosa leidet[2]. Die Familie stellt das Problem so dar, daß sie eine typische und normale Familie sind und die Tochter vollkommen in Ordnung war, bevor die Krankheit sie verändert hat. Seit einem Jahr versuchen sie, der Tochter zu helfen, sie begegnen ihr immer wieder anders, je nachdem, was ihnen ihre Freunde, der Pfarrer, der Kinderarzt und der Psychiater empfehlen. Jetzt aber wissen sie ganz einfach nicht mehr weiter und sind sehr bestürzt.

Der Therapeut trifft sich mit der Familie zu einem gemeinsamen Mittagessen. Er fordert die Eltern auf, ihrer Tochter dadurch zum Überleben zu verhelfen, daß sie sie zum Essen zwingen. Die Tochter aber will nicht essen und begegnet den Eltern mit einer Fülle erstaunlich raffinierter Beleidigungen. Der Therapeut konzentriert sich auf diese Unverschämtheiten und weist darauf hin, daß die Tochter immerhin stark genug ist, beide Eltern zu übertrumpfen. Seine Intervention schafft einen neuen und anderen Bezugsrahmen. Die Eltern, die beide viel zu sehr mit der Tochter beschäftigt und daran gewöhnt sind, sie in ihre eigenen ungelösten Konflikte hineinzuziehen, rücken näher zusammen. Im Gefühl, angegriffen und besiegt worden zu sein, begeben sie sich zugleich in eine größere Distanz zu ihrer Tochter und verringern damit sowohl ihre Fürsorge als auch die Kontrolle über das Mädchen. Gemeinsam mit dem Therapeuten verlangen sie von Judy, die plötzlich als stark, kompetent und widerborstig gesehen wird, daß sie die Kontrolle über ihren Körper selbst übernimmt.

Diese Art der Neuordnung kann eine überraschend neue Sicht der Realität hervorrufen, durch die das Veränderungspotential plötzlich wahrgenommen wird.

Anmerkungen

[1] Napier, Augustus Y., und Carl A. Whitaker: The Family Crucible. New York: Harper & Row 1978; Madanes, Cloé, und Jay Haley: Dimensions of Family Therapy, in: Journal of Mental and Nervous Diseases 165, Nr. 2 (1977), S. 88–98.

[2] Minuchin, Salvador, Bernice L. Rosman und Lester Baker: Psychosomatic Families: Anorexia Nervosa in Context. Cambridge: Harvard University Press 1978, Kap. 9; dt. Psychosomatische Krankheiten in der Familie. Stuttgart: Klett-Cotta 1981.

6 Neudefinition der Familienrealität

Der Mensch ist ein Geschichtenerzähler, er bildet Mythen und gestaltet seine Realität. Unsere Vorfahren malten die Realität ihrer Zeit in den Höhlen von Altamira auf, und alle Völker haben von jeher ihre Ansichten bezüglich dessen, was »signifikante Realität« für sie war, in der mündlichen Überlieferung, in den religiösen Mythen, in Geschichte und Poesie an die Nachwelt weitergegeben. Die Anthropologen decken die strukturelle Ordnung der jeweiligen Gesellschaft auf, indem sie nach dem tieferen Sinn ihrer Mythen suchen.

Auf einem Spielplatz im Central Park sitzt eine Puertorikanerin und beaufsichtigt ihr dreijähriges Kind, das im Sandkasten spielt. Eine ältere Frau sagt ihr auf Spanisch, der Kleine habe ein sehr schönes *cuadro* (Bild). Wenn er groß ist, sagt sie, wird er wohl Lehrer werden. Die Mutter ist über diese Prophezeiung sehr erfreut und lächelt der alten Frau zu.

Das »cuadro« des Kindes schwebt gewissermaßen über seinem Haupt, und jedermann, der darum weiß, kann es sehen und darüber sprechen. Puertorikanische Eltern suchen das *cuadro* ihres Kindes, aber sie wissen nicht, daß sie an seinem Zustandekommen selbst beteiligt sind. Jede Familie – nicht nur die puertorikanische – drückt ihren Mitgliedern jenen einmaligen Stempel auf, der sie als zu dieser Familie gehörig ausweist. Dieses Image, das die Individualpsychologen als die Rolle des Menschen ansehen, ist ein immerwährender zwischenmenschlicher Prozeß. Die Menschen werden unablässig durch ihren Kontext und die Merkmale und Eigenschaften geformt, die dieser Kontext hervorbringt. Auch die Familie besitzt so etwas wie ein dynamisches *cuadro*, das sich aus ihrer Geschichte ergibt und das ihre Identität als sozialer Organismus ausmacht. Wenn sie zur Therapie kommt, dann bringt sie diese Geographie ihres Lebens mit, so wie sie sie definiert. Die Familie hat sich eine eigene Beurteilung ihrer Schwierigkeiten, ihrer Kräfte und Möglichkeiten zurechtgelegt. Sie bittet nun den Therapeuten, ihr auf der Grundlage dieser Realität zu helfen.

Das erste Problem besteht für den Therapeuten darin, einen Zugang zur Familie zu finden und die therapeutische Realität zu definieren. Therapie ist ein zielgerichtetes Unternehmen, für das nicht alle Wahrheiten von Belang sind. Zunächst beobachtet der Therapeut also die Transaktionen der Familienmitglieder im therapeutischen System und sucht sich diejenigen Daten heraus, die der Problemlösung förderlich sein können.

Das heißt also, die Therapie beginnt mit dem Zusammenstoß zweier verschiedener Auffassungen von Realität. Die Art, wie die Familie ihre Realität begreift, ist für die Kontinuität und das Fortbestehen des gesamten Organismus – so wie er ist – relevant; der Therapeut sieht die Realität der Familie im Blick auf das Ziel, die Familie zu einem differenzierteren und geschickteren Umgang mit ihrer dysfunktionalen Realität zu bewegen.

Als Beispiel für die Mythen, die in einer Familie entstehen, wollen wir uns hier einmal näher mit der Sicht der Familie Minuchin von ihrer Realität beschäftigen zum Zeitpunkt, als ich etwa elf Jahre alt war. Von mir hieß es, ich sei zuverlässig, dabei aber ein Tagträumer und ein Kind mit zwei linken Händen und zehn Daumen. Meine Schwester galt als geschickt im Umgang mit Menschen, flüchtig, dabei aber tüchtig und fleißig. Mein um acht Jahre jüngerer Bruder war in die Familie hineingekommen, nachdem diese Etiketten bereits verteilt worden waren, also wurde ihm zugesprochen, was jetzt noch übrig war – danach war er intelligent und leicht zu lenken, besaß große Fähigkeiten, aber kein Verantwortungsgefühl. Alle unsere Erfahrungen ließen sich mühelos in diesen Bezugsrahmen einordnen. Wenn mein Bruder sich bei bestimmten Aufgaben dann doch als verantwortungsbewußt erwies, galt das als Beweis für seine ungewöhnlichen Fähigkeiten und seine Intelligenz; zeigte ich dagegen einmal kein Verantwortungsgefühl, dann war das eben eine Ausnahme. So war das. Unsere Erfahrungen wurden mit dem »richtigen« Etikett versehen, damit sie sich mit den Familienwahrheiten in Einklang bringen ließen. Manche dieser Mythen wurden noch erweitert. Ich erinnere mich an die Familie »Balatin«, die meine Eltern immer als das Beispiel einer Familie anzuführen pflegten, in der die Kinder den Erwartungen der Eltern voll entsprachen. Erst als größeres Kind begriff ich, daß meine Eltern, die jiddisch miteinander sprachen, über *ba-laten kinder*, das heißt über »anderer Leute Kinder« gesprochen hatten und daß nur ich mir diese geheimnisvolle Familie konstruiert hatte; meinen Geschwistern war diese mir so peinliche Familie gar nicht bekannt. Es dauerte Jahre und bedurfte langjähriger außerfamilialer Erfahrungen sowie der Hilfe unserer jeweiligen Ehepartner und Kinder, bis wir solche Etiketten modifizieren, erweitern oder auch tilgen konnten.

Auch wir, die Kinder, ordneten unsere Eltern in gleichermaßen starre Kategorien ein. Unser Vater war gerecht, aufrichtig und autoritär, er folgte einem strengen Moralkodex, den wir auf eigene Gefahr natürlich durchbrechen konnten; unsere Mutter war um uns besorgt, immer ansprechbar und fürsorglich, nur daß – da unser Haus gerade das richtige Maß an Ordnung und Sauberkeit aufwies – jede Übertretung dieser Ordnung als Missetat galt. Auch für die Transaktionen der Eltern untereinander und der Geschwister untereinander hatten wir natürlich die entsprechenden Rahmen oder Kästchen. Wir waren Teil einer patriarchalischen Großfamilie, denn unsere Großeltern und die Familien einer Tante väterlicherseits, eines Onkels mütterlicherseits und einer Kusine lebten alle in benachbarten Häusern. In diesem großen Organismus hatte unsere Familie ihren eindeutigen Platz. Mein Vater war der vertrauenswürdige und faire Schiedsrichter bei Konflikten; meine Tante Esther und meine Mutter teilten sich in die Aufgabe, für ihre Nichten und Neffen zu sorgen.

Da unser Großvater Patriarch der jüdischen Gemeinde war, der etwa ein Drittel der insgesamt rund viertausend Menschen angehörten, die in unserer Stadt lebten, nahm unsere Familie eine Stellung im Clan ein, die es »verlangte«, daß wir den Erwartungen, die an uns gestellt wurden, auch nachkamen. Wir kannten alle Bürger unserer Stadt und waren ihnen als Käufer, Verkäufer, Nachbarn oder Freunde bekannt, und wir nahmen aktiven Anteil am sozialen Leben des Ortes. Alles, was zu diesem mir angewiesenen ökologischen Platz gehörte – also etwa das Geschäft meines Vaters, mein Pferd, die Schule, der Polizeichef, dessen seltsam zackiger Sohn später die Frau heiratete, die an einer eingebildeten Schwangerschaft litt –, gab den Rahmen für meine Erfahrungen ab und verlieh ihnen Sinn und Bedeutung. Jedes Teil in diesem Gesamtbild hatte wieder ein anderes Gewicht; die ständigen Transaktionen in meiner Kernfamilie verliehen den Definitionen bezüglich der Frage, »wer ich war und wer wir denn eigentlich waren«, eine gewise Intensität, die meine Beziehung zu Tenerany, dem Sohn des Verlegers unserer Lokalzeitung, nicht hatte. Aber meine Familie war zweifellos ein Holon in einer größeren Welt, und unser Leben spielte sich in diesem Kontext ab. In meiner Familie gab es Probleme, Familienmitglieder, die diese Probleme meist lösten, und bevorzugte Lösungen. Wenn es sich um Probleme handelte, die in unserem engeren Familienkreis nicht gelöst werden konnten, waren die Tanten und Onkel zur Stelle – so half meine Tante Sofia uns, als meine Mutter nach dem Tod der Großmutter an Depressionen litt, und mein Onkel Elias half, als mein Vater in der Wirtschaftskrise sein Geschäft verlor.

Als ich elf Jahre alt war, mußte ich eine Schule außerhalb meiner Heimatstadt besuchen, denn bei uns gab es nur fünf Klassen. So lebte ich ein Jahr lang bei der Familie meiner Tante Sofia (meine Tante war zwar länger als fünfzig Jahre mit Onkel Bernard verheiratet, nämlich bis zu seinem Tode, aber dennoch galt in meiner Herkunftsfamilie immer das Mitglied der Familie meiner Eltern und nicht das der Schwiegereltern als Familienoberhaupt). Das Jahr, das ich dort verbrachte, war das schlimmste meines ganzen Lebens. Fern von meiner Familie, meinen Freunden und meiner gewohnten Umgebung wurde ich immer niedergeschlagener; ich hatte Alpträume, fühlte mich einsam, wurde in der Schule von einer Horde von »Stadtkindern« gequält, kam mit dem Lernen nicht recht vorwärts und schaffte das Klassenziel in zwei Fächern überhaupt nicht. Vermutlich hätte ich therapeutische Hilfe gebraucht, aber niemand bemerkte, wie mir zumute war. Das nächste Jahr war dann etwas besser. Ich zog jetzt zu einer Cousine, die kleine Kinder hatte, teilte dort mein Zimmer mit einem gleichaltrigen Cousin und freundete mich mit drei anderen Jugendlichen an. Wir waren der Club der vier Musketiere, der während unserer ganzen Schulzeit bestehen blieb, und so stand mir bereits ein stützendes System zur Verfügung, als meine Familie später ebenfalls in die Stadt zog.

Interessant ist in diesem Zusammenhang folgendes: Wenn meine Familie, als ich mit elf Jahren recht dysfunktional war, zu der Überzeugung gekommen wäre, daß ich Hilfe brauchte, dann wäre sie den üblichen Weg gegangen, sie hätte nämlich einen meiner Vettern gebeten, über mich zu wachen und mit mir zu sprechen, denn Schwierigkeiten wurden nun einmal im größeren Kreis der Familie gelöst. Hätte es zu jener Zeit in Argentinien schon Familientherapeuten gegeben, und hätten wir einen von ihnen aufgesucht, dann hätten wir mit Sicherheit ein Szenarium präsentiert, wie es sich mit den »Lösungen«, die wir zu Hause ja längst kannten, gedeckt hätte; mein Vater hätte gesagt, daß ich mehr und gründlicher arbeiten müsse, meine Mutter hätte ihre Fürsorge und Anteilnahme verstärkt, meine kleinere Schwester und meine Tante hätten sich ihnen in ihrer Beunruhigung über meinen Zustand angeschlossen. Am Ende hätten sie alle sich ganz fraglos hinter meinen Vater gestellt, denn er war schließlich das Oberhaupt der Familie; inzwischen aber wäre meine Beziehung zur Mutter sehr viel enger geworden. Sie hätte mich noch mehr beschützt, und ich hätte mich den Dingen noch weniger gewachsen gezeigt. Obgleich uns, meiner Familie also, durchaus andere Möglichkeiten zur Verfügung standen, hätte meine Familie in einer solchen Situation zunächst einmal das gleiche getan wie alle anderen

Familien auch – sie hätte versucht, die altbekannten Lösungen auch hier wieder einzusetzen. Und selbstverständlich hätte dieses immer gleiche Vorgehen die homöostatischen Tendenzen der Familie noch gestärkt, anstatt ihre Komplexität und ihre Kapazität zu neuen Lösungen zu fördern.

Mögen andere Familien sich in ihrem jeweiligen Werdegang auch von meiner Familie unterscheiden – gemeinsam ist ihnen allen jenes unmittelbar sichtbar werdende homöostatische Beharrungsvermögen als Reaktion auf Streß. Die meisten Familien finden schließlich, wie die meinige ja auch, wieder aus der Krise heraus – sie entwickeln sich nämlich zu geschickteren und gewandteren Problemlösern –, aber es gibt immer auch Familien, denen dies nicht gelingt und die dann den Therapeuten aufsuchen. Wenn sie das tun, bieten sie dem Therapeuten ihre Darstellung des Problems und die von ihnen gebildeten Lösungen – während der Therapeut es anders sieht.

Der Therapeut beginnt damit, daß er das, was die Familie für relevant hält, in seine Überlegungen einbezieht. Aber schon seine Art der Informationsbeschaffung innerhalb des Kontextes der Familie zeigt, daß er das, was die Familienmitglieder ihm darstellen, anders ordnet. Es ist seine Aufgabe, die Familienmitglieder davon zu überzeugen, daß die Realität, wie sie sie aufgezeichnet haben, sich erweitern und modifizieren läßt. Diese neue und andere Definition der Dinge wird durch den Einsatz bestimmter Techniken möglich: durch die Darstellung der Familientransaktionen (enactment), durch das Fokussieren und die Steigerung der Intensität.

Bei der Darstellung der Familientransaktionen hilft der Therapeut den Familienmitgliedern, in seiner Gegenwart zu interagieren, um die Familienrealität so zu erfahren, wie sie von den Familienmitgliedern definiert wird. Dann stellt er die Daten neu und anders zusammen, unterstreicht gewisse Dinge, schwächt Bedeutungen ab oder hebt sie noch hervor, führt zusätzliche Elemente ein und schlägt andere Transaktionen vor, die im therapeutischen System aktualisiert werden. Wenn er die Technik des Fokussierens nutzt, sucht er sich zunächst die Elemente heraus, die im Sinne einer therapeutischen Veränderung von Belang sein werden, und organisiert dann die familialen Transaktionen rund um ein Thema, das ihnen eine neue Bedeutung gibt. Wenn er die Intensität steigert, verstärkt der Therapeut die Wirkung der therapeutischen Botschaft. Er macht ganz betont darauf aufmerksam, daß und wie oft es hier zu immer den gleichen dysfunktionalen Transaktionen kommt, daß diese Transaktionen sich immer wieder andere Bahnen suchen und daß man sie überall in den einzelnen familialen Holons antreffen kann. Durch diese Steigerung der Intensität soll, ebenso wie durch die Darstellung des Familiendramas und das Fokussieren, vor allem die Erfahrung einer neuen und therapeutischen Realität möglich werden, in der das Symptom und die Position des Symptomträgers in der Familie herausgefordert werden.

7 Darstellung der Familientransaktionen

> Kastanienbaum, großwurzliges Geflecht,
> Bist Blüte, Blatt oder Stamm du wohl?
> O Leib, musik-beschwingt, o Blickes Glanz,
> Wie scheiden wir den Tänzer von dem Tanz?
> *W. B. Yeats*

In der Familientherapie wird die Frage, die Yeats hier stellt, rhetorisch verstanden: wir können den Tänzer nicht von seinem Tanz trennen. Der Mensch ist sein Tanz. Das innere Selbst ist unlösbar mit dem sozialen Kontext verflochten; sie bilden eine Einheit. Das eine vom anderen trennen zu wollen hieße, um ein Bild von Bergson heranzuziehen, die Musik anhalten, damit man sie deutlicher hören kann: Sie verklingt![1]

Aber die Familienmitglieder brechen ihren Tanz ab, wenn sie zur Sitzung kommen und versuchen, dem Therapeuten zu beschreiben und zu erläutern, wie Musik und Tanz zu Hause aussehen. Das heißt, Umfang und Qualität der Informationen, die dem Therapeuten geliefert werden, sind reduziert auf das subjektive Erinnerungsvermögen der Informanten und ihre Fähigkeit, Dinge zu beschreiben.

Wenn der Therapeut die Familie befragt, dann haben die Familienmitglieder es selbst in der Hand, was sie ihm präsentieren möchten. Bei der Auswahl dessen, was sie mitteilen wollen, bemühen sie sich oft sehr heftig, sich gewissermaßen von ihrer besten Seite zu zeigen. Wenn der Therapeut sie aber zur Interaktion miteinander bewegen kann, wenn er sie also dazu bringt, über Dinge miteinander zu sprechen, die sie für falsch und schädlich halten, und ihre Unstimmigkeiten auszusprechen, etwa darüber, wie man ein ungehorsames Kind zum Gehorchen bringt, dann löst er Verhaltensweisen aus, über die die Familie keine Kontrolle hat. Die altgewohnten Regeln brechen sich Bahn, und die einzelnen Komponenten der familialen Transaktion manifestieren sich mit der gleichen Intensität, wie sie solche Transaktionen auch außerhalb der therapeutischen Sitzung kennzeichnet.

Die Aufforderung zur Transaktion ist jene Technik, durch die es dem Therapeuten möglich wird, den Tanz der Familie mit eigenen Augen zu beobachten. Der Therapeut schafft in der Sitzung ein Szenarium, in dem die Beteiligten ihre dysfunktionalen Transaktionen zur Aufführung bringen. Diese Transaktionen erfolgen im Kontext der Sitzung, in der Gegenwart und in Beziehung zum Therapeuten. Während der Therapeut sie ermöglicht, kann er auf diese Weise beobachten, welche verbalen und nichtverbalen Signale zwischen den Familienmitgliedern hin und her gehen und wie die Familienmitglieder dafür sorgen, daß ihre Transaktionen die Grenze des für sie Zulässigen nicht überschreiten. Der Therapeut kann dann in diesem Prozeß intervenieren, indem er die Intensität der Abläufe vergrößert, Transaktionen in die Länge zieht, andere Familienmitglieder mit einbezieht, alternative Transaktionen vorschlägt und hier und dort Sondierungen versucht, die ihm und der Familie Aufschluß über die Art des Problems, über die Flexibilität der familialen Transaktionen bei der Suche nach Lösungen und über mögliche andere Vorgehensweisen zur Bewältigung der Schwierigkeiten innerhalb des therapeutischen Bezugsrahmens geben.

Wenn die Familie zur Therapie kommt, sind sich die Familienmitglieder in der Regel darüber einig, wer der identifizierte Patient ist, worin das Problem besteht und in welcher Weise die übrigen Angehörigen davon ebenfalls berührt und betroffen sind. Alle bisherigen Versuche der Familie, selbst Lösungen zu finden, kreisten zu sehr um das Problem; das Problem war der Hintergrund, vor dem alle übrigen Aspekte der Realität der Familie angeordnet waren und ihren Lauf nahmen. Die Realitätserfahrung der Familie ist durch die nahezu ausschließliche Ausrichtung auf das Problem immer stärker eingeengt worden. Die Intensität der Erfahrungen rund um das Symptom und den Symptomträger hat dazu geführt, daß die Familienmitglieder andere wichtige Aspekte ihrer Transaktionen gar nicht mehr zu erkennen vermögen. Die Familie stellt das Problem und alle ihre diesbezüglichen Transaktionen als die für die Therapie relevante Realität dar. Der Therapeut muß also zusehen, wie er an Informationen herankommt, die die Familie für nicht relevant hält, und – was noch schwieriger ist – wie er Informationen bekommt, über die die Familienmitglieder nicht verfügen.

Es gibt mehrere Möglichkeiten, diese Schwierigkeiten zu überwinden. Therapeuten, deren wichtigste Informationsquelle die verbalen Äußerungen ihrer Patienten sind, hören sich an, was die Patienten ihnen mitteilen, stellen Fragen und hören wiederum zu. Sie achten auf den Inhalt und darauf, wie die einzelnen Teile der ganzen Geschichte zusammengehören, sie achten weiter auf die Bewertung, die diese Teile erfahren, auf die Ungereimtheiten, die zwischen ihnen bestehen, und auf die Gefühle, die die Darstellung auslöst. Mit dieser Art der Informationsbeschaffung erhält der Therapeut natürlich nicht die Daten, die den Familienmitgliedern selbst nicht zugänglich sind. Ein Therapeut, der sich so weitgehend auf den Inhalt stützt, ist notwendigerweise auch an Vollständigkeit interessiert. Er geht den Aussagen nach, die der Patient macht, er wird ihn um weitere Informationen über diejenigen Sachverhalte bitten, die der Patient bereits als zentral bezeichnet hat, und er wird bei alldem sorgfältig darauf achten, sich nicht etwa einzumischen, so daß die Geschichte ihren eigenen selektiven Verlauf nimmt. Der Therapeut hilft bei der Ausfaltung des Materials, bis er genügend Informationen beisammen hat.

Mit dieser Art der Befragung wird der Mythos von der Objektivität des Therapeuten und der Realitätsorientiertheit des Patienten bewahrt. Der Therapeut rückt damit in die Nähe des Historikers oder des Geologen, die ja versuchen, objektiv darüber zu berichten, was hier »wirklich« vorhanden ist. Diese Gestaltung des therapeutischen Prozesses hat Therapeuten hervorgebracht, die vor dem Einsatz der eigenen Person in der Therapie zurückscheuen, weil sie fürchten, die »Realität« zu entstellen, und für die der therapeutische Kontext aus zwei Lagern besteht: aus »ihnen«, den beobachteten Personen, und »uns«.

Aber andererseits wissen Therapeuten, die mit den zwischenmenschlichen Kommunikationskanälen vertraut sind, daß das Material bereits durch den Vorgang der Beobachtung beeinflußt wird, so daß man es ständig mit Annäherungen und Wahrscheinlichkeiten zu tun hat. Der Familientherapeut macht sich daher von der Vorstellung frei, daß es den objektiven Therapeuten und die dauernde Realität überhaupt geben könnte, und schafft statt dessen in der Sitzung ein zwischenmenschliches Szenarium, in dem die dysfunktionale Transaktion der Familienmitglieder zur Aufführung gelangt. Anstatt die Krankengeschichte aufzunehmen, macht der Therapeut es sich zur Aufgabe, solche Bereiche in die Sitzung einzubringen, die die Familie selbst als relevant bezeichnet hat. Seine Annahme lautet: Da die Familie ja nur in bestimmten Bereichen nicht angemessen funktioniert, wird die besondere Beachtung eben dieser speziellen Bereiche ihm einen Einblick in die zentrale Dynamik dieser Familie ermöglichen. In den entsprechenden Transaktionen der Familie wird sich nämlich die Familienstruktur manifestieren, und so wird der Therapeut einen Blick auf die Regeln werfen können, die die Transaktionsmuster in dieser Familie lenken. Damit werden die

Schwierigkeiten und die möglichen Alternativen dieser Familie in der Gegenwart und auf den Therapeuten bezogen sichtbar.

Wenn die Familienmitglieder ihre Transaktion darstellen, dann setzen sich die Regeln, die ihr Verhalten gewöhnlich beherrschen, mit einer ähnlichen affektiven Intensität durch, wie dies auch bei ihren routinemäßigen Interaktionen zu Hause der Fall ist. Aber in der therapeutischen Situation, in der der Therapeut den Kontext bestimmt, kann er die Regeln des Systems prüfen, indem er sich den einzelnen Familienmitgliedern in jeweils wieder anderer Weise zuwendet oder aber Koalitionen mit dem einen gegen ein anderes Familienmitglied eingeht. Der Therapeut kann auch die zeitlichen Dimensionen kontrollieren. Er kann sagen: »Machen Sie mal mit dieser Transaktion weiter«, oder er blockt den Versuch von seiten des einen oder anderen Familienmitgliedes ab, die Darstellung zeitlich zu raffen. Damit versucht er, die mehr oder weniger engen Beziehungen der Familienmitglieder zeitweise zu verändern, und gewinnt so eine Vorstellung von der Flexibilität des Systems in dem Augenblick, in dem er drängt. Dieses Vorgehen gibt ihm Auskunft über die Fähigkeit der Familie zur Veränderung innerhalb eines bestimmten therapeutischen Systems. Die Darstellung der Familientransaktion verlangt einen aktiven Therapeuten, dem es nicht unangenehm ist, sich mit Menschen einzulassen und sie zu mobilisieren, deren Reaktionen sich nicht voraussagen lassen. Der Therapeut muß sich auch in Situationen mit ungewissem Ausgang sicher fühlen, wenn er nicht nur hilft, Daten auszuweiten, sondern auch Daten neu schafft, indem er die Familie drängt und die Rückmeldungen, die er auf seine Einmischung erhält, beobachtet und an sich selbst erfährt.

Außer einer größeren Qualität und Quantität der vorgebrachten Informationen bietet die Technik der Darstellung von Familientransaktionen noch andere therapeutische Vorteile. Sie begünstigt erstens das Zustandekommen des therapeutischen Systems, weil sie ein rasches Aufeinanderzugehen von Familienmitgliedern und dem Therapeuten möglich macht. Die Familienmitglieder führen ihren Tanz im Blick auf den Therapeuten auf, der nicht nur Beobachter, sondern auch selbst Musiker und Tänzer ist.

Während die Familie ihre Realität innerhalb des therapeutischen Kontextes darstellt, fordert sie zum anderen eben diese Realität auch selbst heraus. Familien präsentieren sich selbst als ein System mit einem identifizierten Patienten und einer Anzahl von Heilern oder Helfern. Aber wenn sie tanzen, weitet sich die Linse; sie erfaßt jetzt nicht mehr nur ein, sondern zwei oder mehr Familienmitglieder. Die Einheit der Beobachtung und der Intervention wird größer. Im Brennpunkt steht nicht mehr der Patient mit seinen pathologischen Verhaltensweisen, sondern die Familie in ihrer dysfunktionalen Situation. Mit der Darstellung der Familientransaktionen beginnt die Herausforderung der Familie bezüglich dessen, was ihr Problem denn eigentlich ist.

Ein weiterer Vorteil dieses Vorgehens besteht darin, daß es den Mitgliedern des therapeutischen Systems einen Kontext des Experimentierens in der konkreten Situation liefert, weil sie sich miteinander beschäftigen, anstatt sich nur einfach zuzuhören. Dieser Kontext ist von ganz besonderem Vorteil, wenn man mit Familien mit kleinen Kindern oder mit Kindern in unterschiedlichen Entwicklungsphasen und mit Familien arbeitet, die einen anderen kulturellen Hintergrund haben. Die therapeutischen Direktiven, die konkrete Sprache und die Metaphern, die aus den Transaktionen zwischen den Familienmitgliedern gewonnen werden, erleichtern die Kommunikation über kulturelle und Altersgrenzen hinweg.

Die Darstellung der Familientransaktionen erfolgt zwar bezogen auf den Therapeuten, sie kann aber auch seine Loslösung vom System begünstigen. Familien besitzen viel Macht, den Therapeuten dazu zu bewegen, sich ebenfalls an die Regeln ihres Systems zu halten. Sie können den Therapeuten triangulieren oder ihn in eine so zentrale Stellung hineindrängen, daß er seine therapeutische Bewegungsfreiheit verliert. Eine der einfachsten Möglichkeiten der Loslösung besteht darin, daß der Therapeut den Familienmitgliedern die Aufgabe erteilt, ihre Transaktionen darzustellen. Während sie sich nun miteinander auseinandersetzen, kann der Therapeut sich von der Familie entfernen, sie beobachten und seine therapeutische Macht zurückgewinnen.

Die Darstellung der Familientransaktionen kann als Tanz in drei Schritten angesehen werden. Beim ersten Schritt beobachtet der Therapeut die spontanen Transaktionen der Familie und entscheidet, auf welche dysfunktionalen Bereiche er sein besonderes Augenmerk lenken muß. Beim zweiten Schritt läßt der Therapeut die Familienmitglieder ihren dysfunktionalen Tanz in seiner Gegenwart tanzen. Beim dritten Schritt schlägt der Therapeut neue und andere Transaktionsformen vor. Dieser letzte Schritt läßt unter Umständen schon gewisse Voraussagen zu und gestattet der Familie, wieder Hoffnung zu schöpfen.

Die drei Schritte, wie wir sie hier beschrieben haben, werden in der Behandlung der Familie Kuehn deutlich, die zur Beratung kam, weil die vierjährige Patti ein

116

solches Scheusal ist. Sie ist so wenig in Schach zu halten, daß die Eltern sich nicht mehr anders zu helfen wissen als sie nachts im Schlafzimmer einzuschließen. Sonst würde Patti nämlich auf den Gedanken kommen, nachts ein Feuer anzufachen oder auf die Straße zu rennen. Die Eltern sind mit ihrer Weisheit am Ende.

Der Vater, ein stämmiger, aber freundlicher und bescheidener Mann, wird mit Patti allein recht gut fertig. Die Mutter aber, die mit sehr leiser Stimme spricht, weiß einfach nicht mehr weiter. Patti ist ein munteres kleines Mädchen, dessen Lebhaftigkeit in auffälligem Gegensatz zu der sanften Gelassenheit steht, die ihre Eltern an den Tag legen.

Die Familie hat bisher an sieben Sitzungen teilgenommen. Die Strategie des Therapeuten war, daß zunächst alle Familienmitglieder anwesend sind, einschließlich der zweijährigen Tochter Mimi. Aber gewöhnlich wurden Patti und die kleine Schwester dann ins Spielzimmer geschickt, weil sie die Sitzung allzu stark störten, und die Eltern sprachen dann weiter über ihre Schwierigkeiten mit Patti. In der achten Sitzung kommt Minuchin als Berater hinzu.

DER ERSTE SCHRITT: SPONTANE TRANSAKTIONEN

Drei Minuten nach Beginn der Sitzung – der Berater hat sich inzwischen Zugang zu dieser Familie verschafft, wie dies an anderer Stelle (siehe S. 62 ff.) schon beschrieben worden ist – lassen sich die dysfunktionalen Familientransaktionen bereits festhalten.

Patti: Gehört das hier mir? *(Nimmt Minuchins Papiere in die Hand.)*
Minuchin: Nein! Das gehört mir! *(Patti setzt sich auf den Tisch.)*
Mutter: Nicht auf den Tisch setzen, Patti. Was ist denn das wieder?
Patti: Das ist der Tisch.
Mutter: Ja, sicher. Also, setz dich nicht auf den Tisch, ja? Zum Sitzen hat man doch Stühle. Ist das klar, Liebes?
Patti: Doc – doc – doc – doc – doc. *(Umkreist dabei immerzu das Zimmer und stößt von hinten alle Stühle an.)*
Mutter: Sie ist ganz schön aufgedreht in letzter Zeit. *(Mimi fängt an, es der Schwester nachzumachen.)* Nein, Mimi, nein, Süßes.

Patti: Ich möchte mal . . . hier, Mimi, du kannst mit dem Drachen spielen. Hast du vielleicht Papier?
Mutter: Nein, heute nicht, Schatz. Nein, leg das wieder hin. Wir haben heute nichts zum Malen dabei. Leg es wieder hin, Patti. Patti, tu, was man dir sagt. Leg es wieder hin. Sie ist von einer solchen Feindseligkeit . . .
Minuchin: Machen Sie das immer so?
Mutter: Was meinen Sie?
Minuchin: Verbringen Sie Ihre Zeit mit Patti immer in dieser Weise?
Mutter: Ja . . . ja.
Minuchin: Man braucht nicht mehr als anderthalb Minuten, um das zu sehen.

Diese Episode enthält alle Informationen, die nötig sind, um das Problem zu definieren. Die Mutter macht in dieser kurzen Zeit siebenmal umsonst den Versuch, Patti klarzumachen, was sie zu tun hat, wobei zwischen der Intensität ihrer erfolglosen Bemühungen und Pattis Hyperaktivität offensichtlich ein Zusammenhang besteht. Jetzt läßt sich der Problemdefinition der Familie – daß Patti nämlich nicht zu bändigen ist –, eine weitere Definition hinzufügen – daß die Mutter nämlich mit ihren Kontrollanforderungen an Patti zu nachsichtig ist, daß ihre Erziehungsversuche wirkungslos sind und daß sie völlig hilflos ist.
Minuchin läßt hier eine spontane Interaktion zwischen den Familienmitgliedern ablaufen; das ist wichtig, wenn man sich ein Bild davon machen möchte, wie die Familie funktioniert. Dieses Zulassen solcher Interaktionen scheint eine einfache Sache zu sein, aber für den unerfahrenen Therapeuten, der oft noch nicht so recht zwischen zentraler Position und therapeutischer Macht zu unterscheiden weiß, erweist es sich häufig als schwierig.

Mutter: Es ist ein ständiger Kampf, jedenfalls für mich.
Minuchin: Und wer gewinnt dabei?
Mutter: Das ist verschieden. Manchmal ich – wenn ich gerade so gut beieinander bin, daß ich in dem Augenblick mit ihr kämpfen kann. Aber manchmal lasse ich sie natürlich auch gewinnen. *(Zum Ehemann)* Aber jedenfalls versuchen wir doch alles, um sie dazu zu bringen, daß sie tut, was wir sagen – selbst wenn es in einen Kampf ausartet. Oder?
Vater: Ich bestimmt.
Minuchin (zum Vater): Was haben Sie gerade gesagt?
Vater: Ich kriege sie schon dazu.
Mutter: Stimmt.

Vater: Ich gewinne immer.

Patti (im Hintergrund): Doc – doc – doc – doc –

Minuchin: Mir scheint, da gibt es einen kleinen Unterschied. Sie kriegen sie dazu – Ihre Frau kriegt sie nicht dazu.

Mutter: Nein, nicht immer – nein.

Hier erfährt die Definition des Problems eine Erweiterung. Die Mutter definiert sich als einsichtig, aber ratlos; der Vater definiert sich als erfolgreich und autoritativ; und beide definieren die Tochter als nicht zu bändigen. Mit dieser Information versehen, ist der Therapeut nun soweit, daß er eine Transaktion rund um das Thema Kontrolle in Szene setzen kann.

Dabei läßt er sich von den folgenden diagnostischen Annahmen leiten: Wenn ein Kind, das noch nicht zur Schule geht, nicht in Schach zu halten ist – wenn es also in der Tat Mutter oder Vater überlegen ist, dann sitzt es auf den Schultern eines Elternteils. Dieses diagnostische Axiom, das für ältere Kinder nicht notwendig zutreffen muß, bewahrheitet sich bei Vorschulkindern immer wieder. Die Eltern – so kann man vermuten – sind sich untereinander nicht einig, wie das Kind zu lenken und zu führen ist. Der Therapeut kennt zwar die Muster noch nicht, in denen sich diese Dysfunktion in dieser Familie äußert, aber er ist im Besitz aller notwendigen Informationen, um nun den Bereich der Kontrolle als dysfunktional abstecken zu können und ihn in die Sitzung einzuführen. Er bittet also die Familie, das zu tun, was sie üblicherweise tut, um mit ihrem Problem fertigzuwerden, und unterstreicht dabei die dysfunktionalen Transaktionen.

DER ZWEITE SCHRITT: AUSLÖSUNG VON TRANSAKTIONEN

Minuchin: Finden Sie die augenblickliche Situation schwierig? Ich meine, daß die beiden Kinder hier immerzu im Kreis herumlaufen, während wir uns unterhalten? Wie reagieren Sie auf so etwas?

Mutter: Wie ich darauf reagiere? Ich verkrampfe mich.

Minuchin: Sie verkrampfen sich?

Mutter: Ja, ich verkrampfe mich wirklich.

Minuchin: Dann wäre es Ihnen also lieber, wenn sie mal an einem bestimmten Platz blieben?

Mutter: Ach nein, ich kann das schon ertragen, daß sie 'rumlaufen, solange es hier auch irgend etwas zu spielen gibt.

Minuchin: Wie hätten Sie es denn gerne?
Mutter: Jetzt im Augenblick?
Minuchin: Ja. Was würde Ihnen die Sache denn erleichtern?
Mutter: Wenn sie da drüben sitzen und mit den Puppen spielen würden.
Minuchin: Gut. Dann tun Sie das. Sorgen Sie dafür.

Minuchin sagt der Mutter: »Sorgen Sie dafür.« Die Bühne ist nun für eine veränderte Sequenz von Interaktionen bereitet. Patti und ihre Mutter werden jetzt nicht die altgewohnten Rollen spielen – das Drehbuch für die nun folgende Szene ist abgeändert worden. Der Therapeut und Regisseur hat der Mutter eine neue Rolle gegeben: sie wird jetzt so handeln, daß sie ihre vierjährige Tochter zu einem Verhalten veranlaßt, bei dem sie sich selbst wohler fühlt.

Mit seiner Aufforderung an die Mutter »Sorgen Sie dafür«, hat Minuchin ihr zugleich eine wichtige Mitteilung gemacht; sie ist in Wahrheit durchaus imstande, dafür zu sorgen, daß Patti gehorcht. Etwas ganz anderes wäre es gewesen, wenn er gefragt hätte: »Warum holen Sie sich jedesmal die Zustimmung Ihrer Tochter, wenn Sie sie zu etwas aufgefordert haben? Haben Sie Angst, Sie könnten sie verletzen?« Beide Arten der Intervention würden zweifellos Informationen über die Mutter-Tochter-Interaktion hervorbringen; mit der einen würde allerdings die Homöostase gewahrt, während die andere eine Herausforderung an die Adresse des Mutter-Kind-Holons darstellt, mit der die bestehende Struktur zerstört werden soll.

Mutter: Patti, geh da 'rüber und spiel mit den Puppen, ja? Geh schon. Nein, nicht hier. Nein.
Patti: Warum?
Mutter: Geh 'rüber und spiel mit den Puppen.
Patti: Ich mag dich nicht.
Mutter: Ich mag dich. Geh schon, geh mit den Puppen spielen.
Patti: Ich will nicht spielen.
Vater: Patti . . .
Mutter: Mimi spielt auch damit . . .
Vater: Patti, wirst du dich jetzt mal hinsetzen? *(Spricht mit fester Stimme, und Patti sieht ihn an.)*
Minuchin (zum Vater): Lassen Sie die Mutter das machen. Sie macht es ja auch, wenn Sie nicht da sind.

Vater: Ja, ja.
Minuchin: Also lassen Sie sie nur machen.

Wenn die Familie eine Transaktion darstellt, in der Kontrolle geübt wird, sorgen die drei Beteiligten immer wieder dafür, daß jeder seine altgewohnte Rolle übernimmt. Die Mutter führt ihre Hilflosigkeit vor, was den Vater dazu bestimmt, die Dinge in die Hand zu nehmen und zu zeigen, daß er sich mit seiner autoritativen Art durchsetzt, so daß die Definitionen aller Mitglieder dieser Familie bestätigt werden: Die Tochter ist unerträglich, die Mutter weiß nicht weiter, der Vater gibt sich autoritativ. Der Therapeut möchte herausfinden, wo das jeweilige Verhalten seine Grenzen hat. Er möchte erkunden, wie weit diese Familie flexibel genug ist, auch einmal anders als in der gewohnten Weise zu funktionieren. Kann die Mutter in Gegenwart ihres Mannes effektiv sein? Ist es möglich, daß ihre augenblickliche Hilflosigkeit den Vater nicht zum Handeln bewegt? Kann Patti auf ihre Mutter eingehen?
Daß der Therapeut diese Transaktion sehr rasch in Szene gehen läßt, gibt vielleicht zu Fragen Anlaß und läßt den Eindruck entstehen, daß er die Dinge übereilt in Angriff genommen hat, im Gegensatz zu jener anderen therapeutischen Strategie, nach der zunächst weiterreichende Informationen zusammengetragen werden. Tatsächlich kann man die Art, in der diese Inszenierung erfolgt ist, aus zwei Gründen kritisieren: Zum einen weiß der Therapeut so gut wie nichts über die Vorgeschichte dieser Familie, ja er weiß nicht einmal, wie ihre Transaktionen normalerweise aussehen, denn er hat erst seit sechs oder sieben Minuten mit einer Familie zu tun, die er gar nicht kennt. Zum anderen könnte man ihm vorwerfen, daß seine Erkundungen allzu eng ausgefallen sind. Dennoch wird in dieser Episode ein allgemeines Konzept der Informationsbeschaffung deutlich. Der Therapeut hat ein bestimmtes Szenarium geschaffen und kann nun Informationen sammeln, indem er die Familienmitglieder in Richtung der Grenzen ihrer üblichen Transaktionen drängt und ihre Reaktionen auf diesen Druck beobachtet. Er gewinnt seine Informationen also aus den Transaktionen der Familie, in denen der Widerstand der Familienmitglieder gegen sein ständiges Nachfassen deutlich wird. Diese Technik verleiht den so gewonnenen Erfahrungen etwas Unmittelbares und liefert Querschnittskenntnisse der üblichen Funktionsweisen der Familie mit gleichzeitigen weiteren Informationen darüber, wie die Familienmitglieder reagieren, wenn der Therapeut sie durch solche von ihm geschaffenen Szenarien unter Druck setzt. In den aus den Transaktionen der

Familie gewonnenen Daten haben wir also eine Biopsie zur Verfügung, ein Destillat der bisherigen Erfahrungen der Familie. Der Vorteil dieses Ansatzes besteht darin, daß der Therapeut in diesem sehr kleinen Bereich umfassende Kenntnisse darüber gewinnen kann, wie die Familie funktioniert.

DER DRITTE SCHRITT: ALTERNATIVE TRANSAKTIONEN

Minuchin: Ja, sorgen Sie dafür. Was Sie sagen, das sollte auch geschehen. Sorgen Sie dafür. Denn bisher ist nichts geschehen.
Mutter: Patti, was habe ich dir gesagt? *(Patti wimmert.)* Nein. Geh, setz dich hin und spiel mit den Püppchen.
Patti: Ach Mensch, ich will lieber mit dem da spielen.
Mutter: Gut, dann spiel halt damit, aber warum versuchst du nicht mal leise zu spielen, hm? Während wir uns unterhalten. Einverstanden? Geh, setz dich jetzt zu Mimi. Zieh deine Strümpfe hoch.
Patti (zieht die Strümpfe hoch): Die rutschen immer. *(Beide Kinder gehen zum Spiegel hinüber.)*
Mutter: Setz dich, Mimi. Geh weg von dem Spiegel, Patti.
Patti: Ist das ein Spiegel?
Mutter: Ja, faß ihn nicht an.
Patti: Mensch, Mimi, mach das ja nicht! Du traust dich bestimmt nicht . . . Wissen Sie was? Neulich hat sie sich den Finger in der Tür eingeklemmt, und ich hab mir den Daumen eingeklemmt . . .
Minuchin: Es geschieht nichts.
Mutter: Ja, also . . .
Minuchin: Stellen Sie es an, wie immer Sie meinen, aber sorgen Sie jetzt dafür. Sorgen Sie dafür, daß die beiden da in der Ecke miteinander spielen, so daß Sie sich ruhig und sicher fühlen können.
Mutter: Da gibt es nur die Möglichkeit, sie in die Ecke zu setzen, ihnen . . .
Patti: Mimi, leg das wieder hin!
Mutter: . . . die Spielsachen zu geben und mich dazuzusetzen.
Minuchin: Machen Sie es so, daß die beiden sich selbst beschäftigen müssen und Sie hier mit uns zusammensitzen. Machen Sie einen Unterschied zwischen den Erwachsenen, die sich unterhalten, und den Kindern, die miteinander spielen. Sorgen Sie dafür!

Mutter: Also gut. Patti, komm mal her.

Patti: Doc?

Mutter: Mach schon, setz dich hin und spiel mit den Puppen.

Patti: Ich möchte mit diesen hier spielen.

Mutter: Na schön, dann setz dich halt und spiel damit . . .

Patti (mit einem Blick auif die Puppen): Ich kann die Frau und das kleine Mädchen und das Baby nicht finden.

Mutter: Na ja, vielleicht spielt jemand anderes damit. Es sind ja noch genug andere Sachen hier, mit denen du spielen kannst. Stimmt's?

Patti: Also, du spielst mit dem hier, Mimi.

In diesem Abschnitt hat der Therapeut viermal eingegriffen, und jedesmal ging es um eine Variation des gleichen Themas (»Was Sie anordnen, das geschieht nicht; sorgen Sie dafür, daß es geschieht!«). Der Therapeut sitzt gewissermaßen am Rande des Szenariums, das er geschaffen hat, und erlebt so aus nächster Nähe, wie sich die Mutter und Patti aktivieren, aber er deutet bzw. kommentiert nicht, was er sieht: die Transaktion zwischen den beiden Kindern, Pattis Art, wie ihre Mutter gegenüber der kleinen Schwester aufzutreten, oder die Tatsache, daß die Mutter etwas an den Strümpfen zu bemängeln hat, als Patti gerade einmal gehorcht. Er präsentiert seine Interventionen so, daß die Mitglieder dieser Dyade weiterhin miteinander und mit ihrer Transaktion beschäftigt bleiben. Hätte er sich über die Art der Transaktionen zwischen Mutter und Tochter geäußert, dann hätte sich eine von beiden veranlaßt gesehen, eine Dyade mit dem Therapeuten einzugehen, und das hätte die bestehende Dyade (Mutter/Patti) unterbrochen. Der Therapeut bedrängt die Mutter und gewinnt auf diese Weise Informationen darüber, wie flexibel das System auf seine Hilfe reagiert.

Anschließend geht der Therapeut der Frage nach, ob diese Familie sich auch auf eine ungewöhnliche Transaktion einlassen kann, auf eine Transaktion, in deren Verlauf es der Mutter gelingt, sich gegenüber der Tochter durchzusetzen, und zwar ohne daß der Vater einschreitet.

Therapeut: Sorgen Sie dafür.

Mutter: Gut, ja. Mimi, leg das wieder hin. Patti, komm mal her. *(Steht auf, geht auf die Kinder zu und nimmt Patti ein Spielzeug aus der Hand.)*

Patti: Das hat Mimi mir doch gegeben.

Mutter: Ich weiß. Komm jetzt. Ich möchte, daß du alle Spielsachen hier 'rüberbringst und dann hier spielst. Patti, bring alle Sachen hierher.
Patti: Warum?
Mutter: Du und Mimi, ihr wollt doch spielen, nicht wahr?
Patti: Wo?
Mutter: Na, hier doch. *(Sie bleibt stehen und weist mit der Hand in eine Ecke des Zimmers.)* Hier. Warum spielt ihr denn nicht? Spielt doch Vater-Mutter-Kind mit den Puppen und dem kleinen Baby.
Patti: Hm?
Mimi: Ich will auch eine Puppe haben.
Patti: Hier, Mimi, das ist der Vater. Die zwei Mädchen sind hier drin.
Minuchin: Sehr gut. Entspannen Sie sich, kümmern Sie sich um nichts . . .
Mutter: Ach, ich weiß schon, das hält nicht lange an.
Minuchin: Aber nein, nicht doch. Entspannen Sie sich. Wenn Sie erst wirklich das Gefühl haben, daß es anhält, dann hält es auch an.
Patti: Los, Mimi, spiel. Komm spielen. Ich will mal die Wiege woanders hinstellen.
Minuchin: Also, jetzt hatten Sie Erfolg. Die Kinder verstehen es recht gut, Sie abzulenken; Sie sagen zwar, daß irgendetwas geschehen soll, aber dann vergessen Sie es wieder, und gerade Patti versteht es meisterhaft, Sie immer wieder abzulenken und Sie die ganze Zeit mit Beschlag zu belegen.

Die Darstellung der Transaktionen in dieser Phase endete mit einem Erfolg der Mutter. Dieses Ergebnis ist natürlich das Resultat einer künstlichen Interpunktion: Der Therapeut wählt den Augenblick, in dem es der Mutter mit seiner Hilfe gelingt, das Verhalten der beiden Mädchen zu lenken, und in eben diesem Augenblick erklärt er die Darstellung der Transaktionen für beendet. Diese Strategie soll es der Mutter ermöglichen, ihre Stärken und Fähigkeiten in Gegenwart ihres Mannes und in Gegenwart des Therapeuten zu erleben und zu erkennen, daß es nicht nötig ist, daß der Ehemann die Dinge in die Hand nimmt oder sich autoritativ verhält. Der Therapeut geht davon aus, daß es dieser Mutter durchaus möglich ist, mit Patti fertigzuwerden, und entsprechend hilft er der Familie, ihre Realität mit einigen Abwandlungen darzustellen: wenn die Mutter sich durchsetzen kann, dann wird allmählich die Kennzeichnung der Tochter als »unerträglich« aufgegeben werden.
Zusammenfassend läßt sich sagen, daß der Therapeut an der Peripherie bleibt, so

daß Interaktionen der Familienmitglieder untereinander zustande kommen. Sehr bald taucht das Problem auf. Der Therapeut stellt gewisse inszenierte Ereignisse in der Situation heraus, erklärt sie für wichtig und fordert die Familie auf, hier und jetzt an ihren Schwierigkeiten zu arbeiten. Dadurch, daß er den Vater davon abhält, sich einzumischen, schaltet er den üblichen Ausgang solcher Transaktionen aus; die Mutter und Patti müssen nun zwangsläufig über das gewohnte Muster hinaus und bis an den Punkt gehen, an dem die Mutter tatsächlich Kontrolle übernimmt. Der Therapeut benennt ihre Bemühungen als Erfolg, er unterstreicht, daß sie erfolgreich sein kann, und deutet damit zugleich an, daß Veränderung sehr wohl möglich ist.

Manchmal begeben sich die Familienmitglieder in eine Transaktion, die der Therapeut sofort als den Höhepunkt ihres Tanzes festhalten kann. In diesem Fall lassen sich der erste und der zweite Schritt miteinander verbinden.

EINE SPONTANE INTERAKTION WIRD IN DEN MITTELPUNKT GERÜCKT

Die Familie Hanson besteht aus den Eltern, dem neunzehnjährigen Alan, der seit einem halben Jahr in einer psychiatrischen Anstalt ist, der siebzehnjährigen Kathy, die sich besonders gut mit Alan versteht, der 21jährigen Peg, dem Elternkind, und dem zwölfjährigen Pete. Der nachfolgende Abschnitt stammt aus den ersten fünf Minuten der Sitzung. Minuchin, hier wieder als Konsulent tätig, ist soeben mit der Familie bekanntgemacht worden.

Minuchin: Kathy, hast du einen Freund?
Kathy: Ja.
Minuchin: Und du, Alan, hast du eine Freundin?
Alan: Nein.
Minuchin: Und wie lange gehst du schon mit deinem Freund, Kathy?
Kathy: Seit anderthalb Jahren.
Minuchin: Meine Güte! Da hast du ja früh angefangen. Alan, ist Kathys Freund auch dein Freund?
Alan: Ja.
Kathy: Aber er war es noch nicht, als ich ihn kennenlernte. Ich habe ihn nicht als Alans Freund kennengelernt.
Minuchin: Aber jetzt, Alan, ist er dein Freund. Wie heißt er mit Vornamen?
Alan: Dick.

Minuchin: Wie alt ist er?

Kathy: Neunzehn.

Alan (fast gleichzeitig): Ich weiß es nicht – neunzehn?

Minuchin: Du bist sehr hilfsbereit, Kathy. Ich frage Alan, wie alt Dick ist, er denkt noch nach, und du sagst schon neunzehn. Sie wartet nicht, bis du sie fragst, Alan. Sie hilft von selbst. Macht sie das oft?

Alan: Ja.

Minuchin: Daß sie dir zuvorkommt?

Alan: Ja.

Minuchin: Aha, sie ist also dein Gedächtnis.

Alan: Ja, ich denke schon.

Minuchin: Und wer in eurer Familie macht es noch so? Ich habe draußen deine Mutter mit Pete gesehen. Pete wollte sich die Hände waschen, und eure Mutter hätte ihn beinahe noch bis hineinbegleitet, als ob er die Herrentoilette nicht auch allein finden könnte. Ist dir das aufgefallen, Pete? Hast du bemerkt, daß sie halbwegs mit dir hineingegangen ist?

Der Therapeut stellt fest, daß Kathy zunächst Alans Bemerkung ergänzt und ihm mit der Antwort auf die Frage nach Dicks Alter zuvorkommt. Er weist daneben noch auf eine ganz ähnliche Transaktion hin, die nach seiner Beobachtung zwischen der Mutter und Pete stattgefunden hat, und stellt alle diese Vorkommnisse als das in dieser Familie übliche Muster dar, das der Individuation der Familienmitglieder hemmend im Wege steht.

Auch hier läßt vielleicht die Schnelligkeit, mit der der Therapeut solche dürftigen Daten interpretiert, Zweifel an der Solidität seines Vorgehens aufkommen. Dazu kommt, daß eine derart rasche Konzentration auf die dysfunktionalen Transaktionen die Familie vielleicht verärgern könnte. Aber die Interventionen des Therapeuten sind behutsam, hilfreich, humorvoll und auch indirekt und erlauben ihm, sich im gleichen Augenblick sowohl Zugang zur Familie zu verschaffen als auch auf ein dysfunktionales Muster aufmerksam zu machen.

Nachdem der Therapeut erkannt hat, daß die Art der Transaktionen der Familienmitglieder miteinander in Einmischung besteht, und die Hypothese aufgestellt hat, daß es sich dabei vermutlich um eines der zentralen Probleme in dieser Familie handelt, macht er nun auf alle weiteren Einmischungsversuche deutlich aufmerksam. Der folgende Gesprächsablauf ereignet sich eine Viertelstunde später. Der Therapeut weist Alan an, seinen Platz mit der Mutter zu tauschen, so daß er nun neben dem Vater sitzt und mit diesem über ein bestimmtes Thema sprechen kann. Alan rückt herüber und bringt dann das kleine Mikrofon am Revers seines Jacketts wieder in die richtige Stellung. Der Vater langt herüber, nimmt das Kabel auf, das sich quer über den Stuhl gelegt hat, und rückt es für Alan zurecht.

Minuchin: Ich will dir mal was zeigen, Alan *(steht auf, stellt sich direkt vor Vater und Sohn, nimmt das Kabel und ahmt die Handlung des Vaters nach.)* Dein Vater hat das Kabel genommen und da 'rüber gelegt. Warum hat er das gemacht? Was hat er damit gemacht?
Alan: Ich weiß nicht; er wollte wohl irgendwas in Ordnung bringen.
Minuchin: Hast du zwei Arme?
Alan: Ja.
Minuchin: Und auch zwei Hände?
Alan: Ja.
Minuchin (nimmt Alans Arm): Dieser Arm endet in einer Hand. Könntest du das machen? *(Nimmt das Kabel von seinem ursprünglichen Platz weg und legt es dahin, wo der Vater es hingelegt hat.)*
Alan: Ja.
Minuchin: Mit neunzehn, sollte man meinen, kannst du das doch wohl selbst machen?
Alan: Ja.
Minuchin: Warum hat er es also gemacht? Ist es nicht komisch, daß *er* das macht, so als hättest du nicht selbst zwei Hände?
Alan: Ja, sowas macht er oft.
Minuchin: Was meinst du, für wie alt er dich hält? Drei? Sieben? Zwölf?
Alan: Für zwölf.
Minuchin: Dann bist du also etwas jünger als Pete. Kannst du ihm helfen? Kannst du ihm helfen, erwachsen zu werden, damit er dich deine beiden Hände selbst gebrauchen läßt?
Alan: Ich wüßte nicht wie.
Minuchin: Nun, wenn du ihm nicht hilfst, sich zu ändern, dann wirst du auch deine Hände nicht gebrauchen können. Dann wirst du immer zwei linke Hände mit zehn Daumen haben – du wirst niemals etwas zustande bringen, weil er dir ja alles abnimmt. Er lähmt dich doch! Sprich mit ihm darüber, denn ich meine, daß das sehr gefährlich ist, was dein Vater da eben getan hat.

Der Therapeut bläht ein kaum wahrnehmbares Vorkommnis so auf, daß es dramatische Züge annimmt. Eine automatische Geste der Hilfsbereitschaft von seiten des Vaters wird damit zur spontanen Inszenierung einer dysfunktionalen Transaktion gemacht, die als isomorph zur vorangegangenen Transaktion angesehen wird. Diesem Herausstellen eines spontanen und kaum beachtenswerten Geschehens kommt in der Regel besondere Bedeutung zu, denn die Familienmitglieder sind überrascht, wenn man ihre Aufmerksamkeit auf den Umstand lenkt, daß sie unwissentlich und häufig entgegen ihren wirklichen Wünschen handeln. In dieser Phase steigert der Therapeut die Intensität seiner Intervention dadurch, daß er sich so dicht vor die dysfunktionale Dyade hinstellt, sich gewissermaßen mit Alan verbündet und eine Reihe konkreter Metaphern über Individuation und Lebens- und Problembewältigung heranzieht. Er beendet sein Vorgehen mit dem Vorschlag, daß Vater und Sohn ihren Umgang miteinander anders gestalten sollten, nämlich so, daß Alan, der immer in der Position des Unfähigen ist, nun zum Helfer des Vaters wird.

Anschließend beginnt der Therapeut, Alternativen in Szene zu setzen. Beim ersten derartigen Versuch erweisen sich die Familienregeln noch als stärker.

Alan: Also, ich glaube, ich weiß, was er meint, denn manchmal . . .

Vater: Ich auch, Alan. Ich weiß auch, was er meint, und es stimmt.

Alan (zur Mutter): Er nimmt mir vieles ab.

Minuchin: Geh noch weiter, Alan. Ich glaube, dein Vater braucht Hilfe, und meiner Meinung nach kann niemand ihm besser helfen als du.

Alan: Ich weiß nicht, was ich sagen soll.

Minuchin (zu Alan): Ich stehe ja außerhalb, nicht wahr, und ich kann nicht helfen, weil ich euch beide gar nicht kenne. Wenn du Hilfe brauchst, könntest du jemanden aus deiner Familie bitten, dir zur Seite zu stehen, aber wenn das nicht nötig ist, dann möchte ich, daß du es zunächst mal allein versuchst.

Vater: Möchtest du, daß Peg dir hilft?

Minuchin (zum Vater): Warum haben Sie diesen Vorschlag für ihn gemacht? Warum wählen Sie für ihn? Im Moment haben Sie schon wieder dasselbe gemacht! Siehst du, Alan, er hat sich so richtig in den Gedanken verbohrt, dir helfen zu müssen, und deshalb kann er sich selbst nicht helfen. Ich will, daß du darüber nachdenkst, ob du wirklich willst, daß Peg dir hilft, oder sonst jemand – oder niemand.

Vater und Sohn bringen sich gegenseitig immer wieder dazu, an den anderen zu denken: Alans zögernde Haltung ruft die Hilfsbereitschaft des Vaters auf den Plan, in der ja auch der Gedanke der Kontrolle und der Einmischung enthalten ist. Die Hilfsbereitschaft des Vaters sorgt dafür, daß der Sohn in seiner inkompetenten Stellung verharrt. Die dysfunktionale Transaktion der beiden bleibt so erhalten. Der Therapeut ist sich jetzt über die Starrheit dieses Subsystems im klaren. Er weiß aus Erfahrung, daß in diesem kritischen Augenblick seine Teilnahme allein nicht ausreicht, um Alternativen einzuführen. Er muß seine Strategie ändern oder aber zum Mittel der Verstärkung greifen. Er kann so vorgehen, daß er das eine oder andere Familienmitglied veranlaßt, sich der dysfunktionalen Dyade anzuschließen; er kann die gleiche Konfiguration beibehalten und prüfen, was die anderen Familienmitglieder davon halten; oder er kann die Aufmerksamkeit auf einen anderen Aspekt der familialen Dynamik lenken und dann zu einem späteren Zeitpunkt auf den Gegenstand zurückkommen, wenn er sieht, daß seine Position innerhalb des Systems an Einfluß gewonnen hat.

Nicht alle Familien lassen sich mit dieser Bereitwilligkeit auf ihre üblichen Transaktionen ein. Unter Umständen muß der Therapeut eine Führungsposition einnehmen, er muß Fragen stellen und die einzelnen Familienmitglieder zum Mittun auffordern, um so die Dinge ins Rollen zu bringen. In manchen Fällen sind die Familienmitglieder weiterhin auf der Hut; sie versuchen, ihr öffentliches Ansehen zu wahren. Da der Therapeut aber im gleichen Raum anwesend ist und die Transaktionen ja auf ihn bezogen sind, kann er die Intensität seines Vorgehens steigern, indem er bestimmte Teilaspekte besonders hervorhebt oder die Beteiligten dazu anregt, ihr Spiel in der gleichen Weise oder auch auf neue und ungewöhnliche Weise fortzusetzen. Er kann die Parameter des Problems, wie es hier existiert, zugleich mit den Parametern der möglichen Alternativen bestimmen, dabei die Flexibilität des Systems erkunden und Informationen zusammentragen, die etwas über die Möglichkeit aussagen, daß diese Familie anders miteinander umgehen kann.

In manchen Familien lassen sich die beiden ersten Tanzschritte verhältnismäßig leicht zur Darstellung bringen; dagegen ist es nicht einfach, die Familie zur Interaktion in neuer und ungewohnter Weise zu veranlassen, denn dazu ist die aktive Beteiligung des Therapeuten zusammen mit anderen Familienmitgliedern notwendig. Vorher kann man nicht sagen, welche Alternativen diesem Subsystem überhaupt zugänglich sind.

Die Familie Gregory besteht aus der Mutter, einer Frau von Mitte zwanzig, und ihrer fünfjährigen Tochter Patrice. Ähnlich wie bei der Familie Kuehn ist die Mutter auch hier nicht imstande, sich der Tochter gegenüber durchzusetzen, und zugleich fürchtet sie sich davor, daß sie das Kind schlagen könnte, wenn sie in Zorn gerät. Eine Viertelstunde nach Beginn der Sitzung klammert Patrice sich noch immer an ihre Mutter und reagiert überhaupt nicht, obwohl die Mutter sie mehrfach aufgefordert hat, sich ruhig auf ihren Stuhl zu setzen.

Minuchin (zur Mutter): Patrice versteht es irgendwie, Sie nach ihrer Pfeife tanzen zu lassen. *(Patrice steht auf und läuft ziellos im Zimmer herum.)* Sagen Sie ihr, daß sie sich hinsetzen soll, weil ich mit Ihnen reden möchte.

Der Therapeut schafft ein bestimmtes Szenarium, und zwar in der Überlegung, daß nun notwendig eine Transaktion der Kontrolle erfolgen muß. Er kann alle möglichen einfachen Situationen – wie etwa die hier vorliegende – als Kontext bestimmen, in dem die Familienmitglieder dann gezwungen sind, ihre Transaktionen darzustellen. Das einfachste ist, daß man die Eltern veranlaßt, ihren kleinen Kindern zu sagen, daß sie jetzt etwas anderes oder jedenfalls nicht das tun sollen, womit sie gerade beschäftigt sind.

Mutter (in sanftem Ton): Patrice. Patrice, komm mal her und setz dich hierhin *(wiederholt ihre Worte etwas lauter, weil Patrice auf ihre erste Aufforderung nicht reagiert.)* Patrice, komm her und setz dich hin!
Minuchin: Ich mag diesen Ton. Das ist Ihre Musik. *(Patrice kommt und klammert sich an die Mutter.)* Sehen Sie, was sie jetzt macht? Sie kennt Ihre Nummer und läßt Sie tanzen.
Mutter: Setz dich, Patrice.
Minuchin: Patrice hat Sie ganz und gar in der Hand!

Der Therapeut hat sich zunächst Zugang zur Mutter verschafft und ist ein Bündnis unter Erwachsenen mit ihr eingegangen. Jetzt verlangt er, daß die Mutter sich dem Kind gegenüber durchsetzt.

Minuchin (steht auf): Frau Gregory, können Sie mal aufstehen? Patrice soll sich mal neben Sie stellen. Sehen Sie, Patrice ist doch viel kleiner als Sie. Können Sie sie hochnehmen? *(Die Mutter nimmt das Kind auf den Arm.)* Und stärker sind Sie auch. *(Zu Patrice)* Gib mir mal die Hand, ganz fest. Ich will doch mal sehen, wieviel Kraft du hast. Ganz fest. *(Zur Mutter)* Können Sie das auch mit meiner Hand machen? Es ist doch klar, daß Sie stärker sind als Patrice!

Der Therapeut führt eine Reihe konkreter Betätigungen aus, um den Unterschied in Macht und Funktion zwischen Mutter und Kind deutlich zu machen. Er will mit diesem Vorgehen das System aus dem Gleichgewicht bringen und die Mutter dazu bewegen, daß sie sich mit ihm zusammentut und von ihrer kleinen Tochter abrückt.

Minuchin: Also, wie kommt es, daß sie Sie so in der Hand hat? *(Wieder schlingt Patrice die Arme um den Hals der Mutter und hängt sich an sie.)*
Mutter: Schluß jetzt! *(Keine Reaktion.)* Hör jetzt auf! *(Schiebt Patrice weg und sagt ihr, sie solle sich hinsetzen. Patrice gehorcht.)*
Minuchin: Sie muß wohl diese Stimme hören. Diese Stimme ist notwendig. Sie haben Angst vor Ihrer festen Stimme, aber diese Stimme ist gut. Manchmal ist sie weich und liebevoll, und dann wieder ist sie stark, und Patrice muß beide Varianten hören. Sie muß nach Ihrer Musik tanzen.

Die Mutter führt jetzt vor, daß sie mit dem Kind durchaus zurechtkommen kann, solange der Therapeut sie unterstützt und der Tochter zeigt, wie klein sie ist. Ein solches Vorgehen ist für viele Therapeuten schlecht annehmbar, und auch in diesem Fall ist es dem Therapeuten im Grunde zuwider. Aber es ist nun einmal notwendig, um eine gewisse Distanz zwischen den Mitgliedern dieser übermäßig verstrickten Dyade zu schaffen, denn nur so läßt sich eine Kindesmißhandlung vermeiden, und nur so kann das Kind zu unabhängigem und selbständigem Verhalten finden, auch wenn dem Therapeuten ein solches Vorgehen zuwider ist.
Im vorliegenden Fall verhält der Therapeut sich ganz anders als gegenüber der Familie Kuehn. Dort hält er seine Beteiligung ganz gering, und so können Mutter und Tochter sich leichter auf einen vernünftigen Austausch miteinander einlassen. Was die Gregorys angeht, so ist die Mutter auf die Beteiligung des Therapeuten als eines aktiven Mitgliedes des therapeutischen Systems angewiesen, ehe es ihr gelingt, ihren Umgang mit dem Kind anders als bisher zu gestalten.

EIN BEISPIEL DAFÜR, »WIE MAN ES NICHT MACHEN SOLLTE«

Die Familie Adams besteht aus der 24jährigen Mutter und ihren beiden acht- bzw. fünfjährigen Kindern. Das Problem besteht darin, daß der fünfjährige Jerry von der Mutter mißhandelt wird. Sie verliert gelegentlich die Beherrschung und schlägt dann heftig auf ihn ein. Die Mutter hat sich von sich aus an den Therapeuten gewandt, weil sie befürchtet, ihrem Sohn eines Tages einen ernsthaften Schaden zuzufügen. Wir haben es hier mit dem Erstgespräch zu tun.

Die Familie kommt herein und setzt sich hin. Die achtjährige Molly setzt sich still in eine Ecke und fängt an, ein Bild zu malen. Der kleine Junge läuft sofort im ganzen Zimmer herum, schreit und verlangt ständig etwas anderes von seiner Mutter. Auch die Mutter hat immer neue Anweisungen für ihn: »Setz dich hin und sei still!« »Du sagst kein Wort, hörst du!« Sobald sie eine solche Aufforderung ausgesprochen hat, verliert sie das Interesse und kümmert sich nicht darum, ob ihre Worte befolgt werden, obwohl der Junge keineswegs erkennen läßt, daß er überhaupt zugehört hat. Nach einer Weile sagt die Mutter, der Junge solle sein Zusammensetzspiel doch nun allein beenden. Jerry nimmt das Spiel und reicht es seiner Mutter, die geistesabwesend die noch fehlenden Teile einfügt.

Im Fortgang der Sitzung nimmt der Junge seine Mutter fast ständig in Anspruch und läßt sie kaum ein Wort mit dem Therapeuten sprechen oder einmal nach dem Mädchen sehen. Die meiste Zeit über kreischt und schreit er so laut herum, daß die Mutter und der Therapeut einander gar nicht verstehen können. Wenn die Aufmerksamkeit der Mutter einmal nicht dem Gespräch mit dem Therapeuten gilt, beeilt sie sich, dem Kind eine Anweisung nach der anderen zu geben. Im Gespräch mit dem Therapeuten geht es um die Frage, wie die Mutter sich zu Hause besser durchsetzen könnte.

Die einzige Kommunikation zwischen der Mutter und dem kleinen Mädchen kommt zustande, als Molly sich ebenfalls mit einem Puzzle beschäftigt. Die Mutter schaut kurz hin, sieht, daß Molly etwas falsch gemacht hat, und schreit los: »Du setzt das Spiel doch völlig falsch zusammen!« Der Therapeut nimmt ihre Aufmerksamkeit von neuem in Anspruch, und sie sprechen weiter darüber, wie man die Dinge zu Hause zum Besseren wenden könnte.

Nach weiteren zehn Minuten, in denen Jerry sich ungezogen gegen die Mutter gezeigt und die Mutter ihm halbherzig irgendwelche Befehle gegeben hat, verliert sie die Beherrschung. Sie schreit auf den Jungen ein, steht auf, greift nach ihm, packt ihn um die Taille, so daß sein Kopf nach unten hängt, und trägt ihn an ihren Platz. Dort nimmt sie ihn auf den Schoß, hält seine Hände fest, legt einmal auch die flache Hand auf seinen Mund und spricht dabei immer weiter. Jetzt ist dem Jungen überhaupt keine Bewegung möglich; er kann nur noch atmen.

In dieser Sitzung hat der Therapeut einen schwerwiegenden Fehler begangen.

Zunächst ist es ihm ohne weiteres gelungen, sich Zugang zu der Mutter und den Kindern zu verschaffen. Er spricht mit der Mutter und ist sich völlig darin mit ihr einig, daß sie es sehr schwer hat. Er spricht mit den Kindern und begründet ein ähnliches Verhältnis auch zu ihnen. Er beobachtet die Interaktionen dieser Familie sorgfältig und stellt fest, daß das hier ablaufende Verhalten sehr wohl zur Mißhandlung des Jungen führen kann und es sehr häufig wohl auch tut. Er sieht, daß die Mutter Anweisungen gibt, sich dann aber nicht darum kümmert, ob sie eingehalten werden. Die Mutter verlangt entweder Dinge, die das Kind in seinem augenblicklichen Entwicklungsstadium überfordern – es soll zum Beispiel still sitzen und sich nicht bewegen –, oder aber sie übersieht Verhaltensweisen, über die das Kind nun wiederum längst hinausgewachsen sein sollte. Es fällt ihm auf, daß die Mutter nicht sofort angemessen reagiert, um dem Jungen Grenzen zu setzen. Statt dessen wartet sie endlos darauf, daß er diese Grenzen vielleicht einmal anerkennen möchte. Wenn das nicht geschieht, wartet sie weiter, während der Junge sie mit seinem feindseligen Verhalten nur noch mehr in Rage bringt. Plötzlich reißt ihr der Geduldsfaden, und nun zeigt die Mutter eine Überreaktion.

Nachdem der Therapeut all dies zur Kenntnis genommen hat, versucht er, eine häusliche Situation herzustellen, in der die Mutter zeigen kann, daß sie im Grunde doch geschickter mit ihren Kindern umzugehen versteht. Dabei hätte es von mehr Sinn für die Realitäten gezeugt, wenn er nicht über das tägliche Leben dieser Familie zu Hause gesprochen, sondern sich gesagt hätte, daß zu Hause natürlich genau das gleiche vorgeht wie das, was er soeben mit eigenen Augen angesehen hat. Er hätte dann versuchen können, die Art der Interaktion zwischen Mutter und Kindern hier in dieser Sitzung zu verändern, und dies in der Überzeugung, daß das dann auf die häusliche Situation übertragen werden könnte.

Um einen anderen Ablauf der Interaktionen zu inszenieren, könnte der Therapeut beispielsweise zur Mutter sagen: »Sie zeigen sich dem Lärmen Ihrer Kinder gegenüber ja äußerst tolerant. Für unsere gemeinsame Arbeit hier wäre es gut, wenn Sie sie dazu bringen könnten, etwas leiser zu sein, damit wir uns miteinander unterhalten können. Meinen Sie, daß Ihnen das möglich sein wird?« Wenn die Mutter die Frage bejaht, kann der Therapeut sagen: »Schön, dann tun Sie das.« Wenn sie sie verneint, kann er sagen: »Versuchen Sie es; ich werde Ihnen helfen, wenn es notwendig ist, aber Sie müssen es tun.«

Die Versuchung ist außerordentlich groß, daß der Therapeut sich in die Situation hineinbegibt und die wünschenswerte Veränderung selbst herbeiführt. Hätte der Therapeut in diesem Fall zu dem Kind gesagt: »Sei jetzt mal still, deine Mutter und ich wollen etwas besprechen«, dann hätte er damit vermutlich einen gewissen Erfolg gehabt, aber die Chance eines therapeutischen Wandels wäre vertan gewesen. Das Ziel der Therapie besteht nun einmal darin, die Familie zu vielseitigeren und besseren Transaktionen zu bewegen, nicht aber darin, ein bequemes therapeutisches Holon zu schaffen.

Dieser Therapeut ließ die Gelegenheit, die sich ihm bot, ungenutzt verstreichen. Statt sich in therapeutischer Absicht mit der Vorgeschichte der Familie, mit den hier vorhandenen Wahrnehmungen und Affekten zu befassen, hätte er die Familie ihre Situation erfahren lassen sollen. So aber sind viel Vitalität und Intensität verlorengegangen – und bei einem so gewichtigen Problem wie der drohenden Kindesmißhandlung ist der Therapeut ja ganz besonders auf Intensität und direkte Einflußnahme angewiesen.

Diese Beispiele aus verschiedenen therapeutischen Sitzungen lassen möglicherweise den Eindruck entstehen, als sollten mit der Darstellung der Familientransaktionen nur die wichtigsten Pinselstriche ausgeführt werden, aber dies ist nicht der Fall. Diese Technik ist in jeder kleinen Bewegung vorhanden, in allen kleinen Interventionen, wie sie sich im Laufe der Therapie unzählige Male ereignen, etwa wenn man die Mutter blockiert und anschließend seine volle Aufmerksamkeit der Tochter entgegenbringt, die noch nicht zu Ende ist mit dem, was sie sagen wollte, oder wenn man dem heranwachsenden Sohn sagt, er solle mit seinem Vater wegen der Benutzung des Autos verhandeln, nicht aber die Mutter dies für ihn tun lassen, oder wenn man die Eltern anhält, ihr Gespräch fortzusetzen und dem Sohn nicht zu erlauben, daß er sich in die Unterhaltung einmischt. Die Darstellung der Transaktionen ist kein besonders subtiles Geschehen, das den Fortgang der Therapie nur hin und wieder markiert; vielmehr sollte es zum ganz selbstverständlichen Bestandteil des spontanen Auftretens des Therapeuten werden, zu einer immer und überall vorhandenen Haltung, mit der deutlich zum Ausdruck kommt, daß der Therapeut dabei ist – während die Familie sich vielleicht lieber damit begnügen würde, ihm nur eben zu erzählen, was sich ereignet hat.

Anmerkungen

Vorangestelltes Motto: William B. Yeats, Among School Children, in: The New Oxford Book of English Verse, 1250–1950. New York: Oxford University Press 1972; dt. Unter Schulkindern. Ausgewählte Gedichte. Neuwied und Berlin: Luchterhand 1970.

[1] Bergson, Henry: An Introduction to Metaphysics. New York: Liberal Arts Press 1955; dt. Einführung in die Metaphysik. Jena: Eugen Diederichs Verlag 1912.

8 Der Fokus

Fokussieren ist ein Begriff aus der Photographie. Dort war diese Methode ein wichtiger technischer Durchbruch. Die ersten Kameras besaßen nur kleine Nadellöcher. Was der Fotograf betonen wollte, war durch seinen Standort bestimmt. Wenn er vor dem Baum stand, dann beherrschte der Baum das Foto, selbst wenn eine bedeutende Persönlichkeit daneben gestanden hätte. Mit dem Aufkommen der Linsen änderte sich das. Der Fotograf konnte sich jetzt auf einen Menschen, eine einzelne Blume in einem Strauß oder gar auf ein einzelnes Blütenblättchen konzentrieren. Das Verhältnis des Objektes zum Hintergrund war durch die Einstellung gestaltbar geworden. Der Fotograf konnte jetzt das, was er porträtieren wollte, gestalten.

In der Familientherapie läßt sich das Fokussieren mit der Herstellung einer Fotomontage vergleichen: Der Fotograf beschließt, von der gesamten Szene allein das Haus besonders zu betonen – nicht den Himmel, nicht die Straße, nicht den Fluß, nur das Haus. Er nutzt die Möglichkeit des Fokussierens; er geht nahe heran, so daß die Tür ins Auge springt, und macht ein Bild; dann vergrößert er die Brennweite, so daß Tür und Fenster von ihr erfaßt werden, und macht ein weiteres Bild. Er geht noch näher an sein Objekt heran und erfaßt nur die Türklinke. Aus diesem Spiel mit einer Vielzahl von Ansichten des gleichen Objektes entsteht eine vieldimensionale Sicht. Sie übersteigt die bloße Beschreibung, um das größere Konzept, das Haus, in Erscheinung treten zu lassen.

Wenn der Therapeut eine Familie beobachtet, wird er von Daten geradezu überschwemmt. Gewisse Grenzen müssen festgehalten, herausragende Eigenschaften müssen betont, Probleme müssen bemerkt und komplementäre Funktionen müssen untersucht werden. Der Therapeut greift Daten heraus und fügt sie zu einem bestimmten und in sich stimmigen Bild zusammen. Aber dieses Zusammenfügen sollte zugleich auch einen therapeutischen Plan ergeben, einen Plan, der Veränderungen begünstigt. Der Therapeut wird also die Fakten, die er wahrnimmt, so anordnen, daß sie in einer wechselseitigen Beziehung zueinander stehen und therapeutische Relevanz gewinnen.

Zu diesem Zweck muß der Therapeut sich erstens für einen Fokus entscheiden und zweitens für ein Thema, an dem gearbeitet werden soll. Zugleich muß er die anderen Bereiche ausblenden, die zwar ebenfalls interessant sind, aber im Augenblick für das therapeutische Ziel nicht von Belang sind. Er greift also bestimmte Elemente aus den Transaktionen dieser Familie während der Sitzung heraus und bringt dieses Material in eine Ordnung, die in seine therapeutische Strategie paßt. Durch Aussondern eines Großteils der Informationen, von denen er während der Sitzung überrollt wird, kann er sich auf die Daten konzentrieren, die für die Therapie von Belang sind.

Der Plan, den der Therapeut entwickelt hat, enthält sowohl ein strukturelles Ziel als auch die Strategie, mit der er dieses Ziel erreichen will. Wenn er es mit einer extrem verstrickten Familie zu tun hat, wird der Therapeut sich beispielsweise auf die diffusen Grenzen in dieser Familie konzentrieren. Wie er dies tut, hängt von Inhalt und Ablauf der einzelnen Sitzung ab. Aber die Daten erfahren durch den therapeutischen Plan eine Veränderung.

Es fällt schwer, dies zu lernen. Wir Menschen sind nun einmal auf den Inhalt hin orientiert. Wir verfolgen ein Stück wie im Theater und sind begierig zu erfahren, wie es ausgeht. Aber ein Therapeut, dem es um den Inhalt geht, kann in eine Falle geraten, fasziniert von den unendlich vielen Schattierungen und Ausprägungen der affektiven Störung in der Familie, von einer Einzelheit zur nächsten eilen. Auf diese Weise gewinnt er eine Menge Informationen, stillt seine Neugier und stellt vielleicht auch die Familie zufrieden, aber er hat in dieser Sitzung im Grunde nichts weiter getan als Informationen zu sammeln. Am Ende ist er möglicherweise ganz verwirrt von der Vielschichtigkeit der Probleme, und die Familie ist enttäuscht, weil sie ihre Probleme vor einem Therapeuten ausgebreitet hat, der »uns überhaupt nicht helfen konnte«.

Ein Therapeut dagegen, der sich ein bestimmtes Thema gestellt hat, kann nun einen kleinen Bereich in aller Gründlichkeit erkunden. Seine Bemühungen um Informationen haben mit der angestrebten Veränderung zu tun, nicht mit der Geschichte der Familie und ihrer Selbstdarstellung. Er wird nicht – in Verfolgung des Inhalts – von Handlung zu Handlung geführt, sondern wendet seine Aufmerksamkeit ausschließlich auf einen kleinen Ausschnitt der familiären Erlebnisse. Und da die Interaktionen der Familie in der Regel isomorph sind, wird ihm die eingehende Erkundung dieses kleinen Abschnitts nützliche Angaben bezüglich der Regeln liefern, die das Verhalten der betreffenden Familie auch in einer Vielzahl anderer Bereiche lenken.

Natürlich ist mit dieser Konzentration auf einen Fokus ein Risiko verbunden. Der Therapeut entwickelt so etwas wie einen »Tunnelblick« und muß sich über diesen Umstand im klaren sein. Er muß erkennen, daß er sich von dem Augenblick an, in dem er sich für einen Fokus entschieden hat, sozusagen auch selbst programmiert hat und nun vielleicht gewisse Informationen ignorieren wird. Deshalb muß er ganz besonders hellhörig für warnende Anzeichen sein. Er muß es hören, wenn die Familie ihn wissen läßt: »Wir folgen Ihnen nicht.« Er muß die Rückmeldungen aufnehmen, die ihm sagen: »Sie haben Ihre Theorien im Sinn, aber nicht uns.«

Der Therapeut muß sich auch darüber im klaren sein, daß die Technik des Fokussierens die Gefahr der Induktion heraufbeschwört. In seinem Bemühen, sich Zugang zur Familie zu verschaffen und die nötigen Informationen zusammenzutragen, ist er unter Umständen versucht, genau das an Daten und Informationen auszuwählen, was die Familie ihm bereitwillig präsentiert und was ihr angenehm ist. Aber seine Aufgabe lautet ja nicht, es der Familie so angenehm wie möglich zu machen, sondern ihr zur Veränderung zu verhelfen.

Jay Haley schildert den Fall einer Familie, in der ein Mitglied drogenabhängig ist. Der identifizierte Patient hatte sich bemüht, seiner Sucht Herr zu werden, und war seit zwei Monaten ohne Drogen. Erregt und niedergeschlagen kommt die Familie zur nächsten Sitzung (Videoband: Heroin My Baby, hrsg. von Jay Haley).

Vater: Das ist ein trauriger Verein hier.
Mutter: Ja, weil ich nicht wiederkommen werde. Zuerst ziehe ich mal aus. Ich gehe weg von ihnen. Erich kann machen, was er will. Er hat sowieso schon einen Fehler gemacht.
Therapeut: Sie beide wollen sich trennen? Ist es das?
Vater: Ich halte es für das Beste.
Erich: Ich bin das Problem. Du hast gesagt, du solltest jetzt deinen eigenen Weg gehen, und sie sollte ihren gehen, weil ich rauschgiftsüchtig bin und versuche, damit fertigzuwerden.

Der Inhalt dieser Transaktion ist ein Alarmsignal für jeden Therapeuten. Aber zugleich und ganz offensichtlich handelt es sich um ein Ablenkungsmanöver. Deshalb läßt der Therapeut sich in diesem Fall nicht dazu verführen, dem Inhalt weiter zu folgen. Vielmehr verlangt er, daß die Eltern jetzt noch keine Entscheidung treffen sollen. Im Grunde sagt er, daß die Frage ihrer Trennung in diesem Augenblick nicht relevant ist. Die drei Familienmitglieder befinden sich in Behandlung, um dem identifizierten Patienten bei seinem Problem behilflich zu sein. Der Therapeut hält sich an den theoretischen Plan, den Haley für die Arbeit mit Drogenabhängigen aufgestellt hat; deshalb kann er sich hier dafür entscheiden, das chronische Problem der Eltern-Sohn-Transaktionen weiter im Brennpunkt zu halten, anstatt sich auf die akuten Schwierigkeiten zwischen den Ehepartnern zu konzentrieren.

Hin und wieder muß der Therapeut die Erkundung der in der Familie ablaufenden Prozesse und des jeweiligen Inhalts aufschieben oder sich ganz davon abwenden – auch wenn ihn diese noch so sehr reizt –, um sein strukturelles Ziel weiterzuverfolgen. Das heißt nicht, daß er sich völlig unbeirrt an sein Programm hält, ohne sich darum zu kümmern, welche Relevanz es für die Familie besitzt. Es heißt vielmehr, daß er aufmerksam dem folgt, was die Familie ihm präsentiert, zugleich aber auch Informationen sammelt und über die Reihenfolge ihrer therapeutischen Relevanz entscheidet.

FALLEN

Die Familie Martin wurde vom Gericht zur Therapie überwiesen, weil der Vater, von Beruf Kernphysiker, seinen fünfzehnjährigen Sohn schon seit zwei Jahren sexuell bedrängt hatte. Seine Frau, mit der er seit sechzehn Jahren verheiratet war, ahnte sehr wohl, was hier vorging, hatte ihren Mann aber niemals zur Rede gestellt.

Der Therapeut geht besonders behutsam an die Arbeit mit dieser Familie heran. Vor allem will er eine einseitige Verurteilung auf jeden Fall vermeiden. Der Vater vergeht sich an dem Kind, aber die Mutter weiß offensichtlich Bescheid, und inzwischen ist der Junge willens, sich an dem ganzen Prozeß zu beteiligen. Der Therapeut nimmt zudem an, daß die Handlungsweise des Vaters zumindest zum Teil auch Ausdruck von Eheproblemen ist.

Aus diesen Überlegungen heraus beschäftigt der Therapeut sich in den ersten Sitzungen mit den Problemen zwischen Mann und Frau. Da die Familie so tut, als ob es keinen Inzest gegeben hätte, und da die Ehepartner durchaus bereit sind, ihren Schwierigkeiten auf den Grund zu gehen, weil sich so nämlich das eigentliche Problem umgehen läßt, gelten die ersten Sitzungen der Erörterung eher belangloser Sachverhalte, über die die Eltern sich dann schließlich auch einigen können. Zu diesem Zeitpunkt besteht ein geheimes Einverständnis zwischen dem Therapeuten und der Familie, dem eigentlichen Problem aus dem Weg zu gehen.

Etwa zur Zeit der fünften Sitzung schlägt der Supervisor vor, die therapeutische Rangordnung zu ändern. Der Therapeut soll sich jetzt nicht länger mit der dysfunktionalen Beziehung zwischen Mann und Frau beschäftigen, sondern mit dem Vergehen an dem Kind. Entsprechend leitet der Therapeut die nächste Sitzung mit den an die Eltern gerichteten Worten ein: »Sie sind eine destruktive Familie. Ich meine, Sie beide sollten sich überlegen, ob Sie zusammenbleiben oder aber sich scheiden lassen wollen.« Diese Frage bildet nun das Thema der Sitzung. Die Partner müssen jetzt zusammenarbeiten, um zu beweisen, daß sie keine destruktive Familie sind. Damit ist das Problem, das mit dem Jungen zu tun hat, wohl angesprochen worden, aber so, daß auch die Beziehung der Eltern gefestigt werden kann.

Ein solcher Wechsel in der Rangfolge der Themen ist ein weiterer Aspekt des Fokussierens, denn wenn der Therapeut ein Thema näher beleuchtet, das er für ganz besonders vordringlich hält, verändert er damit oft auch die Vorstellungen der Familie in bezug auf das, was wichtig ist. Zuzeiten konzentriert der Therapeut sich auf ein ganz kleines Moment und beleuchtet eine Interaktion, die für die Familienstruktur von zentraler Bedeutung ist. Wenn die Familie dieser Fokussierung folgt, erfährt sie die Umwandlung dieses belanglosen und ganz unauffälligen Geschehens in ein bedeutsames Thema. Die bloße Tatsache, daß der Therapeut einen einzelnen Sachverhalt entsprechend herausgestellt hat, macht diesen Sachverhalt wichtig. Die kleine und ihnen allen so ganz und gar vertraute Interaktion wird den Familienmitgliedern plötzlich zu einer ungewohnten Sache; auch das Atmen geht ja nur solange selbstverständlich vor sich, wie man nicht anfängt, darüber nachzudenken. Von nun an wird die Familienrealität, die den Beteiligten so bequem geworden ist wie ein alter Schuh, wohl ein wenig drücken.

FOKUSSIEREN IM HINBLICK AUF VERÄNDERUNG

In seiner Arbeit mit der Familie Clatworthy verknüpft der Therapeut eine Reihe solcher kleinen Momente zu einem zusammenhängenden Thema. Die Familie besteht aus der alleinstehenden Mutter, einer Frau von Anfang dreißig, und vier Kindern: der dreizehnjährigen Miranda, der zwölfjährigen Ruby und den elfjährigen Zwillingen Matt und Mark. Mark ist der identifizierte Patient, obwohl beide Zwillinge als Problemkinder gelten. Sie streiten ständig miteinander und sind schon mehrmals wegen ihrer Zerstörungswut von der Schule ausgeschlossen worden. Die Mutter, die von Sozialhilfe lebt, ist nierenkrank und leidet an zu hohem Blutdruck. Kürzlich hat sie sich außerdem einer Gallenoperation unterziehen müssen. Beide Zwillinge sind Bettnässer. Mark besucht eine Sonderschule, Matt ist Hyperkinetiker. Alle Kinder sind schon einmal vom Schulunterricht suspendiert worden, und die Lehrer sagen, daß sie einfach nicht zu bändigen sind. Die Mutter droht ihnen ständig, sie werde sie zu Pflegeeltern geben, und auch von seiten der sozialen Dienste, mit denen sie es zu tun hat, wird diese Maßnahme immer wieder einmal angekündigt. Einmal hat die Mutter die Zwillinge tatsächlich einen Monat lang in Pflege gegeben, dann hat sie es sich anders überlegt und sie wieder nach Hause geholt, weil sie hoffte, die Familie vielleicht doch zusammenhalten zu können. Daß sie jetzt zur Therapie gekommen ist, bezeichnet sie als »allerletzten Versuch«.

So wie die Mutter die Realität dieser Familie beschreibt, herrscht hier ständig Streit, und alle lügen und stehlen. Ihren Worten zufolge wechseln die Kinder niemals von sich aus ihre Kleidung. Ruby hat einmal in aller Öffentlichkeit ihre gebrauchte Binde einer Nachbarin in den Vorgarten geworfen. Die Kinder beschmutzen sich gegenseitig aus Rache ihre Unterwäsche.

Diese dysfunktionale Struktur konnte zustandekommen, weil die Mutter keine Hoffnung hat, mit ihrer Armut und der lähmenden Krankheit fertigzuwerden, und weil sie das Gefühl hat, dem Leben und seinen Anforderungen nicht gewachsen zu sein. Erschwert wird die Situation noch durch die Auflagen jener Dienststellen, die das Leben der städtischen Armenbevölkerung regeln. Alle diese Faktoren sorgen dafür, daß sie an ihren Kindern ausschließlich deren Fehler und Schwächen sieht. Zudem sind in dieser Familie die Grenzen nicht genügend differenziert. Die Mutter wie auch die Vertreter der Dienststellen sehen in den Kindern nur eine Ansammlung von Problemen.

Da die Wohlfahrtsbehörden immer nur einen Teilaspekt der Realität dieser Familie hervorheben – ihre Devianz nämlich –, beschließt der Therapeut die Behandlung auf einen anderen Teilaspekt dieser Realität auszurichten – auf Bereiche also, in denen diese Familie durchaus kompetent ist. Er greift das schiefe Bild an, das die Beziehung der Kinder zueinander, zu ihrer Mutter und zur Schule nur negativ darstellt, er konzentriert sich auf die viel komplexere Realität, in der durchaus Raum für Kompetenz ist und nicht nur für ein hoffnungslos deviantes Verhalten. Auf diese Weise schafft die Familie es vielleicht, mit ihrer schwierigen Situation fertigzuwerden.

Nachdem die Familie Clatworthy schon einige Monate lang in Behandlung ist, bittet der behandelnde Therapeut, John Anderson, Salvador Minuchin, die Familie mit ihm in einem Konsultationsgespräch zu sehen. Mit dieser Sitzung soll dem Therapeuten die Aufgabe erleichtert werden, die Familienmitglieder von ihrer hartnäckig negativen Sicht der Dinge abzubringen und sie zum Einsatz ihrer Kräfte und Fähigkeiten zu bewegen.

Minuchin: Seid ihr schon mal in diesem Zimmer hier gewesen?
Matt: In diesem noch nicht.
Minuchin: Aha. Dann sollt ihr mir jetzt mal sagen, was ihr in diesem Raum für seltene Dinge seht.
Matthew: Kameras.
Minuchin: Wieviele?
Matt: Eins, zwei . . .
Mark: Und Mikrophone.
Ruby: Ein, zwei, drei Kameras.
Minuchin: Drei Kameras. Und wieviele Mikrophone? Wie viele – laß mal sehen.
Mark: Eins, zwei, drei . . .
Minuchin: Ja, es sind drei. Und was fällt euch in diesem Zimmer noch auf, was irgendwie rätselhaft ist?
Ruby: Der Spiegel.
Minuchin: Der Spiegel. Was meint ihr zu dem Spiegel?
Matt: Er hat gar kein Glas.
Minuchin: Wißt ihr, was ein Einwegspiegel ist?
Mark: Ich nicht.
Minuchin: Also, dann komm, ich will es dir zeigen. Wollt ihr alle mitkommen?
Mutter: Nein. Ich weiß, wie er funktioniert. Ich bin schon einmal hier gewesen.
(Minuchin nimmt die Kinder mit in das Zimmer hinter dem Einwegspiegel)

Der Berater beginnt die Sitzung damit, daß er sich zu den Kindern mit Hilfe eines Entdeckungsspiels Zugang schafft. Hinter dem Einwegspiegel setzt er dieses Spiel fort; er dreht die Lichter an und aus und zeigt, daß und wie der Spiegel sich verstellen läßt. Die Kinder reagieren mit einer Mischung aus

Neugierde, Wachsamkeit, Interesse und Teilnahme, und ihre Bemerkungen zeugen von Intelligenz. Keine dieser Eigenschaften ist bisher jemals erwähnt worden, wenn von den Jungen die Rede war, und so ist der Berater geneigt, sich mit dieser noch nicht zur Sprache gekommenen Seite ihres Verhaltens zu befassen und so der Konzentration auf ihr destruktives Verhalten etwas entgegenzusetzen.

In der nächsten Viertelstunde wird die Sitzung wieder vom behandelnden Therapeuten geleitet. Die Familie erfährt, daß der Berater auf diese Weise sehen kann, wie sie und der Therapeut miteinander umgehen. In dieser Phase beklagt die Mutter das Verhalten der Zwillinge, die ihr in diesem Punkt mit verblüffender Höflichkeit beipflichten. Eine Viertelstunde später löst der Berater den Therapeuten wieder ab, und dieser schiebt seinen Stuhl zurück, um so den erneuten Wechsel in der Führung deutlich zu machen.

Minuchin: Also, mir ist das alles nicht so ganz klar. Ich will euch sagen, was ich beobachtet habe. *(Zu den Kindern)* Ich sehe, daß ihr sehr aufgeweckt und sehr aufmerksam seid. Ihr kommt herein und habt – wie der Blitz – schon alles entdeckt. Ihr seid also sehr gescheite Kinder. Ich sehe auch, daß ihr gut zusammenarbeitet. Wenn ihr miteinander sprecht, dann ganz freundlich und gescheit und ruhig – also frage ich mich: »Was soll denn nun mit dieser Familie eigentlich los sein?« Aber vielleicht habt ihr euch in den letzten paar Monaten ganz erheblich verändert, seit ihr in Behandlung seid? Ist es vielleicht das? Könnte es sein, Ruby, daß du dich in den vergangenen zwei Monaten ganz und gar geändert hast.

Ruby: Wahrscheinlich.

Minuchin: Das ist prima. Wer hast sich sonst noch verändert? Du, Mark?

Mark: Nein. Nur zu 35 Prozent.

Minuchin: Und in welcher Weise hast du dich verändert? Worin bestehen diese 35 Prozent?

Mark: Na ja, jetzt trage ich zum Beispiel Unterwäsche. Ich ziehe Socken an. Ich versuche, ordentlicher auszusehen und so.

Minuchin: Und was ist mit dir, Matt? Wenn deine Mutter sagt, daß du aussiehst wie ein Landstreicher, was meint sie dann?

Matt: Daß wir schmutzige Sachen und die unmöglichsten Strümpfe anhaben.

Minuchin (mit einem Blick auf die heutige Aufmachung des Jungen): Das heißt also, du ziehst dich normalerweise nicht so an wie heute?

Mark: Nein, heute habe ich versucht, ordentlich auszusehen.

Minuchin: Und du, Matt? Würde deine Lehrerin sich beschweren, wenn du so ankämst wie eben jetzt? Wie ziehst du dich sonst an?

Matt: Manchmal habe ich keine Unterwäsche an, oder keine Socken.

Minuchin: Und was ist mir dir los, Ruby?

Ruby: Manchmal kämme ich mich nicht oder ziehe keine Strümpfe an, oder sie sind halt dreckig.

Minuchin: Dann weiß ich aber wirklich nicht. Tatsächlich, da mußt du mir schon helfen, denn du siehst doch aus wie ein nettes Mädchen und scheinst doch sehr rücksichtsvoll und höflich zu sein. Warum tust du dann nicht, was man von dir erwartet?

Ruby: Ich will's halt nicht tun.

Minuchin: Und deine Mutter sagt, daß du dich anders anziehen sollst?

Ruby: Sie sagt halt immer: Zieh dich anständig an!

Minuchin: Und was sagst du dann?

Ruby: Ich höre einfach nicht hin.

Minuchin: Aha, du streitest also mit deiner Mutter. Kein richtiger Streit, aber jedenfalls tust du gerade, was du willst. Stimmt's?

Ruby: Ja.

Minuchin: Miranda, du bist dreizehn und die älteste von euch. Und du machst einen sehr guten Eindruck auf mich. Welche Probleme hast du denn mit deiner Mutter?

Miranda: Manchmal, wenn sie ausgeht, und ich sehe, daß es im Haushalt mal wieder drunter und drüber geht oder so, dann mache ich Rubys Arbeit oder die von den Zwillingen. Sie sagt immer: »Nimm denen doch nicht die Arbeit ab«, aber da höre ich nicht drauf. Ich mach's dann schon fertig.

Zwischen dem Auftreten der Kinder, das man als höflich und kooperativ bezeichnen kann, und ihrem sauberen, ordentlichen und ansprechenden Äußeren einerseits und ihrer deutlich negativen Selbstdarstellung andererseits besteht eine merkwürdige Diskrepanz. Selbst Miranda, das Elternkind, das zahlreiche Pflichten übernommen hat, weil die Mutter krank ist, spricht eher negativ von ihrem verantwortungsbewußten Verhalten. Diese unvollständige Familie mit der kranken, erschöpften und verzweifelten Mutter hat sich eine Struktur geschaffen, der zufolge die Mutter dem Elternkind Funktionen übertragen hat; da sie das aber eigentlich nicht für richtig hält und der Meinung ist, in ihrer Rolle als

Mutter versagt zu haben, heftet sie dieser notwendigen Struktur einen negativen Affekt an.

Eine Reihe von Institutionen stützen die negative Sicht von der Realität dieser Familie. Die Wohlfahrtsbehörde hat mit der Streichung der Unterstützung gedroht, falls der Mann, mit dem die Mutter seit zwei Jahren befreundet ist, mit ihr zusammenziehen sollte. Von der Schule kommen laufend Beschwerdebriefe, weil die Lehrer Schwierigkeiten mit den Zwillingen haben, die ebenfalls der Mutter als Versagen angelastet werden. Der Therapeut schließlich hat sich auf das Problem der Lenkung und Führung der Kinder in dieser Familie konzentriert und deutlich gemacht, daß die Mutter wirksamer durchgreifen muß.

Der Konsulent, dem diese negative Bewertung der Dinge besonders auffällt, ist dagegen von den Mitgliedern dieser Familie durchaus eingenommen und entdeckt auch positive Seiten in ihren Transaktionen. All das bestärkt ihn in seinem ersten Impuls, das Bild dieser Familie, wie es in der Außenwelt und auch unter den Familienmitgliedern selbst gilt, anzugreifen.

Minuchin: Das heißt also, in dieser Familie gibt es zwei Mütter?
Miranda: Hm.
Minuchin: Sie und dich? Dann bist du also die gute, verantwortliche.
Miranda: Nicht eigentlich.
Minuchin: Ich weiß, daß eure Mutter krank ist; deshalb hast du eine Menge Pflichten übernommen, um ihr zu helfen.
Miranda: Ja.
Minuchin: Und könnte es sein – das will ich jetzt mal dich fragen, Ruby: Könnte es sein, daß ihr es nicht so besonders gern seht, wenn Miranda sich wie eine zweite Mutter aufführt? Ist sie sehr rechthaberisch?
Ruby: Manchmal schon.
Minuchin: Und magst du das?
Ruby: Nein.
Minuchin: Wenn Miranda den Chef 'rauskehrt, was sagst du dann zu ihr?
Ruby: Wenn sie sagt, daß ich irgendwas machen soll, dann sage ich, daß sie sich um ihren eigenen Kram kümmern soll oder sich hier wegmachen soll oder so ähnlich.
Minuchin: Aha, es gibt also Schwierigkeiten zwischen Miranda und Ruby.
Mutter: Ich habe immer Schwierigkeiten mit ihnen. Eine Zeitlang habe ich sie sogar voneinander getrennt. Ruby ist viel introvertierter als Miranda. Miranda

geht aus sich heraus, sie ist oft sehr ausgelassen. Früher war sie ein richtiger Wildfang. Ruby war immer irgendwie zahmer, sie hat immer mit Puppen und Puppengeschirr gespielt und so, aber sie ist auch länger mit den Jungen zusammen gewesen. Und Miranda bleibt jetzt sehr viel lieber für sich als früher.

Die Beschreibung, die die Mutter von den Kindern gibt, ist außerordentlich differenziert, sie zeugt von einem ausgeprägten Einfühlungsvermögen und vom wachen Interesse der Mutter an der individuellen Entwicklung ihrer Kinder.

Minuchin: Brioni, das müssen Sie mir aber nun wirklich näher erklären. Ich finde, Sie haben ganz prächtige Kinder.
Mutter: Das finde ich ja auch.
Minuchin: Also, dann verstehe ich Sie nicht. Sehen Sie, ich finde sie prächtig und gescheit und rücksichtsvoll – und deshalb bin ich so sehr verwundert. Was suchen Sie denn überhaupt in einer Erziehungsberatungsstelle?
Mutter: Ja, also, Sie sind schließlich nicht immerzu mit ihnen zusammen. Von den Lehrern höre ich nicht, daß sie höflich und rücksichtsvoll wären. Mark ist erst letzte Woche vom Unterricht ausgeschlossen worden, weil er nach seinem Lehrer geschlagen und gestampft hat, weil er Bücher aus dem Klassenzimmer mitgenommen hat und . . .
Minuchin: Einen Augenblick. Das verstehe ich nicht. Mark, deine Mutter sagt, daß du in der Schule eine Plage bist. Stimmt das?
Mark: Ja, Herr Doktor. Das bin ich auch.
Minuchin: Das heißt also, daß du mir nur etwas vormachst, wenn du sagtst »Ja, Herr Doktor«. Du tust, als wärst du wirklich höflich, und in der Schule verbreitest du Angst und Schrecken.
Mark: Ja, Herr Doktor.
Minuchin: Was machst du denn in der Schule?
Mark: Ich mache Sachen kaputt.
Minuchin: Du machst Sachen kaputt? Was soll das heißen?
Mark: Ja, also, letzten Monat . . .
Mutter: Letzte Woche!
Mark: Letzte Woche, da habe ich die Tür zur Jungentoilette kaputt gemacht und dann auch noch die . . .
Minuchin: Warum hast du das gemacht?
Mark: Weil ich keine Lust hatte, die Tür aufzumachen; ich hab' halt einfach dagegen getreten, und da ist sie eben zerkracht.

Minuchin: Du bist also ein richtiger Gauner. Hier machst du den Zuvorkommenden und Intelligenten, eben das, was man sich so unter einem Elfjährigen vorstellt, aber das ist alles nur Fassade. Im Grunde bist du ein richtiger Taugenichts. Stimmt's?
Mark: Ich bin kein Taugenichts.
Minuchin: Was bist du denn dann?
Mark: Ein kleiner Junge.

Mark geht auf den Wunsch der Mutter ein, sein unmögliches Betragen zu schildern, und präsentiert damit wiederum zwei verschiedene Seiten seines Verhaltens – das geschilderte (der Gauner und Taugenichts) und das offenkundige (der kleine Junge). Da in seinem Verhalten tatsächlich beide Elemente anzutreffen sind, muß der Berater sich überlegen, auf welche Aspekte er seine Aufmerksamkeit nun gezielt richten soll. Im Einklang mit dem therapeutischen Ziel beginnt er, ein bestimmtes Thema zu entwickeln.

Minuchin: Kennst du die Geschichte von Dr. Jekyll und Mr. Hyde?
Mark: Nie gehört.
Minuchin: Also, es ist eine Geschichte von einem sehr netten und liebenswürdigen Mann, der ein Medikament einnimmt und dadurch zu einem ganz gemeinen und bösen Kerl wird. Hast du denn niemals ein Bild davon gesehen?
Mark: Nein, nie.
Matt: Ich weiß, wovon Sie gerade sprechen. Der Mensch wird zum Wolf, oder so was ähnliches.
Minuchin: Bist du vielleicht ganz genauso – freundlich und liebenswürdig und nett und höflich und lieb – und dann ganz plötzlich ein Scheusal, Mark?
Mark: Ja.
Minuchin: So bist du also! Und jetzt zeigst du gerade die schöne Seite, und wenn du nachher hier 'rausgehst, wirst du zum Scheusal. Ist das richtig?
Mark: Ja.
Minuchin: Und was für einen Gifttrank nimmst du denn? Nimmst du irgendwas Bestimmtes?
Mark: Nein, nein. Ich nehme keine Tabletten und gar nichts.
Minuchin: Und du wirst einfach so, aus dir heraus, zum Scheusal?
Mark: Ja.
Minuchin: Toll! Ein echtes Talent! Matt, kannst du sowas auch?

Matt: Ich bin wie Hulk. Wenn ich wütend bin, dann werde ich auch zum Scheusal.

Minuchin: Du kannst dich also auch verändern. Nimmst du denn irgendwelche Mittel, um dich zu verändern?

Matt: Nein.

Minuchin: Einfach so, aus dir heraus?

Matt: Man muß es sich nur fest vornehmen, das reicht schon.

Minuchin: Und dann wirst du auch in der Schule zum Scheusal?

Matt: Ja.

Minuchin: Und zu Hause, wirst du da auch manchmal garstig?

Matt: Ich werde nie laut mit meiner Mutter. Es kann schon sein, daß sie mich rasend macht, aber ich beschimpfe sie nicht.

Minuchin: Du hebst dir also dein garstiges Verhalten vor allem für die Schule auf?

Mark: Ja.

Matt: Meine Mutter sagt, daß ich nicht weit kommen werde.

Minuchin: Warum sagt sie das?

Mark: Ich weiß nicht.

Minuchin: Kannst du sie mal fragen, warum sie das sagt?

Mark: Ja. Warum sagst du, daß ich nicht weit kommen werde?

Mutter: Weil er die Leute immer manipuliert, weil er sie auf hundert bringt und sich erst so richtig toll fühlt, wenn er andere manipuliert. Und ich sage ihm immer, eines Tages suche ich mir jemanden, der es ihm so gibt, daß er damit nicht mehr weiterkommt.

Minuchin: Ich will euch Kindern mal was sagen. Eure Mutter erzählt mir schlimme Sachen, und ihr erzählt mir, daß ihr euch wie kleine Ungeheuer benehmt und so weiter, aber mir fällt vor allem auf, wie gescheit und hell ihr seid.

Mutter: Ja, gescheit – das ist der wirklich!

Minuchin: Und weiter fällt mir auf, wie klug und überlegt ihr seid. Kluge Kerle, alle Achtung!

Mit der Einführung der Geschichte von Dr. Jekyll und Mr. Hyde akzeptiert der Berater die in dieser Familie gültige Sicht, daß der Junge sich destruktiv verhält, aber gleichzeitig erweitert er sie und schließt die Möglichkeit anderer Formen der Transaktion ein. Auch hier rückt er die Fähigkeiten und Möglichkeiten der Kinder in den Mittelpunkt.

Mutter: Nehmen Sie ihn doch mit! Dann werden Sie schon sehen.

Minuchin: Nein, es ist mir schon lieber, wenn sie sich von der netten Seite zeigen. Ich bin nicht daran interessiert, mit Ungeheuern zusammenzuleben. Ich mag die Art, wie ihr euch jetzt gebt. Ihr seid richtig prima.

Miranda: Sie sind aber auch richtige Bestien, richtige Tiere.

Matt: Genau wie du!

Die Mutter zeigt, daß sie mit der Sicht des Beraters eben nicht einverstanden ist; das ist das Signal für das Wiederauftauchen des »richtigen« Verhaltens dieser Familie, eine Reaktion, die den Berater und die Familie davon überzeugen soll, daß der Berater wenn schon nicht blind so doch zumindest kurzsichtig ist.

Matt (erhebt sich mit drohender Gebärde): Sie sind ein Trottel!

Minuchin: Ah, kriege ich jetzt ein bißchen was von dem Schauspiel zu sehen? Kannst du mal eben zur Bestie werden, damit ich eine Vorstellung davon bekomme, wie das aussieht?

Mark: Ich kann zu nichts werden.

Miranda: Sie brauchen ihnen nur zu sagen, daß sie Streit miteinander anfangen sollen – dann werden Sie schon sehen.

Minuchin: Halt mal, kleine Mama! Das soll die große Mama machen. Brioni, können Sie ihnen helfen, zu Bestien zu werden, damit ich das mal sehen kann?

Mutter: Am Sonntag ist eine Fensterscheibe zu Bruch gegangen, weil Mark versucht hat, Matt aus dem Fenster zu werfen. *(Mark steht auf und rempelt Matt an, der ihn zurückstößt.)*

Minuchin: Ah, das macht ihr sehr gut. Das ist schon ganz prima! Sorgen Sie dafür, daß sie ihre Nummer aufführen. Das möchte ich gerne sehen.

Dadurch, daß er die Mutter bittet, den Zwillingen bei ihrer Verwandlung in Bestien zu helfen, und aus der ganzen Sache ein Spiel unter elfjährigen Kindern macht, hebt der Konsulent die Fähigkeiten zu Führung und Selbstkontrolle hervor, legt den Fokus auf den zwischenmenschlichen Charakter des Verhaltens und faßt ein heißes Eisen sorglos an.

Mutter: Matt und Mark, die streiten ja jeden Tag miteinander. Und mindestens einmal im Monat wird einer von ihnen aus dem Unterricht nach Hause geschickt. Die Lehrer haben mir gesagt . . .

Matt: Ich bin in diesem Monat gar nicht nach Hause geschickt worden!

Mutter: Nicht in diesem Monat, aber im letzten Monat haben sie dich doch 'rausgeschickt.

Matt: Weshalb?

Mutter: Matt! Weil du dich eine ganze Woche lang in der Toilette versteckt hast, weil du die ganze Woche geschwänzt hast!

Matt: Aber deshalb haben sie mich doch nicht fortgeschickt.

Mutter: Das Schlimme ist, daß sie so raffiniert sind. Sie kennen die Vorschriften, sie wissen genau, was sie machen und was sie nicht machen können, und sie nützen das zu ihrem Vorteil aus.

Minuchin: Sie sind also sehr gescheit.

Mutter: Die Lehrerin sagt, sie seien zu gescheit, aber eben gescheit im negativen Sinne. Sie sind sehr schlau und machen die Leute immer glauben, daß sie schlecht behandelt werden oder daß jemand auf ihnen herumhackt. Sie meint, der Rektor werde froh sein, wenn er die Zwillinge Ende Juni endgültig los ist.

An diesem Punkt der Sitzung kommt es zu einer Auseinandersetzung zwischen dem Konsulenten und der Mutter, weil sein Nachdruck darauf liegt, die Realitätserfahrung dieser Familie anzugreifen. Er hält hartnäckig am Gedanken der Kompetenz der Kinder fest und versucht, die Familienmitglieder davon zu überzeugen, daß man die Dinge auch anders betrachten kann.

Minuchin: Und wer ist denn nun das schlimmere Scheusal?

Mutter: Das sollen die beiden mal selbst beantworten. *(Die Jungen fangen an, sich zu balgen.)*

Mark (stößt nach Matt): Du brauchst gar nicht aufzuhören.

Matt: Halt's Maul, oder ich hau dir eine rein!

Minuchin: Gut! Macht nur weiter. Ich möchte die Ungeheuer doch mal in Aktion sehen. Hört nur ja nicht auf. (Die Jungen fangen an, sich zu stoßen und anzurempeln, zunächst noch eher spielerisch, mit der Zeit aber immer ernsthafter.) Gut! Also so sieht das aus, wenn ihr gerade Bestien seid. Ausgezeichnet. Und das macht ihr oft? Wenigstens weiß ich jetzt Bescheid.

Mutter: Schlimmer. Das ist noch gar nichts.

Minuchin: Dann haben Sie also zwei Kinder, die prächtig, gescheit, hübsch und . . .

Mutter: Ich wollte, ihr Benehmen wäre prächtig. Lieber häßliche Kinder, aber doch Kinder, die sich wenigstens wie Menschen benehmen.

Minuchin: Einen Augenblick. Sehen Sie, zwei Ihrer Kinder sind zur Hälfte schön und zur Hälfte Bestien, und zufällig lassen sie gerade die garstige Seite häufiger sehen. *(Zu den Kindern)* Ich staune, wie gescheit ihr seid, und ich habe ja jetzt auch einen kleinen Ausschnitt von eurer Schau gesehen, und ich meine, ihr macht das wirklich sehr gut. Wie zwei Gangster, mit so gemeinen Gesichtern, als wolltet ihr euch wirklich gegenseitig umbringen. Das war sehr gut. Und was ist mit Ruby und Miranda? Kommen sie euch zu Hilfe?

Die Familie wirkt wie vor den Kopf geschlagen, weil der Konsulent so gar nicht auf die Realität eingeht, wie sie sie wahrnehmen. Sie hat ihm auch schon wiederholt zu verstehen gegeben, daß er besser daran täte, sich ihrer Sicht der Dinge anzuschließen, weil er sonst nämlich als Führer nicht sehr viel ausrichten wird. Deshalb verändert er jetzt den Fokus; er wendet sich dem Verhalten der beiden Mädchen zu.

Mutter: Miranda und Ruby haben Angst vor den Jungen. Wenn die Jungen anfangen zu streiten und Theater zu machen, dann gehen die beiden lieber in Deckung. Ruby hält es noch eher mit ihnen aus; Miranda bleibt lieber für sich. Sie ist jetzt fast soweit, daß sie sie einfach ignoriert.
Matt: Wir sind nicht die einzigen in der Familie, die streiten.
Mutter: Das habe ich auch nicht gesagt, Matt.
Minuchin: Matt und Mark, verbündet ihr euch gegen Ruby? Geht ihr gemeinsam auf sie los?
Mark: Das mache ich schon allein, wenn sie mir in den Weg kommt.
Minuchin: Ist er der stärkere als du, Ruby? Du siehst aus, als hättest du viel Kraft. Du bist sehr groß.
Ruby: Er ist stärker als ich. Manchmal fängt Mark an, mich zu kneifen, und dann schlage ich zurück.
Matt: Erzähl ihm doch mal, was du gestern gemacht hast!
Ruby: Was habe ich gestern gemacht?
Minuchin: Einen Augenblick. Matt, bist du vielleicht der Hüter deines Bruders? Jetzt eben hat sie doch mit Mark gestritten, und du hast dich eingemischt, um ihn zu verteidigen. Also arbeitet ihr doch zusammen, ihr zwei!
Matt: Manchmal auch nicht.
Minuchin: Aber eben hast du es getan. Ich finde das gut. Zwillinge sollten tatsächlich zusammenarbeiten.
Matt: Ich habe doch nur gesagt: Erzähl mal, was du gestern gemacht hast.
Minuchin: Damit hast du Mark verteidigt. Ich sehe, daß du auf Marks Seite stehst.

In dem Augenblick, in dem Matt eingreift, hat der Berater zwei Möglichkeiten: er kann die Grenze zwischen Ruby und Mark fortbestehen lassen und darauf verweisen, daß im Fall einer solchen Verstricktheit dyadische Transaktionen notwendig sind. Diese Maßnahme wäre, langfristig betrachtet, durchaus richtig, aber sie hätte mit dem augenblicklichen Thema (»Es geht auch anders und besser«) nichts zu tun. Also beschließt der Berater, statt dessen das Schwergewicht auf den Gedanken der Zusammenarbeit zu legen und aus einer ganz gewöhnlichen Frontenbildung, zu der es unter Geschwistern nun einmal kommt, wenn sie sich streiten, eine positive Transaktion zu machen. An diesem Punkt dreht sich die Fernsehkamera, und die Jungen fragen nach der Arbeitsweise des Gerätes. Der Berater beantwortet ihre Fragen und lenkt die Aufmerksamkeit auch dabei wieder auf ihre Wißbegierde und Kompetenz.

Minuchin (zur Mutter): Ich halte diese Kinder für sehr gescheit und wißbegierig, nur daß sie irgendwie mal den Dampfer verpaßt haben und jetzt glauben, sie müßten unbedingt den Mr. Hyde machen. *(Zu den Kindern)* Auch wenn ihr euch mir als Bestien vorstellt – ich finde es noch immer interessant, daß ihr auch anders sein könnt.
Mutter: Natürlich können sie auch anders sein! Mir scheint, daß sie aber auch alles daran setzen, nur ja immer das Gegenteil zu tun. Auch die Lehrerin sagt, daß sie sich wahnsinnig anstrengen, um das zu machen, was sie nun mal machen wollen.

Wieder fügt die Mutter der eben erfolgten und therapeutisch intendierten Aufzählung der positiven Seiten ihrer Kinder das Bild ihrer Schwächen und Mängel an, das durch die Beurteilung, die die Lehrerin abgegeben hat, natürlich noch an Intensität gewinnt.

Minuchin: Mark, ich spreche jetzt mal mit Matt, und später möchte ich dann auch deine Meinung hören. Klar? Matt – du kannst einmal sehr liebenswürdig und gescheit und wißbegierig sein, und dann wieder bist du ein Mr. Hyde, ein böser garstiger Junge. Ich wüßte gerne, was in der Familie los ist, grad hier in der Familie, damit du vom Engel zum Teufel wirst. Wer und was bringt dich dazu, vom Engel zum Teufel zu werden?

Der Konsulent nimmt das Etikett auf, das in der Familie und in der Schule entstanden und allen inzwischen längst vertraut ist, und macht daraus einen zwischenmenschlichen Sachverhalt. Dadurch wird ein Ungeheuer zu einer ganz normalen Sache.

Matt: Manchmal ist es Ruby . . .
Mark: Miranda!
Matt: Manchmal kümmert sie sich nicht mal um ihren eigenen Kram. Jeden Tag kommt sie in unser Zimmer, um ihre Kleider zu holen, und dann will sie besonders raffiniert sein und sagt »Was meint ihr, was sie in der Schule von euch sagen?«, und damit schafft sie es irgendwie reinzukommen, und wir sagen ihr immer, daß sie rausgehen soll, aber sie geht nicht raus, also gehen wir in ihr Zimmer, und dann sagt sie . . . *(Die Kamera bewegt sich. Mark macht Matt ein Zeichen, daß er darauf achten solle.)*
Minuchin: Halt! Hast du auch bemerkt, daß Mark dir hilft, während du sprichst?
Matt: Wie denn?
Minuchin: Gerade eben, als du gesprochen hast, hat er dir ein Zeichen gemacht, daß du dran denken sollst, daß die Kamera dir folgt. Mach' nur weiter; ich wollte dir nur eben zeigen, daß ihr zwei wirklich ganz prima aufeinander eingespielt seid.

Der Konsulent hat wieder zwei Möglichkeiten: Er kann weiterhin dem Familienthema nachgehen und vor diesem Hintergrund an der Verwandlung des Mr. Hyde arbeiten, oder er kann den Fokus darauf richten, wie die Zwillinge sich gegenseitig unterstützen. Er entscheidet sich für die zweite Möglichkeit, die ein anderes Element desselben Themas ist.

Minuchin: Das heißt also, daß du dich meistens dann vom netten Jungen in ein gemeines kleines Biest verwandelst, wenn Miranda dir zu nahe kommt. Und was ist mit Ruby?
Matt: Hm. Ruby gibt mir keinen Anlaß.
Minuchin: Geht ihr euch manchmal gegenseitig auf die Nerven, Matt, Mark und du? *(Matt nickt.)* Aha. Und dann kannst du auch gemein werden. Also zunächst Miranda, und dann Mark? Und was ist mit der Mama?
Matt: Also, gestern, da wollte sie in ihrem Zimmer allein sein. Sie hat es nicht gern, wenn jemand drin ist, und ich saß im Flur, und sie sagte, ich solle in mein Zimmer gehen. Ich war sehr wütend, denn ich hatte überhaupt nichts gemacht.
Ruby: Natürlich hast du was gemacht! Du warst wütend wegen des Briefes von meiner Brieffreundin.

Matt: Deswegen war ich doch nicht wütend.

Mutter: O doch! Damit hat es angefangen. Ruby hat gestern einen Brief von ihrer Freundin bekommen, und Matt war wütend, wiel sie nicht wollte, daß er ihn las, bevor sie ihn selbst gelesen hatte.

Matt: Nein, ich . . .

Mutter: Moment mal, Matt! Und ich sagte: »Matt, als dein Freund dir geschrieben hat, da hat Ruby den Brief auch nicht gelesen.« Er wurde so wütend, daß ich Ruby schließlich sagte, sie solle in mein Zimmer kommen und den Brief dort lesen, denn er hätte sie einfach nicht in Ruhe gelassen.

Minuchin: Ich habe gerade etwas sehr Interessantes gesehen. Sie haben gesprochen; Matt wollte dazwischenfahren, Sie haben ihm gesagt: »Einen Augenblick, Matt«, und er hat tatsächlich zugehört. Passiert das selten? Denn jetzt eben haben Sie ihm gesagt, er solle aufhören, und er hat tatsächlich gleich aufgehört.

Wieder unterbricht der Therapeut und markiert damit einen Punkt, von dem aus er sich dem Thema der Kompetenz zuwenden kann. Der Fokus hat eine Verlagerung erfahren: es geht jetzt um die Harmonie, die zwischen Matt und der Mutter im Bereich der Führung und Lenkung soeben erkennbar geworden ist. Bisher hat die Mutter immer nur darauf hingewiesen, daß sie sich den Zwillingen gegenüber überhaupt nicht durchzusetzen vermag; deshalb rückt der Therapeut nun diese ganz andere Transaktion in den Mittelpunkt. Später attackiert er dann die Familie.

Minuchin (zu den Jungen): Ich will euch das doch noch einmal sagen. Ihr wißt ja, daß eure Mutter und eure Schwestern und die Lehrer alle der Meinung sind, daß ihr Bestien seid. Ich stehe ja außerhalb, aber was mir auffällt, das ist euer Geschick im Argumentieren, im Denken, im Überlegen, im Zusammenarbeiten. Ich verstehe das alles nicht, weil mir auffällt, wie gut ihr eure Sache macht, während allen anderen auffällt, wie böse und gemein ihr doch seid. Das verwirrt mich nun wirklich. Ihr zwei bringt mich durcheinander, und die Schule bringt mich auch durcheinander. Bin ich denn so blöd, daß alles, was ich sehe, nur eben eure nette und freundliche Seite ist?

Matt: Wenn Sie blöd wären, dann wären Sie jetzt bestimmt nicht hier.

Der Therapeut greift die Realität der Familie an, indem er sagt, daß gewisse Dinge hier einfach nicht gesehen und beachtet werden. Er setzt diese unbeachteten und unbelohnten Eigenschaften der Zwillinge den vereinten Bemühungen von wichtigen anderen Bezugspersonen der Jungen entgegen und läßt seine Wertschätzung für sie erkennen.

Mark: Mensch, sei doch still!
Matt: Ich kann doch wohl noch sagen, was ich will! Benimmst du dich vielleicht wie ein Engel? Du bist bestimmt kein Engel!
Mark: Das weiß ich.
Matt: Also, dann sei du doch still!
Mark: Nein!
Miranda: Ihr seid nur nett, wenn ihr hier seid. Sobald ihr nach Hause kommt, benehmt ihr euch schon wieder wie Tiere.
Matt: Ja, ja. Wie du auch!

Gegenüber den therapeutisch intendierten Hinweisen auf die positiven Elemente legen die Kinder das Schwergewicht erneut auf die destruktive Rivalität, die zwischen ihnen herrscht; aber an diesem Punkt lenkt das Thema, das der Konsulent entwickelt hat, seine eigenen Erkenntnisse und kognitiven Prozesse. Dieser induktive Prozeß kann sich in der Therapie als unendlich nützlich erweisen, denn auf diese Weise kann der Therapeut den einmal gewählten Fokus beibehalten. Aus der Fülle von Informationen, die ihm zukommen, gewinnen nur diejenigen an Bedeutung, die für die weitere Entwicklung des Themas von Belang sind. So bleibt der Berater dem Thema der Zusammenarbeit der Jungen untereinander verhaftet, anstatt sich durch die eingefahrene Wahrheit – die Rivalität, die in dieser Familie herrscht und die für das therapeutische Ziel ja nichts hergibt – irgendwohin treiben oder ablenken zu lassen.

Minuchin: Nein, nein, Matt, nicht! Siehst du, was sie gerade gemacht hat? Ich sehe deine nette Seite, aber sie sieht sie nicht, weil sie nämlich deine andere Seite kennt, und was ist jetzt eben passiert? Sie zieht gewissermaßen deine gemeine Seite ans Licht, und da wirst du eben auch gemein. Hast du es gesehen? Sie hat gelacht, als ich sagte, daß ihr nette Kerle seid. Sie hat gelacht, weil sie auch eine andere Seite kennt, den Mr. Hyde nämlich, und in Nullkommanichts *(schnalzt mit den Fingern)* bist du zum Mr. Hyde geworden. *(Zur Mutter)* Sehen Sie, Sie haben auch etwas für Ihre Kinder getan, wovon nie jemand spricht. Sie haben ihnen geholfen, neugierig und wißbegierig zu sein. Sie sind wißbegierige Menschen.
Mutter: Ich versuche schon, ihnen Anregungen zu geben, mit Büchern und

anderen Dingen – sie ins Theater und in die Leihbücherei mitzunehmen. Das habe ich schon immer gemacht, auch als sie noch klein waren.

Minuchin: Sie haben sie zum Denken angeregt. Ich muß Ihnen sagen, Sie haben sehr gute Arbeit geleistet. *(Steht auf, geht auf die Mutter zu und schüttelt ihr die Hand.)*

Mutter (weinend): Sie sind der erste, der mir das sagt. Ich sehe das Positive an ihnen, aber alle Welt sagt mir, daß sie schlecht sind. Die Schulleitung schreibt mir »Wenn Sie nichts unternehmen, können wir Ihre Kinder nicht in der Schule behalten.« Es ist schwer, immer wieder mit diesen Dingen fertigzuwerden. Ich habe es so satt, daß man mir sagt, daß sie schlecht und böse sind. Ich weiß doch, daß sie nicht immerzu so sind.

An diesem Punkt ändert sich das affektive Klima. Dadurch, daß der Konsulent die Bemühungen der Mutter unterstützt, vermittelt er ihr für einen winzigen Augenblick so etwas wie Geborgenheit gegenüber der ständigen Kritik, die sie zu hören bekommt. Daß der Berater ihre Bemühungen anerkennt, führt dazu, daß sie ihrerseits jene Verhaltensweisen der Zwillinge, die nie gesehen und beachtet werden, nun erkennt und gutheißt.

Minuchin: Herr Anderson, wir werden gemeinsam darüber nachdenken müssen, wie wir Matt und Mark helfen können, aus diesem Geleise herauszukommen. Ich setze nämlich in beide sehr große Hoffnungen, weil diese Mutter sehr viel getan hat, was sie einfach nicht zugibt. *(Zur Mutter)* In Ihrer Familie stecken so viele nette und gute Züge, und weil Sie schon so lange krank sind, haben die Kinder eine große Hilfsbereitschaft und Loyalität entwickelt.

Mutter: Ja, Sie wissen jetzt, daß sie so sein können. Das muß tatsächlich mal gesagt werden, denn ich sehe ja Dinge an ihnen, die die Lehrer und die Nachbarn nicht sehen, und dann sieht es so aus, als ob ich alles durch eine rosarote Brille sehe – und das sagen sie mir auch alle.

Jetzt ist ein Punkt erreicht, an dem die Familienmitglieder bereit sind, den Dingen ohne Vorurteile auf den Grund zu gehen, und für den Rest der Sitzung beschäftigen sie sich mit den schulischen Leistungen und Erfolgen aller Kinder. Gegen Ende der Sitzung ist der Familie das Thema von Dr. Jekyll und Mr. Hyde in bezug auf das Verhalten der beiden Jungen schon ganz geläufig geworden. Dieses Thema schließt den Gedanken des Guten wie auch des Bösen ein, aber was noch wichtiger ist, es stellt das »gemeine« Verhalten in den Rahmen der

Transaktionen dieser Familie ingesamt und sorgt dafür, daß die Jungen erkennen, daß sie ein systemischer Teil des Familienorganismus sind. Der Therapeut wird sich später noch mit einer ganzen Reihe von wichtigen Sachverhalten beschäftigen müssen, die allesamt die dysfunktionalen Transaktionen in dieser Familie fördern. Aber das Fokussieren darauf, daß die Jungen ihre Jekyllschen Fertigkeiten zu nutzen verstehen, fordert die falsche Selbsteinschätzung dieser Familie heraus und stärkt das therapeutische System.

9 Intensität

Ein Bauer hatte einen Esel, der alles tat, worum er gebeten wurde. Wenn man ihm sagte, er solle stehenbleiben, dann blieb der Esel stehen. Wenn man ihm sagte, er solle fressen, dann fraß er. Eines Tages verkaufte der Bauer den Esel. Noch am gleichen Tag klagte der neue Besitzer dem Bauern sein Leid: »Dieser Esel will mir einfach nicht gehorchen. Wenn Du ihn bittest, dann legt er sich hin, bleibt stehen, frißt – er tut einfach alles. Für mich aber tut er nichts.« Der Bauer hob einen Knüppel auf und drosch damit auf den Esel ein. »Er gehorcht«, erklärte er. »Aber vorher mußt du seine Aufmerksamkeit gewinnen.«

Familien sind keine Esel und Therapeuten keine Bauern. Aber dieser alte Schwank hat für den Therapeuten einen vertrauten Klang. Bei der Darstellung der Familientransaktionen und bei allen Maßnahmen, mit denen Veränderung bewirkt werden soll, muß der Therapeut darauf achten, daß seine Botschaft ankommt.

Die Intervention des Therapeuten läßt sich mit dem Vortrag einer Arie vergleichen. Es genügt nicht, die Töne sauber zu treffen. Man muß die Arie auch noch über die ersten paar Zuhörerreihen hinaus gut verstehen. Das dazu erforderliche »Volumen« bemißt sich in der strukturellen Familientherapie nicht in Dezibel, sondern in der Intensität der therapeutischen Botschaft.

Familien besitzen ein sehr differenziertes Hörvermögen, zu dem auch Bereiche der selektiven Taubheit gehören, wie sie ihre gemeinsame Vergangenheit zustande gebracht hat. Dazu kommt, daß alle Familien, auch die, die in hohem Maße motiviert sind, innerhalb eines bestimmten Bereiches handeln. Das heißt, die Botschaft des Therapeuten wird vielleicht gar nicht registriert, oder aber sie ist nicht klar. Der Therapeut muß die Familie zum »Hören« bringen, und das heißt, daß seine Botschaft die Taubheitsschwelle der Familie überwinden muß. Es kommt vor, daß die Familienmitglieder sich die Botschaft durchaus anhören, sie aber nicht als neue Information in ihr kognitives Schema aufnehmen. Wenn neue Informationen das Zugeständnis von »Unterschiedlichkeiten« erfordern, dann kann es sein, daß die Familienmitglieder das, was der Therapeut sagt, so »hören«, als wäre es das gleiche oder doch etwas sehr Ähnliches wie das, was sie immer in der Familie gehört haben. Das heißt, der Therapeut hat zwar ihre Aufmerksamkeit gewonnen, und sie mögen zwar zuhören, aber sie verstehen nichts.

Die Forderung nach Loyalität gegenüber der Familienrealität ist in den einzelnen Bereichen unterschiedlich stark ausgeprägt, und entsprechend muß auch die Botschaft des Therapeuten mehr oder wenigr intensiv gehalten werden, je nachdem, welchen Bereich er herausfordern will. Manchmal sind einfache Mitteilungen schon intensiv genug; in anderen Fällen muß es erst zu einer hochgradig kritischen Situation kommen, damit die Botschaft überhaupt ankommt.

Die individuelle Art des Therapeuten spielt im Zusammenhang mit der Intensität seiner Botschaft eine sehr wichtige Rolle. Manche Therapeuten verstehen es, mit sehr sachten Interventionen eine großes Drama hervorzurufen, während andere alle ihre Kräfte einsetzen müssen, um überhaupt Intensität zu bewirken. Auch die Familien gehen ganz verschieden auf die Botschaft des Therapeuten ein. Familien, die zu einer Veränderung bereit sind, sehen in den Alternativen, die der Therapeut ihnen unterbreitet, Bestätigung und Anstoß dafür, sich in die Richtung zu bewegen, die einzuschlagen sie ja ohnehin willens waren. Andere Familien machen den Eindruck, als würden sie die Botschaft des Therapeuten akzeptieren; in Wahrheit fügen sie sie ihrem bisherigen Schema ein, ohne sich zu verändern. Wieder andere dagegen widersetzen sich ganz offen dem Gedanken einer Veränderung. Ein Therapeut, der gelernt hat, nur auf den Inhalt der Mitteilungen zu hören, kann von der »Richtigkeit« seiner Interpretation so beeindruckt sein, daß er gar nicht sieht, daß die Familienmitglieder ja im Grunde seine Botschaft entschärft oder aber assimiliert haben, ohne neue Informationen daraus zu ziehen.

Kognitive Konstrukte allein besitzen selten soviel Durchschlagskraft, als daß sie eine Veränderung in der Familie bewirken könnten. Dennoch geben viele Therapeuten sich mit dem Gedanken zufrieden, daß ihre Botschaft angekommen sein muß, nur weil sie ausgesandt worden ist. Sie übersehen, daß die Botschaft von den Familienmitgliedern auch wahrgenommen, nämlich aufgenommen werden muß, daß sie sich veranlaßt sehen, die Dinge auf neue und andere Weise zu erfahren. Therapeuten müssen also lernen, über die Wahrheit oder Richtigkeit einer Interpretation hinauszugehen und um ihre Wirkung bemüht zu sein. Das läßt sich dadurch erreichen, daß man die Rückmeldung von seiten der Familien-

mitglieder genau beobachtet, da aus ihnen hervorgeht, ob die Botschaft therapeutisch wirksam gewesen ist oder nicht.

Auch wenn ein Therapeut die Wirkungslosigkeit seiner Interventionen erkennt
und sie ändern, nämlich sie intensivieren möchte, wird er unter Umständen
durch die Regeln der Höflichkeit an diesem Vorhaben gehindert. Therapeuten
sind genau wie ihre Klienten von Kind auf darüber belehrt worden, wie man mit
seinen Mitmenschen richtig umgeht: mit Respekt und durch das Akzeptieren
ihrer Eigenarten. Zudem sind Therapeuten genau wie ihre Klienten von der
jeweiligen Kultur geprägt. Sie halten sich an die ungeschriebenen Regeln, wie sie
für Interaktionen unter Menschen gelten. Das heißt also, trotz lebenslanger
Übung und Befolgung des Gegenteils muß der Therapeut sich allmählich die
Fähigkeit aneignen, nicht auf die entsprechenden Bitten der Familie einzugehen,
wenn die Grenze des für die Familienmitglieder eben noch Erträglichen erreicht
ist und sie ihm signalisieren, daß es jetzt an der Zeit wäre, mit der affektiven
Intensität herunterzugehen.

Sobald der Therapeut die Interaktionen der Familie und ihre eingefahrenen
Muster kennt, muß er darauf hinarbeiten, daß auch die Familie selbst erfährt, wie
sie interagiert; das ist der erste Schritt in einem Prozeß, der schließlich zur
Veränderung führt. Die Frage lautet also, wie man es erreichen kann, daß die
Familie die Botschaft tatsächlich »hört«. Dafür stehen dem Therapeuten mehrere
Möglichkeiten zur Verfügung.

Was ein Therapeut tut, um seiner Botschaft die notwendige Intensität zu
verleihen, bestimmt sich durch sein Engagement für den jeweiligen Fall. Wenn
dieses Engagement eher gering ist, dann wird er versuchen, seine Botschaft auf
dem Weg über die kognitiven Konstrukte anzubringen. Wenn er sich stärker für
einen bestimmten Fall engagiert, dann laufen seine Bemühungen auf einen
Machtkampf mit der Familie hinaus. In der Ausbildung zum Therapeuten wird
einem mittleren Engagement der Vorzug gegeben: der Therapeut soll Szenarien
schaffen, durch die die affektive Komponente der Transaktionen erhöht wird. Zu
den entsprechenden Techniken gehören die Wiederholung der Botschaft, auch
im Zusammenhang mit anderen, aber ihrer Form nach gleichen Interaktionen,
die Verkürzung oder Verlängerung einer bestimmten Transaktion unter den
Familienmitgliedern, die Veränderung der Distanz zwischen den miteinander
interagierenden Menschen und schließlich der Widerstand gegenüber dem Sog
eingefahrener Interaktionsmuster der Familie.

DIE WIEDERHOLUNG DER BOTSCHAFT

Im Laufe der Therapie wiederholt der Therapeut seine Botschaft viele Male. Das ist ein wichtiges Mittel zur Intensivierung. Diese Wiederholung kann sich sowohl auf den Inhalt als auch auf die Struktur der Botschaft beziehen. Wenn der Therapeut beispielsweise darauf besteht, daß die Eltern sich auf eine feste Uhrzeit einigen, zu der das Kind schlafen geht, und die Eltern nicht zu einer solchen Einigung kommen, kann der Therapeut noch einmal sagen, daß es notwendig ist, daß die Eltern sich einig sind (Struktur), was die Schlafenszeit (Inhalt) angeht.

Die Familie Malcolm ist die Familie, die zur Therapie überwiesen wurde, weil der 23jährige Michael nach einem psychotischen Zusammenbruch im letzten Jahr seiner Ausbildung zwei Monate lang in einer psychiatrischen Klinik verbringen mußte. Während dieser Zeit lebte seine Frau Cathi bei Michaels Eltern. Aufgrund der Therapie einigten sich die jungen Leute auf einen Termin, zu dem sie aus der Wohnung der Eltern in eine eigene Wohnung umziehen wollten. Am Umzugstag, als die neue Wohnung bereits vollständig eingerichtet war, schlief Michael bis in den frühen Nachmittag hinein. Cathi, die die Verpflichtung ihres Mannes ihr gegenüber, aber auch seine Loyalität seinen Eltern gegenüber testen wollte, ließ ihn schlafen. Die Sitzung mit dem Ehepaar war für den folgenden Tag anberaumt.

Fishman eröffnet die Sitzung mit der Frage, warum Michael und Cathi nicht umgezogen seien. Der junge Mann tat die Tatsache, daß er verschlafen hatte, als eher nebensächlich ab: »Wir sind nicht umgezogen, weil ich verschlafen habe. Ich hatte ganz vergessen, daß wir umziehen wollten.«

Für den Therapeuten sind diese Unterlassung und die nonchalante Haltung des jungen Mannes beispielhaft für ein Lebensmuster, das dafür gesorgt hat, daß Michael von den übrigen Familienmitgliedern kontrolliert wurde und wird – zunächst von seinen Eltern, jetzt von seiner Frau. Der Umzug war seit Monaten geplant. In den letzten zwei Wochen waren sowohl die jungen Leute als auch Michaels Eltern vollauf damit beschäftigt gewesen, die Wohnung bezugsfertig zu machen. Daß Michael jetzt so leichthin sagt »Ich habe es vergessen«, heißt, daß er die Verantwortung für seine Handlungen von sich schiebt, während er Einfluß auf das Verhalten der übrigen Familienmitglieder nimmt. Das steht in direktem Gegensatz zum Ziel der Behandlung, mit der ja gerade Michaels Autonomie gefördert und sein Verantwortungsbewußtsein gesteigert werden sollen, so daß er nicht mehr gezwungen ist, seine »Verrücktheit« einzusetzen, um eine von ihm gewünschte Veränderung in seiner Umgebung zu erreichen. Vielmehr soll er direkt und wie ein normaler Mensch handeln und auf diese Weise Veränderungen, die er anstrebt, auch erreichen, ob es nun darum geht, ein engeres und besseres Verhältnis zu seiner Frau herzustellen oder aber einer ungewöhnlich tumultuösen Beziehung zu entrinnen. Wie auch immer – normal wäre es gewesen, wenn er die Verantwortung für die Umstellung in seinem Leben übernommen hätte, anstatt Symptome zu entwickeln, so daß der Wandel in seinen mitmenschlichen Beziehungen nur als Nebenprodukt seiner Psychose zustandekommt.

Der Therapeut, der in diesem Fall von Jay Haley supervisiert wurde, fragt Michael in Cathis Gegenwart, warum er gestern nicht umgezogen ist. Zunächst liefert Michael recht vage Antworten, in denen er alle Verantwortung von sich schiebt. Der Therapeut kommt zu dem Schluß, daß mehr Intensität notwendig ist, damit Michael an seine Handlungsweise herangeht. Also sagt er immer wieder: »Ich möchte gerne wissen, warum Sie nicht ausgezogen sind.« Im Laufe der Sitzung, die insgesamt drei Stunden dauert, fragt er etwa fünfundsiebzigmal: »Warum sind Sie nicht ausgezogen?« Michael schiebt weiterhin jede Verantwortung von sich.

Die Sitzung dauert so lange, weil der Therapeut zunächst die erforderliche Intensität schaffen muß, um der Frage Nachdruck zu verleihen, warum Michael sich nicht entschließen konnte, entweder wirklich mit seiner Frau in der eigenen Wohnung zusammenzuleben oder aber zu sagen, daß er nicht mit ihr leben möchte, weil er sich über seine Beziehung zu ihr nicht im klaren oder aber unglücklich mit ihr ist. Es dauert drei Stunden, bis Michael und seine Frau den Umstand, daß Michael nicht rechtzeitig zum Auszugstermin aufgestanden ist, nicht nur als irgendwie anomal betrachten, sondern als einen schwerwiegenden Tatbestand erkennen, der für sie beide von großer Bedeutung ist und nach einer Klärung verlangt.

Im Fortgang der Sitzung erkennt Cathi allmählich, daß die Tatsache, daß ihr Mann nicht aus der Wohnung der Eltern ausgezogen ist, sehr bedeutsam ist. Aus ihren Äußerungen klingt schließlich ihre Ansicht heraus, daß er wohl fähig ist, seine Eltern zu verlassen. Am Ende sagt sie, daß sie allein ausziehen möchte. Michael beginnt zu weinen: »Nein, ich lasse dich nicht allein ausziehen. Ich möchte mit dir gehen.« Cathi erwidert: »Nein. Du bist nicht ausgezogen, als du Gelegenheit dazu hattest; jetzt will ich allein gehen.«

Michael befindet sich in einem Dilemma. Wenn er Cathi ausziehen läßt, dann ist er allein mit seinen Eltern, und Cathi dient nicht mehr als Puffer zwischen ihm und seiner Mutter. Aber er kann ihr den Auszug auch nicht verbieten. Es ist auch ihre Wohnung, und da von ihnen beiden nur sie eine feste Arbeitsstelle hat, kann sie es sich leisten, die Wohnung zu halten. Im Einklang mit der hier verfolgten therapeutischen Strategie wird Michael vorübergehend so behandelt, als stünde er am Beginn dieses Kreislaufs oder hätte die Situation in der Hand, was selbstverständlich nicht der Fall ist. Schließlich sagt Michael: »Also gut, du kannst ausziehen.« Jetzt deutet Cathi an, daß sie im Grunde gar nicht allein ausziehen will. Zwei Tage später zieht das Paar gemeinsam in die neue Wohnung ein.

Fishman fokussiert hier sowohl in bezug auf die Struktur als auch in bezug auf den Inhalt, um seine Botschaft zu intensivieren. Der Inhalt lautet: »Warum sind Sie nicht umgezogen?« Die Struktur besteht in der wohlbegründeten Vermutung, daß Michaels Entscheidung, nicht umzuziehen, etwas mit seiner Beziehung zu seiner Frau und zu seinen Eltern zu tun hat. Daß die Botschaft des Therapeuten ihre Wirkung getan hat, wird daraus ersichtlich, daß Michael am Ende einen Beschluß faßt: er zieht mit Cathi zusammen in die neue Wohnung.

Wenn der Therapeut im gesamten Verlauf der Sitzung über nichts anderes spricht, dann heißt das, daß das Thema sehr wichtig sein muß. Darüber hinaus sorgt der Therapeut für Intensität, was den Prozeß angeht: Wenn der Therapeut die Bewegung verweigert, dann ist die Familie zur Bewegung gezwungen; das heißt, es kommt zu einem neuen Arrangement rund um den sich statisch verhaltenden Therapeuten. Jetzt müssen Muster, die bisher ganz und gar unflexibel waren, modifiziert werden, damit man sich dem unbeweglichen Therapeuten irgendwie anpassen und nähern kann. Wenn der Therapeut es zugelassen hätte, seinerseits in Bewegung versetzt zu werden, dann hätte er wie die übrigen Mitglieder der Familie Malcolm gehandelt. In dieser Familie sind alle anderen Mitglieder eher zur Veränderung ihres Verhaltens bereit als Michael selbst. Das macht es Michael möglich, statisch zu bleiben, während alle um ihn herum sich verändern. Dadurch, daß der Therapeut unbeweglich bleibt, ändert er dieses Muster und zwingt Michael zur Bewegung.

Der Therapeut kann sicherstellen, daß die Aufmerksamkeit der Familie sich ungeteilt auf einen einzigen Sachverhalt richtet, indem er diesen Sachverhalt immer und immer wieder und in immer den gleichen Worten wie eine Litanei zur Sprache bringt. Er kann den gleichen Sachverhalt aber auch in ganz verschiedener Weise darstellen, er kann Metaphern und Bilder heranziehen, wie ein Dichter oder ein Maler es tun würde, mit dem Fokus auf einer Reihe von Transaktionen, so daß er mit jeder Darstellung die Gleichartigkeit der Transaktionen ins Licht rückt. Wenn kleine Kinder oder geistig behinderte Kinder oder Erwachsene angesprochen werden, ist es häufig notwendig, immer wieder die gleichen konkreten Bilder heranzuziehen, um auf diese Weise Klarheit und Intensität zu bewirken.

Die Familie Lippert ist zur Beratung überwiesen worden, weil die zwanzigjährige leicht behinderte Tochter Miriam an Anorexie leidet. Während der sechsmonatigen Behandlung hat die Familie gute Arbeit geleistet. Die Eltern sind zusammengerückt, Miriam hat zugenommen, und sie ist auch etwas selbständiger geworden. Trotz dieser Besserung gilt das Hauptaugenmerk der Familie weiterhin ihren Eßgewohnheiten. Weil die Familie von diesem Thema einfach nicht wegkommt, sind die Mahlzeiten weiterhin Schauplatz eines Machtkampfes zwischen Eltern und Tochter. In der vergangenen Woche nun hat Miriam vier Pfund abgenommen. Die Familie ist in großer Sorge, und Sam Scott, der Therapeut, hat um eine Konsultation gebeten.

Der Konsulent beschließt, den Zankapfel »Essen« einmal ganz beiseite zu lassen, damit der Machtkampf rund um dieses Thema ein Ende findet. Er sagt der Familie, daß Miriams Gewicht nur den Therapeuten und Miriam etwas angeht, und daß er Miriam jede Woche selbst wiegen, den Eltern das ermittelte Gewicht aber nur nennen wird, wenn es einen Grund zur Beunruhigung darstellt. Ansonsten ist ihr Gewicht allein Miriams Sache, und der Therapeut wird neben ihr der einzige sein, der darüber Bescheid weiß. Die Eltern sind einverstanden, aber der Konsulent weiß aus Erfahrung, daß er auch Miriams Hilfe brauchen wird, um transaktionale Veränderungen zu ermöglichen. Er muß seine Botschaft also systematisch und ganz langsam wiederholen, und zwar so, daß Miriam sie hören kann und zugleich auch das Verhalten der übrigen Familienmitglieder erfaßt wird.

Minuchin: Jetzt mal raus aus dem alten Geleise *(Berührt Miriams Hände)* Sind das deine Hände, Miriam?
Miriam: Hm.
Minuchin: Nicht die Hände deines Vaters?
Miriam: Nein.
Minuchin (berührt ihren Bizeps): Ist das dein Muskel?

Miriam: Ja.

Minuchin: Bist du sicher?

Miriam: Ja.

Minuchin (berührt ihre Nase): Ist das deine Nase?

Miriam: Hm.

Minuchin: Nicht etwa die Nase deines Vaters?

Miriam: Nein.

Minuchin: Bist du sicher? Wirklich ganz sicher?

Miriam: Ja.

Minuchin: Ist das dein Mund?

Miriam: Ja.

Minuchin: Wer ißt, wenn du ißt?

Miriam: Ich.

Minuchin: Und wohin geht das Essen?

Miriam: In mich.

Minuchin (zwickt Miriam ganz leicht in den Arm): Ist dieses Fett dein Fett?

Miriam: Ja.

Minuchin: Ja. Also, warum sagen sie dir dann, was du essen sollst? Ist es denn richtig, daß dein Vater dir sagt, was du in den Mund stecken sollst?

Miriam: Ich glaube, es ist richtig.

Minuchin: Nein. Es ist falsch, ganz falsch. Es ist doch *dein* Mund.

Miriam: Ja.

Minuchin: Kannst du den Mund aufmachen? Mach ihn mal auf. *(Miriam macht langsam den Mund auf, wieder zu, wieder auf.)* Mach ihn zu. Mach ihn auf. Kannst du dir auf die Lippen beißen? *(Miriam tut es.)* Es ist dein Mund. Wenn du ißt, wirst du es von dir aus tun, und wirst du essen, was du selbst willst? Wenn du dann wieder herkommst, gehst du mit dem Therapeuten zum Wiegen. *(Nimmt die Hand des Vaters hoch.)* Wessen Hand ist das?

Miriam: Die von meinem Vater.

Minuchin: Bist du sicher, daß es die von deinem Vater ist? *(Hebt Miriams Hand hoch.)* Und wessen Hand ist das?

Miriam: Meine.

Minuchin: Bist du sicher? Gut, also ist es dein Körper, und du wirst ihn ernähren. Wie alt bist du?

Miriam: Zwanzig.

Minuchin: Muß dein Vater dir sagen, was du essen sollst?

Miriam: Nein.
Minuchin: Oder deine Mutter?
Miriam: Nein.

Dies ist ein Beispiel für Intensivierung durch die ständige Wiederholung des Inhalts. Gleichzeitig bestätigt der Therapeut immer wieder, daß zwischen Miriam und ihren Eltern eine Grenze besteht, und fordert so die hier vorhandene Familienstruktur heraus. Die Botschaft ist anschaulich, eindeutig und eindrucksvoll. In diesem Fall geht der Therapeut mit Humor vor, um so deutlich wie nur möglich darauf hinzuweisen, daß es hier um ein schwaches und zurückgebliebenes Mädchen und ein starres Familiensystem geht. Durch seine humorvolle Art verleiht er seiner Botschaft zusätzliche Intensität.

Eine ähnliche Technik kommt im Fall der Familie Hanson zur Anwendung. Hier fragt der Therapeut den identifizierten Patienten Alan, ob er zwei Hände habe. Aber in diesem Fall erfolgt die Wiederholung der Botschaft nicht in so liebenswürdiger und humorvoller Weise. Vielmehr steht der Therapeut auf, verringert die Entfernung zwischen sich und der Vater-Sohn-Dyade und schlägt einen ernsthaften Ton an, um so zum Ausdruck zu bringen, daß die Lage bitter ernst ist. Die gleiche Technik wird hier also in einer Weise angewandt, die dieser speziellen Situation angemessen ist.

DIE WIEDERHOLUNG ISOMORPHER TRANSAKTIONEN

Wenn die Art der Wiederholung anders ausfällt, scheinen die Botschaften auf den ersten Blick verschieden zu sein (im Gegensatz zu der immer gleichen Frage »Warum sind Sie nicht umgezogen?«), aber auf einer tieferen Ebene gleichen sie einander eben doch. Obwohl ihr Inhalt unterschiedlich ist, sind sie an die isomorphen Transaktionen in der Familienstruktur gerichtet.

Die Familienstruktur tritt in einer Vielzahl von Transaktionen in Erscheinung, die ihrerseits den gleichen systemischen Regeln folgen und zwischen denen eine Art dynamischer Äquivalenz besteht. Eine Herausforderung dieser äquivalenten (iso) Strukturen (morph) in Form von ständigen Wiederholungen einer entsprechenden Botschaft während des Prozesses läßt das Problem immer intensiver erscheinen. Mit dieser Maßnahme können therapeutisch relevante Transaktionen in den Mittelpunkt gerückt und scheinbar zusammenhängende Geschehnisse in eine einzige organische Bedeutung eingebunden werden. So erleben die Familienmitglieder die einengenden Familienregeln sehr viel bewußter.

In der Familie Curran, die aus einer verstrickten Dyade besteht – der verwitweten Mutter und ihrem einzigen Sohn –, unternimmt der Therapeut verschiedene Schritte: Fishman verlangt, daß Jimmy ihn und nicht seine Mutter ansieht, wenn sie sich miteinander unterhalten. Er fordert den Jungen auf, Autofahren zu lernen und sich mit Mädchen zu treffen. Er lobt die Mutter, als sie erwähnt, daß sie sich einem Buchclub angeschlossen hat, und er überzeugt die beiden, daß Jimmy mit seinen achtzehn Jahren doch wohl alt genug ist, bei geschlossener Tür zu schlafen und selbst dafür zu sorgen, daß er rechtzeitig aufsteht, um in die Schule zu gehen. Der Inhalt dieser Maßnahmen ist immer wieder ein anderer, aber ihre Struktur ist die gleiche, und damit ist auch der Prozeß identisch. Einzelne Interventionen, mögen sie auch noch so wohlüberlegt sein, bewirken kaum jemals eine Änderung in den Interaktionsmustern, die in der Regel schon seit Jahren bestehen. Systeme besitzen eine gewisse Trägheit und widersetzen sich der Veränderung, und deshalb ist Wiederholung nötig, damit neue Muster entstehen können. Therapie ist eine Frage der Wiederholung, wobei die gewünschten strukturellen Veränderungen auf ganz verschiedene Weise verfolgt werden. Der Therapeut hat sein Ziel – neue und funktionalere Interaktionsmuster für die Familie – während der gesamten Sitzung vor Augen und läßt sich bei seiner Wiederholung gewisser therapeutisch relevanter Schritte von diesem Ziel leiten.

Die Familie Thomas ist schon mehr als sechs Monate in Behandlung, weil die elfjährige Pauline an Asthma leidet. Die Krankheit nahm ihren Anfang, als Pauline drei Jahre alt war, und in den letzten paar Jahren ist das Mädchen jeden Monat vier oder fünf Mal in die Intensivstation eingeliefert worden. Teilnehmer der Sitzung sind die Mutter – eine Frau von Ende dreißig –, Pauline, ihr dreizehnjähriger Bruder David, die Großmutter (Anfang fünfzig), Onkel Jim (der ältere Bruder der Mutter, der mit seiner Freundin im gleichen Haus wie Paulines Familie wohnt) und schließlich Onkel Tom, der erst zwischen zwanzig und dreißig ist.

Der Therapeut, Kenneth Covelman, macht die Familie mit dem Konsulenten Minuchin bekannt. Minuchin gibt jedem der Anwesenden die Hand. Pauline sagt, daß sie nicht gerne jemanden mit Handschlag begrüßt. Der Konsulent wendet sich der Mutter zu, die ihm die Hand reicht. Daraufhin sagt Pauline, daß sie ihm natürlich auch die Hand geben kann, und tut das schließlich auch.

Mutter: In der Regel gebe ich den Leuten nicht die Hand, und in diesem Punkt ist sie mir wohl nachgeschlagen.

Minuchin (zu Pauline): Wie alt bist du?

Pauline: Elf.

Minuchin: Und du kannst sprechen?

Pauline: Ja.

Minuchin: Aber manchmal spricht deine Mama für dich?

Pauline: Manchmal.

Minuchin: So wie eben jetzt?

Pauline: Ja.

Minuchin: Jetzt möchte ich meine Frage von vorhin noch einmal stellen. Warum hast du mir jetzt doch die Hand gegeben?

Pauline: Na ja . . .

Minuchin: Warum?

Pauline: Weil meine Mutter es auch gemacht hat.

Der Therapeut greift gleich zu Beginn der Sitzung einen kleinen Vorfall heraus und stellt ihn so dar, daß er zu einem signifikanten Geschehen wird. Mit einem Schlag wird die Nähe zwischen der Mutter und der identifizierten Patientin deutlich; die Grenzen zwischen der familialen und der außerfamilialen Welt werden unterstrichen; und zugleich beginnt der Therapeut, der identifizierten Patientin Aufmerksamkeit zu schenken und sie aus ihrer Passivität herauszuholen. Der unbedeutende kleine Vorfall bildet nun ein Thema, das während der gesamten Sitzung immer von neuem in einer Vielzahl isomorpher Transaktionen auftauchen wird und damit an Intensität gewinnt, bis es schließlich als das eigentliche Problem dieser Familie definiert wird. Der Therapeut geht hier diesem bestehenden Sachverhalt nach.

Minuchin (zu Tom): Mir ist aufgefallen, wie eng das Verhältnis von Pauline zu ihrer Mutter und das der Mutter zu Pauline ist. Gilt das auch für andere Situationen?

Tom: Ja, sogar zu Hause ist es so.

Minuchin: Das geht also so weit, daß Pauline sich ebenso verhält wie ihre Mutter?

Tom: Ja, irgendwie schon. Zum Beispiel, wenn die Mutter oben in ihrem Zimmer schläft und Pauline noch gar nicht lange unten ist, die Mutter aber eine Zeitlang eben nicht gesehen hat oder was weiß ich, dann will sie wissen, ob die

Mutter oben ist oder ob sie vielleicht zum Einkaufen gegangen ist – oder umgekehrt.

Minuchin (zu David): Wie alt bist du?

David: Dreizehneinhalb.

Minuchin: Ist es zwischen David und seiner Mutter anders, oder ist das Verhältnis auch so eng?

Tom: Es ist eng. Nicht *so* eng, aber doch eng.

Minuchin: Meinen Sie, daß David zu sehr an seiner Mutter hängt? Würden Sie sagen, daß er mit seinen dreizehn Jahren doch schon etwas selbständiger sein sollte?

Tom: Na ja, es ist so, im Grunde ist er selbständig, aber jetzt zieht es ihn doch zu seiner Mutter, letzten Endes, weil sie doch nur das kleine Kind hat, und dann ist ja auch Pauline noch da, und er versucht doch, auf seine Schwester aufzupassen.

Minuchin: Die Mutter paßt auf Pauline auf, und er paßt auch auf sie auf?

Tom: David paßt auf beide auf. Auf seine Schwester vielleicht noch etwas mehr, denn er kann gewissermaßen sagen, wann sie einen Anfall bekommt. Zu jemand anderem würde sie nämlich kein Wort darüber sagen.

Therapeut (zu Pauline): Deinem Bruder erzählst du also von deinen Asthmaanfällen?

Pauline: Manchmal.

Minuchin: Jim, was halten *Sie* denn so von dem engen Verhältnis zwischen Pauline und ihrer Mutter?

Jim: Sie stehen sich sehr nahe. Manchmal kann man sagen, daß sie sich ein bißchen zu sehr zugetan sind.

Das Thema der Nähe zwischen der Mutter und Pauline wird erweitert; jetzt geht es auch um die Nähe zwischen Mutter und Sohn und schließlich um die Vertrautheit zwischen Bruder und Schwester. Der Therapeut hat in diesem einen Bereich, dem der Vertrautheit in der Familie, Spuren aufgenommen und Fragen gestellt und ist dabei sehr rasch von der Beobachtung des einen Familienmitgliedes – der identifizierten Patientin – zu einer Auseinandersetzung mit einem Problem vorangeschritten, das die ganze Familie berührt. Jetzt nimmt die Mutter etwas aus ihrer Jackentasche und gibt es Pauline.

Minuchin (zur Mutter, während er aufsteht und auf Pauline zugeht): Was haben Sie da gerade gemacht?

Mutter: O, ich habe ihr nur ihre Haarspange gegeben, dann vergesse ich sie nicht – ich hatte sie nämlich noch in meiner Jackentasche.

Minuchin: Was sind das für Dinger?

Pauline: Haarspangen.

Minuchin: Ich suche nach dem, was diese Anfälle bei Pauline verursacht. Ich sehe, wie eng und vertraut Sie, die Mutter, mit Pauline umgehen. Es sieht so aus, daß Sie noch nicht ganz aufgehört haben, wenn Pauline schon einsetzt – daß Sie und Pauline also wie *ein* Körper sind.

Wieder greift der Therapeut einen scheinbar bedeutungslosen Vorfall aus der Interaktion zwischen Mutter und Tochter heraus und interpretiert ihn neu – nämlich vor dem Hintergrund der Nähe zwischen Mutter und Tochter. Er verstärkt damit ein Thema, das er anhand seiner Beobachtungen konkreter Ereignisse konstruiert hat, an denen er und die Familienmitglieder gemeinsam und im Moment beteiligt sind. Zugleich zieht er eine Verbindungslinie zwischen der beobachteten Nähe und den Asthmaanfällen der identifizierten Patientin. Zehn Minuten später, während Jim gerade davon erzählt, wie er Pauline einmal auf die Intensivstation gebracht hat, fängt die Mutter an, über Paulines Frisur zu sprechen, und wieder fokussiert der Therapeut an dieser bestimmten Interaktion, die ein weiteres Beispiel dafür ist, daß die Mutter sich in die Selbstdefinition der Patientin unberechtigterweise einmischt.

Minuchin: Was war da eben?

Mutter: Ich habe sie gefragt, warum sie die Wickler nicht herausgenommen hat, bevor sie hergekommen ist.

Minuchin: Und was hast du gesagt, Pauline?

Pauline: Sie hat gesagt, daß sie es machen wird.

Minuchin: Hast du dir die Haare eingedreht?

Pauline: Nein, meine Mutter hat es gemacht.

Minuchin: Deine Mutter. Und magst du, daß sie das macht?

Pauline: Ja, das ist schon recht.

Mutter: Aber du magst die Art nicht, wie ich dir die Haare eindrehe?

Pauline: Es ist schon gut so.

Mutter: »Schon gut« – das heißt, daß es dir nicht so sehr gefällt?

Minuchin: Fragen Sie sie noch mal. Machen Sie weiter.

Mutter: »Schon gut«! Es mag vielleicht so hingehen, aber es war nicht ganz so, wie du es wolltest, hm?

Pauline: Es war halt so, wie *du* es wolltest.

Mutter: Na ja, aber du hast nicht gesagt, daß irgendwas nicht richtig wäre, als ich sie eingelegt habe.

Pauline: Weil *du* sie eingelegt hast.

Mutter (lachend): Ich zwicke dich gleich in die Nase.

Pauline: Nein, das machst du nicht. *(lacht)*

Minuchin: Nein, nein, nein, nein! Da gibt es überhaupt nichts zu lachen. Das ist wichtig. Es ist wichtig, daß du deine Mutter tatsächlich die Haare so hast legen lassen, wie *sie* es gern hat, und daß du ihr nicht gesagt hast, daß du es so nicht magst. Warum hast du ihr das nicht gesagt?

Pauline: Weil sie mein Haar einlegen wollte.

Minuchin: Ja, aber dir gefällt es so nicht. Also, was ich sagen möchte, ist, daß Pauline eine Stimme und einen eigenen Willen und schließlich auch einen Körper hat. Wenn Pauline eine Stimme und einen eigenen Willen hat, dann wird sie auch für ihren Körper sorgen.

Das Thema bleibt in dieser Sitzung mehr oder weniger auf die Art der Verstrickung beschränkt, die in dieser Familie besteht, und zugleich stellt der Therapeut die identifizierte Patientin in den Mittelpunkt und arbeitet gewissermaßen auf dem Weg über sie. Seine Interventionen erfolgen langsam und stehen insofern in Einklang mit der Tatsache, daß die identifizierte Patientin keine Initiative zeigt, aber er hält an dem Dialog mit ihr fest, der hin und wieder fast den Charakter von Ruf und Echo annimmt. Diese Ermunterung des Mädchens und die Herausforderung des von Verstrickung gekennzeichneten Interaktionsstils der Familie tragen Früchte, als die identifizierte Patientin es schließlich fertigbringt, ihre Mutter herauszufordern. Dieser neue Transaktionsstil der Patientin mit ihrer Mutter ist nur möglich geworden, weil der Therapeut seit zwanzig Minuten beharrlich beim gleichen Thema geblieben ist.

Minuchin: Also, Pauline, jetzt sag mir mal ganz ehrlich, ob du diese Frisur magst.

Pauline: Ja.

Minuchin: Sicher? Bist du sicher, daß es das ist, was du wolltest? Sieh mal genau in den Spiegel. Ist es nicht vielleicht so, daß es deiner Mutter so gefällt?

Mutter: Weißt du, was er meint?

Pauline: Nein.

Mutter: Er meint . . .

Minuchin (zur Mutter): Halt, halt! *(Zu Pauline)* Du verstehst nicht, was ich meine? Ich will es dir schon sagen. Frag mich!
Pauline: Ich weiß nicht, was das alles heißen soll.
Minuchin: Du verstehst es immer noch nicht? Sehr gut. Also, jetzt hat nicht deine Mutter für dich gesprochen, sondern du hast selbst gesprochen. Das ist gut. *(Schüttelt ihr die Hand.)*
Pauline: Warum schütteln Sie mir die Hand?
Minuchin: Weil ich immer Hände schüttele, wenn mir etwas gefällt. Das ist so meine Art zu sagen »dies oder das gefällt mir«. Es ist gut, daß du allmählich unabhängig von deiner Mutter denkst. Deine Mutter wird lernen, nicht für dich zu sprechen. Und eines schönen Tages wirst du für dich selbst sprechen. *(Zur Mutter)* Glauben Sie, es wird ihr gelingen, für sich selbst zu sprechen?
Mutter: Ich hoffe es.
Therapeut: Aber damit Pauline sich ändern kann, werden Sie sich ändern müssen.

Der Therapeut verfolgt sein Thema in immer gleichen langsamen Schritten. Er ist konkret und wiederholt seine Botschaft ständig; er begegnet dem Mädchen auf einer ausgesprochen konkreten Ebene, die notwendig ist, wenn man einen Menschen zu eigenen Aktionen bewegen will, auf den die Familie bisher ihre Hilfsbereitschaft, ihre Schutzmaßnahmen und ihre ganze Aufmerksamkeit konzentriert hat. Wenn das Mädchen nicht versteht, was der Therapeut meint, geht er nicht etwa auf dieses mangelnde Verständnis ein, sondern deutet statt dessen die Bitte um Information als Akt der Autonomie an, das heißt, er bestätigt die Patientin, anstatt sich bei ihren Schwierigkeiten aufzuhalten. In dieser Phase der Sitzung benutzt der Therapeut isomorphe Transaktionen und verleiht auf diese Weise seiner Botschaft, daß die Überfürsorglichkeit gegenüber der identifizierten Patientin zu ihrer manifesten Symptomatik beiträgt, eine besondere Intensität. Die Technik, die der Therapeut hier anwendet, besteht darin, daß er über und durch das Kind mit der Familie arbeitet und so dem Mädchen hilft, von sich aus zu handeln, um Information zu bitten und sich von der Mutter abzusetzen.

Großmutter: An den Wochenenden ist Pauline immer bei mir, und oft hat sie dann einen Anfall. Na ja, meine Nerven sind sowieso nicht mehr die besten, und ich bin dann immer zu Tode erschrocken, ich muß sie schleunigst ins Krankenhaus bringen oder die Polizei rufen. Aber das ist eben auch ein Grund, weshalb unser Verhältnis zu ihr so eng ist. Woran kann es denn nur liegen, daß Pauline es nicht sagt, wenn wieder so ein Anfall bevorsteht?

Minuchin: Fragen Sie Pauline doch selbst. Sie ist ja hier.

Großmutter: Pauline, warum sagst du es uns nicht, wenn du weißt, daß ein Anfall bevorsteht? Vielleicht weil du nicht ins Krankenhaus möchtest und nicht so viel gespritzt werden willst?

Pauline: Ja.

Großmutter: Du hast wohl immer Angst vor diesen Nadeln?

Minuchin: Was ich hier anstrebe, ist, daß Pauline lernt, für sich selbst zu sprechen, für sich selbst zu denken, das zu fühlen, was sie in ihrem Körper selbst empfindet. Ich glaube, gerade deshalb, weil die Familie so besonders liebevoll ist, kümmert Pauline sich nicht um ihren Körper. Vorhin haben Sie sie gefragt: »Warum regst du dich denn so auf?« Und was haben Sie dann noch gesagt?

Großmutter: Dann habe ich sie gefragt, warum sie es uns nicht sagt, denn . . . Ich habe gefragt: »Was meinst du, warum – weil die Ärzte dich immer mit diesen Nadeln stechen?« Das hat sie mir allerdings früher schon gesagt.

Minuchin: Sie haben sie etwas gefragt und ihr auch gleich eine Antwort gegeben. Das heißt, dieses kleine Mädchen hat gar nicht nachgedacht. Sie hat nicht darüber nachgedacht, denn sie brauchte nur Ja zu sagen, und genau das ist es. Und wobei ich dir helfen möchte, Pauline, das ist, daß du selbständig denkst, denn nach meiner Erfahrung – und ich habe viele Kinder mit Asthma gesehen – wenn Kinder mit Asthma lernen, ihre eigene Meinung zu haben, *ihre* Meinung, dann lernen sie es auch, mit dem Asthma fertigzuwerden.

Hier wird auf die Überfürsorglichkeit der Mutter gegenüber der Tochter mit dem Hinweis aufmerksam gemacht, daß andere Familienmitglieder sie ebenfalls üben. Auch die Großmutter begünstigt noch die Passivität der Enkelin; sie verlangt nicht, daß das Mädchen ihr so antwortet, wie man dies von einer Elfjährigen mit normaler Intelligenz erwarten kann. Der Therapeut fordert die Großmutter heraus, die auf diese Kritik deutlich verärgert reagiert. Das löst bei den übrigen Familienmitgliedern nichtverbale Signale aus, die für den Therapeuten bedeuten, daß er sich mit der Großmutter besser nicht anlegen soll. Immerhin – daß der Therapeut die Großmutter überhaupt herausfordern und seine Stellung dennoch wahren konnte, ist ein wichtiges Beispiel für Differenzierung in dieser Familie.

Veränderung der Zeit

Familienmitglieder halten sich in der Regel an eine bestimmte Maßeinheit, die das Tempo und die Dauer ihres Tanzes bestimmt. Manche dieser Einheiten nehmen die Form kleiner nichtverbaler Signale an, mit denen ausgesagt wird: »Wir haben einen gefährlichen Punkt, eine unbekannte Kreuzung oder einen selten benützten Pfad erreicht. Gebt acht, bewegt euch langsamer, oder hört auf.« Diese Signale erfolgen so automatisch, daß die Familienmitglieder darauf eingehen, ohne überhaupt zu bemerken, daß sie verbotenes Terrain erreicht und die Zügel des Familiensystems sich gestrafft haben. Sie reagieren wie ein Dressurpferd, noch bevor sie die Zügel und damit den Schmerz tatsächlich spüren.

Zu den Techniken, mit denen man mehr Intensität erreichen kann, gehört die Aufforderung des Therapeuten, die augenblickliche Transaktion fortzusetzen, nachdem die Regeln des Systems rotes oder gelbes Licht gegeben haben. Zwar wird die Familie dieser Aufforderung zur Fortsetzung ihrer Transaktion nur zögernd nachkommen, aber diese Bewegung aus dem gewohnten Bereich in unbekanntes Terrain ermöglicht es ihr, neue und andere Formen der Transaktion herauszufinden. Ähnliche Ergebnisse lassen sich auch dadurch erzielen, daß die Zeitspanne verkürzt wird, die die Beteiligten gewöhnlich für eine bestimmte Transaktion brauchen.

Die Technik der zeitlichen Ausdehnung einer Transaktion kommt beispielsweise in der Behandlung der Familie Kuehn zur Anwendung: Zunächst hat die Familie durch ihre Transaktion gezeigt, nach welchen Regeln die Kontrolle der Kinder ausgeübt wird. Nun läßt der Therapeut Mutter und Tochter mit Puppen spielen, die gerade Weihnachtsgebäck herstellen. Nach einer Weile beteiligt sich auch der Vater an diesem Spiel. Etwa zwanzig Minuten lang läßt der Therapeut dieses Spiel laufen – die Familie hatte längst zu verstehen gegeben, daß sie es gerne beenden würde. Die lange Transaktion um Lebensfreude und Fürsorge, an der beide Eltern beteiligt sind, enthält – ohne daß der Therapeut sich verbal dazu äußert – die Botschaft, daß in diesem Familiensystem Möglichkeiten vorhanden sind, die bisher noch nicht genutzt wurden: der Vater kann durchaus sanft und fürsorglich sein.

In der Familie Jarretten hat der Therapeut Schwierigkeiten, Mutter und Tochter zur Fortsetzung ihrer Verhandlungen über den Punkt hinaus zu bewegen, an dem diese Verhandlungen gewöhnlich ein Ende haben. Es geht dabei um die Achtung, die sie einander als erwachsene Menschen entgegenbringen sollten. Wir haben es mit einer verwitweten Mutter und ihrer achtzehnjährigen Tochter Julie zu tun, die die Schule mitten im Schuljahr abgebrochen hat und nach Hause zurückgekehrt ist. Mutter und Tochter bemühen sich, ihr Zusammenleben irgendwie zu regeln.

Mutter: Ich habe es mir anders überlegt. Bisher habe ich Julie nicht gefragt, was sie mit dem Geld macht, das ich ihr gebe. Aber von jetzt an werde ich sie danach fragen.

Fishman: Ich meine, Sie können sich das nicht jede Woche wieder anders überlegen.

Mutter: Wenn Sie uns 'rauswerfen wollen, dann machen Sie das doch! Ich habe es mir anders überlegt, weil sie sich entsprechend benommen hat.

Fishman: Sie behandeln sie aber auch nicht eben nett. Sie haben versprochen, ihr das Geld immer an einem bestimmten Tag zu geben, und haben gesagt, daß sie es ausgeben kann, wie und wofür sie will. Sie müssen sich da irgendwie einigen. Sie sind doch zwei erwachsene Menschen. Julie ist kein kleines Mädchen mehr.

Mutter: Wissen Sie, wofür sie das Geld ausgibt?

Fishman: Das ist doch ihre Sache! Sie ist nicht mehr Ihr kleines Mädchen. Sie ist so gut wie erwachsen.

Mutter: Sie bleicht sich die Haare! Immer gibt sie das Geld nur für sich aus. Ein bißchen Respekt kann ich doch wohl noch verlangen.

Fishman: Sehen Sie Julie einmal an.

Mutter: Ich will sie nicht ansehen. Ich habe es satt, sie anzusehen!

Fishman: Ich möchte es aber trotzdem. Sehen Sie sie an! Sie ist kein kleines Mädchen mehr. Sie ist sehr hübsch. Sie ist eine erwachsene Frau. Sprechen Sie jetzt bitte mit ihr, aber nicht wie mit einem kleinen Mädchen, sondern wie mit einem anderen erwachsenen Menschen, der in Ihrem Hause lebt. Denn so ist es ja tatsächlich.

Die Verhandlungen zwischen Mutter und Tochter sind in der Regel sehr kurz und werden abgebrochen, sobald eine der beiden sich über die unfaire Haltung der anderen beschwert. Der Therapeut hilft Mutter und Tochter, im Gedanken an die gegenseitige Achtung, die sie einander entgegenbringen sollen, über die Dinge zu verhandeln, und als die Mutter gerade zu einer neuen Beschwerde ansetzt, sieht er in diesem Umstand eine weitere Bestätigung dafür, daß diese gegenseitige Achtung eben unerläßlich ist. Er kommt ständig und mit immer wieder anderen Worten auf das gleiche Thema zurück: »Ihre Tochter ist erwachsen; sie ist kein kleines Mädchen mehr.« Wenn die Mutter darauf besteht, daß sie Grund zur Klage hat, läßt der Therapeut sich auf den Inhalt ihrer Aussagen nicht ein, sondern wiederholt einfach seine Botschaft: »Behandeln Sie sie wie einen erwachsenen Menschen.«

Mutter: Aber sie benimmt sich nicht wie ein erwachsener Mensch.
Fishman: Meiner Meinung nach haben wir es hier nicht mit dem Wutanfall eines kleinen Mädchens zu tun. Julie ist ein erwachsener Mensch und hat eine Abmachung mit Ihnen getroffen.
Mutter: Ich kann es einfach nicht ertragen, daß du so im Haus herumhängst und immer nur auf deinen Freund wartest. Ich meine, du solltest dir eine Arbeit suchen, bis du wieder mit der Schule anfängst – wenn du überhaupt wieder anfangen willst. *(Zum Therapeuten)* Daß ich in diesem Punkt so wenig flexibel bin, liegt daran, daß ich mir gerade etwas überlegt hatte, bevor wir hereinkamen . . .
Fishman: Wenn es nicht von Belang für unser Thema ist, erzählen Sie es mir später.
Mutter: Gut, dann werde ich es Ihnen später erzählen.
Fishman: Also, hier geht es wohl um mehr Flexibilität.
Mutter: Die Flexibilität hängt mir wirklich schon zum Hals heraus. Damit habe ich nämlich schon achtzehn Jahre lang zu tun, und das sollte ja wohl reichen. Ich will nicht mehr. Ich will sie aus dem Haus haben. Ich will sie nicht mehr um mich haben.
Therapeut: Sprechen Sie mit Julie darüber.

Der Therapeut widersteht der Versuchung, sich auf andere und vielleicht erfreulichere Themen einzulassen, die die Mutter ihm gewissermaßen vor die Nase hält (Wenn es nicht wichtig ist, erzählen Sie es mir später), und bringt die Transaktion zwischen Mutter und Tochter wieder in Gang. Daß er die Mutter zuvor herausgefordert hat, eröffnet der Tochter Raum, ihr aus der Position dessen heraus zu begegnen, der sich beschützt weiß, und das wiederum wird vielleicht erste Veränderungen im Umgang der beiden Frauen mit sich bringen.

Julie: Ich möchte, daß sie die Sache auch mal von meiner Seite aus sieht: Sie sagten ja, ich könne meinen Standpunkt . . .
Mutter (unterbricht): Julie, du . . .
Julie: Jetzt bin ich dran. Also, mein Freund und ich, wir haben in meinem

Zimmer halt so 'rumgemacht. Ich brauche ja nicht im einzelnen zu erklären, was wir gemacht oder wie wir herumgealbert haben oder wie das mit unserer Freundschaft überhaupt ist. Auf einmal klopft meine Mutter wie verrückt an die Tür und bringt mich natürlich wahnsinnig in Verlegenheit. Dann sagt sie: »Bob, laß Julie allein, oder ich haue dir eine runter.« Es war entsetzlich demütigend. An dem Tag brauchte ich das Geld, ich brauchte es wirklich bis auf den letzten Pfennig. Ich hatte halt damit gerechnet, und ich brauchte es. Außerdem wollte ich das Auto mal haben und fragte meine Mutter, und sie sagte, sie würde es mir nicht geben, und da habe ich geflucht. Ich hatte weiß Gott das Recht, sie zu verfluchen. Ich war wahnsinnig wütend. Ich hatte weiß Gott Grund, auf sie zu fluchen . . .

Mutter (unterbricht): Ja, und vorher ist sie noch . . .

Julie (kreischend): Das geht sie gar nichts an. Sie unterbricht mich, und es geht sie nichts an, wohin ich gehe oder wo ich mir die Haare machen lasse. Es sind schließlich meine Haare.

Julies Reaktion ist gewissermaßen die Kehrseite der Medaille, wie die Mutter sie präsentiert hat: sie ist unverschämt, anspruchsvoll und kindisch, und schon sind Mutter und Tochter wieder am Ausgangspunkt ihres Spiels angekommen. Der Therapeut kann jetzt darum bitten, daß Julie ihrer Mutter wie ein erwachsener Mensch auf der Grundlage gegenseitigen Respekts entgegentritt. Dieser Gedanke wird nun dreißig Minuten lang durchgespielt, und immer wenn die beiden versuchen, das Thema zu wechseln, bringt der Therapeut ihre Auseinandersetzung von neuem mit dem Gedanken der gegenseitigen Achtung in Zusammenhang. Er weiß, daß es in dieser Familie üblich ist, augenblickliche Themen rasch wieder fallenzulassen, und deshalb dehnt er das Thema aus bzw. sagt, daß es sich bei den Auseinandersetzungen im Grunde immer wieder um die gleichen Dinge handelt (»Sie müssen diese Sache im Bewußtsein des gegenseitigen Respekts angehen.«).

Die vierzehnjährige Gina Poletti leidet an Anorexie. Sie übergibt sich und nimmt Abführmittel, um ihr Körpergewicht weiterhin niedrig zu halten. Früher war sie eine »gute Tochter«, und die Eltern wissen sich angesichts des seltsamen Verhaltens, das die Krankheit bei dem Mädchen hervorgerufen hat, nicht zu helfen. Die Familie besteht aus dem Vater (40), der Mutter (30), Gina, ihrem sechsjährigen Bruder John und der Großmutter mütterlicherseits.

Der Therapeut lenkt die Familie vom Symptom ab und dehnt dafür die Transak-

tionen aus, in denen es darum geht, was die Familienmitglieder einander gegenseitig antun. Damit will er der Familie die Botschaft übermitteln, daß die Tochter
sich dem System entsprechend verhält und daß sie in einem Loyalitätskonflikt
zwischen der Mutter, dem Vater und der Großmutter gefangen ist. Es ist
keineswegs einfach, die Familiendiagnose (»Wir sind hilfsbereite Menschen und
bemühen uns, unserer kranken Tochter beizustehen, die von einem geheimnis-
vollen Leiden besessen ist«) umzuwandeln in: »Wir sind alle miteinander in
dysfunktionalen Verhaltensweisen gefangen, und das zeigt sich am deutlichsten
am Symptom unserer Tochter.« Eine halbe Stunde nach Beginn der ersten
Sitzung gelingt es dem Therapeuten, der Mutter die Beschreibung einer konfliktgeladenen Transaktion mit der Tochter zu entlocken. Dieser Konflikt bietet die
Möglichkeit, die Tochter aus ihrer triangulierten Position zu befreien, und so
macht ihn der Therapeut zum Bezugsrahmen aller Interventionen, die er im
Laufe der nächsten Stunde unternimmt: Je länger sich die Familienmitglieder mit
der Art ihrer konfliktgeladenen Transaktionen beschäftigen, desto deutlicher
und intensiver wird die therapeutische Botschaft.

Mutter: Als ich den Mülleimer leerte, fand ich zwei leere Fläschchen, in denen
ein brechreizförderndes Mittel war. Und dabei hatte sie mir doch versprochen,
dieses Zeug nicht mehr zu nehmen! Ich selbst hatte von meinem Arzt einen
Appetitzügler verschrieben bekommen, und in der Packung fehlten dann eine
ganze Reihe von den Tabletten. Das Salzfaß verschwindet immer wieder aus der
Küche, denn sie nimmt es mit ins Bad und schluckt Salz, um erbrechen zu
können. Sie hat auch meine Schubladen durchwühlt, nachdem ich ihr eine
Klistierspritze weggenommen hatte, die ich früher benützt habe, um dem kleinen
Kind Einläufe zu machen. Die Spritze habe ich dann auch im Bad versteckt
gefunden.
Minuchin: Und was tun Sie, wenn Ihre liebe Tochter solche verrückten Sachen
macht?
Mutter: Ich . . . es ärgert mich furchtbar, und dann sage ich mir immer wieder,
daß sie ja krank ist und daß sie es mir nicht mit Absicht antut, und dann werde
ich traurig – ich schwanke gewissermaßen zwischen Ärger und Traurigkeit.
Minuchin: Sie glauben also nicht, daß sie es absichtlich tut, um Sie zu ärgern?
Mutter: Ich glaube, daß sie manches tut, um mich zu manipulieren. Ich lasse ihr
eine Menge durchgehen.
Minuchin (zu Gina): Deine Mutter sagt – und das ist eine sehr interessante

Hypothese, finde ich –, sie sagt, du machst das absichtlich, um sie zu ärgern. Stimmt das vielleicht?

Gina: Ich mache es nicht absichtlich.

Minuchin: Warum glaubt sie das dann? Sprich mit ihr – sprich mit ihr darüber, daß sie so hartnäckig davon überzeugt ist, daß du mit voller Absicht gewisse Dinge tust, damit sie wütend wird. Sprich mit ihr darüber!

Der Therapeut führt einen anderen Rahmen der Betrachtung ein: Er lenkt die Aufmerksamkeit der Familie von der Frage, wie man einer kranken Tochter helfen könnte, auf die Überlegung, wie sich die Tochter verhält und welche Wirkung ihr Verhalten auf sie ausübt. Mit dieser Frage hat sich niemand mehr beschäftigt, seitdem das schwerwiegende Symptom auf der Familie lastet. In der folgenden Stunde bringt der Fokus auf diesem Ausschnitt des Familienlebens die verborgene Dynamik der Familie ans Licht.

Gina: Also, ich hab's nicht mit Absicht gemacht, nur um dich zu ärgern.

Minuchin (zur Mutter): Sie müssen jetzt mal genau herausfinden, wie sie Ihnen diese Dinge antut. Ich glaube nämlich, daß vieles von dem, was sie macht, mit Ihnen zu tun hat.

Der Therapeut bleibt bei dem einmal gewählten Fokus, und nun kommt die Mutter ihm endlich entgegen.

Mutter: Ach ja – eines will ich dir sagen, was mich wirklich rasend macht – wenn ich an deine Zimmertür klopfe und du bist drin und antwortest mir bewußt nicht. Ich sage mit Absicht »bewußt«, denn das ist es, was ich daraus entnehmen muß.

Gina: Weil ich schon weiß, daß du zwar klopfst, aber dann die Tür eben doch gleich aufmachst.

Mutter: Das mache ich doch gar nicht. Ich stehe draußen und warte, daß du mir aufmachst.

Gina: Ja, aber wenn ich frage, was los ist, dann machst du die Tür auf. Was soll dann das Ganze?

Mutter: Wir klopfen an die Tür, Gina, und fragen, ob du da bist, und wenn du nicht antwortest, klopfen wir ein zweites Mal, und dann öffnen wir die Tür. Weißt du warum?

Gina: Aber du machst die Tür auch dann auf, wenn ich frage, was los ist. Ich könnte ja gerade beim Anziehen sein oder so. Ich möchte meine private Sphäre haben, weißt du?

Mutter: Der Grund, weshalb wir hereinkommen, nachdem wir zweimal angeklopft haben – und ich sage »wir«, denn Papa macht es genauso – ist, daß eines Morgens das Fenster weit offenstand und du verschwunden warst.

Minuchin: Lassen Sie Ihren Mann aus dem Spiel, er kann selbst reden.

Mutter: Ja, also, das ist der Grund, weshalb ich das mache . . . und weil du vor ein paar Wochen davon gesprochen hast, daß du dir vielleicht mal was . . . Selbstmordgedanken. Ich weiß nie, was mich hinter dieser verschlossenen Tür erwartet. Du hast es geschafft, mir Angst einzujagen, und das nehme ich dir übel, und ich . . . ich habe das Gefühl, daß ich überhaupt nichts tun kann, manchmal, daß ich dir ausgeliefert bin, und das ist nicht richtig – das sollten Eltern nun mal nicht sein –, das ist nicht das richtige Verhältnis zwischen Müttern und Töchtern.

Minuchin (zur Mutter): Sie wissen im Augenblick wirklich weder aus noch ein, und Sie räumen Gina sehr viel Macht ein, mit der sie noch gar nichts anzufangen weiß. Sprechen Sie weiter über das, was sie Ihnen antut, was Sie nicht mögen, was Sie respektlos finden, was Sie stört.

Mit dieser Intervention ist gewährleistet, daß der augenblickliche Fokus beibehalten wird. In dem Versuch der Mutter, ihren Ehemann an der Auseinandersetzung zu beteiligen, erkennt der Therapeut eines jener Signale, wie Familienmitglieder sie aussenden, sobald die augenblickliche Transaktion einen gefährlichen oder kritischen Punkt erreicht. Deshalb schaltet er den Vater aus und sorgt dafür, daß die Mutter sich länger als sonst mit ihrer Tochter auseinandersetzt.

Mutter: Was mich unter anderem sehr stört, das ist dein Fluchen. Das mag ich überhaupt nicht.

Gina: Du spinnst. In der Schule machen sie es alle, und da hab' ich's eben von denen übernommen.

Mutter: Das ist mir egal, ob sie es in der Schule machen oder nicht. Ich will es zu Hause von dir nicht hören.

Gina: Und du machst es übrigens auch, also warum . . .

Mutter: Na hör mal! Ich bin nicht mehr vierzehn!

Gina: Und trotzdem machst du's!

Mutter: Das hat nichts mit dem zu tun, worüber wir sprechen. Ich mag es nicht, wenn du es zu Hause machst; ich mag es nicht, wenn du mir Widerworte gibst.

Hat es dir vielleicht Spaß gemacht, daß ich dir gestern abend bei Tisch eine gelangt habe? War das vielleicht schön?

Gina: Das ist mir egal!

Mutter: Ich will dir mal was sagen, wenn du weiterhin so unverschämt bist, dann kannst du was erleben, denn ich mache das nicht mehr mit. Alles schön und gut mit der privaten Sphäre und den eigenen Rechten usw. – ich glaube daran –, aber wenn du die Rechte anderer Leute mit Füßen trittst, und wenn du es an jeglicher Achtung fehlen läßt, dann gewöhnst du dich am besten auch gleich an den Gedanken, daß ich dir die Hölle heiß machen werde – und das ganz bestimmt!

Minuchin (zu Gina): Kannst du dich verteidigen?

Der Therapeut fordert die Tochter heraus, den Konflikt fortzusetzen.

Gina: Du hast ja überhaupt keinen Respekt vor mir. Du willst, daß ich Respekt vor dir habe, aber du hast keinen Respekt vor mir.

Mutter: Das stimmt nicht. Das ist doch eine glatte Lüge.

Gina: Warum kannst du mir dann all diese schmutzigen Namen und so was an den Kopf werfen, und ich kann das mit dir nicht machen?

Mutter: Weil ich nicht vierzehn Jahre alt bin und weil ich deine Mutter bin.

Gina: Ich sehe da keinen Unterschied.

Mutter: Du siehst keinen Unterschied? Mit anderen Worten, du willst mir also sagen, daß du in dieser Familie durchaus auch ohne Mutter zurechtkämst. Stimmt's?

Gina: Das habe ich nicht gesagt.

Mutter: Also, wenn ich nur eben etwas sein soll, dem man widersprechen und dem man Flüche nachschleudern kann und so weiter, dann heißt das für mich, daß es dir vollkommen gleichgültig ist, ob ich nun da bin oder nicht. Und dabei habe ich ja schon laut genug herumgeschrien, weil ich das Gefühl habe, daß du versuchst, meinen Platz in der Familie einzunehmen.

Im Verlauf ihrer Auseinandersetzung berühren Mutter und Tochter eine Reihe isomorpher Themen, wie sie sich für die immer gleiche symmetrische Transaktion anbieten. Die letzte Aussage, mit der die Mutter ihre Tochter als Angreiferin und Siegerin hinstellt, zeigt, in welcher seltsamen und aussichtslosen Lage sie sich befindet. Die Dinge sehen jetzt anders aus: die Tochter ist nicht mehr Opfer ihrer Krankheit, sondern Mutter und Tochter sind in einem Konflikt über Fragen der Kontrolle gefangen. Der Therapeut kann an diesem Punkt die

Überlegung anstellen, daß die Tochter von ihrem Vater oder von ihrer Großmutter unterstützt wird oder gar mit ihnen beiden eine Koalition gegen die Mutter eingegangen ist. Dadurch, daß er den Mutter-Tochter-Konflikt als Fokus beibehalten hat, nachdem die übliche Schwelle längst überschritten war, kann der Therapeut die Position der Tochter als Marionette innerhalb eines komplexeren Konfliktes deutlich machen.

Gina: Ich versuche nicht, deinen Platz einzunehmen.
Mutter: Na – das Gefühl habe ich aber nun mal. Zum Beispiel, wenn ich nichts mehr finden kann, weil du mir die ganze Küche umräumst.
Gina: Du räumst ja auch niemals auf, ich bin die einzige, die dort aufräumt . . .
Mutter: Aber das ist nicht deine Aufgabe. Die Art, wie ich meinen Haushalt führe . . .
Gina: Ich mache es, und Nanny macht es auch, du kannst nicht immer nur mir die Schuld geben.
Mutter: Und Nanny hat auch ihren eigenen Ort, für den sie verantwortlich ist.
Gina: Ich weiß, aber manchmal verlegst du was, und dann tadelst du mich dafür.
Mutter: Mir wäre es lieber, wenn ihr beide da rausbleiben würdet.
Gina: Dann würde es ja noch schlampiger aussehen.
Mutter: Nun, das ist meine . . . das ist meine Sache, nicht deine. So wie es auch meine Sache ist, was ich deinem Bruder zu essen gebe.
Minuchin (zum Vater): Darf ich Sie mal was fragen – was machen Sie, wenn zwei Mitglieder Ihrer Familie miteinander streiten?
Vater: Ich weiß nicht recht – ich weiß dann nicht recht, was ich tun soll . . .
Minuchin: Nein, erzählen Sie mir nichts. Sie greifen ein in dieser Situation. Also los, tun Sie irgend etwas.

Der Therapeut behält den einmal gewählten Fokus bei, aber er beteiligt jetzt eine weitere Person an der Auseinandersetzung, indem er den Vater bittet, seine Rolle in diesem Drama zu übernehmen. Die Versuchung ist groß, der dysfunktionalen Beziehung zwischen Mutter und Tochter noch weiter nachzugehen, aber paradoxerweise würde die weitere Beschäftigung mit diesem Sachverhalt die affektive Intensität vermindern, der Therapeut würde zum Teilhaber an dieser Triangel, und so würde er die Konflikte verschleiern. Wenn er dagegen weiter Hüter der Zeit bleibt und den Vater am Konflikt beteiligt, an dem, wie man inzwischen sieht, auch Nanny beteiligt ist, erhält der Therapeut den Konflikt aufrecht.

Vater (zu seiner Frau): Also, ich will dir was sagen. Ich kann Gina verstehen, soweit es die rüden Bezeichnungen und das Fluchen angeht. Das sehe ich ein, und da habe ich genausoviel Schuld wie du, vielleicht sogar noch mehr.

Der Vater ergreift in diesem Konflikt Partei für Gina.

Mutter: Und wie kommt es dann, daß sie dich längst nicht so stark terrorisiert wie mich?

Die Frau dehnt den Konflikt auf die eheliche Dyade aus.

Vater: Ach, das wird schon seinen Grund haben, und ich . . .
Gina: Weil du mich nicht immer dazu bringst, daß ich mich ärgere – darum.

Die Tochter verbündet sich mit dem Vater.

Vater: Also, ich weiß nicht. Vielleicht – ich weiß es nicht, aber darum geht es ja auch gar nicht . . .
Mutter: Und wie war das früher, als deinem Vater oft mal ganz rasch die Hand ausrutschte? Wer hatte denn damals immer den längeren Geduldsfaden?

Die Mutter bittet Gina, ihre Loyalität zu verlagern.

Gina: Na ja, manchmal ist dein Geduldsfaden nicht so kurz, das stimmt.

Die Tochter akzeptiert die Botschaft der Mutter.

Vater: Aber das ändert nichts daran, daß du solche Sachen sagst, über den schlampigen Haushalt und so, die nicht wahr sind. Stimmt's?
Gina: Aber . . .
Vater: Deine Mutter arbeitet den ganzen Tag, und du kannst nicht erwarten, daß sie dann nach Hause kommt und kocht und putzt und alles ganz prima in Schuß bringt. Wie oft bittet man dich, etwas zu tun, und du machst ein Riesentheater. Aber wenn dir gerade danach ist, irgend etwas zu putzen oder aufzuräumen, von dem die Mama gar nicht unbedingt will, daß du es machst, dann gehst du hin und machst es eben doch. Ich glaube, das sind so die Sachen, die sie ärgern – und mich ärgern sie auch.

Der Mann verbündet sich mit seiner Frau, nachdem die Tochter ihre Loyalität verlagert hat.

Minuchin (zur Großmutter): Frau Sansone – Sie sind weiser, weil Sie älter sind. Was meinen Sie zu den Vorgängen in Ihrer Familie?

Großmuter: Hm. Na ja, ich würde Gina sagen, daß sie sich bemühen sollte, ihren Eltern mit mehr Respekt zu begegnen. Wenn ich mir als Kind erlaubt hätte, was du dir deinen Eltern gegenüber herausnimmst, dann hätte man mich ordentlich versohlt.

Gina: Das war damals. Heute ist das anders.

Großmutter: Nein, meine Liebe. Respekt ist Respekt, und du kannst mir nichts von damals oder von heute oder von morgen erzählen. Wenn du Respekt von deinen Eltern verlangst, dann mußt du ihnen ebenfalls mit Respekt begegnen. *(Zur Mutter)* Und das fängt natürlich bei dir an, Mara. Stimmt's? *(Zum Therapeuten)* Mara macht mir wirklich Kummer, wenn sie die Beherrschung verliert, und manchmal habe ich ihr schon gesagt, wenn sie Gina mit so wüsten Ausdrücken beschimpft: »Sag so etwas nicht!« Stimmt's, Mara?

Mutter: Hm.

Jetzt haben alle Teilnehmer ihre Rolle in diesem Familiendrama vorgeführt. Der Vater hat sich zunächst abfällig über seine Frau geäußert und sich dann auf ihre Seite gestellt. Die Großmutter tritt anfangs der Enkelin entgegen, ergreift dann aber Partei für das Mädchen und übt Kritik an ihrer Tochter in deren Rolle als Mutter. Der Therapeut hat sich aus den Transaktionen herausgehalten, den Fokus unverändert beibehalten, den Auftritt der einzelnen Teilnehmer gesteuert und ihn zeitlich in die Länge gezogen. Auf diese Weise hat er dem Konflikt in einer Familie, in der alle bestrebt sind, Konflikte möglichst zu verschleiern, noch mehr Intensität verliehen. Nach einer weiteren halben Stunde und vielen Wiederholungen ist klar, daß Gina in dieser Familie die Wetterfahne ist.

Minuchin: Dann handelst du ja wirklich seltsam, Gina. Einmal tust du so, als wärest du sechs Jahre alt, und dann wieder handelst du, als ob du schon über sechzig wärest wie deine Großmutter. Und deine Eltern akzeptieren das beide, also ist es gar nicht deine Schuld. Es ist absolut nicht deine Schuld, wenn du in diesem Haus das Sagen hast. Aber du bist gefangen, Gina, weil du deinem Vater Dinge sagst, von denen du meinst, deine Mutter würde sie ihm gerne sagen, das heißt, du verstärkst die Stimme deiner Mutter. Zu deiner Mutter sagst du das, was nach deiner Überzeugung deine Großmutter und dein Vater auch zu ihr sagen. Du bist also die Stimme von allen hier in der Familie. Du hast gar keine eigene Stimme. Du bist die Puppe des Bauchredners. Hast du schon mal einen Bauchredner gesehen? Setz dich mal zu deiner Mutter oder zu deiner Großmutter auf den Schoß. Nur für einen Moment, setz dich mal auf ihren Schoß. *(Gina*

gehorcht) Und jetzt sag deiner Mutter, was sie in Zukunft anders machen soll, und zwar so, wie deine Großmutter sich das denkt.
Gina (mit der körperlosen Stimme einer Jahrmarktpuppe, die von einem Bauchredner geführt wird): Du solltest sehr viel ordentlicher werden.
Minuchin: Und jetzt sag ihr, was dein Vater ihr gerne sagen würde.
Gina: Heb deine Kleider vom Fußboden auf!
Minuchin: Gut. Das ist toll, Gina. Du bist wirklich die Bauchrednerpuppe in dieser Familie!

Nachdem die Familie dargestellt hat, wie sie miteinander umgeht, schafft der Therapeut ein dramatisches Szenarium. Er liefert der Familie eine eindrucksvolle Metapher für die Art und Weise ihrer wechselseitigen Verstrickung, wie sie in Ginas Symptom deutlich zum Ausdruck kommt.

ÄNDERUNG DER DISTANZ

Familienmitglieder entwickeln im Laufe ihres Zusammenlebens ein Gefühl für eine angemessene Distanz voneinander. Es gibt eine (allerdings nicht zweifelsfrei nachgewiesene) Geschichte eines Treffens zweier Familientherapeuten, Braulio Montalvo und Paul Watzlawick. Montalvo, dem es am liebsten ist, wenn er seinem Gesprächspartner dicht gegenübersteht, machte einen Schritt auf Watzlawick zu, der daraufhin zwei Schritte zurückwich – mit dem Erfolg, daß Montalvo wiederum drei Schritte in Richtung auf sein Gegenüber machte, was Watzlawick zum weiteren Rückzug veranlaßte. Am Ende ihrer Plauderei hatten sie den Raum auf diese Weise dreimal umrundet. Man sagt, in ihrem Gespräch sei es um die angemessene Distanz zwischen zwei Menschen gegangen.
Die Bewegungen, die die beiden Therapeuten unternahmen, um die »richtige« Distanz voneinander einzuhalten, erfolgten automatisch und unbewußt. Der Leser kann die gleiche Erfahrung bei jedem Zusammentreffen mit anderen Menschen machen, wenn er seinem Gegenüber einmal näher kommt als ihm eigentlich lieb ist.
Das gilt nicht nur für die meßbare äußere Entfernung, sondern auch für den weniger leicht erkennbaren inneren Abstand. Eine bewußte Veränderung der automatisch eingehaltenen Distanz kann die Aufmerksamkeit verändern, die der therapeutischen Botschaft entgegengebracht wird.

Die Nutzung des Therapieraumes ist ein wichtiges Instrument beim Übermitteln der therapeutischen Botschaft. Ein kleines Kind wird dem Therapeuten aufmerksamer zuhören und ihn besser verstehen, wenn der Therapeut sich kleiner macht, ihm räumlich näherrückt und am besten das Kind sogar berührt. Wenn der Therapeut eine besonders wichtige Botschaft noch unterstreichen möchte, dann kann er zu diesem Zweck aufstehen, sich auf eines der Familienmitglieder zubewegen, sich dicht vor diesen Menschen stellen, im richtigen Ton und mit dem richtigen Tempo sprechen bzw. Pausen einlegen, um den Dingen noch mehr Gewicht zu verleihen. Unter Umständen tut er dies alles, ohne sich seiner Bewegungen bewußt zu sein, also ganz einfach aus dem Gefühl heraus, daß die therapeutische Botschaft möglichst intensiv ausfallen muß, und im Vertrauen darauf, daß die Familienmitglieder seine Bewegungen durch ihre Rückmeldungen lenken werden.

Der Therapeut kann auch durch eine andere Sitzordnung der Familienmitglieder mehr Intensität erreichen, indem er zwei Mitglieder nebeneinandersetzt, um die Signifikanz der hier bestehenden Dyade aufzuzeigen, oder aber ein Mitglied von den übrigen trennt, um dessen periphere Stellung in der Familie noch deutlicher zu machen. In der Familie Hanson setzt er den Sohn neben den Vater, das heißt, er läßt genau jene Überfürsorglichkeit und Verstrickung entstehen, wie sie diese Dyade kennzeichnet, und verkündet dann seine Botschaft bezüglich der Autonomie des Jungen, indem er sich ganz dicht vor die beiden Familienmitglieder hinstellt.

WIDERSTAND GEGENÜBER DEM SOG DES FAMILIENSYSTEMS

Manchmal läßt sich Intensität in der Therapie gerade dadurch bewirken, daß man etwas »nicht tut«. Das trifft vor allem für den Fall zu, daß der Therapeut gerade nicht tut, was das Familiensystem ihn gerne tun lassen und tun sehen würde. Der Therapeut wird als Mitglied des therapeutsichen Systems ganz zwangsläufig und unbeabsichtigt in das Familiensystem hineingezogen. Manchmal wirkt sich das so aus, daß die dysfunktionale Homöostase der Familie dadurch gewahrt wird. Wenn er diesem Sog des Systems widersteht, gewinnt die Therapie an Intensität. In diese Richtung gehören einige der Techniken, die Carl Whitaker – der »unbewegliche Therapeut« – anwendet. So zum Beispiel setzt er zu Beginn der Behandlung alles daran, den Kampf um die Führung zu gewinnen. Dieser Kampf kann schon seinen Anfang nehmen, bevor er die Familie auch nur zu sehen bekommen hat, nämlich mit dem Telefongespräch, in dem es darum geht, wie viele Personen an den Sitzungen teilnehmen sollen. Manchmal fallen die Bemühungen des Therapeuten, sich eben gerade nicht vom Familiensystem einfangen zu lassen, recht dramatisch aus, in vielen Fällen gehen sie aber auch ganz unauffällig vor sich – dann hält der Widerstand des Therapeuten gegenüber dem Sog der Familie während der gesamten Behandlung an.

Das Ehepaar Williams war zwei Monate lang in Behandlung und hatte in dieser Zeit beträchtliche Fortschritte darin gemacht, seine Probleme zu bewältigen. Tatsächlich konnten die Partner jetzt über den Punkt hinausgehen, an dem sie ihre Schwierigkeiten bisher immer verschleiert hatten, indem sie eine dritte Person hineinzogen, und sie waren nun imstande, manche ihrer Umstimmigkeiten tatsächlich zu bereinigen.

Eines Tages nun ruft Frau Williams den Therapeuten an und teilt ihm mit, daß sie ihn zu Beginn der nächsten Sitzung gerne allein sprechen möchte. Der Therapeut sagt zu. Die beiden ziehen sich also ins Sprechzimmer zurück, während der Ehemann im Vorraum wartet.

Frau Williams: Frank versteht mich nicht. Immer wenn ich sage, daß ich mir Sorgen um meine Mutter mache, wird er wütend.
Fishman: Das ist etwas, was Sie und Frank gemeinsam angeht. Er muß hier anwesend sein, damit er darauf eingehen kann.

Das Ziel besteht in diesem Fall darin, die Beziehung zwischen den Eheleuten zu festigen. Wenn der Therapeut der Ehefrau gestatten würde, sich bei ihm über ihren Mann zu beschweren, dann würde das nicht nur bedeuten, daß er ganz zu Unrecht in dieses Zweierverhältnis hineingezogen wird, sondern zugleich wäre damit auch eine Chance für die Ehepartner vertan, ihre Meinungsverschiedenheiten selbst zu bereinigen. Durch die Weigerung des Therapeuten, sich die Klagen der Frau über ihren Mann anzuhören, gewinnt die therapeutische Botschaft, daß Transaktionen der Ehepartner komplementär sind, an Intensität.

Die Familie Genet besteht aus der Mutter, einer Künstlerin von etwa fünfunddreißig Jahren, und ihren drei Kindern von zwölf, vierzehn und fünfzehn Jahren. Der Mann hatte sich vor zwei Jahren von der Familie getrennt, und seitdem verlief das Leben der Genets außerordentlich chaotisch. Die Kinder kommen und gehen, wann und wie es ihnen gerade paßt, und nehmen nur hin und wieder am Schulunterricht teil; in der Küche türmt sich das schmutzige Geschirr; irgendwelche Pflichten oder Regeln gibt es nicht.

Die Mutter, eine jung aussehende Frau in Jeans und einem T-Shirt mit der Aufschrift »Grateful Dead«, sitzt zusammengekauert auf ihrem Stuhl wie ihre Kinder auch. Man muß tatsächlich zweimal hinsehen, um sich zu vergewissern, daß sie nicht eines der Kinder ist. Der Therapeut sieht, daß er es hier mit einer Künstlerfamilie zu tun hat, und daß es der Mutter außerordentlich schwer fällt, den Kindern irgendwelche Regeln zu setzten. Das therapeutische Ziel besteht darin, eine Grenze zwischen den Generationen in dieser Familie zu ziehen und auf diese Weise ein exekutives Subsystem festzulegen.

Im gesamten Verlauf der Therapie fordern die Kinder und vor allem die Mutter den Therapeuten immer wieder auf, einzuschreiten und Grenzen festzulegen. Für den Therapeuten ist es außerordentlich schwierig, diese Familie aus ihrer Passivität herauszuholen und ihr zu helfen, eine »Form« zu finden. Das therapeutische Ziel bleibt bestehen: die Mutter muß dazu gebracht werden, daß sie die Rolle des Familienoberhauptes übernimmt. Würde der Therapeut diese Aufgabe übernehmen, dann wäre es der Mutter gestattet, so hilflos weiterzuleben. In dieser Situation sieht die richtige Intervention so aus, daß der Therapeut den Bemühungen des Familiensystems, ihn zum Helfer der Familie zu machen, widersteht. Im anderen Fall würde er die Mutter in ihrem Desinteresse an ihren exekutiven Aufgaben nur noch bestärken.

Die Darstellung der Familientransaktionen ähnelt einem Gespräch, bei dem Therapeut und Familie versuchen, einander die Welt so sehen zu lassen, wie sie sie sehen. Die Technik der Intensivierung der Botschaft läßt sich dagegen mit einem Spiel des lauten Schreiens zwischen dem Therapeuten und einer schwerhörigen Familie vergleichen. Der Erfolg dieser Methode kann sehr gering ausfallen, wenn der Therapeut der Meinung ist, seine Botschaft sei richtig verstanden worden, nur weil sie ausgesandt worden ist, und wenn die Regeln der Höflichkeit die Menschen dazu veranlassen, »Verständnis« vorzutäuschen, anstatt unhöflich zu wirken. Die Familie muß die Botschaft des Therapeuten wirklich und wahrhaftig vernehmen. Wenn sie »schwerhörig« ist, dann wird der Therapeut schreien müssen.

10 Neustrukturierung

Der Therapeut umspannt das Handgelenk einer jungen Diabetikerin. »Fühlen Sie das?« fragt er die Eltern.

»Ja«, sagt der Vater und zeigt auf sein eigenes Handgelenk. »Hier. Es fühlt sich an wie Stiche und Nadeln.«

»Mein Kreislauf ist heute sehr schlecht«, sagt die Mutter, die sich auf diese Weise dafür entschuldigt, daß sie selbst nichts spürt.

In einer anderen Familie will die Mutter ihre neunzehnjährige anorektische Tochter unbedingt im Krankenhaus aufsuchen, weil sie spürt, daß es dem Mädchen schlecht geht, was sich dann auch bestätigt. In einer Sitzung, die zu einem späteren Zeitpunkt stattfindet, versichern die identifizierte Patientin, ihre beiden Schwestern und der Vater dem Therapeuten, daß die Mutter »weiß«, wenn jemand von ihnen in Schwierigkeiten ist.

Keine dieser Familien neigt zu Mystizismus. Die Erlebnisse selbst sind nicht mystifizierend. Alle Familientransaktionen sind durch das Gefühl der Zusammengehörigkeit gekennzeichnet, aber bei den Mitgliedern dieser Familien ist es zu stark entwickelt. Ihr individuelles Sein ist der Zusammengehörigkeit untergeordnet.

Der schwache Punkt bei dieser Art der Familienorganisation liegt darin, daß die einzelnen Mitglieder Schwierigkeiten haben, zu differenzierten Holons zu gelangen. Wenn ihnen Autonomie abverlangt wird, können sie in eine schwere Krise geraten. Zum Zeitpunkt der späten Adoleszenz und der allmählichen Loslösung von der Familie kommt es bei den Kindern dann gelegentlich zum psychotischen Zusammenbruch oder zu psychosomatischen Beschwerden.

Ein Therapeut, der mit einer solchen Familie arbeitet, muß etwas gegen ihre allzu harmonische Interaktion unternehmen, er muß die Grenzen der einzelnen familialen Holons abstecken, damit Flexibilität und Wachstum möglich werden. Funktionale Familien sind komplexe Systeme und »bestehen aus einer Vielzahl von Teilen, die in komplexer Weise miteinander interagieren«. Diese Teile oder familiale Holons sind hierarchisch miteinander verbunden. Und wie in allen komplexen Systemen sind »die Verbindungen innerhalb der einzelnen Komponenten stärker als die Verbindung zwischen den Komponenten«, wie Koestler[1] sagt. Das heißt, die Transaktionen unter den Mitgliedern eines Holons sind stärker als die Transaktionen, die die verschiedenen Holons miteinander verbinden. Das Holon ist somit ein bedeutsamer Kontext für seine Mitglieder.

Individuen gehören einer Vielzahl von Holons an und erfüllen in jedem wieder eine andere Rolle. Jedes dieser Holons, denen sie angehören, spricht bestimmte Aspekte ihres Erfahrungsrepertoires an. Fertigkeiten, die in einem dieser Holons angebracht sind, werden in anderen Holons ebenfalls gefordert oder gerade nicht gefordert, aber alle Fertigkeiten sind Teil des dem Individuum zur Verfügung stehenden Repertoires. Wer in einer funktionalen Familie aufwächst, nimmt an einem flexiblen Prozeß teil, der den einzelnen so reich ausstattet, daß er sich dem sich verändernden Kontext anpassen kann.

Jedem komplexen System ist Flexibilität eigen, aber auch eine beträchtliche Redundanz. »Alles menschliche Tun ist dem Gesetz der Gewöhnung unterworfen«, sagen Peter Berger und Thomas Luckmann. »Jede Handlung, die man häufig wiederholt, verfestigt sich zu einem Modell, welches unter Einsparung von Kraft reproduziert werden kann und dabei vom Handelnden *als* Modell aufgefaßt wird . . . Aus dem ›Da wären wir wieder einmal‹ wird ein ›So macht man das‹.« Ohne die Sicherheit, daß »man das so macht«, kann das Individuum nicht in Ruhe Erfahrungen machen und wachsen. Die Gefahr liegt hier in der Tendenz, »wie bisher weiterzumachen . . . das heißt: Institutionen können sogar bestehen bleiben, wenn sie . . . ihre ursprüngliche Funktion oder Brauchbarkeit längst verloren haben. Gewisse Dinge tut man, nicht weil sie *nützlich,* sondern weil sie *richtig* sind«[2].

Die Therapie ist ein Prozeß der Herausforderung einer gewohnheitsmäßigen Handlung. Die Herausforderung richtet sich im wesentlichen gegen die familialen Subsysteme, weil diese der Kontext sind, in dem sich Komplexität und Kompetenz entwickeln.

Da Therapie also eine Herausforderung der Familienstruktur enthält, muß der Therapeut die normale Entwicklung von Familien kennen sowie die beherrschende Kraft, die den Regeln der Holons bei der Entwicklung der Familienmitglieder zukommt. Wie diese Entwicklung aussieht, läßt sich an einem Interview zeigen, das Patricia und Salvador Minuchin im Rahmen eines Forschungsprogramms über normale Familien durchführten.

Die Familie Tashjian besteht aus Mann und Frau, die beide Ende zwanzig sind, und ihrem zweijährigen, sehr lebhaften und kompetenten Sohn Frank. Mit dem Gespräch wird die Absicht verfolgt, von den Eltern zu erfahren, wie sie dem Kind Grenzen setzen.

Als Frank im Laufe der Sitzung einmal Kreidestücke aus einer Schachtel im ganzen Zimmer verstreut, bitten wir die Eltern, dafür zu sorgen, daß er die Kreide wieder aufsammelt und in die Schachtel zurücklegt. Der Vater, der seinem Sohn beim Gespräch mit uns den Rücken zugekehrt hatte, dreht sich zum Kind um und sagt in gebieterischem Ton: »Frank, tu die Kreide wieder in die Schachtel!« Dann wendet er sich uns wieder zu, um die Unterhaltung fortzusetzen. Der Junge legt ein Stückchen Kreide in die Schachtel und rennt dann weiter im Zimmer herum. Die Mutter steht auf, geht dorthin, wo die Schachtel steht, und sagt mit fester, aber freundlicher Stimme: »Frank, komm her und leg die Kreide in die Schachtel!« Frank geht zu ihr hin und beginnt, die verstreute Kreide aufzusammeln; nach einer Weile steht er auf, ohne seine Aufgabe zu Ende geführt zu haben, und geht in eine andere Ecke des Zimmers. Die Mutter kniet sich neben die Schachtel und sagt: »Komm, sammel den Rest auch noch auf.« In diesem Augenblick dreht der Vater sich in seinem Stuhl um, sagt mit der gleichen befehlshaberischen Stimme wie zuvor: »Frank, leg die Kreide in die Schachtel.«, dreht sich zu uns zurück und setzt das Gespräch mit uns fort. Das Kind bewegt sich auf die Mutter zu, die noch immer am Boden kniet, und sammelt auch die letzten Stücke noch ein, woraufhin die Mutter zu ihrem Stuhl zurückkehrt. Ein einzelnes Stück Kreide bleibt liegen; der Junge kehrt sich wieder ab, und die Mutter sagt: »Mach das fertig, Frank. Sonst muß ich wieder aufstehen.« Nun bringt das Kind seine Aufgabe wirklich zu Ende. Das ist die vereinfachte Darstellung eines hochkomplizierten Geschehens unter drei Menschen. Interessant ist dabei, daß später beide Eltern, als sie den Hergang schildern, den Vater als denjenigen hinstellen, der Frank wirklich zu kontrollieren weiß, während sie von der Mutter sagen, sie sei weich und erreiche nichts. Dabei zeigt die Beobachtung, daß die Eltern in der Führung des Kindes sehr unterschiedlich vorgehen und daß ihre Führungsstile sich ergänzen. Der Vater hebt die Stimme, wenn er der Meinung ist, daß die Mutter seine Hilfe braucht, aber die Mutter hat ohne Zweifel Erfolg mit ihrem Vorgehen, und es ist im wesentlichen sie, die hier Kontrolle ausübt. Die Frage lautet also, warum die Eltern nicht imstande sind, Dinge zu sehen, die für uns als Interviewer so offen zutage liegen. Die Mutter versteht es, das Kind zu führen – wie kommt es, daß beide Eltern darin übereinstimmen, daß sie in diesem Punkt ineffektiv ist? Zweifellos werden ihre Erfolge und Fähigkeiten in anderen Bereichen des familialen Holons und auch in den außerfamilialen Gruppen anerkannt. Aber für das elterliche Holon und sein harmonisches Funktionieren ist es irgendwie notwendig, in ihr einen Menschen zu sehen, der weich ist und ineffektiv. Deshalb werden die Daten von den Eltern so angeordnet, daß der strenge Ton des Vaters schließlich ausschlaggebend für den Erfolg ihrer Bemühungen ist, was die Regeln dieser Familienorganisation aufrecht erhält.

Diese Macht des Kontextes, die Daten zu organisieren und die Definitionen der eigenen Person und der anderen beizubehalten, wird jedem Menschen einsichtig, der in einer Familie aufgewachsen ist. Daß ich ein guter Reiter, ein ausgezeichneter Bocciaspieler und ein anstelliger Helfer in der Autowerkstatt meines Vaters war, änderte nicht das geringste an der Überzeugung meiner Familie, daß ich mit zwei linken Händen und zehn Daumen geboren worden sei. Was ich auf diesen Gebieten zustandebrachte, schrieb man vielmehr dem Umstand zu, daß ich eben gewisse Pflichten in der Familie übernommen oder mich auf gewisse Unternehmungen außerhalb der Familie eingelassen hatte, und mein Ruf als das Kind mit den zwei linken Händen blieb in der Familie weiterhin unangetastet. Tatsächlich tat ich selbst alles, um mir diesen Ruf zu bewahren – so lernte ich beispielsweise schwimmen, ohne meinen Eltern etwas davon zu sagen, und wahrte dieses Geheimnis noch jahrelang, nachdem ich längst ein guter Schwimmer geworden war, denn meine Mutter hatte Angst, daß ich nicht schwimmen lernen und möglicherweise ertrinken würde.

Die täglichen Transaktionen in einem Subsystem organisieren das Zusammenleben in der Regel in der Weise, daß die hier bestehenden Beziehungen möglichst lange unangefochten erhalten bleiben. In meinem Fall funktionierten diese homöostatischen Gesetze einwandfrei; meine Geschicklichkeit und Fähigkeit entwickelte und zeigte sich in den Transaktionen mit meinem Vater und außerhalb der Familie, und so konnte die beschützende Haltung, wie sie die Beziehung zwischen meiner Mutter und mir kennzeichnete, erhalten bleiben. Tatsächlich bildeten meine zwei linken Hände und ihre Fürsorglichkeit eine Verhaltenseinheit. Es ist interessant, daß mein Selbstgefühl als Mensch mit zwei linken Händen bestehen blieb, während ich mich in andere Bereichen durchaus als einen Menschen empfand, der mit den Dingen fertig wurde; beide Überzeugungen entwickelten sich parallel in den verschiedenen Holons. Erst als ich als junger Ehemann einige Möbelstücke, die wir noch brauchten, selbst herstellte und dabei von meiner Frau unterstützt und ermuntert wurde, konnte ich schließlich alles, was ich außerhalb meiner Familie an Kenntnissen und Fähigkeiten erworben hatte, auch im Bereich der Familie anwenden. Die neue Definition meines Selbst erfuhr dann in der Beziehung zu meiner Frau ihre Bestätigung und Erweiterung.

Murray Bowen – unter dem Eindruck der Macht dieser Subsysteme, die symbolisch noch weiter wirksam bleibt, nachdem die Menschen ihr Zuhause längt verlassen haben – sagt, daß man die entsprechenden Definitionen dadurch angreifen könne, daß man in seine Herkunftsfamilie »zurückkehrt« und die Transaktionen – nicht in der Vergangenheit, sondern jetzt in der Gegenwart – verändert[3]. Das gleiche Ergebnis läßt sich vielleicht auf direktem Weg so erreichen, daß man innerhalb des therapeutischen Systems bestimmte Funktionen, die die Familienmitglieder in einem Holon innehaben, fördert und dann in andere Holons überträgt. Für die Herausforderung der Holonstruktur der Familie bieten sich im wesentlichen drei Techniken an: Mit der Technik des Grenzenziehens ändert sich die Beteiligung der Mitglieder an den einzelnen Holons. Wenn man die Familie aus dem Gleichgewicht bringt, ändert man die Hierarchie unter den Mitgliedern eines Holons. Und Komplementarität ist eine Herausforderung der linearen Hierarchie.

Anmerkungen

[1] Koestler, Arthur: Janus – A Summing Up. New York: Vintage Books 1979, S. 44; dt. Der Mensch – Irrläufer der Evolution. Bern-München: Scherz 1978.
[2] Berger, Peter L., und Thomas Luckmann: The Social Construction of Reality. New York: Doubleday 1967, S. 53–59, 118; dt. Die gesellschaftliche Konstruktion der Wirklichkeit. Frankfurt: S. Fischer 1969, S. 56, 63, 101 f., 126, 133 f.
[3] Bowen, Murray: Family Therapy in Clinical Practice. New York: Jason Aronson 1978, S. 530.

11 Grenzenziehen

Die Techniken des Grenzenziehens regulieren die Durchlässigkeit jener Grenzen, die die einzelnen Holons voneinander trennen. Der Leitgedanke ist die Beobachtung, daß die Beteiligung an einem spezifischen Kontext eines spezifischen Holons kontextspezifische Reaktionen erfordert. Jeder Mensch bringt in seinem Verhalten immer nur einen Teil seines gesamten Repertoires zum Einsatz. Mögliche andere Verhaltensweisen können eingesetzt werden, wenn der Mensch in einem anderen Subsystem zu handeln beginnt oder wenn sich die Art seiner Beteiligung an einem Subsystem ändert. Die Techniken des Grenzenziehens können auf die innere Distanz zwischen den Familienmitgliedern oder aber auf die Dauer der Interaktionen innerhalb eines signifikanten Holons gerichtet sein.

DIE INNERE DISTANZ

Häufig kann man schon an der Sitzordnung, die die Familienmitglieder gewählt haben, erkennen, welche Bündnisse zwischen ihnen bestehen. Allerdings sollte der Therapeut darin nur einen ersten Hinweis sehen, dem er weiter nachgehen muß, um ihn bestätigt zu finden oder aber wieder fallenzulassen. Er wird ein Auge auf solche räumlichen Hinweise und auf eine Vielzahl anderer Anzeichen haben. Wenn eines der Familienmitglieder spricht, merkt er sich, wer von den anderen die Rede unterbricht oder ergänzt, wer sie bestätigt und wer dem Sprecher weiterhilft. Dies sind auch wieder schwache Daten, aber sie bieten dem Therapeuten doch bereits ein erstes Bild, aus dem ersichtlich wird, wer wem besonders verbunden ist, welche Bündnisse, Koalitionen oder übermäßig verstrickte Dyaden oder Triaden es in dieser Familie gibt und welche Muster die Struktur zum Ausdruck bringen und unterstützen. Er kann dann entweder kognitive Konstrukte einsetzen oder konkret vorgehen, um neue Grenzen zu schaffen.

In der Arbeit mit der Familie Hanson zieht der Therapeut ein kognitives Konstrukt heran, um eine Grenze zwischen zwei Familienmitgliedern zu ziehen. Fünf Minuten nach Beginn der Sitzung fragt er Alan: »Kennst du Kathys Freund?«, und Kathy beantwortet seine Frage. Einen Augenblick später fragt er Alan nach Dicks Alter, und wieder antwortet Kathy um den Bruchteil einer Sekunde schneller als Alan. Jetzt hat der Therapeut zwei Beispiele für die gleiche Art der Einmischung und sagt zu Kathy: »Du hilfst gerne, nicht wahr? Du übernimmst sein Gedächtnis.«

Solche Bemerkungen sind kognitive Hinweise darauf, daß hier eine größere Distanz wünschenswert ist. Erfahrene Therapeuten sammeln Bemerkungen dieser Art, behalten sie im Gedächtnis, und in entsprechenden Situationen werden sie dann zu spontanen Antworten: »Du übernimmst seine Stimme.« – »Wenn sie für dich antwortet, brauchst du nicht zu sprechen.« – »Du bist der Bauchredner, und sie ist deine Marionette.« – »Die Stimme, die Sie da immer hören, ist gar nicht Ihre eigene; aus Ihnen spricht die Stimme Ihres Vaters.« – »Wenn dein Vater alles für dich tut, dann wirst du immer zwei linke Hände haben.« – »Wenn deine Eltern wissen, wann du Insulin brauchst, dann besitzt du keinen eigenen Körper.« Das sind Bemerkungen, die auf ein ganz bestimmtes Gegenüber zugeschnitten sind und von Minuchin verwendet werden, der die konkreten Metaphern besonders liebt. Wenn ein Therapeut sie sich ausleiht, dann muß er sie auf die jeweilige Person zuschneiden; noch besser ist es, wenn er eigene Bemerkungen dieser Art erfindet, um die Einmischung in die private Sphäre eines anderen deutlich zu machen, auf diese Weise auf eine übermäßig verstrickte Dyade hinzuweisen und Trennung zu erreichen.

Wenn dysfunktionale dyadische Transaktionen dadurch am Leben erhalten werden, daß ein Dritter als Umweg, als Verbündeter oder als Richter hinzutritt, dann wird der Therapeut bestrebt sein, die Grenzen zwischen drei beteiligten Menschen festzulegen. In solchen Fällen entschließt er sich vielleicht, die verstrickte Dyade weiterhin von den übrigen Familienmitgliedern getrennt zu halten, damit die beiden innerhalb ihres eigenen Subsystems Alternativen in bezug auf ihren Konflikt finden können. Möglich ist aber auch, daß er die Distanz zwischen diesen beiden Menschen vergrößert, indem er die dritte Person hier eine Grenze ziehen läßt oder aber indem er andere Subsysteme erschafft, die die beiden so stark miteinander befaßten Mitglieder voneinander trennen. Ein verbreitetes Muster ist ein ungehorsames Kind, eine inkompetente Mutter und ein autoritärer Vater. Ihr Tanz ist ein Thema mit Variationen: das Kind folgt nicht, die Kontrolle durch die Mutter fällt übertrieben heftig oder aber zu schwach aus, das Kind folgt wiederum nicht, der Vater kommt dazu mit strenger Stimme oder finsterem Blick, das Kind gehorcht. Die Mutter bleibt inkompetent, das Kind bleibt ungehorsam, der Vater bleibt die Autorität.

Eine andere Variation des gleichen Tanzes kommt zustande, wenn zwischen den Eltern offene oder versteckte Konflikte bestehen, die nicht gelöst sind. Sobald eine außergewöhnliche Belastung auf die eheliche Dyade zukommt und die ungelösten Konflikte dadurch aktiviert werden, benimmt sich das Kind entweder schlecht, oder es ergreift Partei für die Mutter gegen den autoritären Vater, oder es verbündet sich mit dem Vater gegen die Mutter, die ihrer Aufgabe nicht gewachsen ist und sich nicht fair verhält, oder aber es wird zum Helfer bzw. zum Richter beider Eltern. Wenn der Therapeut – wie bei der Familie Kuehn – beschließt, die Mutter-Kind-Dyade als Fokus zu nehmen, und der Ehemann dadurch draußen gehalten wird, kann er zu ihm sagen: »Da die Muter und das Kind in der Regel auch dann zusammen sind, wenn Sie arbeiten, wäre es nett, wenn Sie gemeinsam mit mir beobachten würden, wie die beiden den Konflikt lösen« oder »Mutter und Tochter sind beides Frauen, und weder Sie noch ich wissen, wie es ist, ein vierjähriges oder ein siebenundzwanzigjähriges weibliches Wesen zu sein – also muß die Mutter Ihre Tochter wohl besser verstehen. Sehen wir uns ihren Tanz noch einmal an, vielleicht können wir etwas daraus lernen.« Es ist auch möglich, daß der Therapeut sich in dieser Situation dafür entscheidet, die Definition des Problems von der Verstrickung von Mutter und Kind dahingehend zu erweitern, daß auch der Vater Anteil am Fortbestehen des Symptoms des Kindes hat. Mit dieser Strategie bleibt das Kind im Brennpunkt, aber zugleich wird die Beteiligung des Vaters am elterlichen Subsystem erweitert, um so die verstrickte Dyade trennen zu können. Der Therapeut kann sich dann den Eltern gegenüber folgendermaßen äußern: »Wenn ein vierjähriges Mädchen größer ist als seine Mutter, dann sitzt es vielleicht auf den Schultern des Vaters.« Oder: »Ein vierjähriges Kind ist doch kein ernsthafter Partner, wenn die Eltern sich einig sind.« Oder: »Wenn Sie mit einem so kleinen Kind nicht fertig werden, dann ziehen Sie doch wohl nicht am gleichen Strang.« Oder: »Sie beide müssen irgend etwas falsch machen. Ich weiß nicht, was es sein mag, aber ich bin sicher, wenn Sie gemeinsam darüber nachdenken, werden Sie herausfinden, was es ist, und darüber hinaus werden Sie eine Lösung finden.« Oder: »So wie die Dinge liegen, bekämpfen und besiegen Sie einander gegenseitig, und in gewisser Weise verletzen und nutzen Sie Ihr Kind aus, das Sie beide doch sehr lieben; also müssen wir wohl einen Weg finden, wie Sie einander helfen können, so daß Sie dann auch Ihrem Kind helfen können.« Diese Unterstützung des elterlichen Subsystems zielt zum einen darauf, keine größere Distanz zwischen Mutter und Kind zu schaffen, zum anderen sollen die Ehepartner durch die gemeinsame elterliche Aufgabe wieder näher zusammenfinden.

Wenn der Therapeut beschließt, sich auf die eheliche Dyade und ihre dysfunktionalen Transaktionen zu konzentrieren, um auf diese Weise die verstrickte Mutter-Kind-Dyade aufzulösen, dann muß er die Umwegstrategien des Kindes verhindern. Er wird vielleicht zu dem Kind sagen: »Du bist ein nettes, um deine Eltern besorgtes und gehorsames Kind, gerade indem du dich schlecht benimmst, Kopfschmerzen hast oder in der Schule nichts zustandebringst, sobald deine Eltern Schwierigkeiten miteinander haben.« Oder: »Wenn du über das Verhalten deiner Eltern sprichst oder wenn du deiner Mutter bzw. deinem Vater zu Hilfe kommst, dann ist es faszinierend zu sehen, wie rasch du dich von einem zehnjährigen Kind in einen Menschen von 65 oder von 208 Jahren verwandelst und dann ebenso rasch wieder zum kleinen Kind wirst. Aber ist es nicht komisch, daß du zur Großmutter deiner Mutter oder deines Vaters wirst? Ich möchte dir helfen, wieder klein zu werden. Setz dich mal hier neben mich und sei still, solange deine Eltern mit Dingen beschäftigt sind, die nur sie etwas angehen und bei denen du nichts zu suchen und nichts zu bestellen hast.« Oder der Therapeut sagt zu einem der Eltern oder zu beiden: »Ich möchte, daß Sie Ihrem Kind helfen, wieder klein zu werden. Sagen Sie ihm, daß es den Mund halten soll, während Sie Ihre Angelegenheiten miteinander besprechen.«

Grenzen zwischen Subsystemen sind auch notwendig, und wenn Eltern sich in die Auseinandersetzungen der Geschwister einmischen, wenn Heranwachsende ihre Eltern schlechtmachen oder sich in die Partnerschaft einmischen, wenn Großeltern sich mit ihren Enkeln gegen die Eltern verbünden oder ein Ehepartner die eigenen Eltern in eine Koalition gegen den anderen Partner hineinzieht, dann steht dem Therapeuten eine Vielzahl von Techniken zur Grenzenziehung zur Verfügung. Manchmal führt der Therapeut zu Beginn der Therapie eine Regel ein. Er kann sagen: »In diesem Raum hier gilt nur eine Regel. Es ist eine kleine Regel, aber offensichtlich für Ihre Familie sehr schwer zu befolgen. Sie heißt, daß niemand für einen anderen sprechen oder dem anderen sagen soll, wie dieser fühlt und denkt. Jeder sollte seine eigene Geschichte erzählen und sein eigenes Gedächtnis besitzen.« Mit dieser Regel hat der Therapeut es in der Hand, Grenzen tatsächlich festzulegen und die Einmischung eines Familienmitgliedes in den privaten Raum eines anderen als »Nichtbeachten der Regel« kenntlich zu machen. Einmischungsversuche, Bündnisse oder Koalitionen können auf diese Weise blockiert, nämlich als Versuche hingestellt werden, für einen anderen zu sprechen oder aber die Gedanken und zukünftigen Handlungen dieses anderen vorwegzunehmen.

Der Therapeut kann Subsysteme mit unterschiedlichen Aufgaben ins Leben rufen. Wenn beispielsweise die Kinder miteinander streiten, kann der Therapeut die Eltern, die sich in den Streit einmischen wollen, auffordern, sich mit ihm zu einer »Gruppe der erwachsenen Beobachter« zusammenzutun, »denn Kinder denken heutzutage anders als zu unserer Zeit und kommen vielleicht auf Lösungen, an die wir gar nicht gedacht hätten«. Oder er bittet die Eltern, den Kindern die Aufgabe zu erteilen, gemeinsam ein Problem zu lösen, und wenn sie die Lösung gefunden haben, diese mit den Kindern zu besprechen; damit unterstreicht er die exekutive Funktion der Eltern und sorgt zugleich dafür, daß sie sich nicht einmischen. Möglich ist auch, daß er den einen Ehepartner bittet, dem anderen dabei zu helfen, sich nicht in die Auseinandersetzung der Kinder einzumischen, indem er ihm fest die Hand drückt, sobald der andere zu einem Einmischungsversuch ansetzt. Zugleich sollen die Eltern allerdings den Bemerkungen der Kinder aufmerksam folgen, so daß sie am Ende von ihrem Standpunkt aus etwas dazu sagen können. Der Therapeut kann auch vorschlagen, daß Eltern und Kinder ein bestimmtes Familienthema jeweils unter sich und von ihrem jeweiligen Standpunkt aus diskutieren und am Ende jede Gruppe der anderen mitteilt, wie sie die Dinge sieht. Damit sind zwei Subsysteme geschaffen, die gleichzeitig funktionieren, ohne einander zu behindern. Der Therapeut kann sich einer dieser Gruppen als Beobachter oder als Teilnehmer anschließen oder sich bald der einen, bald der anderen Gruppe zuwenden. Oder der Therapeut sagt einem Großvater, da er die Weisheit des Alters habe, sei er an Beobachtungen interessiert und bitte ihn daher, zunächst der Diskussion zwischen Eltern und Kindern aufmerksam zuzuhören, ohne sich einzumischen.

Der Therapeut kann auch ganz konkrete räumliche Veränderungen vornehmen, um die Distanz zwischen einzelnen Familienmitgliedern zu verändern. Solche äußeren Vorkehrungen gelten allgemein als repräsentativ für innerpsychische Abläufe oder emotionale Transaktionen zwischen Menschen. Gleichgültig, wie der soziale Hintergrund beschaffen ist, wie die wirtschaftlichen Verhältnisse aussehen, wie jung oder alt die Familienmitglieder sind, mit denen man es zu tun hat – Metaphern der räumlichen Nähe oder Entfernung werden immer als

Ausdruck der emotionalen Verbundenheit verstanden. Die Veränderung der räumlichen Beziehungen der Familienmitglieder während der Sitzung ist eine grenzenziehende Maßnahme, die den Vorteil hat, nichtverbal, klar und intensiv zu sein. »Die Welt bleibt stehen«, wenn die Familienmitglieder in dem, was sie gerade tun, innehalten und den Platz miteinander tauschen. Diese Intervention hat noch den zusätzlichen Vorteil, daß sie auch denjenigen Familienmitgliedern deutlich ins Auge springt, die an der gerade ablaufenden Transaktion nicht selbst beteiligt sind. Bei Minuchin ist es schon fast zum Markenzeichen geworden, daß er die Familienmitglieder immer wieder umsetzt und auch selbst den Platz wechselt, um auf diese Weise Veränderungen in der eigenen emotionalen Verbundenheit mit einzelnen Familienmitgliedern zum Ausdruck zu bringen.

Der Therapeut kann auch durch sich selbst Grenzen ziehen, indem er durch Armbewegungen oder mit dem ganzen Körper den Blickkontakt in einer übermäßig verstrickten Dyade unterbricht. Diese Maßnahme kann durch eine andere Anordnung der Stühle begleitet werden, so daß es den beiden Beteiligten gar nicht mehr möglich ist, Signale auszusenden, und sie erfährt unter Umständen auch noch eine Verstärkung durch Aussagen wie etwa: »Du sprichst doch mit deinem Bruder; da braucht dein Vater dir nicht zu helfen.« Oder: »Du weißt darüber doch besser Bescheid, weil du dabei warst – also frag dich doch selbst, statt das Gedächtnis deiner Mutter zu benutzen.«

Gelegentlich bittet der Therapeut die Familienmitglieder auch deshalb, die Plätze zu tauschen, weil er zeigen möchte, daß er jetzt ein bestimmtes Subsystem unterstützt. Wenn beispielsweise Ehemann und Ehefrau durch eines der Kinder, das zwischen ihnen sitzt, getrennt sind, dann sagt er dem Kind, es solle den Platz mit einem der Eltern tauschen, so daß diese sich direkt miteinander unterhalten können. Wenn der Therapeut seine Anweisungen klar und verständlich formuliert, gehen die Familienmitglieder in der Regel darauf ein. Er kann aufstehen und die Distanz zwischen sich und demjenigen, der seinen Platz räumen soll, verringern, wenn er das für notwendig hält. Diese Veränderung der Distanz zwischen dem Therapeuten und den Familienmitgliedern macht es schwieriger, Widerstand zu leisten.

In der Therapie sind alle diese Techniken nicht deutlich voneinander unterschieden; in der Regel kommen sie miteinander vermischt zur Anwendung und verstärken sich gegenseitig. Ein gutes Beispiel dafür haben wir in der Behandlung der Familie Karig, zu der ein Kind mit psychosomatischen Beschwerden gehört.

Therapeut: Herr Karig, ich habe den Eindruck, in diesem Punkt sind Sie und Ihre Frau verschiedener Meinung. Sprechen Sie mit ihr. *(Die ganze Familie – die beiden Eltern und die vier heranwachsenden Kinder – bricht in Gelächter aus.)*
Vater: Das ist lustig, weil wir nämlich überhaupt nicht miteinander reden.

(1) *Therapeut:* Aber jetzt müssen Sie das tun, um diese Unstimmigkeit zwischen Ihnen aus der Welt zu schaffen.
Vater (zum Therapeuten): Ich glaube, daß Jerry . . . *(Der Therapeut gibt ihm durch ein Zeichen zu verstehen, daß er mit seiner Frau reden soll.*

(2) *Der Mann sieht kurz zu seiner Frau hin und richtet seine Worte dann wieder an den Therapeuten. Die Kinder zeigen Zeichen der Unruhe.)*
Therapeut: Nein, sprechen Sie zu Ihrer Frau. Wir hören alle zu, aber Sie müssen mit Ihrer Frau sprechen. *(Vollführt eine Geste, durch die die*
(3, 4, 5) *Eltern sowohl von ihm als auch von den übrigen Familienmitgliedern getrennt werden.)*
Vater (zum Therapeuten): Ich weiß, daß es wichtig ist, aber mir scheint . . .
Therapeut: Nein. Hier, drehen Sie Ihren Stuhl ein wenig zur Seite, dann können Sie sie besser sehen. *(Hilft dem Mann, den Stuhl zu drehen.)*
(6, 7) Und Sie auch, Frau Karig. *(Dreht ihren Stuhl so, daß sie ihrem Mann ins*
(8) *Gesicht sehen kann. Dann wendet er den Kopf und sieht aus dem Fenster. Die Kinder sind jetzt ganz still.)*
Vater (dreht sich zur Seite und spricht seine Frau an): Es ist doch so, daß wir uns jedesmal, wenn wir anfangen, miteinander zu reden, am Ende Dinge sagen . . .
Mutter (zu ihrem Mann): Und wer hat gewöhnlich recht? Das möchte ich doch mal von dir wissen!

Diese Sequenz nimmt etwa dreißig Sekunden in Anspruch und enthält mindestens acht grenzziehende Techniken. Zunächst beschreibt der Therapeut das eheliche Subsystem (1), dann verstärkt er es durch eine Handbewegung (2) und wiederholt es noch einmal mit Worten (3). Die Kinder werden durch Wort und Geste (4, 5) aus der Transaktion ausgeschlossen. Die Eltern müssen sich anders hinsetzen, so daß sie einander ins Gesicht sehen können und den Kindern den Rücken zuwenden (6, 7). Schließlich nimmt der Therapeut auch die eigene Beteiligung zurück, indem er den Kopf abwendet (8), und nun endlich beginnen die beiden Eheleute ein längeres Gespräch, bei dem sie nicht unterbrochen werden. Diese Grenzziehung hat schließlich Erfolg, denn der Therapeut setzt eine Vielzahl von Techniken ein, bis die angestrebte Isolation von Mann und Frau erreicht ist. Wenn eines der Kinder nun immer noch versuchen sollte, die Eltern zu unterbrechen, dann kann der Therapeut durch eine Bewegung seines Körpers diese Unterbrechung blockieren oder das Kind noch weiter von den Eltern wegsetzen, oder er kann es bitten, seinen Stuhl so herumzurücken, daß es einem der Geschwister ins Gesicht sieht, oder aber er sagt zu den Eltern: »Lassen Sie Ihre Kinder nur dann etwas dazu sagen, wenn Ihnen beiden das wirklich recht ist.« Wenn die Eltern sich an diese Aufforderung halten, dann wird der Therapeut nicht länger die konzeptionellen Grenzen ziehen müssen, sondern die Familie wird es selbst können.

In dieser Sitzung ist das Grenzenziehen, obwohl theoretisch einfach, für den Therapeuten jedoch sehr schwierig, weil er von beiden Eltern unter Druck gesetzt wird, sich ihrem Subsystem anzuschließen. Trotz seiner Aufforderung, Mann und Frau sollten sich doch miteinander unterhalten, sprechen sie weiter zum Therapeuten. Wenn er darauf eingeht, dann unterstützt er die dysfunktionale Transaktion, zu der immer ein drittes Mitglied hinzukommt, um den Konflikt zu umgehen. Damit wirkt er im Grunde seinem eigentlichen Anliegen gerade entgegen. In dem hier beschriebenen Ausschnitt vermeidet der Therapeut den Blickkontakt dadurch, daß er zum Fenster hinausschaut. Wenn in einer solchen Situation zufällig kein Fenster da ist, kann er sich genausogut auf seine Fußspitze konzentrieren, sich irgendwelche Notizen machen oder auch gedankenverloren etwas aufs Papier kritzeln.

In der Familie Brown kommt die Technik des Grenzenziehens bei der Vater-Tochter-Dyade zur Anwendung. Die Familie sucht Hilfe für die vierzehnjährige Tochter Bonnie, die an schwerem Asthma leidet. Bonnies siebzehn- und achtzehnjährige Schwestern nehmen an der Sitzung ebenfalls teil. Bonnie und der Vater fangen ein Gespräch über Bonnies Leistungen in der Schule an. Sie haben noch kaum ein paar Worte gewechselt, als ihre Konversation auch schon die übrigen Familienmitglieder auf den Plan ruft. Die eine Schwester sagt schnippisch, Bonnie hätte sich eben nicht für Mathematik entscheiden sollen. Die Mutter wirft dem Vater vor, daß er Bonnie nie bei den Hausaufgaben helfe. Die andere Schwester beginnt zu erzählen, wie es ihr in der Schule ergeht.

Der Therapeut, Ronald Liebman, dreht Bonnies Stuhl so um, daß sie nun ihrem Vater direkt ins Gesicht sieht, und fordert Vater und Tochter auf, in ihrer Unterhaltung fortzufahren. Als die ältere Schwester versucht, sich einzumischen, sagt er zu Bonnie: »Das ist eine Sache zwischen dir und deinem Vater. Jedesmal, wenn du versuchst, dich bemerkbar zu machen, bringt deine hilfsbereite Familie dich mit ihrer Hilfsbereitschaft sofort zum Schweigen. Das darfst du nicht zulassen.« Vater und Tochter unterhalten sich weiter, und wenig später beginnt die Mutter zu sprechen. Liebman hebt die Hand und zeigt auf diese Weise, daß die Unterhaltung zwischen Bonnie und ihrem Vater stattfindet. Als dann wieder jemand unterbrechen möchte, sagt Bonnie selbst: »Einen Augenblick, bitte.« Das Grenzenziehen wird jetzt von einem Mitglied der Familie weitergeführt.

Zur Festlegung einer Grenze rund um die Vater-Tochter-Dyade bedient der Therapeut sich zunächst einer räumlichen Maßnahme. Er dreht Bonnies Stuhl um und markiert damit das hier bestehende Subsystem: Vater und jüngste Tochter. Die beiden können sich nun leichter miteinander unterhalten, und den übrigen Anwesenden wird das Unterbrechen erschwert. Dann weist der Therapeut Bonnie an, auch um ihr Gespräch herum eine Grenze zu ziehen. Noch später schließlich gibt er den anderen durch eine Geste zu verstehen, daß sie sich heraushalten sollen.

All dies hätte er auch anders machen können. Er hätte den Vater bitten können, die übrigen Familienmitglieder aus seiner Unterhaltung mit der Tochter herauszuhalten, oder er hätte dies auch selbst beziehungsweise gemeinsam mit dem Vater tun können. Im Grunde wären dies alles isomorphe Interventionen gewesen. Daß der Therapeut sich nun gerade für diesen und nicht für einen anderen möglichen Schritt entschlossen hat, ist idiosynkratisch für diesen Therapeuten in diesem spezifischen Kontext. Der Therapeut nützt auch die eigene Anwesenheit mit Erfolg, um Grenzen herauszuarbeiten, indem er seine Aufmerksamkeit ausschließlich dem Gespräch zwischen Vater und Tochter zuwendet. Wenn andere Familienmitglieder sprechen, hört er gar nicht hin. Zur Untermauerung seiner Interventionen zieht er auch kognitive Konstrukte heran, wenn er Bonnie und alle übrigen Familienmitglieder darauf aufmerksam macht, daß die Hilfe, die die Familie leistet, sich auf Bonnie lähmend auswirkt.

Bei seiner Arbeit mit der Familie Brown unternimmt der Therapeut also ganz verschiedene Schritte, um Grenzen zu ziehen: Er verändert den physikalischen Raum, um die Subsysteme sichtbar zu machen, er setzt die eigene Person ein, um das eine Subsystem vor der Einmischung durch die übrigen zu schützen, und er begründet, warum er dieses eine Subsystem schützt. Die ersten beiden sind konkrete Maßnahmen, bei der letzten handelt es sich um ein kognitives Konstrukt. In dieser speziellen Situation reichen diese Maßnahmen aus, um ein

Familienmitglied, nämlich Bonnie, dazu zu bewegen, das Vater-Tochter-Subsystem zu schützen. Im weiteren Verlauf der Therapie werden noch eine ganze Reihe anderer grenzziehender Techniken zur Anwendung kommen und mehrfach wiederholt werden müssen, ehe sie so viel Intensität erworben haben, daß sie einen strukturellen Wandel herbeizuführen vermögen.

Metaphern, die den Raum betreffen, können auch so aussehen, daß die Stühle in zwei Kreisen angeordnet werden, um gleichzeitig zwei Subsysteme zu schützen, oder daß ein Stuhl um 180 Grad gedreht wird, damit man ein Familienmitglied isolieren oder auch schützen kann, oder daß der leere Stuhl zwischen den Eheleuten bzw. auch nur der Aschenbecher oder das Buch entfernt werden, die sie voneinander trennen, um auf diese Weise die Notwendigkeit größerer Nähe anzudeuten. Auch daß der Therapeut sich einem Familienmitglied ganz besonders deutlich zuwendet, neben einem Kind niederkniet und es berührt oder hoch über allen steht, sind Anzeichen einer bestimmten Verbundenheit, die keiner verbalen oder kognitiven Erklärung bedarf.

Wenn im exekutiven Subsystem ein inkompetentes und ein kompetentes, hilfsbereites und zudringliches Mitglied sind, kann der Therapeut den »kompetenten« Partner bitten, sich hinter den Einwegspiegel zu setzen und zuzusehen, wie der »Hilflose« handelt, wenn er nicht auf die Unterstützung des »Kompetenten« zurückgreifen kann. Eine weitere nichtverbale Technik besteht darin, die Eltern einfach zu bitten, nur bestimmte Familienmitglieder zur Sitzung mitzubringen, andere dagegen nicht – damit wird eine Trennung der Subsysteme deutlich gemacht. Oder aber der Therapeut gibt an, wer an den einzelnen Sitzungen jeweils teilnehmen soll.

In einigen Familien mit chaotischer Kommunikation, in denen die Mitglieder einander ständig unterbrechen oder aber alle gleichzeitig reden, stellt der Therapeut unter Umständen fest, daß ihm der Geräuschpegel für eine angenehme Unterhaltung zu hoch ist. Dann kann er sich künstlicher Mittel bedienen, etwa ein Spiel erfinden, bei dem alle still im Kreis sitzen und nur zwei oder drei Personen sich in die Mitte setzen und miteinander sprechen; oder der Therapeut gibt den Teilnehmern etwas (einen Hut, ein Stück Kreide, einen Schlüssel) in die Hand, um so anzuzeigen, welche Familienmitglieder jetzt das Recht haben zu sprechen. Und wenn die Sitzung so anstrengend wird, daß der Therapeut nichts mehr ausrichten zu können glaubt, dann schafft die Verminderung der Teilnehmerzahl sofort ein neues und anderes Subsystem und damit wieder andere Möglichkeiten, mit den Belastungen der Familie fertigzuwerden.

DIE DAUER DER INTERAKTION

Die Ausdehnung bzw. Verlängerung eines bestimmten Prozesses, eines von mehreren Möglichkeiten, um die Intensität zu steigern, läßt sich auch zur genauen Kennzeichnung von Subsystemen bzw. zu ihrer Abgrenzung heranziehen. In diesem Fall ist der Inhalt der Transaktionen nicht so wichtig wie die Tatsache, daß überhaupt eine Transaktion stattfindet.

Nachdem es Frau Kuehn gelungen ist, sich der Tochter gegenüber mit ihren Forderungen durchzusetzen, gibt der Therapeut ihnen Puppen und fordert sie auf, damit zu spielen. Das Spiel dauert mehr als zwanzig Minuten, ohne daß sie der Therapeut nur ein einziges Mal unterbricht, außer daß er nach zehn Minuten noch den Vater als weiteren Mitspieler einführt. Dem Therapeuten geht es hier nicht um den Inhalt der Transaktion, sondern nur darum, zunächst das Mutter-Tochter-Holon und später das Mutter-Vater-Tochter-Holon so lange eine angenehme und erfreuliche Situation miteinander erleben zu lassen, daß damit ein komplementärer Kontrapunkt zum eingespielten und im Besitz der Kontrolle befindlichen Mutter-Tochter-Subsystem geschaffen wird.

Die bisher genannten Techniken kommen im Rahmen des therapeutischen Systems und in Anwesenheit des Therapeuten zur Anwendung. Der Therapeut hat ein Auge auf die Grenzen, wenn er nicht selbst zur Grenze wird. Aber wenn man dauerhafte Erfolge erzielen will, muß die Therapie auch außerhalb der Sitzung fortgesetzt werden. Wenn es dem Therapeuten darum geht, ein bestimmtes Subsystem aufrechtzuerhalten, dann kann er der Familie eine Hausaufgabe geben, mit der die in der Sitzung eingeführten Prozesse fortgeführt werden. Dann wacht sein »Geist« über die Durchführung der therapeutischen Aufgabe. Wenn die noch ungewohnten Transaktionen in der gewohnten Umgebung stattfinden, dann erleichtert das den strukturellen Wandel.

Ebenso wie die Techniken, die innerhalb der Sitzung angewandt werden, können auch Interventionen außerhalb der Sitzung Einfluß auf räumliche oder zeitliche Zugehörigkeiten haben. Die Familie Pulaski besteht aus einer verwitweten Mutter und ihrer hypochondrischen achtzehnjährigen Tochter, mit der die Mutter verstrickt ist. Der Therapeut erteilt der Mutter eine Aufgabe: Sie soll sich etwas zu tun suchen, das nur sie allein beschäftigt. Frau Pulaski, die mit Übergewicht zu kämpfen hat, erzählt dem Therapeuten in der nächsten Sitzung, daß sie sich einem Diätclub angeschlossen hat. In diesem Fall ist die Aufgabe nicht festgelegt; es bleibt der Mutter überlassen, sich für etwas zu entscheiden, was zu ihrem Leben und ihren Gewohnheiten paßt. Eine Aufgabe, mit deren Hilfe Ehepartner einander wieder näherkommen sollen, kann dagegen inhaltlich schon eher festgelegt sein: Jeder soll sich eine Woche lang dem Partner gegenüber so verhalten, daß dieser zufrieden und glücklich ist, ohne ihm dabei allerdings zu sagen, was seine Absichten sind. In der nächsten Sitzung werden die Ehepartner dann aufgefordert, die Veränderungen zu schildern, die sich beim jeweiligen Partner vollzogen haben.

In anderen Fällen erteilt der Therapeut ganz detaillierte Aufgaben. Stellen wir uns beispielsweise eine Familie vor, in der der Ehemann und Vater am Rande steht, während Mutter und Sohn eng miteinander verstrickt sind. Hier kann der Therapeut den Vater anweisen, dem Jungen bei den Hausaufgaben zu helfen, ihn zurechtzuweisen, wenn er sich schlecht benimmt, oder aber ihm zu zeigen, wie man Fußball spielt oder mit Hobel und Säge umgeht, und zwar mit der Erklärung: »Sie sind ein Mann, und auch Ihr Sohn wird eines Tages ein Mann sein; also sollten Sie ihn zurechtweisen, ihn etwas lehren oder aber eine Woche lang mit ihm spielen.« Aufgaben dieser Art kann man noch dadurch verstärken, daß ein Mitgefühl mit der Mutter herausklingt, indem man etwa sagt: »Ihre Frau hat sich ja solche Mühe mit Billy gegeben, jetzt muß sie einmal ein oder zwei Wochen lang ausruhen.« Die zeitliche Begrenzung solcher Aufgaben zeigt der Familie, daß es sich hier um etwas Vorübergehendes, um ein Experiment handelt, und begünstigt so ihre Mitarbeit bei der Suche nach neuen und besseren Lösungen.

Es gibt noch eine ganz andere Möglichkeit, Grenzen bei übermäßig verstrickten Dyaden zu ziehen; sie besteht in der Erteilung paradoxer Aufgaben. Dann empfiehlt oder verlangt der Therapeut, daß die bereits erheblich miteinander verstrickten Mitglieder einer Dyade oder eines anderen Subsystems noch näher zusammenrücken. Beispielsweise sagt der Therapeut zu einer überfürsorglichen Mutter, sie müsse stärker als bisher noch auf die kleinsten Bedürfnisse ihres Kindes achten, oder er empfiehlt dem Ehemann, dessen ganzes Interesse ohnehin auf seine Frau gerichtet ist, er solle sich von nun an auf Schritt und Tritt, also noch mehr als bisher, um seine Frau bemühen und immer an ihrer Seite sein. Mit dieser Technik soll der Konflikt zwischen den Beteiligten verstärkt werden, worauf eine größere Distanz folgt.

Gegenüber der Familie Hanson kommen verschiedene Techniken der Grenzziehung zur Anwendung, nachdem der Therapeut Alan gebeten hat, sich mit seinem Vater zu unterhalten.

Alan: Kannst du mir helfen, Peg?

Peg: Sag ihm, daß du deine Entscheidungen selbst treffen möchtest, wenn du das wirklich willst.

Alan: Ja, ich wäre gerne etwas unabhängiger, aber anscheinend habe ich die Angewohnheit, andere die Dinge für mich erledigen zu lassen, irgendwie hat sich das so eingespielt.

Peg: Und mir scheint, für Papa ist es sehr schwer, sich in diesem Punkt mal zu bremsen. Wahrscheinlich würde es uns allen schwerfallen, aber ihm ganz besonders, weil er und Mama sowieso dazu neigen, dich zu beschützen. Und es wird wohl noch sehr lange dauern und dir einiges abverlangen, bis du mal selbst eine Entscheidung triffst und sagst: »Also, jetzt hört mal, ich möchte nicht, daß Peg mir hilft.« Sowas kann man nicht sagen, solange es einem Angst macht.

Alan: Ja.

Minuchin: Peg, passiert das häufig, daß du dich in der Rolle des Helfers befindest?

Peg: Ja.

Minuchin: Wer bittet dich sonst noch um Hilfe?

Peg: Och – meine Mutter.

Der Therapeut möchte eines der Geschwister dazu heranziehen, Alan von seinem überfürsorglichen Vater zu lösen, der ihn letztlich behindert. In dem Gespräch geht es um Loslösung und Individuation, aber der Therapeut stellt fest, daß Peg sich in der Rolle des Helfers anscheinend außerordentlich wohl fühlt. Er nimmt an, daß Peg zusammen mit weiteren Familienmitgliedern an der Wahrung der dysfunktionalen Transaktionen in der Familie beteiligt ist. Seine entsprechenden Nachforschungen ergeben, daß die Mutter Peg dazu einsetzt, die Distanz zu ihrem Mann aufrechtzuerhalten.

Minuchin: Pete, tausche mal den Platz mit deiner Mutter. Ich möchte nämlich, daß deine Mutter sich mit Peg unterhält. (*Pete hängt sein Mikrofon aus, um sich woanders hinzusetzen, und Peg macht Anstalten, ihm dabei zu helfen.*) Nein! Laß *ihn* das machen! (*Zu Pete*) Sehr gut. Du hast es selbst gemacht. Niemand hat dir dabei geholfen. Vielleicht kann dir auch in Zukunft nichts passieren, Pete, weil niemand dir hilft. Frau Hanson, sprechen Sie mit Peg, denn ich glaube, sie hat es auf sich genommen, in der Familie überall einzuspringen.

Da der Therapeut inzwischen weiß, daß in dieser Familie drei dyadische Subsysteme vorhanden sind, die alle eine aufdringliche Überfürsorglichkeit an den Tag legen, wird er von nun an automatisch alle stattfindenden Transaktionen daraufhin beobachten, ob sie geeignet sind, Kompetenz und Autonomie zu fördern oder aber zu beschneiden. Folglich begrüßt und unterstützt er Petes selbständiges Verhalten, indem er sich mit ihm in seiner Kompetenz verbündet. Dann wendet der Therapeut sich wieder dem Mutter-Tochter-Subsystem zu.

Mutter: Ja, das macht sie. Peg möchte . . .
Minuchin: Sprechen Sie mit *ihr* darüber, was Sie ihr aufbürden.
Mutter: Was ich ihr an Schwierigkeiten aufbürde?
Minuchin: Ja.
Peg: Also, mir ist das nie so aufgefallen. Es war halt so, daß die Großmutter . . .
Mutter: Meine Mutter hat lange Zeit bei uns gewohnt, und sie war immer da, als Peg heranwuchs, und als sie dann nicht mehr da war, habe ich fast automatisch immer Peg um Rat gefragt – ich habe mir gar nicht klargemacht, daß ich sie damit vielleicht belasten könnte. Es war doch immer mehr oder weniger ein Gespräch. Nicht wahr, Peg?
Peg: Vielleicht hast du es nicht so gesehen, aber ich wußte, daß du wolltest, daß ich dir bei Entscheidungen helfe.
Mutter: Ich habe es eher so gesehen,, daß wir die Dinge gemeinsam besprochen haben und daß ich dann meine eigene Entscheidung getroffen habe, aber vielleicht hast du gedacht, daß es dann doch an dir hängenblieb, die Entscheidung zu treffen.
Peg: Es war sehr oft so. Du hast immer gesagt: »Was meinst du, was soll ich tun?« oder »Was hältst du von diesem und jenem?« Und ich habe eine Menge Entscheidungen gefällt.

Allmählich wird klar, daß die Dyaden Kathy-Alan, Alan-Vater, Peg-Alan, Peg-Mutter und schließlich Mutter-Großmutter annähernd gleich organisiert sind und daß wir es hier mit einer Familie zu tun haben, in der die Verstrickung der Differenzierung der Mitglieder entgegensteht. Der Therapeut vermutet, daß Peg, falls sie den Platz der Großmutter eingenommen hat, vielleicht ein Vakuum im Leben der Mutter ausfüllt, das durch den losgelösten Ehemann entstanden ist. Deshalb beschließt er nun, das eheliche Subsystem näher zu erkunden.

Minuchin: Sie haben Peg also gebeten, Entscheidungen zu treffen?
Mutter: Nicht bei wichtigen Dingen, also nicht etwa darüber, ob wir ein Haus kaufen sollten oder so etwas, aber doch . . .

Peg: Bei Familienangelegenheiten.

Mutter: Ja.

Minuchin: Familienangelegenheiten. Da hat sie dich immer gefragt?

Mutter: Ja, ich habe sie um Hilfe gebeten.

Minuchin: Und der Vater – Wo waren *Sie* denn? Sie, der Sie doch so hilfsbereit sind. Der Sie doch Ihrem Sohn Alan immer zu Hilfe kommen. Wo haben Sie gesteckt? Warum hat Ihre Frau nicht Sie um Hilfe gebeten?

Vater: Ich war damals nicht sehr viel zu Hause.

Minuchin: Aha, deshalb. *(Zur Mutter)* Wollen Sie damit also sagen, daß Sie allein waren und daß Sie Peg brauchten, weil Nels nicht da war?

Mutter: Nels hat damals lange Zeit zwei Arbeitsstellen gleichzeitig gehabt. Er hat immer zwei Stellen, aber jetzt ist er mehr an Haus und Familie interessiert. Meiner Meinung nach hat er Zeit, wenn ihn etwas interessiert; wenn es aber etwas ist, worüber er sich nicht gerne Gedanken macht, dann ist er einfach nicht da, dann hört er nichts.

Minuchin: Peg, komm hierher, du mußt da aus dem Mittelpunkt heraus. Frau Hanson, setzen Sie sich neben Ihren Mann. Weißt du, Peg, es ist schade für dich, daß du hier zwischen ihnen sitzt. Ich möchte wetten, du bist allzu leicht erreichbar. Und ich wette, daß dir das auch gefällt.

Der Therapeut ändert die Sitzordnung von Peg und den Ehepartnern, indem er die Tochter vom ehelichen Subsystem entfernt. Er gibt auch ein kognitives Konstrukt, das diese raumbezogene Metapher noch untermauert. Seine Strategie der Arbeit mit den Dyaden hat ein Bild des Mutter-Tochter-Subsystems heraufbeschworen, in dem dieses System sich gewissermaßen als Nachfolger des Mutter-Großmutter-Subsystems erweist. Beide Strukturen haben den Mann und die Frau in einer bequemen Distanz voneinander gehalten. Der Therapeut fährt fort, das eheliche Subsystem zu aktivieren.

Mutter: Was meinst du, wie wir aus diesem Schlamassel herauskommen können?

Vater: Also, erstens könnte ich von nun an ja abends zu Hause bleiben. Ich gebe die andere Stelle auf . . .

Minuchin: Hör doch bitte mal auf, den Kopf zu schütteln, Peg. Das ist nicht deine Funktion.

Der Therapeut hindert Peg daran, ihre gewohnte Position als dritte Person im ehelichen Subsystem einzunehmen.

Vater: Wenn ich auch überzeugt bin, daß ich mich in vielem ändern muß, glaube ich doch, daß du dich erst recht ändern mußt.

Mutter: Wie denn?

Vater: Ach, so ganz allgemein, mir gegenüber. Ich bin oft wirklich tief verletzt.

Mutter: Wieso denn?

Vater: Ich glaube, ich bin in deinen Augen kein richtiger Mann – kein richtiger Ehemann. Oft, sehr oft sogar siehst du auf mich herab.

Mutter: Ja, was mache ich denn, daß du das Gefühl hast, ich sehe auf dich herab?

Vater: Manchmal brauchst du gar nichts zu machen; es reicht schon, wenn du so guckst.

Mutter: Aber ich verstehe nicht, was . . . Sag mir doch, was ich mache, woher du diesen Eindruck hast. Wie stelle ich es denn an . . . Wirklich, also . . .

Vater: Ich will versuchen, eine Antwort darauf zu finden.

Das Problem ist jetzt nicht mehr das schwere psychische Problem eines Heranwachsenden, sondern das Problem ist das einer Familie mit ihren dysfunktionalen Regeln und ihren Subsystemen, die nicht so funktionieren wie sie eigentlich sollten. Da das Problem sich verlagert hat, ist auch die Aufgabe des Therapeuten eine andere geworden. Im ersten Teil des Gesprächs bestand seine Aufgabe wirklich darin, das Problem auf alle Familienmitglieder zu verteilen, es neu zu fassen, so daß aus dem Problem des einen Mitgliedes ein Problem der ganzen Familie wurde. Jetzt muß der Therapeut die Familienorganisation herausfordern, die den Vater draußen hält. Wenn es den Ehepartnern nicht gelingt, unabhängig von ihren Kindern miteinander klarzukommen, dann werden Alan, Peg, Kathy und Pete Schwierigkeiten haben, sich von der Familie zu differenzieren und schließlich zu lösen.

Vater: Du hast keinen Respekt vor mir.

Mutter: Der Meinung bin ich aber gar nicht. Ich will jedenfalls nicht respektlos sein dir gegenüber.

Minuchin (zum Mann): Sie sagten doch, daß sie Sie nicht wie einen richtigen Mann behandelt. *(Zur Frau)* Sie geben Nels das Gefühl, daß Sie nicht auf seiner Seite stehen.

Mutter: Und ich habe das Gefühl, daß er mich auch nicht versteht.

Vater: Das werfen wir uns doch schon seit Ewigkeiten vor, und . . .

Minuchin: Du hast nicht geholfen, Peg. Hier hast du mal nicht geholfen!

Nun, da die Ehepartner sich in ihren gegenseitigen Beschuldigungen festgefahren haben, macht der Therapeut auf Pegs Position aufmerksam: sie ist von den Eltern trianguliert worden, sie stützt die eheliche Homöostase und das Fehlen von Alternativen.

Peg: Was meinen Sie damit? Jetzt? Oder früher?
Minuchin: Immer wenn deine Mutter sich lieber an dich als an deinen Papa gewandt hat. Möchtest du diesen Posten aufgeben, oder kannst du schon nicht mehr anders?
Peg: Ich weiß nicht. Lassen Sie mich mal einen Augenblick nachdenken. Ich glaube nicht, daß meine Mutter aufhören wird . . .
Minuchin: Dich zu benutzen?
Peg: Ja, das meine ich.
Minuchin: Ist das eine Aufgabe, die du gerne dein ganzes Leben lang wahrnehmen würdest? Möchtest du das dein Leben lang machen?
Peg: Nein, denn ich bin ja nicht ihre Mutter. Ich bin erst einundzwanzig. Wenn ich die Mutter sein wollte, dann könnte ich ja heiraten.

Das therapeutische Bündnis mit Peg bewirkt eine Trennung zwischen der Mutter und Peg. Peg strebt nun die ihrem Alter entsprechende Autonomie an.

Minuchin: Sie benützt dich nicht wirklich als Mutter. Sie benützt dich, wenn sie merkt, daß sie nicht weiß, wie sie mit deinem Vater reden soll. *(Zu den Eltern)* Peg steht also zwischen Ihnen beiden. Wer steht denn auf der anderen Seite?
Vater: Oh, Peg steht zu ihrer Mutter, und die steht zu Peg.
Minuchin: Und was ist mit den anderen?
Vater: Pete ist ziemlich unabhängig. Der sagt, was er sagen möchte. Und Kathy ist . . . Ich würde sagen, sie steht auf beiden Seiten. Alan bildet sich eine Meinung, glaube ich, aber er behält sie lieber für sich als daß er Partei ergreift.
Minuchin: Glauben Sie, daß er im Grunde Partei ergreift, das aber für sich behält?
Vater: Ja, das glaube ich.
Minuchin: Und für wen ergreift er Partei?
Vater: Ich glaube, Alan denkt über seine Mutter so wie ich. Das ist meine ehrliche und aufrichtige Meinung. Ich glaube nicht, daß er Partei ergreifen möchte, aber häufig denkt er wohl, daß ich im Recht bin, wenn er es auch niemals sagt.

Die einfache Strategie des Grenzenziehens, die der Therapeut in dieser ganzen Sitzung immer wieder anwendet, beleuchtet die Dynamik der Triangulierung, die die schwere Pathologie noch fördert. Die Entwicklung des ehelichen Subsystems ist zu Beginn der Ehe durch die Mutter der Frau behindert worden, die bei dem jungen Paar lebte und sich mit der Tochter gegen deren Mann verbündete. Die Kinder wuchsen auf und schlossen sich dem Mutter-Großmutter-Subsystem an, während der Vater sich in seine Arbeit vergrub und auch Trost im Alkohol suchte, wodurch er zum losgelösten Mitglied der Familie wurde. Alan entschied sich für eine Koalition mit der Verliererseite. Aber dieses Drama des Parteiergreifens kommt jeden Tag in aller Stille von neuem zur Aufführung und äußert sich in Transaktionen, die fast unsichtbar sind. Jetzt, da der Therapeut einen Lageplan der Familie besitzt, aus dem das Problem der Familie und die Ziele der Behandlung erkennbar werden, kann er der Familie mit aller gebotenen Umsicht aus ihren Schwierigkeiten heraushelfen.

Die Techniken des Grenzenziehens lassen sich rasch erlernen und können mithin auch schon von solchen Therapeuten mit Erfolg angewandt werden, die noch kein theoretisches Grundkonzept besitzen, in das sie die beobachteten oder von ihnen selbst herbeigeführten Phänomene einordnen können. Aber in diesem Fall bleibt das Grenzenziehen, auch wenn es erstklassig ausgeführt wird, ein isoliertes Phänomen. Das Wichtigste an dieser Technik ist nicht, *daß* sie angewandt wird, sondern *aus welchem Grund* sie angewandt wird. Wenn der Therapeut weiß, wohin er will, wird er den Weg finden.

12 Aus dem Gleichgewicht bringen

Wenn der Therapeut Grenzen zieht, geht es ihm darum, die Zugehörigkeit zu den verschiedenen Subsystemen oder aber die Distanz zwischen diesen Subsystemen zu verändern. Wenn der Therapeut dagegen eine Familie aus dem Gleichgewicht bringen will, verfolgt er das Ziel, die hierarchischen Beziehungen der Mitglieder eines Subsystems zu verändern.

Wenn der Therapeut und die Familienmitglieder sich zu einem therapeutischen System zusammenschließen, dann gehen sie einen klar formulierten Vertrag ein, in dem der Therapeut als Experte des Systems definiert ist und das therapeutische Unternehmen führt. Folglich bewirkt schon allein der Eintritt in das therapeutische System eine Veränderung der Machtstrukturen der Familie. Alle Beteiligten gehen einen Schritt zurück und räumen damit dem Therapeuten jene Machtstellung ein, aus der heraus er sein Wissen und Können überhaupt erst zur Anwendung bringen kann. Gegen diese Veränderung wird die Familie solange nichts einzuwenden haben, wie der Therapeut die Machtverteilung in der Familie respektiert.

Die Schwierigkeiten liegen darin, daß der Therapeut sich selbst als Mitglied des therapeutischen Systems einsetzen muß, um so die in der Familie bestehende Machtverteilung herauszufordern und schließlich zu verändern. Die Familie erwartet vom Therapeuten Entschiedenheit und Fairneß. Er soll entweder den Standpunkt jedes einzelnen Familienmitgliedes in einer Art Drahtseilakt, der alles beim alten beläßt, unterstützen, oder er soll als objektiver außenstehender Experte darüber »urteilen«, wer hier im Recht ist. Statt dessen sucht der Therapeut zunächst den Zugang zu einem einzelnen Familienmitglied oder zu einem Subsystem, das er dann auf Kosten der übrigen Beteiligten unterstützt. Er verbündet sich mit einem Familienmitglied, das in der Hierarchie ganz unten steht, und verleiht diesem Familienmitglied Macht, anstatt seine Stellung noch weiter zu beschneiden. Er ignoriert denjenigen, der die Schaltstelle in der Familie ist. Er geht eine Koalition mit einem Familienmitglied ein, das ein anderes angreift. Alle diese Maßnahmen wirken sich störend auf den Empfang jener Signale aus, durch die die Familienmitglieder sich über den angemessenen Umgang miteinander verständigen. Ein Familienmitglied, das seine Stellung in der Familie durch das Bündnis mit dem Therapeuten verändert, erkennt bzw. beantwortet die Signale der Familie nicht. Es tut jetzt Dinge, die bisher ungewohnt waren, es wagt, unbekannte Bereiche des persönlichen und des mitmenschlichen Verhaltens zu erkunden, und erkennt plötzlich Möglichkeiten, die es zuvor gar nicht wahrgenommen hat.

Ein System aus dem Gleichgewicht bringen, kann zu wichtigen Veränderungen führen, sofern die einzelnen Familienmitglieder in der Lage sind, im zwischenmenschlichen Bereich mit erweiterten Rollen und Funktionen zu experimentieren. Solche Veränderungen schaffen unter Umständen neue Realitäten für die Familienmitglieder. Da die Realität der Familienmitglieder eine Frage der Perspektive und der punktuellen Festlegung ist, wird jede Veränderung in der hierarchischen Ordnung auch eine Veränderung der Perspektive des einzelnen Mitgliedes bezüglich dessen mit sich bringen, was im Umgang der Familienmitglieder untereinander zulässig ist. Es ist also möglich, daß in allen Subsystemen alternative Möglichkeiten aufgedeckt und annehmbar werden.

Im Zusammenhang mit den Techniken, eine Familie aus dem Gleichgewicht zu bringen, ergeben sich zwei große Probleme. Das eine ist moralischer Art. Maßnahmen, mit denen die Familie aus dem Gleichgewicht gebracht wird, sind erklärtermaßen unfair. Zwar deutet der systemisch orientierte Therapeut das Verhalten der Familienmitglieder als vom System bestimmt und aufrechterhalten, aber zeitweise stützt er sich auf eine lineare Epistemologie, wenn er die Ansicht eines einzelnen Familienmitgliedes stützt. Der Therapeut muß sorgfältig darauf achten, wie sich sein Vorgehen auf die Familie unter Streß auswirkt, insbesondere welche Schwierigkeiten sich daraus für ein Familienmitglied ergeben, das nur wenig Macht hat und plötzlich mit dem Therapeuten verbündet ist. Wenn der Therapeut feststellt, daß er mit seinen Maßnahmen an die Grenzen des für diese Familie Erträglichen gestoßen ist, dann muß er sein Vorgehen vielleicht rückgängig machen oder auf einen späteren Zeitpunkt verschieben, zu anderen Familienmitgliedern Zugang schaffen, bevor er seine Strategie fortsetzt, oder den Familienmitgliedern, zu denen er noch nicht Zugang hat, zu verstehen geben, daß er sich ihnen auch bald zuwenden wird. Er kann auch die Hoffnung bekunden, daß sich Möglichkeiten für neue Lösungen durch die veränderte Perspektive ergeben werden, die durch das Ungleichgewicht geschaffen wird.

Das andere Problem bei der Anwendung der Technik, das Familiensystem aus dem Gleichgewicht zu bringen, hat mit den Anforderungen an die Person des Therapeuten zu tun. Es ist zwar möglich, ein Familiensystem dadurch aus dem Gleichgewicht zu bringen, daß man kognitive Konstrukte heranzieht, durch die eine gewisse Distanz zwischen dem Therapeuten und den Familienmitgliedern gewahrt bleibt. In den meisten Fällen aber erfordern die hier einzusetzenden Techniken Nähe, Anteilnahme und den vorübergehenden Einsatz für ein Subsystem auf Kosten der übrigen. Ein Therapeut, der es vorzieht, objektiv und aus einer gewissen Distanz heraus zu interagieren, wird zwar feststellen, daß diese neuen Techniken sein therapeutisches Repertoire in erfreulicher Weise bereichern, aber zugleich wird es ihm nicht leicht fallen, sich diese Techniken anzueignen, und vielleicht trifft er in diesem Zusammenhang auch auf Schwierigkeiten in der Beziehung zu seinem Supervisor.

Dennoch können diese Techniken zu den wertvollsten Vorgehensweisen gehören, die der Therapeut entwickelt. Nehmen wir das Beispiel der Familie Windsor. Der Vater trinkt, die überintellektuelle Mutter führt ein Märtyrerdasein und kann weder mit ihrem Mann noch ohne ihn leben, und die achtjährige Tochter, ein aufgewecktes, zugleich aber allzu verantwortungsbewußtes Mädchen, soll darüber urteilen, wer von ihren Eltern denn nun im Recht ist. Als die Familie nach einem fehlgeschlagenen Versuch der Eltern, sich endgültig zu trennen, zur Behandlung kommt, verbündet sich der Therapeut mit dem Ehemann. Das ist außerordentlich schwierig, weil dieser wegen seiner langjährigen Abhängigkeit vom Alkohol und von Drogen als deviant bezeichnet wird, und dies nicht nur von den übrigen Familienmitgliedern, sondern auch vom Sozialdienst akzeptiert wird, der über längere Zeit dort eingreifen mußte. Alle Familienmitglieder wurden dadurch herausgefordert, daß der Therapeut den Mann unterstützt, der doch als deviant gilt, und auch dem Therapeuten selbst fällt dies schwer, weil auch er dazu erzogen worden ist zu denken, daß der Süchtige verantwortungslos handelt, wenn er lieber den Irrweg der Trunksucht einschlägt, statt verantwortungsbewußt für seine Familie zu sorgen. Nichtsdestoweniger unterstützt der Therapeut den hin und wieder aufblitzenden Humor des Mannes und bedeutet ihm, seiner depressiven Frau zu helfen.

Der Therapeut hat auch Schwierigkeiten, das Bündnis mit dem Mann aufrechtzuerhalten, denn er kann die tiefe Niedergeschlagenheit der Frau sehr wohl nachempfinden, da der Mann ihn im Laufe der Behandlung herausfordert, das Bündnis mit ihm auch in Zeiten der Trunkenheit und Sucht aufrechtzuerhalten.

Für die Familie ergibt sich aus dieser Erschütterung ihres Gleichgewichts die Möglichkeit, alternative Formen des Umgangs miteinander zu entwickeln. Familientherapeuten glauben, daß Menschen – und selbst Menschen, die sich schon jahrelang deviant verhalten haben – durchaus mit Alternativen, die zur Verfügung gestellt werden, zu experimentieren vermögen. Zu diesen Alternativen gehört im vorliegenden Fall nicht nur ein neues Verhalten des identifizierten Patienten, des Mannes also, sondern auch neue Verhaltensweisen auf seiten der Frau und der Tochter, die ihrerseits ein neues und anderes Verhalten der gesamten Familie begünstigen.

Die Techniken, mit denen sich die Familie aus dem Gleichgewicht bringen läßt, lassen sich in drei Kategorien einteilen, je nach den Anforderungen, die sie an die persönliche Beteiligung des Therapeuten stellen: Der Therapeut kann sich an bestimmte Familienmitglieder anschließen, er kann bestimmte Familienmitglieder ignorieren, und er kann mit einigen von ihnen eine Koalition gegen die übrigen Familienmitglieder eingehen.

DIE VERBINDUNG MIT FAMILIENMITGLIEDERN

Die Kunst, sich in therapeutischer Absicht Zugang zu den Menschen zu verschaffen, ist ihrem Wesen nach ein Anschlußmanöver. Der Therapeut bestätigt Menschen, hebt ihre Stärken hervor und wird damit zu einer bedeutsamen Quelle der Selbstachtung für sie. Dadurch, daß er die eigene Person einsetzt, um eine Atmosphäre des Vertrauens und der Hoffnung zu schaffen, begünstigt der Therapeut die Suche nach und das Experimentieren mit Alternativen. Um das System aus dem Gleichgewicht zu bringen, nutzt der Therapeut seine Nähe zu einem Familienmitglied, um dessen hierarchische Stellung im System zu verändern. Das Fokussieren auf ein einzelnes Familienmitglied verändert die Position aller übrigen in der Familie. Man kann die angestrebte Erschütterung des Gleichgewichts zwar durchaus dadurch erreichen, daß man sich mit einem dominanten Mitglied der Gruppe zusammentut, aber in der Regel wendet sich der Therapeut mit dieser Absicht eher einem Familienmitglied zu, das eine periphere Stellung einnimmt oder in der Hierarchie der Familie weit unten steht. Wenn der betreffende Mensch spürt, daß ihn der Therapeut unterstützt, beginnt er, die ihm zugewiesene Stellung innerhalb des Systems anzuzweifeln.

In der Familie Blaise haben wir es mit einem dreizehnjährigen Mädchen und seiner Mutter zu tun. Die beiden sind allzu stark miteinander verstrickt, und die Tochter schwänzt häufig die Schule. Das Mädchen ist im Grunde nur in der Hoffnung zur Therapie gekommen, daß es hier ein ärztliches Attest erhalten wird, in dem ihm bescheinigt wird, daß der Schulunterricht von nun an zu Hause stattfinden muß. Der Therapeut macht deutlich, daß er die Sorgen der Mutter versteht, daß er sich vorstellen kann, welche Schwierigkeiten sie an ihrem Arbeitsplatz hat, weil sie ja niemals sicher sein kann, ob das Mädchen nun in die Schule gegangen ist oder nicht, daß es ihm leid tut, daß die Mutter auch finanzielle Einbußen hinnehmen muß, wenn sie nicht zur Arbeit gehen kann, weil die Tochter einfach zu Hause bleibt, und ganz allgemein drückt er seinen Beistand für die Mutter als Sorge um ihre schwere Bürde aus; nämlich eine Tochter zu haben, die sich weigert, zur Schule zu gehen. Dieses Vorgehen zeigt der Mutter plötzlich deutlich, daß sie von ihrer Tochter ausgenutzt wird; jetzt rebelliert die Mutter und verlangt, daß die Tochter wieder zur Schule geht.

Die Familie Clark besteht aus dem Vater, der depressiven Mutter und einem fünfundzwanzigjährigen Sohn, der noch zu Hause lebt. Die Clarks kommen zur Therapie wegen der Depressionen der Mutter, die eingesetzt haben, nachdem vor zwei Jahren der jüngere, damals einundzwanzigjährige Sohn starb. Es ist ganz deutlich zu sehen, daß die Familie seither um das Mutter-Sohn-Subsystem organisiert ist mit einem abseits stehenden Vater. Der Therapeut nimmt an, daß die Depressionen der Mutter mit ihrer Furcht zusammenhängen, daß nun auch ihr letzter Sohn das Haus verlassen und sie mit ihrem Mann allein lassen könnte. Er konzentriert sich darauf, die Stellung des jungen Mannes in der Familie zu unterstützen, der der Heiler in diesem System ist und der Ersatz für den toten Bruder, der immer für die richtige Distanz zwischen Vater und Mutter gesorgt hat. Er stellt die Tätigkeit des Sohnes in den Vordergrund, der als Mathematiklehrer an einer höheren Schule beschäftigt ist und sich für die Curriculumplanung interessiert. Wenn der Sohn sich solche Sorgen um seine Mutter macht, so solle er doch, schlägt der Therapeut vor, mit seiner Freundin gemeinsam für die Mutter sorgen. Zugleich weist der Therapeut aber auch darauf hin, daß die Familie das Leben des Sohnes einengt und daß seine Aufgabe als Heiler der Familie natürlich zur Folge hat, daß die entsprechenden Fähigkeiten des Vaters in dieser Familie gar nicht zum Einsatz kommen. Die Unterstützung des Sohnes durch den Therapeuten führt dazu, daß dieser schließlich auszieht und es zu einem Wandel in den Beziehungen zwischen dem Mann und der Frau kommt. Die Familie Vogt (Vater und Mutter in den Fünfzigern, zwei erwachsene Kinder) kommt zur Behandlung, weil die Mutter »psychotisch« ist. Alle übrigen Familienmitglieder sind »in Ordnung« und gebärden sich ein wenig als Märtyrer, die die Verrücktheit der Mutter ertragen müssen. Die Mutter ist eine kindische Person, die sich in den langen Jahren der Behandlung durch Therapeuten und in Kliniken genau jenes unbeherrschte Wesen angeeignet hat, das man bei überspannten Menschen so häufig antrifft. Aber sie ist auch eine gut aussehende Person, sie hat einen vorzüglichen Geschmack, ist heiter und liebevoll. Der Therapeut schließt sich ihr an, fragt sie, warum die Familie so wenig von ihr verlangt und erwartet. Er hört ihr zu, läßt erkennen, daß er sie für intelligent hält, und sagt, sie solle doch von nun an wieder für ihren Mann kochen. Ihre kindischen Ausweichmanöver werden von ihm nicht akzeptiert. Der Therapeut definiert vielmehr ihre Verrücktheit als Unterstützung ihrer Familie, die gar nicht wüßte, was sie tun sollte, wenn die Mutter sich ändern würde. Durch diese Verbindung mit der Mutter verstärkt der Therapeut seine Forderung an sie, ihre Position in der Familie zu überdenken und zu ändern.

Der Therapeut kann diese Anschlußpolitik auch gegenüber einem dominanten Mitglied der Familie einsetzen, um die hier bestehende Hierarchie zu erschüttern, was zur Folge hat, daß die Familie gewissermaßen »durchbrennt«. Der Therapeut intensiviert die gewohnten Funktionen der Familienmitglieder. Sein Ziel ist, die Schwelle des Zulässigen in einer Familie zu überschreiten und andere Familienmitglieder damit herauszufordern. Diesen Effekt kann man mit einer Reihe von paradoxen Aufgaben erzielen.

Ein Beispiel für die Erschütterung des Gleichgewichts, das zur Folge hat, daß die Familie außer Kontrolle gerät, haben wir in der Familie Henry. Sie besteht aus einem neunzehnjährigen Sohn und seiner geschiedenen Mutter. Die beiden leben zusammen, sind von ihrer Umwelt völlig abgeschnitten und miteinander verstrickt. Sie kamen ursprünglich zur Therapie wegen einer psychotischen Phase des Sohnes. Nachdem er eine Zeitlang hospitalisiert war, ging der junge Mann wieder ans College und hielt sich dort einigermaßen gut. Im Augenblick bestehen die Schwierigkeiten darin, daß die Mutter zunehmend depressiv ist, während der Sohn immer häufiger mit seinesgleichen zusammen ist. Eines Tages rufen sie den Therapeuten an, und der junge Mann berichtet, daß er an Selbstmord denke. Er sagt, er denke daran, »aus dem Fenster zu springen«. Der Therapeut sagt zur Mutter, daß er die Selbstmorddrohungen des Sohnes sehr ernst nehme und daß sie dafür verantwortlich sei, daß ihr Sohn sich nichts antut. Sie muß auf ihn aufpassen, so daß er nicht aus dem Fenster springt. Wohin er auch geht, die Mutter soll ihn beobachten. Sie müßten im gleichen Zimmer schlafen, und die Mutter habe den Sohn zu den Vorlesungen zu begleiten. Die Mutter zeigt sich einverstanden, weil auch sie von der Ernsthaftigkeit der Drohungen ihres Sohnes überzeugt ist, und weil es ihr einleuchtet, daß der Therapeut ihr die Verantwortung für das Verhalten des Sohnes zuschreibt. So verbringen Mutter und Sohn noch mehr Zeit miteinander als sie dies in den letzten Jahren ohnehin schon getan haben. Sie begleitet ihn zu den Vorlesungen und läßt ihn auch in den Pausen nicht aus den Augen.

Als der Sohn beschließt, segeln zu lernen, wird der Therapeut um seine Meinung gebeten, ob die Mutter ihn nun auch zum Segeln begleiten solle. Der Therapeut sagt, das müsse sie selbstverständlich tun, denn er könne ja auf die Idee kommen, sich durch einen Sprung aus dem Boot umzubringen. Also setzen Mutter und Sohn sich tags darauf, an einem regnerischen Samstag, gemeinsam in ein Segelboot. Einige Tage später kommt ein Anruf des Sohnes, der mitteilt, daß er seine Mutter nicht mehr überall dabei haben möchte. Der Mutter geht es ähnlich. Der Therapeut aber sagt ihr, daß sie ihrem Sohn nicht erlauben darf, allein fortzugehen, solange sie nicht überzeugt sei, daß er keine Selbstmordabsichten mehr hegt. Mutter und Sohn streiten sich jetzt häufiger und heftiger als jemals zuvor. Die Mutter beschäftigt sich mit dem Gedanken, an Veranstaltungen der Erwachsenenbildung teilzunehmen. Der junge Mann verbringt viel Zeit mit Telefonieren. Schließlich kann die Mutter ihrem Sohn das Versprechen abnehmen, daß er sich nichts antun wird. Erleichtert kehren beide wieder in den Alltag zurück, jeder ärgerlich auf den anderen, aber unabhängiger als sie es je gewesen sind.

Zur Herausforderung des Gleichgewichts der Familie auf dem Weg über eine Verbindung mit bestimmten Familienmitgliedern bedarf es gelegentlich einer ganzen Reihe von Sitzungen, in denen diese Strategie konsequent verfolgt wird. Daneben hat der Therapeut aber auch die Möglichkeit, die Verbindung, die er mit einem Familienmitglied eingegangen ist, nun auf ein anderes Familienmitglied zu verlagern. Das ist in der Arbeit mit der Familie Kuehn der Fall. Hier benimmt sich die vierjährige Tochter Patti wie ein nicht zu bändigender kleiner Quälgeist, die Mutter ist unfähig, der Vater autoritär. Der Therapeut möchte zunächst herausfinden, wie flexibel die Familienmitglieder in ihrem jeweiligen Verhalten sind, ob die Mutter sich vielleicht doch Gehör verschaffen und ob der Vater sich fürsorglicher und flexibler gegenüber Frau und Kindern geben kann. In der ersten halben Stunde der an anderer Stelle schon beschriebenen Sitzung unterstützt der Therapeut die Mutter, um ihr auf diese Weise zu helfen, selbst herauszufinden, ob sie sich besser durchsetzen kann, und dies dann auch wirklich zu tun. Dann aber geht er dazu über, den Vater zu stützen, und das bedeutet, daß er die Hierarchie dieser Familie aus der Balance bringen muß. Seine Strategie besteht also darin, diejenigen Verhaltensaspekte des Vaters hervorzuheben und zu fördern, die positiv sind, und ihm zum Erfolg zu verhelfen.

Minuchin (zum Vater): Wie kommt Ihre Frau darauf, daß Sie ein so hartnäckiger Mensch sind? Sie findet, daß Sie sehr hart sind, und sie muß dann besonders flexibel sein, weil Sie so streng sind. Für mich sind Sie das keineswegs. Im Gegenteil, ich meine sogar, Sie sind recht flexibel. Wie kommt es, daß Ihre Frau das Gefühl hat, daß Sie streng und verständnislos sind?
Vater: Ich weiß nicht. Ich verliere oft die Beherrschung, vielleicht ist das der Grund.
Minuchin: Ich habe gesehen, wie Sie hier mit Ihren Töchtern gespielt haben , und ich meine, Sie sind weich und flexibel, Sie haben so nett mit den Kindern gespielt und alles mitgemacht. Aus Ihrem Spiel sprach Initiative, aber keineswegs autoritäres Verhalten.
Vater: Ein tolles Bild von mir. *(lacht)*
Mutter: Ja.
Minuchin: Aber es stimmt. Ich habe es doch gesehen. Also, warum sieht sie in Ihnen nur den strengen und autoritären Vater, warum muß sie die kleinen Mädchen vor Ihnen in Schutz nehmen? Ich sehe Sie keineswegs so.
Vater: Ich weiß nicht. Wie gesagt, das einzige, was mir dazu einfällt, ist, daß ich manchmal ihnen gegenüber die Beherrschung verliere.
Mutter: Ja, die Sicherung brennt tatsächlich schnell bei ihm durch.
Minuchin: Na schön, aber das heißt doch nicht, daß Sie autoritär sind und kein Verständnis für Ihre Umgebung haben. Sie haben so liebevoll mit Ihrer Tochter gespielt; und es hat ihr ja auch sichtlich Spaß gemacht. Irgendwie hat Ihre Frau also wohl ein seltsames Bild von Ihnen und Ihrer Fähigkeit, Verständnis aufzubringen und flexibel zu sein. Können Sie sich mal mit ihr unterhalten? Wie kommt es, daß sie Ihre Tochter in Schutz nehmen muß, weil bei Ihnen die Sicherung so rasch durchbrennt?

Diese Intervention des Therapeuten ähnelt eher einer Verbindung mit dem Vater als einer Koalition gegen die Mutter. Der Therapeut hebt die Sanftheit und Fürsorglichkeit des Vaters hervor, seine Flexibilität und seine Freude am Spiel mit den Kindern. Alle diese Eigenschaften des Vaters werden vom Familienplan unterdrückt, dem zufolge er autoritär zu sein hat. Der Therapeut gibt sich dem Vater gegenüber ebenfalls sanft, spielerisch und fürsorglich, das heißt, in der Transaktion der beiden wird etwas in Szene gesetzt, was in der Organisation dieser Familie eigentlich nicht vorkommen darf – der Gedanke nämlich, daß auch Männer fürsorglich sein und zärtlich handeln können. In Reaktion auf diese therapeutische Maßnahme gewinnt die Forderung des Vaters, die Mutter solle sich ändern, an Bestimmtheit.

Minuchin: Sprechen Sie mit ihr darüber; ich glaube nämlich, daß sie im Unrecht ist.

Mutter: Aber genauso ist es doch. Ich habe Angst, daß du wirklich die Beherrschung verlierst, weil ich weiß, wie furchtbar das ist. Sie sind noch klein, und wenn du sie in deiner Wut richtig schlägst, dann könntest du ihnen tatsächlich etwas antun, und das willst du doch gar nicht, und deshalb mache ich es gerade anders herum und zeige ihnen, daß nicht jeder im Hause so unbeherrscht ist.

Vater: Ja, aber wenn du es so machst, wird es noch schlimmer, weil Patti dann glaubt, daß sie jemanden hat, der ihr den Rücken stärkt. Verstehst du, was ich meine?

Mutter: Hm. Ja.

Minuchin: Das ist eine sehr gute Überlegung und vollkommen richtig, und ich meine, daß Sie es noch mal sagen sollten, weil Ihre Frau Sie in diesem Punkt nicht so ganz versteht.

Mutter: Doch, doch; ich verstehe schon.

Minuchin: Das glaube ich Ihnen nicht. *(Zum Mann)* Sagen Sie es ihr noch einmal, so daß sie es wirklich hört.

Mutter: Daß ich Patti unterstütze?

Vater: Und daß sie dir wahrscheinlich gerade deshalb gar nicht zuhört, weil sie dich eher als ihresgleichen und nicht als ihre Mutter ansieht. Halt als jemanden, zu dem sie laufen kann.

Mutter: Hm. Ich habe nie bedacht . . . Ja, also, ich denke . . . ich meine, ich könnte mir schon denken, wie sie . . . Ja. Aber es geht mir nun mal gegen die Natur, es anders zu machen.

Vater: Ja. Vielleicht kannst du deine Natur dann mal ändern.

Mutter: Ja.

Der Therapeut fährt fort, die Möglichkeiten des Vaters zu unterstützen, die in dieser Familie nicht zum Zuge kommen, und betont einen Punkt, der in dieser

Familie nicht zugegeben wird: daß der Vater sich nämlich klar und deutlich ausdrückt und durchaus imstande ist, kleine Kinder und ihre Transaktionen zu verstehen. Entsprechend der Distanz, die die Verbindung des Therapeuten mit dem Vater zwischen Mann und Frau schafft, nimmt die Fähigkeit des Mannes zu, seiner Frau anders zu begegnen. Er, der bisher in seiner Familie als unnachgiebiger Aufpasser gegolten hat, zeigt Einsicht im Gespräch mit seiner Frau. Der Therapeut unterstützt den Mann bei der Herausforderung seiner Frau, fordert sie selbst aber nicht heraus.

Minuchin: Herr Kuehn, warum fürchtet Ihre Frau sich vor Ihrem Temperament?
Vater: Um die Wahrheit zu sagen, ich weiß es nicht. Ich glaube nämlich nicht, daß ich ihr jemals irgend etwas getan habe . . .
Mutter: Ich kenne dein Temperament!
Minuchin: Herr Kuehn, wann haben Sie Ihre Frau zum letzten Mal geschlagen?
Vater: Ich schlage meine Frau nie. Ich drohe ihr nur. *(lacht)*
Mutter: Darauf kann ich aber wirklich stolz sein.
Minuchin: Sie redet jedenfalls so, als ob Sie sie regelmäßig verprügelten. *(Der Vater lacht.)*
Mutter: Nein, das ist nur so eine Befürchtung von mir. Ich habe gesehen, was er für ein Temperament hat, er verliert dann völlig die Beherrschung, es kommt einfach über ihn.
Minuchin: Herr Kuehn, wenn Sie in dieser Verfassung sind, was machen Sie dann mit Vorliebe kaputt? Geschirr?
Vater: Nein.
Minuchin: Möbel? Fensterscheiben?
Vater: Nein. Ich glaube, das Schlimmste, was ich je getan habe, war, daß ich gegen die Wand hämmerte. Das ist alles.
Mutter: Einmal hast du mit der Faust gegen die Wand gehämmert und ein anderes Mal mit dem Schuh.
Vater: Ja. Ich habe einen Schuh hingeschleudert, und der traf . . .
Minuchin: Gegen wen haben Sie den Schuh geschleudert?
Mutter: Gegen die Wand.
Vater: Aber nur ein einziges Mal.
Minuchin: Und als Sie mit der Faust dagegen gehämmert haben, sind Sie da tatsächlich durch die Wand durchgekommen?
Mutter: Nicht ganz.

Vater: Ich habe nur eine Delle reingeschlagen, weiter nichts.
Mutter: Eine Delle!
Minuchin: Ihr Zorn ist also so, daß Sie ihn abreagieren, ohne dabei irgend etwas kaputtzumachen.

Die Unterstützung, die der Therapeut dem Ehemann gibt, die eine Erschütterung des Systems nach sich zieht, als der Mann seine Frau auffordert, sich zu verändern, bringen den Familienplan zunächst ins Wanken. Dann taucht die Familienrealität von neuem auf: Der Vater ist die strenge und strafende Person in der Familie; die Kennzeichen von Flexibilität, Spielfreude, Klarheit des Denkens, wie sie noch in der vorangegangenen Phase zutage traten, werden durch sein irrationales Verhalten in dem Augenblick, in dem er »sein wahres Selbst« zeigt, ausgelöscht. Der Therapeut tritt dieser Selbstdarstellung des Ehemannes entgegen, indem er ganz konkret den Fakten nachgeht. Die Familie hegt und pflegt einen nie in Frage gestellten Mythos, nach dem der Vater ein destruktiver Mensch ist. Der Therapeut gibt diesen Mythos zur Erkundung frei. Beim Rückblick auf das Gewesene in Gegenwart des Therapeuten zerfällt der Mythos dieser Familie, und die Verbindung des Therapeuten mit dem Vater ermöglicht das Auftauchen eines anderen Mythos.

Vater: Ja, schon; allerdings hat das einen ganz bestimmten Grund. Als ich ein Kind war, hat mein Vater immer das ganze Haus verwüstet und . . .
Mutter: Die Möbel und alles . . .
Vater: . . . das ist etwas, was ich nie tun würde. Ich habe es mit angesehen.
Minuchin: Das heißt also, Ihre Frau fürchtet sich vor etwas, was ganz einfach nicht existiert.
Vater: Ja, so ist es wohl. Denn ich weiß auch nicht, diese Sachen liegen sowieso schon Jahre zurück, die paar Male, daß ich so etwas gemacht habe.
Mutter: Ja, aber du kannst dich noch gut daran erinnern, und du weißt . . .
Minuchin: Nein, nein, nein! Sie sagen ihm nicht, was in *seinem* Gedächtnis ist! Was Sie damit sagen, ist, daß die Dinge noch in *Ihrem* Gedächtnis sind!
Mutter: Ja, und deshalb habe ich noch immer Angst vor ihm, weil ich weiß, wie er außer sich geraten kann.
Minuchin: Herr Kuehn, sie verkauft Ihnen einen Sack voller Lügen! Nehmen Sie ihn ihr bitte nicht ab! Sie verkauft Ihnen das Bild, das sie sich von Ihren Wutausbrüchen, ihrer Starrheit und Zerstörungslust macht. Aber nach allem,

was ich höre, ist das Äußerste, was Sie je getan haben, das hier. *(Stößt heftig gegen den Stuhl.)* Vielleicht war es etwas kräftiger.

Vater: Viel kräftiger . . .

Minuchin: Wie haben Sie es denn gemacht? *(Nimmt seinen Schuh und schleudert ihn zu Boden.)*

Vater: Genau! *(lacht)*

Minuchin: Und dabei haben Sie ja niemanden geschlagen.

Vater: Nur die Wand.

Minuchin: Gut. Also – worüber redet sie dann? Was will sie verkaufen?

Mutter: Ja, das schreckt mich eben, das reicht aus, mich zu erschrecken.

Minuchin: Was verkauft sie? Sie verkauft das Bild von einem Ungeheuer, von jemandem, vor dem man sich fürchten muß. Ich verstehe nicht, warum Sie es hinnehmen, daß Ihre Frau denkt, Sie könnten Ihrer kleinen Tochter etwas tun – wo Sie doch so ein Teddybär sind!

Herr und Frau Kuehn waren als Kinder eng miteinander befreundet. Der Vater von Herrn Kuehn war ein stadtbekannter Trinker, und der Sohn wuchs in der Furcht vor der Destruktivität und Aggressivität des Vaters ihm und seiner Mutter gegenüber auf. Frau Kuehn dagegen stammt aus einer Familie, die von der Mutter beherrscht wurde. Sie unterhält noch heute täglichen Kontakt mit ihrer Mutter, die nicht nachläßt, die Schwächen und Fehler der Tochter zu betonen und aufrechtzuerhalten. Vom Zeitpunkt ihrer Heirat an haben sich die Kuehns aufgrund ihrer individuellen Lebenserfahrungen einen Mythos von der Destruktivität des Vaters zurechtgelegt, der jetzt dazu dient, ihr individuelles Verhalten in der Familie und eine Reihe ihrer Transaktionen festzulegen. Daß Mann und Frau einander meiden, verstärkt diesen Mythos noch, der seinerseits wieder Vermeidung bewirkt. Ehefrau, Ehemann und Tochter sind sich hinsichtlich der destruktiven Züge des Mannes und Vaters einig. Daß der Therapeut den Mann unterstützt, bedeutet eine Kampfansage an diese »Familienwahrheit«. Der Therapeut zieht einen Schuh aus und schleudert ihn auf den Fußboden – eine Parodie auf das destruktive Verhalten. Er nennt den Ehemann eine Teddybär und bezeichnet ihn als sanft und fürsorglich. Er kommt in dem Augenblick auf diese Sanftheit und Gutmütigkeit des Mannes zu sprechen, als die Familie ihrerseits über seine Destruktivität spricht. Damit wird die allzu eng gehaltene Selbstdarstellung des Mannes angegriffen, wie sie von der Familie programmiert worden ist.

Der veränderte Kontext des Mannes innerhalb des therapeutischen Systems legt ihm Verpflichtungen auf. Um die Verbindung mit dem ihm wohlgesinnten Therapeuten aufrechtzuerhalten, muß er das Muster der Vermeidung, wie es ihm im Umgang mit seiner Frau vertraut geworden ist, aufgeben und sie mit der Forderung konfrontieren, sie sollte ihr Verhältnis zu ihm und zur Tochter ändern.

Minuchin: Und deshalb meine ich, daß Sie sich das, was Sie da empfinden – daß Ihre Frau das Kind vor Ihren Wutausbrüchen in Schutz nimmt –, daß Sie sich das sehr genau durch den Kopf gehen lassen müssen. Wahrscheinlich haben Sie recht damit – auf diese Art wird aus dem Mädchen ein Monster.
Vater: Das ist lustig, das sage ich auch immer zu ihr – Monster.
Mutter: Ja, so nennt er sie – Monster.
Minuchin: Aber Sie schaffen sich Ihr Ungeheuer selbst.
Mutter: Hm.
Minuchin: Aus einem netten und lieben vierjährigen Kind machen Sie ein Monster, und das ist nun wirklich unfair. Ich finde es ganz und gar nicht richtig, daß Eltern sich ein Monster selbst schaffen.
Vater: Es ist auch unfair gegenüber dem Kind.
Minuchin (zur Frau): Sie müssen sich ändern.
Mutter: Ich?
Minuchin: Ja, Sie, in Ihrem Verhältnis zu ihm. Denn auf diese Weise kompensieren Sie das, was Sie für sein autoritäres und strenges Auftreten halten. Es ist genauso, als wollten Sie sagen, daß Sie sanft und nachgiebig sein müssen, weil er zu streng ist.
Mutter: Ja, ganz richtig.
Minuchin: Das heißt also, zwischen Ihnen beiden muß sich etwas ändern. *(Zum Ehemann)* Können Sie sie ändern?
Vater: Ich weiß nicht.
Minuchin: Es ist aber Ihre Aufgabe. Sie müssen sie ändern.
Mutter: Mir ist eigentlich nie der Gedanke gekommen, daß sie meinen könnte, ich stellte mich hinter sie – gegen dich. Das hast du auch niemals gesagt.
Vater: Sie weiß aber, daß sie von dir jederzeit in Schutz genommen wird.
Mutter: Ich habe tatsächlich nie gedacht, sie könnte meinen, daß ich sie decke.

Parallel zu der Veränderung im Transaktionsstil der Eheleute untereinander kommt es auch zu einer Veränderung, was das Bild der Eltern von ihrer Tochter angeht. Zu den Folgen einer geglückten Herausforderung der Hierarchie des Subsystems und damit einer neuen Sicht der Dinge gehört auch der Welleneffekt, der sich im gesamten Familiensystem bemerkbar macht. Je heftiger Mann und Frau ihren bisherigen Transaktionsstil in Frage stellen und je stärker sie davon überzeugt sind, daß die Frau anders und besser mit ihrem Mann umgehen und daß der Mann sich ihr gegenüber flexibler und fürsorglicher verhalten könnte, desto mehr verliert Pattis Position im impliziten ehelichen Konflikt an Bedeutung. Sie ist jetzt wieder nichts anderes als das vierjährige Kind, das sich schlecht benimmt – anstatt wie bisher Austragungsort der Konflikte ihrer Eltern. Das heißt, das Kind wird aus der Triangel entlassen, und das exekutive Subsystem erfährt eine Stärkung. In dieser Sitzung wird durch die Intervention des Therapeuten der Keim zu Veränderungen im Verhaltensmuster des Mutter-Tochter-Subsystems gelegt. Die Behandlung erstreckt sich noch über zwei weitere Sitzungen. Einmalige Kontrollen über drei Jahre zeigen, daß die Veränderungen in dieser Familie von Bestand sind.

WECHSELNDE VERBINDUNGEN

Es gibt Familien, in denen man durch wechselnde Verbindungen mit den in Konflikt befindlichen Subsystemen eine Veränderung des hierarchischen Musters herbeiführen kann. Allerdings ist es sehr schwierig, sich mit Erfolg einmal mit dieser und einmal mit jener Seite zu verbinden, denn die Familienmitglieder sehen in diesem Vorgehen unter Umständen den Versuch, die zwischen ihnen bestehende Symmetrie und Distanz gerade zu bewahren, anstatt Alternativen zu schaffen. Dazu kommt, daß familiale Subsysteme, die in Konflikt miteinander sind, dazu neigen, den Therapeuten in die Position der »Waage« zu drängen, so daß er seine Gunstbezeigungen gleichmäßig verteilt und am Ende die »Gerechtigkeit« den Sieg über die Erschütterung des Systems davonträgt.

Das Ziel dieser Technik besteht darin, den einzelnen Subsystemen andere und einander ergänzende Fähigkeiten zuzuweisen, so daß die Familienmitglieder, anstatt im gleichen Kontext um die Hierarchie zu konkurrieren, innerhalb eines größeren Rahmens nach neuen Formen des Umgangs miteinander suchen können. Das empfiehlt sich besonders bei Familien mit heranwachsenden Kindern, wenn der Therapeut zugleich das Recht der Eltern, elterliche Entscheidungen zu treffen, und das Privileg der heranwachsenden Kinder, die Art der Entscheidungsfindung in der Familie in Frage zu stellen bzw. hier eine Änderung zu verlangen, unterstützt.

In der Familie Winston gibt es zwischen dem fünfzehnjährigen Sohn und seinen Eltern Konflikte. Der Junge findet es höchst unfair, daß seine Eltern darauf bestehen, daß er in die Schule geht, zu einer bestimmten Uhrzeit nach Hause kommt und ihnen mit Respekt begegnet. Außerdem ärgert ihn ihre Forderung maßlos, daß er in seinem Zimmer für Ordnung sorgen, jeden Tag sein Bett machen und einmal pro Woche die Bettwäsche wechseln soll. Der Therapeut interveniert, indem er den Jungen darin unterstützt, daß sein Zimmer sein eigenes Reich sein soll. Sein Zimmer ist der einzige Ort im Haus, für den er ganz allein verantwortlich sein sollte. Zugleich aber unterstützt der Therapeut auch die Eltern in ihrer Forderung, daß der Junge die Schule besucht, ihnen mit Respekt begegnet und gewisse Grundregeln beachtet, die seinem eigenen Wohlbefinden dienen, etwa daß er abends zu einer bestimmten Zeit zu Hause ist.

DIE NICHTBEACHTUNG VON FAMILIENMITGLIEDERN

Diese Technik der Erschütterung des Gleichgewichts widerstrebt dem Therapeuten im Innersten, weil sie nämlich von ihm verlangt, daß er spricht und handelt, als ob gewisse Menschen nicht vorhanden wären. Die Familienmitglieder, die übergangen werden, fühlen sich in ihrem wichtigsten Recht herausgefordert, dem Recht der Beachtung. Sie werden sich gegen diese grobe Mißachtung ihrer Person auflehnen, indem sie Forderungen stellen oder den Therapeuten angreifen. Ihre Auflehnung gegen den Therapeuten kann eine direkte Herausforderung sein, aber häufiger werden die übrigen Familienmitglieder um mehr Nähe gebeten. Diese Aufforderung, die letzten Endes nichts anderes ist als die Bitte, mit dem Betroffenen in eine Koalition gegen den Therapeuten einzutreten, ermöglicht dann eine neue hierarchische Ordnung der Familie.

Der Therapeut setzt diese Technik in ihrer mildesten Form dort ein, wo es darum geht, ein allzu anspruchsvolles Kind, das immer im Mittelpunkt stehen muß, zu ignorieren. Unter Umständen führt das dazu, daß das Kind sofort aus dem Mittelpunkt herausrückt und dann von sich aus Ruhe gibt. Etwas handfester gerät die Anwendung dieser Technik, wenn der Therapeut seinen Angriff in deutliche Wort kleidet, also etwa sagt: »Ich rede nicht gern mit Leuten, die sich nicht ihrem Alter entsprechend benehmen.« Oder: »Ich gehe Kindern aus dem

Weg, die sich mit vierzehn noch wie ein Vierjähriges aufführen; wenn Ihre Tochter wieder vierzehn wird, dann werde ich mit ihr sprechen.« Oder: »Das ist wirklich toll, daß Ihr Mann meint, wenn er sich hier so aufbläst und eine solche Schau abzieht, dann würden andere Leute glauben, es stecke etwas dahinter!« Dieses Vorgehen, bei dem der Therapeut mit den übrigen Angehörigen über dasjenige Familienmitglied spricht, das als Zielscheibe dient, kann sehr alarmierend sein, weil es eine Neugruppierung der Familienmitglieder mit dem Therapeuten bewirkt, aus der das Mitglied, das Zielscheibe dieser Intervention ist, ausgeschlossen bleibt. Bei widerspenstigen Kindern, die die Therapie boykottieren, indem sie kein Wort sagen, kann man z. B. so vorgehen. Der Therapeut muß in der Lage sein, das Kind unter Druck zu setzen, indem es es bis zum Ende der Sitzung nicht beachtet, inzwischen aber längst Themen eingeführt hat, die das Kind herausfordern.

Patty Dell, zehn Jahre alt, befindet sich in Behandlung, weil sie nicht mit den Ärzten zusammenarbeiten will, die eine Operation durchführen möchten. Schon seit über einem Jahr hat sie kein Wort mit ihrem Kinderarzt gesprochen. Alle Kommunikation erfolgt auf dem Weg über die Mutter. Patty und ihre Mutter haben eine außergewöhnlich enge Beziehung. In der ersten Sitzung ist die Familie vor allem bemüht, die gegenseitige Abhängigkeit von Mutter und Tochter zu erhalten. Patty weigert sich zu sprechen; ihr Schweigen ist für die Mutter ein Gebot, nun einzugreifen; so, wie die Mutter dann spricht, ist es für Patty nicht mehr nötig, selbst den Mund aufzumachen. Je länger sich der Therapeut mit der Mutter über Patty unterhält, desto mehr verfestigt er den Status quo. Eine halbe Stunde nach Beginn der Sitzung weigert Patty sich noch immer, direkt mit dem Therapeuten zu reden.

Nun bittet der Therapeut die Mutter, Patty dazu zu bewegen, daß sie mit ihm spricht: »Bitte versuchen Sie, Patty zum Sprechen zu bringen, und zwar mit mir!« Das ist eine in bezug auf die Erschütterung des Gleichgewichts in dieser Familie sehr wichtige Maßnahme. Da Patty bisher geschwiegen hat, kann man annehmen, daß die Mutter an Mustern beteiligt ist, die Patty vom Sprechen abhalten. Die einfachste Erklärung würde lauten, daß die Mutter zuviel redet und es daher gar nicht nötig ist, daß Patty auch noch etwas sagt. Durch seine Bitte an die Mutter, Patty zum Sprechen zu bewegen, verändert der Therapeut die Mutter-Tochter-Beziehung. Die Schweigsamkeit des Kindes hält die Mutter nicht länger in einer bedeutsamen Position; im Gegenteil, in Pattys Schweigen wird jetzt die Niederlage der Mutter deutlich.

Die Mutter zieht folgerichtig ihre Unterstützung zurück. Sie distanziert sich von Patty. Der Therapeut nimmt eine weitere Verschiebung des Gleichgewichts der Familie vor, indem er der Mutter sagt, daß sie Patty wie ein ganz kleines Kind, nicht aber wie eine Zehnjährige behandelt. Als der Druck auf die Mutter immer stärker wird, fängt Patty endlich an zu reden. Der Therapeut setzt seine Taktik fort, indem er gar nicht auf Patty hört, sondern nur mit der Mutter spricht. Patty sagt wieder etwas, diesmal lauter. Aber der Therapeut läßt sich in der Unterhaltung mit der Mutter nicht stören.

Minuchin: Ich spreche nicht mit Patty – ich spreche überhaupt niemals mit Leuten, die so tun, als wären sie viel jünger als sie wirklich sind. Frau Dell, ich sage Ihnen nochmals, daß ich mit Leuten wie ihr nun einmal nicht rede. Daß sie sich so benimmt, liegt daran, daß Sie sie wie eine Fünfjährige behandeln.
Patty (laut): Das macht sie nicht!
Minuchin (zur Mutter): Ich glaube, daß Sie das wirklich tun, Frau Dell.
Patty (fordernd): Woher wollen Sie das wissen?

Patty ist jetzt bereit, ihre Mutter zu verteidigen. Deshalb spricht der Therapeut mit ihr, ohne allerdings von seiner Ansicht abzuweichen, daß die Schuld bei der Mutter liegt, wenn Patty sich wie ein kleines Kind benimmt. Das verschafft Patty eine Gelegenheit, dem Therapeuten seinen Irrtum zu beweisen und die Mutter in Schutz zu nehmen. Das tut sie, indem sie für sich selbst spricht.
Wenn der Therapeut das System in dieser Weise aus dem Gleichgewicht bringt, nämlich die Mutter angreift und für Pattys Verhalten verantwortlich macht, schafft er Distanz zwischen Mutter und Tochter. Sein Angriff und die Tatsache, daß er Patty nicht zu Wort kommen läßt, als sie zu einem ersten Kampf entschlossen ist, haben zur Folge, daß Patty sich nun aktiv beteiligt, und das wiederum macht es dem Therapeuten möglich, die beiden auseinanderzubringen. Wenn Patty schweigt, dann ist nur eine Stimme zwischen ihnen – die Stimme von Frau Dell. Jeder Versuch, zwischen den beiden einen Dialog in Gang zu bringen – geschweige denn Distanz zu schaffen –, ist zum Scheitern verurteilt.
Weniger einfach gestaltet sich die Anwendung dieser Technik, wenn es darum geht, die Position eines Familienmitgliedes zu verändern, das als Schaltstelle der Familie besondere Macht besitzt. Wenn er vorsichtig vorgehen möchte, wird der Therapeut zwischen dieser Schaltstelle und den übrigen Familienmitgliedern wechseln. Er wird die Schaltstelle ignorieren und in gewisser Weise dadurch Ersatz schaffen, daß er seinen dyadischen Kontakt mit den übrigen Familienmit-

gliedern erhöht und die Einmischung der Schaltstelle verhindert. Da diese Technik das therapeutische System in Gefahr bringen kann, muß eine gewisse Unterstützung des angegriffenen Mitgliedes parallel laufen.

In manchen Familien gerät allerdings diese Nichtbeachtung eines dominanten Familienmitgliedes zur Herausforderung. Die Familie Koller, die aus den Eltern (zwischen 50 und 60) und dem einzigen Sohn Gil (17) besteht, kam zur Behandlung, weil der Sohn im letzten Schuljahr an Angstzuständen, psychosomatischen Symptomen und Phobien litt. Gelegentlich hat er auch Wutanfälle, bei denen er dann Möbel kaputtschlägt und seine Eltern bedroht. Kurz, er ist ein recht unangenehmer junger Mann. Die Familie ist schon seit vier Monaten bei einem kompetenten und erfolgreichen Therapeuten in Behandlung, der zunächst versucht hatte, das hier bestehende Muster der übermäßigen Verstrickung von Mutter und Sohn und der peripheren Stellung des Vaters anzugreifen. Aber schließlich hatte er das Gefühl, überhaupt nichts ausrichten zu können, weil die Mutter die Dinge in der Sitzung vollständig in der Hand hatte und das Muster dieser Familie ihr gestattete, sich als drittes Mitglied in jede in der Behandlung zustande kommende Dyade einzumischen. Der Therapeut bat daher einen Konsulenten, ihm dabei zu helfen, den Einfluß der Mutter auf die Therapie zu unterbinden.

Der Konsulent kommt herein, nachdem er die Vorgänge zunächst eine Viertelstunde lang durch den Einwegspiegel verfolgt hat. Er interveniert zielgerichtet, nämlich im Blick darauf, das hier vorhandene System aus dem Gleichgewicht zu bringen, indem er die Mutter so weit ausschließt, daß sie ihre zentrale Stellung in diesem System verliert.

Minuchin (zum Sohn): Wenn du ins College gehst, wird deine Mutter wohl sehr niedergeschlagen sein. Willst du das auf dich nehmen?

Gil: Ich verstehe nicht, worauf Sie hinaus wollen. Können Sie es noch mal sagen?

Minuchin: Ich glaube, deine Mutter wird sehr niedergeschlagen sein.

Gil: Warum? Weil sie nicht mehr mit mir reden kann, oder weil . . .

Minuchin: Weil sie dann nichts mehr hat, worüber sie mit deinem Vater reden und worüber sie nachdenken kann.

Mutter: Das ist nicht wahr!

Gil: Mutter, laß den Herrn doch weiterreden, bitte.

Minuchin: Ich werde schon mit deiner Mutter fertig. Und zwar ohne deine Hilfe. Ihr seid eine sehr hilfsbereite Familie, und ich habe auch schon bemerkt, daß du ein sehr hilfsbereiter Mensch bist. Was mir Kummer macht, das ist, daß du wohl nicht ins College gehen wirst, wenn du erst einmal festgestellt hast, daß dieser Gedanke sie so bedrückt.

Mutter: Finden Sie nicht, daß ich dazu auch etwas zu sagen hätte?

Gil: Nein, das stimmt nicht . . .

Mutter: Schließlich sprechen Sie über mich . . .

Gil: Das stimmt wirklich nicht. Es würde mir nicht so viel ausmachen.

Minuchin: Du meinst, es wird dir nichts ausmachen?

Gil: Nein. Vielleicht scheint es Ihnen so nach dieser kurzen Beobachtung, aber es würde mir tatsächlich nichts ausmachen.

Minuchin: Ich glaube es aber doch, weil sie nämlich nur von dir spricht. Sie beobachtet dich . . .

Mutter: Ja, deshalb sind wir ja auch hier . . .

Minuchin: Sie beobachtet dich pausenlos. Alles, was du sagst, nimmt ein großes Gewicht für sie an.

Mutter: Natürlich . . .

Minuchin: Wie wird es für sie weitergehen?

Gil: Wie es für sie weitergeht, das ist doch ihre Sache. Was mich interessiert, ist, wie es mit mir weitergeht. So sehe ich die Dinge.

Minuchin: Ich glaube das nicht. Ich glaube, daß du ihretwegen doch so besorgt sein wirst, daß du . . .

Gil: Nein, bestimmt nicht. Nein, sagen Sie nur ruhig, was Sie . . . ich werde es schon verkraften. Sie können sagen, was Sie wollen, aber ich weiß, daß ich nicht so bekümmert und besorgt sein werde. Das ist alles, was ich dazu sagen kann. Die ganze Sache berührt mich längst nicht so stark, wie Sie glauben.

Der Konsulent spürt die ungeheure Macht, die die Mutter in diesem System ausübt, ihre hartnäckige Entschlossenheit, die Therapie so ablaufen zu lassen, daß sich am eingefahrenen Muster dieser Familie nichts ändert. Sein Angriff ruft eine interessante Reaktion auf seiten des Sohnes hervor, der anbietet, sich gegen die Mutter mit dem Therapeuten zu verbünden: »Laß den Herrn doch weiterreden, bitte.« Zwar wird durch den Inhalt dieser Bemerkung eine Grenze geschaffen, die die Mutter ausschließt, aber die Form, in der sie erfolgt, holt die Mutter in Wahrheit eben doch wieder in das Geschehen hinein. Der Konsulent meidet die Gefahr, die sich hier auftut, indem er den Ausschluß der Mutter zu einer Sache macht, über die nur er allein entscheidet. In einer Familie, in der immer triadisch gehandelt wird, besteht er auf der dyadischen Transaktion. Die Forderung der Mutter, man müsse *mit ihr* reden, anstatt sich in ihrer Gegenwart *über sie* zu unterhalten, ist so berechtigt und entspricht so weitgehend den Vorstellungen auch des Konsulenten in bezug auf den Respekt, den man anderen Menschen entgegenbringen muß, daß er sich tatsächlich mit der gleichen Widerborstigkeit wappnen muß, die auch die Mutter an den Tag legt.

Minuchin: Na schön, hoffentlich hast du recht, denn es ist ja doch so, daß dein Vater für deine Mutter längst nicht so interessant ist wie du . . .
Mutter: Oh, aber – einen Augenblick mal. Mein Mann kann schließlich selbst auf sich achten . . .
Vater: Laß ihn doch sagen, was er will . . .
Mutter: Mein Sohn gehört immer noch mir . . .
Vater: Jetzt mal langsam . . .
Mutter: Nein, nein, du – es tut mir leider, aber er redet schließlich von mir. Ich werde mich doch wohl noch verteidigen dürfen.
Gil: Nein, also wirklich, mir persönlich würde es nichts ausmachen, wegzugehen. Sie haben vielleicht diesen Eindruck, wenn Sie mich so ansehen, aber es würde mir wirklich nichts ausmachen.
Minuchin: Ich habe allerdings den Eindruck, und meine Eindrücke sind in der Regel richtig.
Mutter: Sie sind nicht gerade sehr bescheiden.
Minuchin: Nein, das bin ich nicht.
Gil: Mama, es geht doch nicht um seine Bescheidenheit oder Unbescheidenheit. Kommen wir doch wieder zur Sache, oder?
Minuchin: Glaubst du, daß du dich in sechs Monaten an den Gedanken gewöhnen kannst, deine Mutter allein zu lassen?

Nach weiteren zehn Minuten hat sich das Thema nicht geändert, und auch die Strategie ist die gleiche geblieben. Die Mutter versucht weiter, ihre zentrale Stellung im therapeutischen System zurückzugewinnen, und der Vater tritt hinzu, um ihr Beachtung zu schenken. Ein einziges Mal geschieht es auch, daß der Konsulent der Mutter antwortet und sie damit wenigstens wahrnimmt – weil er es nämlich nicht vermeiden kann, auf einen persönlichen Angriff zu antworten –, aber diese Transaktion ist von kurzer Dauer, und gleich danach nimmt die Dyade (Konsulent-Sohn) ihre Aussprache über den Weggang des Sohnes ans College wieder auf. Der Konsulent setzt dieses Gespräch mit dem Sohn noch weitere fünf Minuten fort und wendet sich dann dem Vater zu. Das ist nicht einfach, denn jetzt ist es nicht mehr allein die Mutter, sondern es sind Mutter und Sohn, die versuchen, sich in die neue Dyade (Konsulent-Vater) hineinzudrängen. Aber der Konsulent hält sich immer weiter an seine Strategie, die Mutter ganz einfach zu ignorieren.

Minuchin: In sechs Monaten will er also fortgehen. Glauben Sie, daß er es draußen aushalten wird?

Vater: Ja, also, meine Frau und ich haben auch schon darüber gesprochen, und unserer Meinung nach macht er im Augenblick gerade einen Kampf mit sich selbst ab, um seine Angst vor dem Weggehen zu überwinden.

Minuchin: Sie sind also mit mir der Meinung, daß . . .

Vater: Ja, in diesem Punkt, was das Weggehen angeht, da bin ich Ihrer Meinung.

Minuchin: Glauben Sie, daß Ihre Frau ihn gehen läßt?

Vater: Ich glaube, sie wird ihn gehen lassen . . .

Mutter: Ich bin keine überfürsorgliche Mutter.

Minuchin: Ich glaube, Ihre Frau wird sich sehr, sehr verlassen vorkommen.

Mutter: Gott sei Dank habe ich ja meinen Mann. Warum sollte ich mir also so schrecklich verlassen vorkommen? Natürlich mache ich mir Gedanken um Gil, weil er noch so jung ist . . .

Minuchin: Wenn Ihr Sohn nicht mehr da ist, werden Sie es dann schaffen, zu . . .

Vater: Ich kann Ihnen versichern, daß wir es auch weiterhin schaffen.

Minuchin: Ich weiß, daß *Sie* das schaffen werden, denn Sie haben ja Ihre Arbeit und Ihre Frau.

Vater: Und meinen Sohn.

Minuchin: Ja, aber wenn er weggeht, dann wird Ihre Frau wohl sehr deprimiert sein.

Mutter: Nein, das stimmt nicht. Wie kommen Sie denn nur darauf? Ich meine, worauf gründen Sie diese Ansicht denn nur – das möchte ich wirklich zu gerne wissen. Ich glaube, Sie sagen das jetzt schon zum vierten Mal. Ich wüßte gerne, wie Sie dazu kommen, so etwas zu sagen. Wenn Sie irgendeinen Grund dafür haben, dann habe ich doch wohl das Recht . . .

Minuchin (zum Vater): Und deshalb beschäftige ich mich jetzt mit Ihnen, weil Sie es mit zwei Leuten zu tun haben, die Probleme haben . . .

Mutter: Sie setzen voraus, daß ich Probleme habe. Ich meine, das ist *Ihre* Annahme, die Sie da äußern.

Minuchin: Sie glauben also, daß sie es schaffen wird?

Vater: Ja, da bin ich ganz sicher . . .

Mutter: Ich kann mich durchaus zusammennehmen.

Vater: Und ich bin auch sicher, daß mein Sohn es schaffen wird . . .

Gil: Ich bin sehr gerne für mich.

Vater: Ich bin sicher, daß er es schaffen wird, vorausgesetzt, er nützt jetzt die sechs oder sieben Monate, die ihm noch zur Vorbereitung bleiben, und schwänzt nicht den Unterricht – was er früher ja nie getan hat – und strengt sich an, damit er es schafft.

Minuchin: Das ist wirklich eine interessante Sache. Weder Ihre Frau noch Ihr Sohn stimmen mit mir überein . . .

Mutter: Sie haben ja auch noch kein Wort an mich gerichtet, seit Sie hereingekommen sind!

Minuchin: Weder Ihre Frau noch Ihr Sohn stimmen mit mir überein, aber meiner Meinung nach hängt für die nächste Zukunft sehr vieles davon ab, ob und wie weit Sie diesen beiden Menschen helfen können. Ich halte es für möglich, daß Ihr Sohn eben nicht ins College geht, und es kommt wirklich alles darauf an, ob und wie Sie den beiden helfen können. Für mich sind Sie die Schlüsselfigur in dieser ganzen Sache.

Als der Konsulent den Raum eine Dreiviertelstunde später wieder verläßt, ist die Mutter zwar deutlich verärgert, aber jetzt eher bereit, die Alternativen zu sehen, auf die ihr Mann und der Therapeut hingewiesen haben. Zudem ist sie entschlossen, dem Konsulenten seinen Irrtum zu beweisen. Zu diesem Zweck rückt sie von sich aus von ihrer zentralen Stellung und der übermäßigen Beschäftigung mit ihrem Sohn ab.

KOALITIONEN GEGEN FAMILIENMITGLIEDER

Bei dieser Art der Erschütterung des familialen Gleichgewichts beteiligt sich der Therapeut aktiv an einer Koalition, die gegen eine oder mehrere Personen gerichtet ist. Diese direkte Beteiligung des Therapeuten setzt voraus, daß er imstande ist, seine Machtstellung als Experte im System dazu einzusetzen, eines der Familienmitglieder in dessen herausragender Stellung anzugreifen und ihm diese Stellung abzusprechen.

Das bedeutet ganz zwangsläufig, daß nicht nur derjenige, der Zielscheibe dieses Vorgehens ist, unter der Herausforderung zu leiden hat, sondern daß auch das Familienmitglied, das die Koalition mit dem Therapeuten eingegangen ist, unter einen ähnlichen Druck gerät. Seine Beteiligung an der Koalition beruht auf seiner Fähigkeit, über die Schwelle der gewohnten Transaktionen hinauszugehen und den Therapeuten bei der offenen Herausforderung eines mächtigen Familienmitgliedes zu unterstützen. Da der Therapeut die Familie nach der Sitzung wieder entläßt, muß sein Verbündeter darauf vertrauen können, auch ohne die Hilfe des Therapeuten unter den gewandelten Umständen zu »überleben«. Wenn diese Strategie Erfolg haben soll, dann müssen die Familienmitglieder davon überzeugt sein, daß eine Veränderung ihnen allen gleichermaßen zugute kommt.

Ein Therapeut, der mitansehen muß, welchen Schaden die Eltern in einer dysfunktionalen Familie ihrem Kind damit antun, daß sie es aus irgendeinem Grund zum Sündenbock machen, ist vielleicht versucht, dem Kind zu helfen, indem er eine Koalition mit ihm gegen die Eltern eingeht. In aller Regel erweist sich dieses Vorgehen als abträglich für das Kind, das ja die Unterstützung des Therapeuten nicht mehr genießt, sobald es wieder zu Hause ist. Wenn man sich also überhaupt auf eine Koalition gleich welcher Art einlassen will, muß man sich genau überlegen, welche Belastung damit für den Koalitionspartner verbunden ist.

Es kommt auch vor, daß der Therapeut eine Koalition mit einem dominanten Familienmitglied oder Subsystem eingeht, um diesen Partner zu veranlassen, seine natürliche oder ihm zugewiesene Funktion besser als bisher zu vollziehen. Ein Beispiel für diese Art des Eingriffs haben wir in der Koalition des Therapeuten mit Eltern, die es nicht fertigbringen, in der richtigen Weise mit kleinen Kindern umzugehen. In solchen Familien ist es die Regel, daß sich die Eltern gegenseitig vorwerfen, sich den Kindern gegenüber nicht durchsetzen zu können. Wenn der Therapeut sich mit dem elterlichen Subsystem gegen die Kinder verbündet, dann bringt er die Eltern zusammen, was letzten Endes die Kinder aus der lähmenden Triangel befreit.

Die Familie Foreman bestand aus einem siebenjährigen, stark fettsüchtigen Jungen, seiner geschiedenen Mutter und deren Eltern. In dieser Familie bilden Großvater und Tochter ein dominantes Subsystem, das sowohl in sich als auch mit dem siebenjährigen Kind heftig verstrickt ist, während die Großmutter an der Peripherie steht. In einer Sitzung sprechen die Familienmitglieder darüber, daß sie dem Jungen zu viel zu essen geben. Der Großvater und die Mutter können ihm nichts abschlagen und zeigen ihm ihre Liebe, indem sie ihn füttern. Die Großmutter ist der Meinung, daß sie dem Kind damit schaden.

Minuchin: Ich möchte mich gerne neben die Großmutter setzen, weil Sie eine kluge Frau sind. Sie haben natürlich völlig recht, aber schade, daß Sie so gar nichts tun können. Ich habe nämlich das Gefühl, diese beiden Leute hier lassen den jungen Mann nicht einmal sieben Jahre alt sein. Er ist vielleicht drei oder auch zwei Jahre alt. Er ist dick, aber sehr, sehr klein, und die hier sind es, die ihn so klein halten. Es ist schade, daß sie Ihnen so gar nicht zuhören, wo Sie doch völlig recht haben. Wie kommt das . . . Sie könnten für das Kind doch sehr wichtig sein? Er könnte wachsen und sieben Jahre alt sein, wenn Sie den beiden nur begreiflich machen könnten, daß Sie recht haben.

Großmutter: Es sind halt zwei gegen einen . . .

Minuchin: Aber Sie haben recht, die beiden anderen nicht. Auch wenn sie zu zweit sind, so sind doch *Sie* im Recht!

Großmutter: Ja, ich halte nun mal nichts davon, dem Kind alles zu geben. Ich weiß auch nicht, ich weiß wirklich nicht . . . Ich sage ihnen das immer wieder, aber dann heißt es immer nur, ich soll mich nicht so aufregen und nicht so ein Theater machen.

Minuchin: Er ist sieben, aber in Wahrheit ist er in mancher Beziehung viel jünger, und das kommt daher, daß sie nicht auf Sie hören. Können Sie mal den Platz mit Ihrer Tochter tauschen und sich neben Ihren Mann setzen? Ich glaube, wer Ihnen hier nicht zuhört, das ist Ihr Mann. Ich glaube, er ist das größte Problem. Wenn Sie ihn überzeugen können, dann meine ich, daß Sie auch Ihre Tochter überzeugen können. Ich habe das Gefühl, daß Sie Ihren Mann nicht überzeugen können.

Großmutter: Das stimmt.

Minuchin: Aber Sie wissen, daß Sie recht haben, und meiner Meinung nach fügen die beiden dem Kind, das Sie doch alle lieben, einen großen Schaden zu.

Großmutter (zu ihrem Mann): Erst neulich hast du ihm geschadet. Es war kurz vor dem Mittagessen, erinnerst du dich? Ich habe dir gesagt, daß wir uns gleich an den Tisch setzen könnten, und trotzdem hast du ihm noch etwas zu essen gegeben. Ich habe dir schon so oft gesagt: »Gib ihm das nicht. Er braucht es nicht.« Aber nein, du gehst und kaufst ihm ein Steak oder ein Sandwich oder sonst was.

Daß der Therapeut das System aus dem Gleichgewicht gebracht hat, führt dazu, daß das Subsystem aus Mann und Frau wieder eingerichtet wird, nachdem es durch die Rückkehr von Tochter und Enkelkind auseinandergegangen war. Der Therapeut reorganisiert das Subsystem aus Mutter und Kind ohne den Großvater, weil der Großvater keinen guten Einfluß auf die Erziehungsmethoden der Mutter und ihren Umgang mit dem Kind hatte.

Gewöhnlich wendet der Therapeut nacheinander eine ganze Reihe verschiedener Techniken an, wenn er das Gleichgewicht einer Familie erschüttern will, und ist jederzeit und entsprechend den Erfordernissen der Situation bereit und imstande, auf eine andere Technik auszuweichen. In jedem einzelnen Fall muß er dabei sorgfältig auf die Rückmeldungen aus dem System achten, die ihm anzeigen, welche neue und andere Gruppierung die Familie inzwischen vorgenommen hat. Die Familie kann in ganz verschiedener Weise auf diese Technik reagieren: die Familienmitglieder können sich gegen den Therapeuten zusammenschließen, dabei aber die Therapie weiter fortsetzen; sie können die Behandlung abbrechen; das herausgeforderte Familienmitglied kann sich weigern, zur nächsten Sitzung zu kommen; und schließlich kann es auch zu einer Veränderung in der Familie kommen, durch die neue Möglichkeiten zur Lösung von Konflikten freigesetzt werden.

Der Therapeut wird für seine Bemühungen, die Familie aus dem Gleichgewicht zu bringen, unter Umständen mehrere Therapiestunden brauchen und die Familie dabei anhaltendem Druck aussetzen. Er muß imstande sein, die Familienmitglieder zu stützen, während er das System unter Druck setzt. Es muß ihm gelingen, eine Atmosphäre des Vertrauens zu schaffen, so daß die Familienmitglieder, die unter Streß stehen, zur Zusammenarbeit mit ihm bereit sind.

In einer Sitzung mit der Familie Kellerman geht der Therapeut mit dem Ehemann eine Verbindung ein, bildet mit ihm zusammen eine Koalition gegen die Ehefrau, blockiert die Versuche der Tochter, ihre Mutter zu unterstützen, und weist schließlich darauf hin, daß die Ehepartner einander bei der Erhaltung einer dysfunktionalen Distanz ergänzen. Diese Familie besteht aus den Eltern, beide etwas über sechzig Jahre alt, der neunzehnjährigen Tochter Doris und dem siebzehnjährigen Sohn Dan, dem identifizierten Patienten. Die Mutter klagt darüber, daß Dan in der Schule nichts leistet, ihr nicht gehorcht, abends spät nach Hause kommt und es ihr meistens unmöglich macht, Kontrolle auszuüben. Dennoch ergreift der Vater bei der ersten Sitzung auf die Frage des Therapeuten nach dem Problem, das sie hergeführt hat, Partei für den Patienten und definiert das Problem als seine eigene mangelnde Emotionalität.

Vater: Um Ihre Frage zu beantworten, warum wir hergekommen sind: Unsere Beziehung zueinander ist nicht gut, und folglich – oder vielleicht auch unabhängig davon – haben wir Schwierigkeiten mit den Kindern.

Minuchin: Zum Beispiel?

Vater: Zum Beispiel – ja, also, um bei mir anzufangen, ich bin kein sehr emotionaler Mensch oder zeige jedenfalls meine Gefühle nicht so sehr, und es passiert sehr oft, daß das von den anderen falsch aufgefaßt wird. Sie halten mich für uninteressiert, und das ist ein Problem geworden. Ich zeige eben nicht, was ich fühle.

Minuchin: Und wie reagieren die Kinder auf die Probleme?

Vater: Ja, also, Doris reagiert so, daß sie möglichst wenig zu Hause ist; sie hat viele Interessen außerhalb der Familie. Und Dan hat sich auf seine Liebhabereien zurückgezogen, die ihn weniger weit fortführen – er ist ganz gerne mit dem Fahrrad unterwegs, neuerdings fährt er Skateboard. Ich glaube, Dan reagiert damit auf seine Mutter. Sie streiten manchmal ganz schön miteinander – welche Pflichten er im Haus hat oder wie er eine bestimmte Sache anpacken oder wann er abends zu Hause sein soll. Solche Dinge eben.

Minuchin (zur Mutter): Und wie sehen Sie die Dinge?

Mutter: Er nimmt sich seinen Vater zum Vorbild; er macht es ganz genauso wie sein Vater. Man weiß nie, was er empfindet – keine Spur von Gefühlen –, und das ist in meinen Augen eine ganz, ganz schlimme Sache dem eigenen Kind gegenüber. Ich finde es ganz furchtbar. Milt sagt zwar, daß er seine Gefühle eben nur nicht zeigt, aber ich frage mich, ob er überhaupt welche hat. Ich weiß es schon seit vielen Jahren nicht mehr. Einmal habe ich von ihm geträumt, da war er wie eine Statue, und innen in dieser ganz wirklichen Statue war ein Platz für die Gefühle ausgespart, und der war ganz leer. Aber rein äußerlich war es eine vollkommene Statue! Nun bin ich allerdings besonders empfindlich, was die negativen Seiten unserer Beziehung angeht, und wahrscheinlich bin ich diejenige, die darauf besonders heftig reagiert.

Die Definition des Problems, wie die Mutter sie vorträgt, deckte sich mit dem, was der Vater gesagt hat. Der Vater nimmt eine Position ein, als sei er das Problem in der Familie, obgleich der Sohn ja der identifizierte Patient ist, und die Mutter sagt, daß der Sohn sich in seinem Verhalten an das Vorbild des Vaters anlehnt, womit sie zu verstehen gibt, daß der eigentliche Patient der Vater ist. Schon wenige Minuten nach Beginn der Sitzung wird es für den Therapeuten kritisch, weil er mit dem massiven Angriff der Frau ihrem Mann gegenüber konfrontiert wird. Während er sich zu Beginn der Sitzung, als er damit beschäftigt war, sich Zugang zu der Familie zu verschaffen, in diesem Kreis ganz wohl gefühlt hatte, macht die Mutter an dieser Stelle eine Bemerkung, auf die er ihr unbedingt eine Antwort geben muß – und diese Antwort kann ihn, ohne daß er das will, auf die Seite der Mutter bringen. Wenn er die Bemerkung der Mutter jetzt weiterverfolgt, dann kann ihm das so ausgelegt werden, als akzeptiere er die Organisation dieser Familie, in der der Vater an der Peripherie steht und sich dysfunktional verhält. Obwohl er aus der langsamen Sprechweise des Vaters und seinem unbewegten Gesicht schließt, daß die Ehepartner wohl recht haben, wenn sie den Mann als den Patienten hinstellen, kann der Therapeut diese Position des Vaters eigentlich nicht akzeptieren, denn das hieße, daß er die Homöostase dieser Familie noch stützen würde, in der der Vater dann weiterhin der eigentliche Patient, die Mutter weiterhin die gepeinigte und hilflose, wenn auch durchaus zur Hilfe entschlossene Ehefrau, der Sohn der stellvertretende Symptomträger und die Tochter die Helferin der ganzen Familie sein würden. Der Therapeut muß sich also gleich zu Beginn der Behandlung entscheiden. Es wäre vielleicht nützlich gewesen, sich noch eine Weile um die Entscheidung zu drücken und mehr über die Richtung in Erfahrung zu bringen, die die Veränderung in dieser Familie nehmen sollte – aber statt dessen entscheidet er sich dafür, die Familie aus dem Gleichgewicht zu bringen. Dabei hält er sich an den Grundsatz, daß der Schwächere gestützt werden muß. Daneben wendet er noch eine weitere therapeutische Ad-hoc-Regel an: den kognitiven Schock, indem er die von der Familie akzeptierte Selbstdefinition herausfordert.

Minuchin: Was Sie da sagen, leuchtet mir nicht ein.
Mutter: Wie kommen Sie darauf?
Minuchin: Es ist gewählt ausgedrückt, metaphorisch, aber es ergibt keinen Sinn. Sie sagen doch, daß Sie die Welt anders sehen als Ihr Mann und daß *(zum Ehemann)* sie Ihre Art, die Welt zu sehen, nicht mag. Alles übrige ist doch Unsinn. Es ist Unsinn, daß Sie keine Gefühle haben. Sie sind ganz einfach anders, und wenn Sie zornig sind oder sich ärgern oder sich freuen, dann sieht das eben anders aus *(zur Frau)* als bei Ihnen, und das gefällt Ihnen nicht.
Mutter: Aber es ist mir nicht bewußt . . .
Minuchin (zum Ehemann): Sie besteht darauf, daß Sie so sein müßten wie sie auch.

Vater: Na ja, die meisten Leute sind doch auch so.

Minuchin: Gut, aber warum sollten Sie denn so sein wie Ihre Frau?

Vater: Ich versuche nicht, so zu sein wie sie.

Mutter: Und was ist mit Doris? Sie sagt das gleiche.

Minuchin: Was Ihre Tochter gesagt hat, ist auch unsinnig. Was Sie sagen, heißt doch, daß Sie es gerne sehen würden, wenn Ihr Mann eher so sein würde wie Sie sind. Und dazu gibt es sogar ein Lied. In »My Fair Lady« fragt Rex Harrison: »Warum kann eine Frau nicht so sein wie ein Mann?« *(Zum Ehemann)* Was sie sagt, ist folgendes: »Warum kann denn nur Milt nicht so sein wie ich?« Sie sehen, man kann sogar ein Lied daraus machen. Wie geht die Melodie in »My Fair Lady«?

Vater: Es ist eigentlich kein richtiges Lied. Eher ein Sprechgesang.

Minuchin: Ja, es ist ein Sprechgesang. Können Sie sich an die Melodie erinnern?

Vater: An die Melodie nicht.

Minuchin (zur Frau): Sie müssen bedenken, daß viele Menschen nicht so sind wie Sie. Andere Modelle, andere Stile.

Vater: Wir sind zwei Extreme . . .

Minuchin: Sie sind verschieden, ganz einfach verschieden.

Der Therapeut geht eine Koalition mit dem Ehemann gegen die Frau ein. Er schenkt dem Mann Beachtung, er schafft ihm Raum, während er der Frau eher ein wenig geringschätzig und von oben herab begegnet. Was sie zu beklagen hat, sind, wie er andeutet, eher Äußerlichkeiten; für einen Wandel ist nicht der Mann, sondern die Frau zuständig. Diese sehr frühe Intervention birgt die Gefahr, daß der Mann nicht auf das Angebot der Koalition eingehen könnte, und tatsächlich beharrt er ja zunächst gegenüber dem Therapeuten auf seinem Status als Patient (»die meisten Leute sind doch nun einmal so«). Aber im Gespräch mit dem Therapeuten belebt sich sein Gesicht schließlich, die anfänglich so monotone Sprechweise wird lebendiger, und es wird erkennbar, daß dieser Mann zwar niedergeschlagen, aber doch zu vielfältigeren Empfindungen fähig ist. Der Therapeut setzt der von der Mutter zugleich mit dem Traum gelieferten Metapher die Andeutung einer eigenen Metapher entgegen, indem er den Text eines Liedes zitiert und das, was die Frau so lebhaft beklagt, mit der Musik aus »My Fair Lady« untermalt. Dieses Vorgehen hat einen Wandel in der hier bestehenden Struktur zur Folge

Mutter: Nein. Sie wollen mir anscheinend sagen, daß es eine ganz einfache

Lösung für das Ganze gibt. Ich brauche nichts weiter zu tun als meinen Mann zu nehmen, wie er ist, und dann sind mit einem Schlag alle Schwierigkeiten in der Familie bereinigt. So klingt es jedenfalls für mich; das ist es doch wohl, was Sie mir sagen wollen.

Doris: Für mich ist das Problem nicht, daß mein Vater gefühllos oder ohne alle Empfindungen wäre. Jeden Tag, wenn ich herunterkomme, sehe ich meinen Bruder und meine Mutter miteinander streiten, und das geht immer weiter, sie streiten bis in den späten Abend, und immer geht es um ganz unbedeutende Dinge, um Bagatellen.

Minuchin (zum Sohn): Kommt es zu diesen Streitereien, weil deine Mutter es gerne hätte, daß du anders wärest als du bist, eher so wie sie?

Dan: Sie sagt immer: »Du bist genau wie dein Vater!« Meistens geht es aber nicht darum; wir streiten uns wegen anderer Dinge.

Minuchin (zum Vater): Ich möchte doch gerne wissen, ob Sie es auch so sehen?

Vater: Na ja, er redet mehr als ich. Was mein Verhältnis zu Bea angeht, so liebe ich nun mal den Streit nicht und gehe ihm aus dem Weg. Ich tue alles, um Streitigkeiten aus dem Weg zu gehen. Aber Dan streitet gern.

Mutter: Und ich habe wirklich das Gefühl, als wollten Sie sagen: »Schauen Sie mal, meine Liebe, das Problem sind doch Sie!« Ich möchte doch nur, daß Milt so ist wie ich, und das ist das Problem.

Doris: Das wünscht sich doch jeder, daß die anderen alle genauso wären wie man selbst. Jeder meint, daß etwas Gutes in ihm steckt und daß er allen anderen davon abgeben kann. Er sagt ja nicht, daß du nun mal die und die Eigenart hast und daß das schlimm ist und daß deswegen alles andere an dir eben auch nichts taugt. Es ist doch klar – du hast unendlich viele Seiten, und das ist nur ein ganz kleiner Teil von dir.

Mutter: Ja, schon gut. Da lastet ja allerhand auf mir, dem ich bestimmt nicht gewachsen bin.

Die Intervention des Therapeuten hat eine Veränderung der Positionen der Familienmitglieder bewirkt. Die Mutter reagiert, indem sie erst den Therapeuten, dann ihre eigene Position in Frage stellt. Die Tochter lenkt die Aufmerksamkeit auf das Verhältnis zwischen ihrer Mutter und ihrem Bruder, um damit das Problem von den Eltern weg in den weniger gefährlichen Raum der Mutter-Sohn-Dyade zu verlagern. Die Tochter behält diese stützende Haltung der Mutter gegenüber auch weiterhin bei. Der identifizierte Patient, dem nicht entgangen ist, daß es ja auch ihm zugute kommt, wenn der Therapeut den Vater stützt, schlägt sich auf die Seite des Vaters und fordert seine Mutter heraus. Die Tochter schließlich macht der Mutter klar, was der Therapeut mit seiner Attacke sagen wollte, versucht aber, seinen Tadel nicht durchschimmern zu lassen und die Mutter zu stützen. Obwohl der Therapeut mit der Tochter übereinstimmt, würde ihn seine Stellungnahme zu dem Inhalt ihrer Intervention oder sein Fokussieren darauf von seinem Ziel ablenken, die Familie aus dem Gleichgewicht zu bringen. Deshalb setzt er seine Maßnahmen fort, indem er dem Vater vorschlägt, seiner Frau zu helfen.

Minuchin (zum Ehemann): Also, vielleicht können wir da doch irgendwie helfen. Es wäre doch möglich, daß Sie Bea hin und wieder helfen, wenn sie möchte, daß die Dinge so laufen, wie sie ihrer Meinung nach laufen sollten.
Vater: Ach, schließlich wird dann in der Regel ja doch alles so gemacht, wie sie es gerne hätte, und von meiner Seite gibt es da kaum Widerstand. Vielleicht würde es ihr helfen, wenn ich noch weniger Widerstand zeige, oder vielleicht wäre es noch besser, wenn ich deutlich sagen würde, was ich meine, anstatt nur immer einzuwilligen, oder wenn ich zugeben würde, was ich denke. Ich glaube, sie streitet und diskutiert lieber als daß sie . . .
Minuchin: Das fragen Sie sie am besten selbst, dann werden Sie ja hören, was sie dazu meint.
Mutter: Ich weiß nicht, ich weiß einfach nicht, was hier vorgeht. Aber eines weiß ich, und das sage ich dir: einer der Gründe, weshalb wir hier sind, ist, daß ich es nicht mehr aushalte, noch länger so zu leben. Mag sein, daß es an mir liegt, dann brauche ich eben Hilfe, dann bin ich es eben, die Hilfe braucht, und dann wird eben irgend jemand mir das sagen müssen und mir auch sagen müssen, wo ich Hilfe bekommen kann.

Mit der Aufforderung an den Ehemann, seiner Frau zu helfen, schlägt der Therapeut in Wahrheit andere Formen des Umganges in diesem Subsystem vor, unter anderem also die Möglichkeit, daß der Mann seiner Frau hilft und die Frau den Mann um Unterstützung bittet und sich seine Unterstützung dann auch gefallen läßt. Diese Möglichkeit steht im Gegensatz zu der Art, in der das Subsystem bisher funktioniert hat. Die erste Reaktion des Mannes auf den Vorschlag des Therapeuten besteht darin, daß er von neuem die Position des Patienten einnimmt, aber dann überlegt er sich, daß es auch anders geht, und er nimmt die Position des Helfers ein. Die Frau reagiert auf diese Veränderung überraschenderweise damit, daß sie ihren Mann tatsächlich um Hilfe bittet. Inzwischen rückt die Tochter ihren Stuhl näher an den der Mutter heran und legt ihre Hand wie zum Schutz in die Hand der Mutter. Der Therapeut tritt dieser Annäherung entgegen, ohne allerdings die Tochter persönlich anzugreifen.

Minuchin: Das ist nicht deine Aufgabe, Doris. Es ist nicht deine Aufgabe, deiner Mutter zu Hilfe zu kommen, denn damit gibst du ihr zu verstehen, daß sie die Dinge nicht allein bewältigen kann – und das stimmt ja nicht.

Mutter: Ich weiß nicht, was ich machen soll. Ich weiß wirklich nicht, was ich machen soll. Und zwar weil . . .

Minuchin: Wenn du ihre Hand nimmst, Doris, dann sorgst du dafür, daß dieser leere Raum zwischen deinen Eltern bestehen bleibt, denn deine Mutter hält *deine* Hand fest, nicht aber die Hand deines Vaters. Dabei könnte sie auch das tun, wenn sie nur wollte – denn die Hände deines Vaters stehen ihr ja zur Verfügung.

Mutter: Aber *sie* hat doch nach mir gefaßt . . .

Minuchin: Du hast dich von Anfang an sehr nahe zu deiner Mutter hingesetzt und deinem Vater damit zumindest die Möglichkeit genommen, sich zu ihr zu setzen, und ihr die Möglichkeit genommen, näher an deinen Vater heranzurücken. Zwischen ihnen steht ein leerer Stuhl. Setz dich nicht auf diesen Stuhl.

Doris: Na ja, ich habe da schon einiges unternommen, und meine Mutter sagt oft zu mir »Also, das kann ja wohl nur von deinem Vater kommen«, aber wahrscheinlich fehlt wirklich irgendwas, und es ist doch meine Mutter, und ich muß es wohl tun, und das war einer der Gründe, weshalb ich gemeint habe, ich müßte wieder zu ihnen zurückgehen und mal nachsehen, was da los ist.

Vater: Und übrigens, das passiert oft: ich bin irgendwie völlig unbeweglich, wenn sie Hilfe braucht.

Minuchin (zum Ehemann): Könnten Sie sich jetzt bitte mal auf diesen Stuhl da setzen?

Vater: Wenn niemand es mir sagen würde, dann täte ich es nicht. *(Setzt sich auf den Stuhl neben seine Frau.)* Mir geht es im Augenblick so, daß ich nicht weiß, ob ich ihr wenigstens eine Stütze bin oder ob sie nicht vielleicht in der Lage ist, alles allein zu bewältigen.

Die Änderung der Position der Ehepartner zueinander ruft eine altbekannte Reaktion hervor. An diesem Punkt wird Doris tätig, um das alte Programm von neuem ablaufen zu lassen – das Bündnis mit der Mutter gegen den abseits stehenden, gefühllosen und dysfunktionalen Ehemann und Vater. Der Therapeut tritt dieser Absicht der Tochter entgegen, stärkt damit die Grenzen rund um das Ehepaar und bittet den angeblich so unbeweglichen Ehemann, den ersten Schritt zur Unterstützung seiner Frau zu tun. Der Mann zögert und möchte sich auf die alte Position als Patient zurückziehen (»ich werde unbeweglich, wenn sie Hilfe braucht«). Der Therapeut hilft ihm, sie zu stützen, er fordert ihn auf, sich auf den Stuhl neben seiner Frau zu setzen. Zwar rückt der Ehemann tatsächlich herüber, aber aus seinen Worten wird klar, daß er noch immer zögert, eine Veränderung des Systems durch einen so großen Sprung zu wagen. Diese Zurückhaltung ist nicht weiter erstaunlich, denn der Therapeut möchte ja einen Bereich erkunden, der der Familie nicht vertraut ist.

Minuchin (zur Frau, die die Arme verschränkt und die Hände zur Faust geballt hat, während der Mann seinen Arm auf die Lehne ihres Stuhls gelegt hat, so daß die Handfläche nach oben zeigt): Schauen Sie doch mal, wie Sie die Hände halten. Und sehen Sie dann seine Hände an. Er hat Ihnen eine Hand entgegengereicht.
Mutter: Ich fürchte mich ganz entsetzlich. Ich weiß nicht, wie ich reagieren soll.
Minuchin (steht auf, ergreift ihre Faust und öffnet sie): Wie wäre es, wenn Sie diese Faust lockern und seine Hand fassen würden?
Mutter: Es ist merkwürdig.
Minuchin: Sie haben ja gesagt, daß er sich ändern solle, und er hat sich geändert. Jetzt können Sie sich auch ändern!
Mutter: Ja, aber es ist doch ganz klar, daß . . .
Minuchin: Milt hat sich hier auf diesen Stuhl gesetzt und Ihnen die Hand hingestreckt. Und was haben Sie getan? Sie haben hier eine Wand errichtet. Also reden Sie nicht davon, daß *er* sich nicht bewegt. *Sie* sind unbeweglich! Er hat die Hand geöffnet. Tun Sie etwas! Er hat sie angesehen. *Sie* haben nicht zu ihm hingesehen!
Mutter: Ich kann das nicht aushalten.
Minuchin: Oh, aber dann reden Sie nicht davon, daß er sich nicht verändert. Achten Sie auf das, was *Sie* nicht tun!

Die Frau reagiert mit Angst auf die Herausforderung des Therapeuten. Der Therapeut liest daraus die flehentliche Bitte, zur bisherigen Organisation der Familie zurückkehren zu dürfen. Damit ist für ihn ein kritischer Punkt der Therapie erreicht: Der Therapeut muß das System weiterhin bedrängen, um eine Änderung herbeizuführen, aber er muß auch auf die Rückmeldungen achten, die ihm sagen, ob die Familienmitglieder in der Lage sind, ihm beim Suchen nach Alternativen im Umgang miteinander zu folgen. Eine Transformation des Systems und die gemeinsame Suche nach neuen Formen der Beziehung sind nur möglich, wenn die Familienmitglieder dem Therapeuten vertrauen können. Wenn ihnen das nicht möglich ist, dann bilden sie unter Umständen eine Front gegen den Therapeuten oder weigern sich, die Behandlung fortzusetzen. Der Therapeut gibt den Familienmitgliedern ein neues Bild über die Immobilität des Ehemannes als Ausdruck des Umgangs der Ehepartner miteinander. (»Reden Sie nicht davon, daß *er* sich nicht bewegt. *Sie* sind unbeweglich!«) Er hat es erreicht, daß die Immobilität beider Beteiligten so aussieht, daß nur einer von ihnen immobil ist, indem er die Aktionen des anderen ausschaltet. Sein Vorgehen hat zur Folge, daß die Frau noch ängstlicher wird und nicht mehr aus noch ein weiß.

Mutter: Ich habe Angst. Ich weiß nicht, was ich mit all dem anfangen soll. Es ist, als ob . . . als ob ich im Kino säße und irgendein fremder Mensch, einer von diesen scheußlichen Kerlen, den Arm über meine Stuhllehne legen würde. Es gibt solche Leute, sie kommen und fassen einen an, und man weiß nicht, ob man weglaufen und die Platzanweiserin rufen oder ob man sitzen bleiben soll und er vielleicht aufhören wird, oder was man sonst machen soll. Es ist, als ob ich ihn nicht kennen würde.

Minuchin: Sie haben gesagt, daß Sie mehr Interaktion haben wollen, daß Sie mehr von Ihrem Mann und von Ihrem Sohn wollen – und doch haben Sie so ein merkwürdiges Gefühl, wenn Milt Ihnen näherkommt.

Mutter: Seit fünf Jahren sage ich mir, daß die einzige Möglichkeit, mich nicht verletzt oder vor den Kopf gestoßen zu fühlen, darin besteht, daß ich versuchen muß, so zu sein wie er – und ich habe es versucht. Ich habe versucht, genauso zu sein. Ich habe mir gesagt: »Was macht das schon? Ich brauche niemanden!« Aber jetzt will *ich* nicht mehr so sein! Ich möchte tatsächlich wieder so sein wie ich immer war, aber ich merke, daß das nicht geht, daß ich mich nämlich wirklich verändert habe. Es ist schlimm, wenn dann jemand versucht, einen zu erreichen. Die natürlichste Reaktion wäre, daß man darauf eingeht. Und das kann ich irgendwie nicht mehr. Gerade eben war es ja auch so: er hat mit berührt, und ich wußte nicht, was ich tun sollte.

Minuchin: Damit sagen Sie nur immer wieder, daß Sie auf Ihrem eigenen Mist sitzenbleiben wollen!

Der Druck, den der Therapeut ausübt, erzeugt eine Reaktion auf seiten der Frau, die den Prozeß der Veränderung behindern könnte: sie beginnt, sich in der Stellung des Patienten einzurichten. Wenn man diese Entwicklung hinnimmt, dann hält die Frau es vielleicht nicht mehr für nötig, sich um ein anderes Verhältnis zu ihrem Mann zu bemühen. Die Schilderung ihrer Ängste dient als Köder für den Therapeuten. Sie ist reich an affektiven Komponenten und deutet darauf, daß die Frau sich möglicherweise lange und eingehend mit ihrer Situation befaßt hat. Aber wenn es dem Therapeuten darum geht, eine Veränderung im ehelichen Subsystem zu bewirken, dann muß die Dyade Ziel seiner Beobachtung und Intervention sein: Der Köder der Mutter ist eine Bitte, die Interventionseinheit enger zu halten, nämlich den Mann davon auszuschließen, damit die Distanz zwischen Mann und Frau bestehen bleibt. Die letzte Bemerkung des Therapeuten (»Damit sagen Sie nur immer wieder, daß Sie auf Ihrem eigenen Mist sitzenbleiben wollen«) ist keine Herausforderung der Dynamik der Frau, sondern eine Wiederholung der Forderung, daß das eheliche Subsystem sich verändern muß.

Mutter: Ja, und dann stößt er mir das Messer in den Rücken! *(Zum Mann)* Wenn ich meine Abwehr aufgebe, weil du das so willst, dann ziehst du dich zurück und fängst an zu sticheln, und ich weiß nie, wann es wieder losgeht.
Minuchin: Milt, sie wirft Ihnen eine Menge dummes Zeug an den Kopf. Sie sagt: »Liebe mich, aber liebe mich auch wieder nicht, sonst kriegst du einen Tritt.« Sie sagt: »Halt mich fest!« und dabei stößt sie Sie zurück! Hören Sie ihr am besten nicht mehr zu!
Mutter: Stimmt das denn? Habe ich es denn in all den Jahren so gemacht?
Vater: Ja, ich hatte diesen Eindruck allerdings auch schon.
Mutter: Warum hast du mir das nicht gesagt?
Vater: Ich bin kein großer Redner, aber du ziehst dich ja auch selbst zurück. Und ich hatte immer das Gefühl, daß du recht gern unglücklich bist.
Mutter: Ich weiß nicht, was ich sagen soll. Ich weiß nicht, was ich jetzt tun soll. Ich möchte nicht so unglücklich sein wie eben jetzt.
Vater: Also, das Problem früher – daß ich dir nichts gesagt habe, das war, weil du böse wirst, wenn man dich kritisiert. Du reagierst sehr heftig auf Kritik an deiner Person oder deinen Handlungen.

Daß der Therapeut weiterhin so hartnäckig versucht, die beiden Beteiligten zu einer anderen Sicht des jeweiligen Partners zu bewegen, bewirkt schließlich eine Veränderung des ehelichen Subsystems. Die Frau nimmt jetzt die Position des

Patienten ein, und dies nicht, um sich aus den Dingen herauszuhalten, sondern um Hilfe zu erbitten. Diese Veränderung der Frau findet ihre Ergänzung in der Reaktion des Mannes.

Während die Eltern miteinander sprechen, unterhalten sich auch die Kinder. Schließlich stehen sie auf und verlassen das Zimmer, um so darauf hinzuweisen, daß es sich hier um Dinge handelt, mit denen sie ja wohl nichts zu tun haben. Dabei wird kein Wort gesprochen; die Kinder wechseln nur einen Blick mit dem Therapeuten, der ihren Weggang, mit dem ja eine Grenze festgelegt wird, akzeptiert. Am Ende der Sitzung hat sich die Selbstdefinition der Ehepartner geändert. Der Wandel, der im ehelichen Subsystem eingetreten ist, läßt nun auch Verhaltensweisen zum Zuge kommen, die im Repertoire der Ehepartner zwar immer schon vorhanden waren, die sie in ihrem Verhältnis zueinander bisher aber nicht eingesetzt haben.

Zweifellos hat sich der Therapeut hier unfair gegenüber der Frau verhalten. Aber nachdem er sich einmal dazu entschlossen hat, den Mann zu stützen, wachsen ihm gewissermaßen Scheuklappen, was die »Richtigkeit« der Position der Frau in der Familie angeht. Sie wird so behandelt, als sei sie die Ursache und das Verhalten des Mannes die darauf eingetretene Wirkung – was ohne Zweifel für dieses eheliche Holon so jedenfalls nicht zutrifft. Wenn der Therapeut anders vorgegangen wäre – das heißt, wenn er die Krise im ehelichen Holon dadurch herbeigeführt hätte, daß er die Frau in ihrer Überzeugung von der Immobilität des Manns bestärkt hätte –, dann wäre das gleichermaßen unfair gegenüber dem Mann gewesen. Bei dieser Technik geht es aber nicht um Fairneß, sondern um die Veränderung der hierarchischen Beziehung zwischen den Mitgliedern des Holons.

Wenn der Therapeut eine Koalition mit einem Familienmitglied eingeht, um auf diese Weise ein System aus dem Gleichgewicht zu bringen, dann beeinflußt seine Stellung in dieser Koalition sein Verhalten, und es kann geschehen, daß ihm die therapeutische Perspektive verloren geht. Vor dieser Gefahr kann er sich nur durch eine systemische Epistemologie schützen. Er muß sich bei allem, was er tut, von der auf theoretischem und empirischem Weg erworbenen Erkenntnis leiten lassen, daß die Familie ein aus vielen Teilen zusammengesetzter Organismus ist.

13 Komplementarität

Die Familie Kellerman hat die Form ihres Zusammenlebens jahrelang als das *Bild* der Familie empfunden. Der Vater ist etwas isoliert, die Mutter übereifrig, aber sie kommen recht gut miteinander aus und haben viele Gemeinsamkeiten. Beide interessieren sich für Politik, beide sind musikliebend, und beide sind gern mit Freunden und Bekannten zusammen. Ihre Tochter Doris ist ein verständiges Mädchen und eine gute Schülerin; sie hat ein feines Gespür für die Schwingungen anderer Menschen und ein sehr enges Verhältnis zu ihrer Mutter. Die beiden vertrauen einander so gut wie alle ihre Gedanken an, vor allem dann, wenn der Vater allzusehr von seinen geschäftlichen Interessen in Anspruch genommen ist. Mutter und Tochter ziehen Bestätigung und Befriedigung aus ihrem Umgang miteinander, zugleich kann die Tochter sich aber auch sehr gut in ihren Vater einfühlen, und sie erinnert sich, daß es sie mit Freude und Stolz erfüllte, wenn der Vater früher, als sie noch jünger war, gemeinsam mit ihr etwas unternahm. Dem Sohn Dan ist nicht so ganz wohl neben diesem Dreiergespann; er hat sich dem Sport zugewandt und ist viel mit seinen Freunden zusammen, mit denen ihn andere Interessen, auf keinen Fall aber »Kellerman«-Interessen verbinden.
Alles ging gut bis zu dem Augenblick, in dem die Tochter nach Abschluß ihrer Schulzeit auf der Suche nach einer eigenen, nicht von ihrer Familie geprägten Welt für ein Jahr nach Israel ging, um dort in einem Kibbuz zu leben. Der Familienorganismus, bestrebt, sich weiterhin an die bisherigen Regeln zu halten, betraute nun Dan mit der Aufgabe, für die richtige Distanz zwischen Ehemann und Ehefrau zu sorgen. Nur zögernd wandte der Junge sich von den Interessen ab, die er sich außerhalb der Familie geschaffen hatte, um sich wieder verstärkt seiner Familie zu widmen. Jetzt, da der aus nur noch drei Personen bestehende Organismus im Grunde nach einer Veränderung verlangte, weil er eben nicht länger vier Personen umfaßte, bestanden die verbliebenen Familienmitglieder auf mehr desselben. Die Folgen waren Konflikte zwischen Mutter und Sohn, der Sohn »akzeptierte« das Etikett des identifizierten Patienten, der Vater isolierte

sich noch mehr und empfand heftigere Schuldgefühle als zuvor, und die Tochter kehrte nach Hause zurück, um nach dem Rechten zu sehen und das System wieder in Ordnung zu bringen. Schließlich gingen die Kellermans zu einem Familientherapeuten, um aus ihrem Dilemma wieder herauszukommen.

Hier haben alle Familienmitglieder eine falsche Vorstellung. Jeder verkündet: »Ich bin der Mittelpunkt meines Universums.« Der Vater sagt: »Das Problem bin wahrscheinlich ich, weil ich kein sehr emotional veranlagter Mensch bin.« Die Mutter sagt: »Ich bin sehr verletzlich, was die negativen Seiten unserer Ehe angeht, und ich bin diejenige, die am heftigsten reagiert.« Doris denkt: »Meiner Mutter fehlt irgend etwas; ich muß diese Lücke in ihrem Leben ausfüllen, und das ist einer der Gründe, weshalb ich wieder nach Hause kommen mußte.« Dan sagt: »Meine Mutter sagt ständig: ›Du bist genau wie dein Vater.‹« Alle vier Familienmitglieder betrachten sich als Ursache oder als Wirkung: »Ich bin eine Ganzheit – ein Ganzes. Ich bin ich, die Gegenwart umgibt und beeinflußt mich. Ich reagiere auf diesen Kontext, oder ich manipuliere ihn, denn ich bin der Fokus.« Aber schon nach einer einzigen Sitzung ist klar, daß es des Miteinander von allen vier Angehörigen bedarf, um genau die Distanz zu bewahren, die es dieser Familie erst ermöglicht, ein in ihren Augen harmonisches Leben zu führen. Die Aktionen und Transaktionen jedes einzelnen erfolgen nicht unabhängig voneinander, sondern sind Teil einer Choreographie. Damit das Ganze sich bewegt, müssen alle vier sich bewegen.

»Du mußt die Diebin sein«, sagt der Richter zur Hure in Jean Genets »Balkon«. »Nur wenn du eine gute Diebin bist, werde ich ein guter Richter sein.« Eine ähnliche Bewertung erfahren die Gedanken von Gegenseitigkeit und Wechselwirkung auch im *I Ching:* »Wenn der Vater ein Vater und der Sohn ein Sohn ist, wenn der ältere Bruder seine Rolle als älterer Bruder und der jüngere seine Rolle als jüngerer Bruder spielt, wenn der Ehemann tatsächlich Ehemann und die Frau Ehefrau ist, dann herrscht Ordnung.«[1] Aber, wie Lewis Thomas bemerkt: »Die ganze uns so liebe Vorstellung vom eigenen Selbst – von jener herrlichen, von jeher mit eigenem Willen begabten, ohne allen Zwang verfahrenden, autonomen, unabhängigen, für sich bestehenden Insel eines Selbst – ist ein Mythos; nur fehlt uns die Erkenntnis, die diesen Mythos abschaffen könnte.«[2] Die Vorstellung vom Menschen als einer Einheit liegt also weiterhin in Fehde mit dem Gedanken von der Interdependenz aller Dinge.

Aber in diesem Widerstreit zwischen den Konzepten des Selbst als Einheit und des Selbst als Teil eines Ganzen ist die Komplementarität der Gegensätze enthalten. Fritjof Capra spricht davon, daß die Mystiker des Ostens »der Relativität und polaren Beziehung aller Gegensätze gewahr« werden und erkennen, daß sie »nur zwei Seiten derselben Realität« sind: »Da alle Gegensätze voneinander abhängen, kann ihr Konflikt niemals den totalen Sieg einer Seite erbringen, sondern er wird immer eine Manifestation des Zusammenspiels der beiden Seiten sein.« Der Widerstreit zwischen der Vorstellung vom Individuum als Selbst und dem Individuum als Teil eines Ganzen ist das Ergebnis einer unnötigen Unterteilung des gleichen Begriffs. Niels Bohr wagte sich an eine unmögliche Dichotomie, als er den Gedanken der Komplementarität in die Physik einführte: »Auf der atomaren Ebene hat die Materie einen zweifachen Aspekt: sie erscheint als Teilchen und als Welle. In manchen Situationen überwiegt der Teilchen-Aspekt, in anderen verhalten sich die Teilchen mehr wie Wellen.« Aber Partikel und Welle sind »zwei komplementäre, das heißt sich ergänzende Beschreibungen derselben Realität, jede davon ist nur teilweise richtig und hat einen begrenzten Anwendungsbereich. Für die volle Beschreibung der atomaren Wirklichkeit werden beide Bilder benötigt, und beide sind in den vom Unsicherheitsprinzip gegebenen Grenzen anzuwenden.«[3]

Wenn wir diese Analogie in die Familientherapie übernehmen, dann ist das Selbst sowohl Ganzes als auch Teil eines Ganzen. Welchen Aspekt es darbietet, hängt von der jeweiligen Situation ab. In der individuellen Praxis liegt der Fokus auf dem Individuum als einem Ganzen. Wenn aber die komplementären Aspekte des Selbst Teile eines Ganzen werden, dann wird sichtbar, daß die übrigen Teile jenes Ganzen, die für sich ja auch gegebene Größen sind, Einfluß auf das Verhalten und die Erfahrung aller Teile nehmen. Jenseits der Teile erscheint eine neue Größe: ein Organismus, bestehend aus vielen Teilen und zielgerichtet, dessen einzelne Teile von den Regeln des Ganzen beherrscht werden. Der einzelne empfindet möglicherweise diesen aus vielen Teilen bestehenden Organismus überhaupt nicht, weil er ein Teil von ihm ist. Beim Anblick einer großen Menschenansammlung werden wir an Lewis Thomas' Beobachtung erinnert, daß »Ameisen den Menschen immerhin so ähnlich sind, daß sie als Störung empfunden werden.«[4]

Zu den Zielen der Familientherapie gehört es, daß man den Familienmitgliedern zur Erfahrung ihrer Zugehörigkeit zu einer Ganzheit verhilft, die größer ist als das individuelle Selbst. Dieses Vorgehen ebenso wie dasjenige, das System aus seinem Gleichgewicht zu bringen, zielen auf eine Veränderung der Stellung der Familienmitglieder zueinander. Dabei wird hier allerdings die Hierarchie insgesamt herausgefordert. Wenn es den Familienmitgliedern gelingt, ihre Erfahrungen über einen längeren Zeitraum hinweg einzuordnen, dann werden sie die Realität auf eine neue Weise wahrnehmen. Was sich dann herausstellt, sind die Muster des gesamten Organismus, und die Freiheit der Teile wird als voneinander abhängig wahrgenommen.

Dieses Konzept muß unseren üblichen Erfahrungen fremd erscheinen. Gewöhnlich sehen die Menschen sich als agierende und reagierende Wesen. Sie sagen: »Mein Mann nörgelt an mir herum.« »Meine Frau ist überaus unselbständig.« »Mein Kind ist ungehorsam.« Von der Burg ihres individuellen Selbst herabblikkend stellen sie fest, daß sie belagert werden, und antworten auf diese Belagerung. In einer Sitzung mit der Familie Kingman (Ehemann, Ehefrau und die psychotische kleine Tochter, die fast stumm ist) fragt der Therapeut das Kind, wie lange es jetzt schon im Krankenhaus ist, und beide Eltern antworten gleichzeitig. Nun fragt er die Eltern, warum sie eine Frage beantworten, die er an ihre Tochter gerichtet hat. Die Mutter sagt, die Tochter veranlasse sie, zu sprechen. Der Vater erklärt, daß sie beide für die Tochter sprechen, weil das Mädchen ja so gut wie nie etwas sagt. »Sie machen mich schweigsam«, lautet der Beitrag des Mädchens, der von einem unbestimmten Lächeln begleitet ist.

Diese drei Menschen sehen die gleiche Realität jeweils nur in Teilen. Von seinen Erfahrungen her gesehen hat jeder von ihnen recht damit – die Realität, die er verteidigt, ist die Wahrheit. Aber die größere Einheit birgt noch viele andere Möglichkeiten.

Die Menschen des abendländischen Kulturkreises werden durch die gleiche Folgerichtigkeit ihres Sprachgebrauchs eingeschränkt. Sie alle würden dazu neigen, in der Schweigsamkeit des Mädchens einen Beweggrund für die Eltern zu sehen, die Fragen an das Kind zu beantworten, oder in dem Tempo, das die Eltern an den Tag legen, die Ursache dafür zu erblicken, daß das Kind schweigt. Einerseits weiß jedermann, daß es sich hier um zwei Seiten der gleichen Medaille handelt. Andererseits versteht sich kaum jemand darauf, die ganze Medaille auf einmal zu betrachten, anstatt entweder nur die Ober- oder die Unterseite. Niemand versteht es, »das Objekt zu umkreisen und zu erreichen, daß die zahllosen einzelnen Eindrücke sich decken«, wenn er selbst Teil des Objektes ist, das er umkreisen soll[5]. Dazu braucht man eine neue Form der Erkenntnis.

Um diese andere Form der Erkenntnis zu ermöglichen, muß der Therapeut die bisherige Epistemologie der Familie angreifen, und zwar in dreifacher Hinsicht. Zunächst fordert er das Problem heraus – die Überzeugung der Familie, daß es einen identifizierten Patienten gibt. Der zweite Angriff gilt der linearen Vorstellung, daß eines der Familienmitglieder das System kontrolliert, anstatt daß jedes einzelne Mitglied als Kontext für das andere dient. Drittens wendet sich der Therapeut gegen die in dieser Familie übliche punktuelle Festlegung von Ereignissen, indem er andere zeitliche Dimensionen einführt und die Familienmitglieder auf diese Weise lehrt, ihr Verhalten als Teil eines größeren Ganzen anzusehen.

Die Herausforderung des Problems

Die erste Herausforderung des Therapeuten an die feste Überzeugung der Familie, daß es hier einen identifizierten Patienten unabhängig vom Kontext gibt, kann in der Form ganz einfach sein und sehr direkt erfolgen. Ein agitierter und depressiver Patient, Herr Smith, eröffnete die erste Familiensitzung mit den an Minuchin gerichteten Worten »Ich bin das Problem.« – »Seien Sie sich dessen nicht so sicher«, sagte daraufhin der Therapeut zu ihm. Die übrigen Familienmitglieder stimmten der Formulierung zu, die der Patient gewählt hatte: »Ich bin die Welt, und ich bin das Problem.«[6] In Wahrheit brachten sie damit folgendes zum Ausdruck: »Du bist depressiv und ganz und gar durcheinander. Du allein brauchst Hilfe.« Der Familientherapeut beobachtete zwar die gleichen Fakten, sah sie aber unter dem Aspekt der Art und Weise, in der die Menschen innerhalb eines Systems handeln und zum Handeln veranlaßt werden.
Wenn Gregory Abbott eine familientherapeutische Sitzung mit seiner Frau mit der Mitteilung beginnt: »Ich bin depressiv«, so birgt die erste Frage des Therapeuten nicht etwa eine Bestätigung (»Sie sind depressiv?«), sondern eher eine Herausforderung (»Macht Ihre Frau Sie depressiv?«). Einfache Fragen wie diese fordern die Art und Weise heraus, wie Menschen Realität erfahren, und führen Unsicherheit ein.
Die Therapie beginnt in der von den Familienmitgliedern und dem Therapeuten geteilten Überzeugung, daß irgend etwas nicht in Ordnung ist. Die Familie befindet sich in Behandlung, weil irgend etwas an ihrer Lebensweise nicht gut für sie ist und sie deshalb auf der Suche nach Alternativen ist. Da sie aber an ihren altgewohnten Wahrheiten festhält, setzt sie den neuen Möglichkeiten, die sie doch gerade sucht, heftigen Widerstand entgegen. Der Therapeut, der in diesem System die hierarchische Stellung des Experten innehat, kann mit einer einfachen

Feststellung, z. B. »Ich sehe aber noch andere Faktoren in der Familie, die Ihrer Ansicht zuwiderlaufen, daß Sie der Patient sind« ein ganz neues Licht auf den Umstand werfen, daß die Familie sich hinsichtlich des identifizierten Patienten völlig einig ist. Die Reaktion der Familie und des identifizierten Patienten selbst kann dann so aussehen, daß sie erneut auf ihre Sicht der Dinge verweisen, wonach »er der Patient ist«.

In manchen Fällen ist auf den ersten Blick zu erkennen, daß eine einzige Person der Symptomträger ist – etwa im Fall der Familie mit einem psychosomatischen oder mit einem psychotischen Angehörigen. In solchen Fällen kann der Therapeut seine Autorität als Experte nützen und etwa sagen, daß die Erfahrung ihn gelehrt hat, daß Familien wie diese immer selbst zum Fortbestand des Problems beitragen und häufig auch schon an seinem Auftauchen irgendwie beteiligt gewesen sind. Er kann dann hinzufügen: »Ich weiß, daß Sie die Dinge im Augenblick noch nicht so sehen können, aber folgen Sie mir doch mal eine Zeitlang, vertrauen Sie mir ganz einfach.« Er kann auch vorschlagen: »Sprechen Sie doch einmal alle miteinander darüber, auf welche Weise die Familie an Janies Schwierigkeiten beteiligt ist oder sie sogar noch vergrößert; Sie kennen sich untereinander schließlich sehr viel besser als ich jeden einzelnen von Ihnen kenne.« Oder er macht aus der Situation einen Augenblick lang so etwas wie einen Kriminalroman: »Sie haben den Schlüssel. Ich werde zuhören, während Sie Nachforschungen anstellen.«

Manchmal stellt der Therapeut das Problem insofern in Frage, als er es auf mehrere Personen ausdehnt: »Ihre Schwierigkeiten haben mit der Art und Weise Ihres Zusammenlebens zu tun.« Ein Elternteil, der mit seinem Kind nicht zurande kommt, wird mit einer Neudefinition konfrontiert: »Sie und Ihre Tochter sind verstrickt in Probleme der Kontrolle.« Ein identifizierter Patient kann der Familie als Heiler beschrieben werden, weil die Familie sich so vollständig auf ihn konzentriert hat, daß die Geschwister verschont blieben; er kann ihr auch als derjenige präsentiert werden, der die Probleme auf andere Familienmitglieder umleitet. Der Therapeut kann auch paradox arbeiten und eine Verwirrung der Familienrealität dadurch einleiten, daß er empfiehlt, am Symptom auf jeden Fall festzuhalten, weil es dem Wohl der ganzen Familie dient.

Alles dies blockiert die gewohnheitsmäßigen Reaktionen der Familie auf den identifizierten Patienten, als wäre er eine eigene und autonome Ganzheit. Der Therapeut wendet sich gegen die Schilderung der Familie, nach der der identifizierte Patient den Verstand verloren haben soll. Aber da die Familie zur Therapie gekommen ist, weil ihre Bemühungen, mit dem identifizierten Patienten auszukommen, fehlgeschlagen sind, macht der Therapeut im Grunde nur deutlich, was die Familienmitglieder bereits wissen.

DIE HERAUSFORDERUNG AN DIE LINEARE KONTROLLE

Der Therapeut tritt der Vorstellung entgegen, daß ein einzelnes Mitglied das ganze Familiensystem kontrollieren kann. Vielmehr ist jeder Mensch der Kontext des anderen. Im Fall des aufgeregten und depressiven Patienten Smith war Minuchins zweite Frage, nachdem er gesagt hatte »Seien Sie sich dessen nicht so sicher!« »Wenn Ihre Probleme nicht von Ihnen, sondern von jemandem in Ihrer Familie verursacht worden wären, wer würde dann Ihrer Meinung nach Ihre Depressionen verursacht haben?« Auch hier hat der Therapeut nicht neue Daten ins Spiel gebracht. Er hat nur eine andere Art der punktuellen Festlegung der Realität eingeführt.

Die Frage »Wer steht in einer solchen Beziehung zu Ihnen, daß er Ihre Symptome noch fördert?« wird gewöhnlich in dem Sinne beantwortet, daß »meine Krankheit *mir* gehört.« Ein Mensch kann seine Angehörigen unter Umständen für zahlreiche Kleinigkeiten verantwortlich machen, die ihm in seinem Leben begegnen, aber die Kontrolle über seine Symptome will er ihnen nicht zugestehen. »Meine Depression gehört mir« – das ist letzten Endes eine Bestätigung der Integrität des Selbst. Dazu kommt noch, daß nur der betroffene Mensch die individuelle Erfahrung wiedergeben kann. Das Eingeständnis, eine Depression gewissermaßen »in Gemeinschaft mit anderen« zu haben, käme einer Selbstaufgabe gleich. Deshalb versucht der Therapeut, die Familie zur Erkenntnis wenn schon nicht einer gemeinsamen Krankheit, so doch des gemeinsamen Kontextes zu bringen.

Die Familie Ibsen besteht aus den Eltern und ihrem sechsundzwanzigjährigen Sohn, der an schweren Zwangsvorstellungen leidet. Es bedarf eines zwei- bis dreistündigen Rituals, ehe es ihm möglich ist, sich ein Stück Brot abzuschneiden. Deshalb schneidet die Mutter ihm das Brot für den nächsten Tag immer schon am Abend zuvor. Der Therapeut fragt die Familienmitglieder, wer denn eigentlich die Musik komponiere, nach der sie alle tanzen. Nach einigem Zögern sagt der junge Mann: »Ich glaube, das mache ich.« Der Therapeut bittet ihn, den

Platz zwischen seinen Eltern zu verlassen und sich ihnen gegenüberzusetzen, so daß er sie sehen kann, daß und wie sie nach seiner Musik tanzen. Später fragt der Therapeut, ob der Sohn denn bemerkt habe, daß seine Mutter wie unter einem Zwang jeden Abend Brot für ihn schneidet. Vielleicht, so vermutet der Therapeut, tanzt er nach ihrer Musik? Dieser aus immer neuen Sequenzen bestehende und bald von der einen, bald von der anderen Seite her erfolgende Angriff auf den Gedanken der Eigenständigkeit des Selbst macht das wohlformulierte Konzept zunichte, das diese Familie vom Problemträger hat. Wenn die Familienmitglieder sich erst einmal mit dem Gedanken angefreundet haben, daß die Eltern zur Musik des Sohnes tanzen und der Sohn zur Musik der Mutter tanzt, wird der Therapeut sie unter Umständen in noch größere Verwirrung stürzen, indem er darauf hinweist, daß der Tanz von Mutter und Sohn den Vater vor einer Einbeziehung schützt.

Um das Konzept der Wechselseitigkeit wirklich verständlich zu machen, kann der Therapeut sich einer sehr vielseitig anwendbaren Technik bedienen: er beschreibt das Verhalten eines Familienmitgliedes und schiebt dann die Verantwortung dafür einem anderen zu. Er sagt etwa zu einem Heranwachsenden: »Du handelst wie ein vierjähriges Kind«, um sich dann an die Eltern zu wenden und sie zu fragen: »Wie halten Sie ihn denn so klein?« Oder er sagt: »Ihre Frau scheint alle Entscheidungen in Ihrer Familie zu kontrollieren. Wie haben Sie das denn gedeichselt, daß alle diese Dinge an ihr hängenbleiben?« Mit Hilfe dieser Technik verbündet der Therapeut sich letzten Endes mit dem Menschen, den er allem Anschein nach angreift. Das Familienmitglied, dessen Verhalten in der Familie als dysfunktional gilt, setzt dieser Darstellung keinen Widerstand entgegen, weil die Verantwortung ja einem anderen zugeschoben worden ist.

Die gleiche Technik läßt sich auch dazu einsetzen, auf eine Besserung hinzuweisen: »Jetzt handelst du deinem Alter entsprechend«, sagt der Therapeut vielleicht zu dem Kind, und dann schüttelt er den Eltern die Hand und meint: »Sie haben ganz offensichtlich darauf hingewirkt, daß John reifer und vernünftiger werden konnte. Können Sie sagen, was und wie Sie das gemacht haben?« Wenn er die Familie drängt, die Veränderung eines ihrer Mitglieder sich selbst zuzuschreiben, dann sorgt er dafür, daß das ganze System die Reziprozität aller seiner Teile akzeptiert.

In der Einzeltherapie sagt der Therapeut zu seinem Patienten: »Ändern Sie sich. Arbeiten Sie an sich, damit Sie wachsen. Schauen Sie nach innen und verändern Sie das, was Sie dort entdecken.« Der Familientherapeut stellt dagegen eine

anscheinend paradoxe Forderung: »Helfen Sie dem anderen, sich zu verändern.«
Aber da die Veränderung eines Menschen ganz zwangsläufig auch eine Veränderung in seinem Kontext bewirkt, lautet die eigentliche Botschaft: »Helfen Sie dem anderen, sich zu verändern, indem Sie sich in Ihrem Umgang mit ihm verändern.« Das Konzept der Kausalität verliert seine Schärfe, wenn man sich dazu entschließt, Kontext und Verhalten als untrennbar miteinander verbunden anzusehen. Innerhalb dieses sehr viel komplexeren Denkschemas treten Verantwortlichkeit und damit auch Schuldzuweisung in den Hintergrund.

HERAUSFORDERUNG ZUR PUNKTUELLEN FESTLEGUNG VON EREIGNISSEN

Hier fordert der Therapeut die Epistemologie der Familie heraus, indem er die zeitlichen Dimensionen anders faßt und das individuelle Verhalten als Teil eines größeren Ganzen hinstellt. Zwar erreicht man mit dieser Maßnahme selten, daß die Familie ihre Epistemologie verändert, aber sie verschafft doch immerhin eine Ahnung davon, daß jedes einzelne Familienmitglied ein funktionaler und mehr oder weniger differenzierter Teil eines Ganzen ist.
In Familien kann der einzelne sein Verhalten für eine Weile ändern, ohne daß der Organismus als Ganzes davon berührt wird. Ein Beispiel dafür ist ein Mittagessen, zu dem die Eltern, ihre anorektische Tochter und der Therapeut sich zusammengefunden haben. Die Eltern fordern das Mädchen immer wieder auf, sein Essen einzunehmen, und nehmen dazwischen immer wieder eine beschützende Haltung ihm gegenüber ein. Am Ende ist das bestehende Gleichgewicht in keiner Weise erschüttert; das Kind bleibt trianguliert, und es ißt nicht.
Zu Beginn der Sitzung mit der Familie Kellerman erscheint der Mann distanziert, emotionslos und unbeweglich, während die Frau sich Nähe wünscht. Als der Mann dann auf das Drängen des Therapeuten hin Nähe und Vertrautheit anbietet, reagiert die Frau mit einer geradezu phobischen Angst vor der bloßen Berührung und wahrt so die Distanz, die von jeher zwischen den Partnern besteht. Das individuelle Verhalten verändert sich von einem Augenblick zum anderen, aber das System bleibt das gleiche.
Die traditionelle Psychoanalyse bezweifelt die Fähigkeit zu eigenständigem Verhalten und unterstützt die Vorstellung eines internalisierten Kontextes. Die interpersonale Schule, die Feldtheorie, die Gestaltheorie und die Beziehungs-

theorien lassen den Kontext beiseite und grenzen die individuelle Freiheit ein, ohne dabei die Individualität des Menschen anzuzweifeln. Die Familientherapie, die die Vorstellung vom Selbst als einem Subsystem einführt, macht uns auf diese Weise deutlich, daß das Individuum Teil eines größeren Organismus ist.

Die Technik der Einführung eines erweiterten Bezugsrahmens ist in der Regel kognitiver Art. Der Therapeut kann den Familienmitgliedern sagen, daß ihre Transaktionen gewissen Regeln unterliegen: »Sie halten sich nun schon seit zehn Jahren an den gleichen dysfunktionalen Tanz. Ich will Ihnen helfen, die Dinge anders zu sehen. Gemeinsam gelingt es uns vielleicht, andere Tanzschritte zu finden.«

Der Hinweis auf die Isomorphie von Transaktionen macht deutlich, daß das Verhalten der Familie gewissen Regeln folgt, die über das einzelne Mitglied hinausweisen. Stellen wir uns eine verstrickte Familie vor: Eines der Kinder niest; die Mutter reicht dem Vater ein Taschentuch, das dieser an den Jungen weitergeben soll; die Schwester schaut in ihr Handtäschchen und sucht dort ebenfalls nach einem Taschentuch. Der Therapeut sagt: »Du meine Güte – das muß man gesehen haben, wie hier ein einziger Nieser alle Anwesenden auf Trab bringt! Das ist eine Familie, die lauter hilfsbereite Menschen hervorbringt.«

In einer anderen Familie spricht der Vater abfällig über die eine Tochter, über die erst vor wenigen Minuten sämtliche Geschwister hergefallen sind. »Das ist eine Familie, die Sündenböcke schafft«, sagt der Therapeut.

Herr und Frau Abbott, beide zwischen dreißig und vierzig, leben seit einem Monat nicht mehr zusammen. Der Mann hat die Frau und seine beiden kleinen Kinder verlassen und ist in eine eigene Wohnung gezogen, um »zu sich selbst zu finden«. Drei Minuten nach Beginn der Sitzung beantwortet der Mann eine als Schutz gemeinte Äußerung des Therapeuten wie folgt:

Gregory: Ich habe das Gefühl, daß Sie sehr einfühlsam sind. Ich spüre Ihr herzliches Wesen, und das tut mir wohl. Was meine augenblickliche Beziehung zu Pat angeht, so habe ich das Gefühl, als sei ich weniger depressiv, seitdem ich gegangen bin – seitdem ich aus dem Haus bin.

Diese Aussage ist insgesamt von der Empfindung getragen: Ich spüre Ihr herzliches Wesen, und das tut mir wohl. Ich bin nicht mehr so depressiv. – Der Mann postiert sich in den Mittelpunkt seiner Realität; für ihn existiert das Universum nur deshalb, weil er es beobachtet und darauf reagiert.

Minuchin: Wollen Sie damit sagen, daß Pat Sie depressiv macht?

Der Therapeut antwortet mit einer Frage, die auf die Beziehung der beiden Ehepartner zielt. Zwischen den beiden Aussagen besteht ein epistemologischer Bruch. Im Verständnis des Mannes gibt es zwischen ihm und der ihn umgebenden Welt eine deutliche Grenze: Wenn irgendwo in den Wäldern ein Baum gefällt wird und er nicht dabei gewesen ist, dann ist der Baum ganz einfach nicht gefällt worden. Gregorys Realität besteht aus dem, was seine Sinne festhalten und was er in seiner Vorstellung nachvollzogen hat. Die Frage des Therapeuten »Macht Pat Sie depressiv?« ist eine Herausforderung an Gregorys Epistemologie, denn in Wahrheit steckt in ihr ja die folgende Aussage: »Sie sind kein eigenes Ganzes; Sie sind Teil Ihres Kontextes.« Was der Therapeut in einer notwendig sequentiellen Sprache sagt, hat noch nicht mit dem Holon zu tun, aber es sorgt für eine Erweiterung von Gregorys Weltbild, um den interaktionellen Kontext mit einzuschließen: Pat.

Der weitere Verlauf der Sitzung ist vom Versuch des Therapeuten geprägt, die Sicherheit ins Wanken zu bringen, mit der dieses Paar die Realität seiner Beziehung betrachtet – das heißt, der Therapeut führt den Gedanken der komplementären Transaktion zwischen den Teilen eines Holon ein.

Gregory: Ich will ihr diese Verantwortung nicht zuschieben; ich will sie nicht damit belasten. Ich bin depressiv, und ich habe mich wirklich schon eine ganze Zeitlang depressiv gefühlt.
Minuchin: Einen Augenblick! Sie sagten, daß Sie depressiv waren, als Sie noch zu Hause lebten, daß Sie dann von zu Hause weggegangen sind und sich nun nicht mehr so depressiv fühlen. Damit sagen Sie aber doch, daß Pat Sie depressiv machte.
Gregory: Nein, ich nehme die Verantwortung dafür wirklich auf mich. Ich kann sie ihr nicht anlasten.
Minuchin: Folgen Sie mir mal eine Weile. Sie sind depressiv, und Pat hilft Ihnen nicht in Ihrer Depression.
Gregory: Genau.
Minuchin: Warum hilft Pat Ihnen nicht?
Gregory: Ich habe so das Gefühl, daß viele meiner Bedürfnisse einfach nicht befriedigt worden sind. Ich war sehr frustriert. Ich fühlte mich sehr im Stich gelassen.

Gregory »besitzt« seine Depression, wie man ein Abzeichen oder einen Orden besitzt. Obwohl seit zehn Jahren verheiratet, kann er keinen familialen Kontext um sich herum erkennen; weder seine Frau noch seine Kinder sind für seine Depression verantwortlich oder haben daran irgendeinen Anteil. Der Therapeut kommt Gregory entgegen, als er seine Ganzheit akzeptiert, spricht aber im Zusammenhang mit der Depression von einem familialen Umfeld: Pat ist nicht die Ursache, aber sie hilft ihrem Mann auch nicht, und dieses fehlende Echo trägt zu seiner Verfassung bei. Gregorys Weltbild erfährt eine Erweiterung; jetzt gehört wenigstens die Interaktion mit seiner Frau in dieses Bild hinein. Es ist ganz typisch für ihn, daß er seinen Aussagen immer ein »*Ich* habe so das Gefühl« voranschickt, aber immerhin akzeptiert er jetzt den Umstand, daß er auf Einflüsse reagiert, die von außen her auf ihn zukommen.

Minuchin: Können Sie konkreter sein? Mir ist nicht klar, in welcher Weise Pat Ihnen nicht hilft.

Gregory: Wir wollten im Dezember in Florida Urlaub machen, und vorher gab es unendliche Schwierigkeiten, auch wegen der Frage, wer die Kinder inzwischen versorgen sollte.

Minuchin: Sie wollten mit Pat allein Urlaub machen, ohne Ihre Kinder?

Gregory: Ja, mit Pat allein. Wir sind bisher nur ein oder zwei Mal für längstens drei, vier Tage weggewesen, und ich wollte jetzt mal mehr Zeit haben und nach Florida gehen. Eine Woche oder so.

Minuchin (zu Pat): Und was war Ihre Meinung dazu?

Pat: Zuerst muß ich dich mal unterbrechen. Wir sind nämlich auch schon länger als drei oder vier Tage weggewesen, und diesmal wolltest du sogar zehn Tage fortbleiben. Ich bin in solchen Dingen ziemlich heikel; es fällt mir sehr schwer, die Kinder in diesem Alter alleinzulassen, oder vielleicht wird es mir auch später schwerfallen, und andererseits wollte ich durchaus gehen, weil er es eben wollte und wir schon so lange darüber gesprochen hatten. Es ist mir eben sehr schwergefallen, sie alleinzulassen.

Pats Realität ist eine Realität des Echos und der Reaktion. Für sie stellt sich die Sache so dar, daß sie nun entweder den Bedürfnissen ihrer Kinder oder aber den Wünschen ihres Mannes den Vorrang geben muß, und deshalb empfindet sie sich durch die Forderungen ihres Mannes ausgenutzt. In dieser Familie befinden sich das eheliche Subsystem und das elterliche Subsystem, dem der Vater nicht angehört, in einem Konflikt miteinander.

Minuchin: Dann sind Sie also auch depressiv?

Pat: Ich bin augenblicklich sehr depressiv. Ich bin depressiv, seit er fort ist.

Minuchin: Und wie macht Gregory Sie depressiv?

Pat: Er spricht immerzu davon, daß er weggehen will. Und ich habe das Gefühl, daß er mich nicht um meiner selbst willen braucht. Er spricht immer so distanziert: »Ich möchte mein Ich erweitern, ich will meinen Spaß haben, ich möchte mich um mich selbst kümmern, ich will etwas erleben, ich will das Leben genießen – und wenn nicht mit dir, dann eben mit jemand anderem.«

Minuchin: Ich möchte Sie beide jetzt mal zwingen, konkret zu denken. *(Zu Pat)* Was tut er Ihnen an, daß Sie den Wunsch haben, ihm einen Tritt zu versetzen? *(Zu Gregory)* Und was tut sie Ihnen an, daß Sie den Wunsch haben, von zu Hause wegzugehen? Sprechen Sie miteinander über diese Dinge!

In der schmerzlichen Leere, die beide Partner aufgrund ihrer Trennung empfinden, wird ihr jeweiliges Weltbild immer stärker ichbezogen. Der Therapeut verlangt von ihnen, daß jeder den anderen als einen Kontext seines eigenen Selbst ansieht, und bringt eine Transaktion zwischen den Partnern in Gang.

Pat (zu Gregory): Du redest, als ob es um die Geschichte irgendeiner anderen Familie ginge, und ich habe nicht einmal entfernt das Gefühl, daß du mich wirklich brauchst. Und du sprichst sehr arrogant und hochnäsig von bestimmten Dingen, die du haben möchtest; du sagst, daß du ein anderes und erfüllteres Leben führen möchtest, daß du deine Freiheit haben willst. Ich möchte von dir hören, daß du mich willst und brauchst, aber das höre ich nicht. Du sagst höchstens: »Wir können es ja mal mit dieser Paartherapie versuchen . . .« aber das klingt sehr intellektuell und sehr distanziert, und im Grunde ist es dir viel lieber, wenn du mit allen diesen Dingen nichts zu tun hast. Ich glaube, ich möchte, daß du leidest und mich zurückhaben willst, aber davon ist keine Rede.

Minuchin: Er hat es viel leichter. Sie haben die kleinen Kinder. Er braucht sich nicht um die Kinder zu kümmern. Er geht aus, und Sie müssen zusehen, wie Sie mit allem fertig werden.

Während also »Pats Familie« ein komplexes System ist und individuelle, elterliche und eheliche Holons umfaßt, sind die beiden Partner übereinstimmend der Meinung, daß »Gregorys Familie« wohl weiterhin als einfaches System funktionieren wird, in dem ausschließlich individuelle Holons miteinander interagieren.

Pat: Ja, und das ist es, was mich so stört. Ich wollte, er würde sich so verzweifelt nach mir sehnen, daß er auch das ganze Gezänke und die Pflichten und all die

Dinge, die er nun mal nicht mag, hinnehmen würde, weil das Zusammensein ihm das einzig Wichtige wäre.

Im Weltbild beider Partner ist das Selbst ein eigenes Ganzes, und so sieht keiner von ihnen Gregorys Selbst als Teil des Kontextes der Kinder und mithin als mit gewissen Verpflichtungen und Verantwortlichkeiten den Kindern gegenüber behaftet. Auch für Pat ist Liebe nicht eine Sache, die im Kontext zwischen zwei Menschen existiert, sondern eher eine Empfindung, die vom Liebenden auf den Geliebten hin ausstrahlt, ähnlich wie die Wärme der Sonne und ohne die Erwartung, etwas dafür zu bekommen. Bei dieser Sicht der Realität hat sie keine Möglichkeit, die Gegebenheiten zu ändern. Sie kann sich nur wünschen, daß sie anders wären.

Minuchin (zu Gregory): Was müßte Pat denn tun oder lassen, damit Sie so empfinden könnten, wie sie sich das wünscht?

Der Therapeut vermeidet es weiterhin, mit seinen Interventionen eine individuelle Dynamik anzusprechen oder ins Spiel zu bringen. Mit seiner Frage an den Mann ist die Anweisung verbunden, die Frau als den Kontext der eigenen Veränderung zu begreifen.

Gregory: Ihre Ängste und Sorgen wegen der Kinder, wenn sie mal nicht bei ihnen ist, deprimieren mich, und das ist etwas, was ich gern geändert hätte, so daß wir, wenn wir zusammen sind, dann auch wirklich zusammen sind, und wenn wir mit den Kindern zusammen sind, prima, dann eben auch voll und ganz mit ihnen zusammen sind. Ich habe nicht das Gefühl, Pat wirklich für mich zu haben – auch wenn wir allein sind. Es ist, als wären die Kinder auch dann anwesend, weil sie nämlich in unseren Gedanken noch immer anwesend sind.
Minuchin: Dann findet Pat Ihre Unternehmungen zu zweit wohl nicht so besonders anregend, wenn sie unbedingt immer die Kinder dabeihaben möchte. Was machen Sie denn so?
Gregory: Na ja, sie . . .
Minuchin: Was Sie da sagen, heißt doch mehr oder weniger, daß das Zusammensein mit Ihnen sie langweilt, und daß sie die Gesellschaft der Kinder vorzieht. Sind Sie ein Langweiler?
Gregory (lacht): Also, das ist doch toll. So habe ich die Dinge tatsächlich noch nie gesehen. Das finde ich wirklich lustig!

Der Therapeut interpretiert das Zustandekommen des übermäßig mit sich selbst beschäftigten Mutter-Kind-Subsystems als »Resultat« der Schwächen und Unzulänglichkeiten des ehelichen Subsystems. Diese Verlagerung der Perspektive wirkt sich auf Gregory befreiend aus. Vielleicht könnte er das Verhältnis zwischen Pat und den Kindern ändern, wenn er sich innerhalb des ehelichen Holons selbst verändert.

Minuchin: Ist er sehr langweilig?
Pat: »Langeweile« würde ich eigentlich nicht sagen. Er ist ganz einfach nicht da – jedenfalls empfinde ich es so. Er ist gefühlsmäßig nicht anwesend.
Minuchin: Und immer, wenn das so ist, wollen Sie es ihm heimzahlen.
Pat: Ach, das will ich eigentlich pausenlos. Deshalb kann man nicht sagen, welchen Anteil das nun genau ausmacht.
Minuchin: Sie wollen es ihm pausenlos geben?
Pat: Ja.
Minuchin (zu Gregory): Wie macht sie das?
Gregory: Sie ist oft zornig, sie ist reizbar, irgendwie kurz angebunden, knapp, sachlich und auch sexuell nicht eigentlich zugänglich. Außerdem ist sie müde, sie ist jetzt öfter müde als früher, geht früher ins Bett, sie ist nicht zärtlich, da sprüht nichts und knistert nichts, sie ist einfach nicht wirklich mit und bei mir. Kommt mir überhaupt nicht entgegen . . .
Pat: Du doch auch nicht.
Gregory: Aber gerade auf sexuellem Gebiet mache ich doch oft den Anfang, sehr häufig, und dann merke ich, daß du nicht interessiert bist. Manchmal ist es schon besser gewesen, aber meistens bin ich es, der hinter dir herläuft.
Pat: Das nehme ich dir aber nicht ab. Natürlich bin ich nicht immer in der gleichen Stimmung, und auch du bist nicht immer in der gleichen Stimmung, aber daß du irgendwie zugänglicher warst als ich, dem kann ich wirklich nicht zustimmen. Ich weiß doch, daß ich es mir manchmal gewünscht habe und du mich glatt zurückgewiesen und immer nur vom Weggehen geredet hast.
Gregory: Und ich erinnere mich, daß wir darüber gesprochen haben, daß ich mich halt allmählich abgewandt habe, weil du mich immerzu zurückgewiesen hast.
Pat: Natürlich habe ich mich dann auch abgewandt, weil ich mich von dir immer zurückgestoßen fühlte.
Minuchin: Machen Sie bitte weiter.

Über diesem immer gleichen Thema gerät das Paar in eine Art von symmetrischer Wellenbewegung. Das Gleichgewicht kommt dadurch zustande, daß abwechselnd immer ein Partner oben und der andere unten ist. Der Fokus ihrer Auseinandersetzung ist noch immer die Individualität zweier Einheiten, die abwechselnd aufeinander eingehen. Der Therapeut bemerkt, daß die Schwelle erreicht ist, an der die beiden gewöhnlich ihre Auseinandersetzung beenden, und daß sie sich jetzt einem anderen Gegenstand zuwenden möchten. Er läßt sie aber nicht, denn er hofft, daß sie unter dem augenblicklich auf ihnen lastenden Druck vielleicht anfangen, andere Verhaltensweisen herauszufinden.

Pat: Vor einigen Wochen sah es tatsächlich so aus, als ob die Dinge sich allmählich beruhigen würden; wir haben uns damals gesagt, daß das alles doch einfach absurd ist, weil wir doch beide das gleiche wollen, nämlich die Liebe des anderen spüren wollen. Damals fühlte ich mich dir wirklich näher und fand dich anziehender, und du warst liebevoller, und das gefiel mir viel besser, und du wolltest nämlich auch Zärtlichkeit. Und dann hatten wir wieder einmal eine Auseinandersetzung, und da warst du sowieso schon drauf und dran gewesen zu gehen, und dann bist du eben wirklich gegangen.
Gregory: Das war ein bestimmter Tag. Da fand ich, daß du interessiert und freundlich und nett warst, und da war ich auch mal wieder gelöster. Und der eine kleine Streit hat ausgereicht – ich bin wieder ärgerlich geworden wegen all der Dinge von früher, vor allem wegen der Sache mit dem Florida-Urlaub.
Pat: Gregory, das war nicht nur einen Tag lang so. Es ging ein paar Tage, und dann, vor drei Wochen, bist du allein in Urlaub gefahren, und deshalb war es dann so abrupt zu Ende.

Die Frau wendet sich ihrem Mann zu und erinnert ihn zunächst an eine Phase der zunehmenden Vertrautheit; dann kehrt sie zu der augenblicklichen beklagenswerten Situation zurück. Gregory schildert die Eskalation der Ereignisse ganz ähnlich. Die Frau geht auch auf diesen Beitrag ein und so weiter.

Minuchin: Ich habe hier so eine Art Punkteliste geführt, und ich gebe jedem von Ihnen drei Punkte. *(Zur Frau)* Sie haben es sehr gut gemacht, Sie haben ihn dreimal getreten. *(Zum Mann)* Und Sie haben Pat ebenfalls dreimal getreten. Sie haben also Punktgleichheit; jetzt müßten Sie versuchen, da herauszukommen.
Gregory: Ich bin ganz durcheinander. Außerdem ist mir heiß, und ich bin irgendwie unruhig und fühle mich unter Druck.

Der Therapeut beschreibt das Transaktionsmuster der Partner und besteht darauf, daß es geändert werden muß. Der Ehemann reagiert mit einer Regression.

Minuchin: Sie haben nicht verstanden, wovon ich rede. Das fasziniert mich, daß Sie etwas so Einfaches nicht verstehen. Was ich sage, ist doch folgendes: »Sprechen Sie doch einmal so miteinander, daß Sie nicht beide immer sofort den Wunsch haben, dem anderen einen Tritt zu verpassen.«
Gregory: Gerade jetzt würde ich mir wünschen, daß sie mich akzeptiert.
Minuchin: Das kann sie nicht. Sie kann es nicht, wenn Sie ihr erst einen Tritt geben und nachher nichts weiter zu sagen wissen, als daß Sie von ihr akzeptiert werden wollen. Das müssen Sie schon anders und besser machen. Sie müssen es so machen, daß sie selbst den Wunsch hat, Sie zu akzeptieren.
Gregory: Sei so gut und denk daran, daß ich auch manchmal liebevoll bin, daß ich verletzlich bin, daß ich dich und die Kinder liebe und daß ich jetzt ziemlich durcheinander bin. Mir ist klar, daß ich dir manchmal weh tue, und das mag ich nicht; und mir ist klar, daß ich distanziert bin, und ich möchte nicht, daß du das merkst. Ich würde es gerne verschleiern.
Pat: Ich habe große Angst, daß du mich verlassen wirst.

Das Wörtchen »Ich« taucht zwar weiterhin sehr häufig in den Aussagen beider Partner auf, aber sie haben inzwischen doch eingesehen, daß jeder von ihnen der Kontext des anderen ist und daß jeder von ihnen das Verhalten seines Partners dadurch beeinflussen kann, daß er sich gegenüber dem Partner eben selbst anders verhält. Dadurch, daß der Therapeut immer wieder von der Reziprozität des Verhaltens der Partner und im Grunde von der Unteilbarkeit des ehelichen Holons spricht, wird keinem der beiden die ausschließliche Verantwortung für die Realität dieses Holons angelastet. Sie werden als Teile alle beide gebraucht, wenn es darum geht, die Choreographie des Holons zu bewahren oder aber zu verändern. Später kommt der Ehemann auf einen Tag zu sprechen, an dem er seine beiden Kinder allein versorgt hat.

Minuchin: Und wie ging das?
Gregory: Es war eine gute Erfahrung. Ich habe nämlich festgestellt, daß ich mehr Geduld und Nachsicht für sie aufbringe, wenn ich sie allein habe. Ich hatte die Situation in der Hand, die Kinder gingen auf mich ein. Ich habe sie auch gefüttert und ihnen die Windeln gewechselt. Es war eigentlich alles ganz einfach.

Minuchin: Sie hatten also beide Kinder bei sich?

Gregory: Ja. Und es hat mich nicht gereut. Ich glaube, daß ich sie auf meine Art schon richtig versorgen kann, ohne daß sie mich kritisiert oder mir sagt, daß ich alles falsch mache.

Minuchin: Wenn Sie die Kinder versorgen, ist Ihre Frau dann der Aufpasser?

Gregory: Also, wenn ich es auf meine Weise mache und sie dann sagen würde »So geht es aber nicht«, dann würde ich es wohl sein lassen.

Minuchin: Ich finde es sehr gut, daß Sie Ihre Kinder einmal einen ganzen Tag lang allein um sich hatten.

Gregory: Ja, ich auch.

Pat: Ich fand das auch gut. Ich kam an dem Tag nach Hause und war ganz gerührt, als ich sah, was da vorging. Es schien mir ganz unwirklich und verrückt, daß wir uns getrennt hatten, denn er war sehr nett und lieb mit ihnen und hat das alles sehr ernst genommen und ist dann noch zwei Stunden geblieben, und wir haben sie noch gemeinsam gefüttert und mit ihnen gespielt. Er sagte, das sei alles deswegen, weil er von mir gar nichts erwartete, aber es ging alles sehr gut, er war sehr nett zu mir, und ich habe es wirklich genossen. Aber dann ist er wieder gegangen.

Minuchin: Er sagt also, er kann durchaus Vater sein, wenn er Vater sein soll, aber er kann nicht Vater sein, wenn er Ihr Ehemann ist.

Pat: Mir hat er gesagt, daß er sich mehr als Vater fühlt, seit wir getrennt leben.

Die Organisation dieser Familie ist so, als stünde das eheliche mit dem elterlichen Holon im Konflikt, als würden sie sich gegenseitig etwas nehmen. Für Gregory sieht die »Lösung« so aus, daß er eben nur dann Vater sein kann, wenn er nicht zugleich auch Ehemann ist.

Minuchin: Und wie war es, als Sie noch zusammen lebten?

Pat: Er war einfach nicht da. Es war eine Art Kreislauf. Er ging aus dem Zimmer, wenn die Kinder und ich drin waren.

Minuchin: An diesem Kreislauf haben Sie auch teil.

Pat: Aber er sagte immer wieder: »Ich will nicht noch mehr Zeit mit den Kindern verbringen«, und das hieß eben, wenn wir mit den Kindern zu Hause waren, daß ich es war, die sich mit ihnen abzugeben hatte.

Minuchin: Und genauso wahr ist, daß Sie die Kinder genommen und sehr viel Zeit mit ihnen verbracht haben, wenn Sie sich Ihrem Mann irgendwie entfremdet fühlten, und Sie *(zum Ehemann)* dachten, daß sie Ihnen ja überhaupt nichts gab, wenn sie ihre ganze Zeit mit den Kindern verbrachte – aber Sie haben das noch unterstützt, denn auf diese Weise hatten Sie mehr Zeit für sich selbst.

Die erwachsenen Mitglieder dieser Familie haben immer wieder ihre Individualität gegen die Übergriffe des Familiensystems ins Feld geführt, und das mit dem katastrophalen Ergebnis, daß durch ihre Zugehörigkeit zum System ihre Individualität reduziert wurde. In Familien, die sich in einer ähnlichen Situation wie die Abotts befinden, empfiehlt es sich, den Mann ein oder zwei Wochen lang mit der Versorgung und Betreuung der Kinder zu beauftragen, damit er das Gefühl der Zugehörigkeit zum elterlichen Holon erwirbt. Daneben empfiehlt es sich, die Ehepartner in dieser Zeit ohne die Kinder zu bestellen, damit sie ihre Zugehörigkeit zu einem Holon erkennen, das größer und reicher ist als der einzelne für sich allein.

Ernest Frederick Schumacher sagt, daß der Mensch sich auch dann, wenn er den Kampf mit der Natur gewinnen sollte, auf der Verliererseite wiederfinden wird[7]. Die gleiche Überlegung läßt sich auch in unserem Zusammenhang anstellen: Familienmitglieder müssen ein empirisches Verständnis dafür gewinnen, daß sie im Falle eines Sieges über die Familie ihre Zugehörigkeit zu ihr einbüßen. Um ihnen das verständlich zu machen, muß der Therapeut imstande sein, sie auf einen erweiterten Fokus aufmerksam zu machen, das heißt, sie zu lehren, nicht nur eine Bewegung, sondern den ganzen Tanz zu sehen. Gegenstand ihrer Erfahrung dürfen nicht einzelne Aktionen, Reaktionen, Gegenreaktionen sein, sondern sie müssen das Muster in seiner Gesamtheit sehen und erleben.

Anmerkungen

[1] The I Ching or Book of Changes. Princeton, N. J.: Princeton University Press 1967, S. 570.

[2] Thomas, Lewis: The Lives of a Cell: Notes of a Biology Watcher. New York: Bantam Books 1974, S. 167.

[3] Capra, Fritjof: The Tao of Physics. Boulder: Shambhala 1975, S. 151–160; dt. Der kosmische Reigen. München: Otto-Wilhelm-Barth ²1978, S. 144 f., 150, 160.

[4] Thomas, Lives of a Cell, S. 12.

[5] Govinda, Lama Angarika: Logic and Symbol in the Multi-Dimensional Conception of the Universe, in: Main Currents, Band 25, S. 60.

[6] Minuchin, Salvador: Families and Family Therapy. Cambridge: Harvard University Press 1974, S. 159; dt. Familie und Familientherapie. Freiburg: Lambertus [5]1983.

[7] Schumacher, Ernst F.: Small is Beautiful. New York: Harper & Row 1973, S. 14; dt. Die Rückkehr zum menschlichen Maß. Reinbek b. Hamburg: Rowohlt 1977.

14 Die Realität der Familie

Eine Familie hat nicht nur eine bestimmte Struktur, sondern auch kognitive Schemata, die ihre Organisation rechtfertigen und bestätigen. Die Struktur ihrer Beziehungen und diejenige ihrer Sicht der Dinge stützen und rechtfertigen sich gegenseitig, und beide können als Ansatzpunkt für therapeutische Bemühungen dienen. Tatsächlich wirken sich therapeutische Interventionen stets auf beide Ebenen aus. Jede Veränderung in der Familienstruktur verändert das Weltbild der Familie, und jeder Wandel in ihrem Weltbild zieht einen Wandel in der Familienstruktur und damit auch einen anderen Einsatz des Symptoms zur Aufrechterhaltung der Familienorganisation nach sich.

Eine Familie kommt mit einer begrenzten Wahrnehmung der Realität zur Therapie. Sie setzt sich unter Umständen für Institutionen ein, die längst ihren Zweck eingebüßt haben, aber nach ihrer Sicht der Dinge der einzige Ausweg sind. Sie möchte, daß der Therapeut ihre eingefahrene Funktionsweise wiederherstellt, verbessert und im wesentlichen unverändert läßt. Statt dessen bietet der Therapeut, ein Schöpfer neuer Welten, der Familie eine andere Realität an. Er verwendet dabei nur solche Sachverhalte, die die Familie als richtig anerkennt, aber er gestaltet sie zu einer neuen Ordnung. Er prüft die in dieser Familie vorhandenen Konstrukte auf ihre Stärken und Begrenzungen hin und baut dann auf der Grundlage dieser Konstrukte ein komplexeres Weltbild auf, das eine Neustrukturierung der Familie erleichtert und begünstigt.

DAS WELTBILD DER FAMILIE

Während eines Aufenthaltes in Israel im Jahre 1952 führte Minuchin ein Gespräch mit einer soeben erst eingewanderten jungen Marokkanerin, die über vage psychosomatische Beschwerden klagte. Mitten in der Unterhaltung verspannte sich die Patientin ganz plötzlich, ihre Augen weiteten sich vor Entsetzen, sie sprang auf, zeigte auf etwas oder jemanden hinter meinem Rücken und schrie gellend »Mustafa!« Ihre Panik war so ansteckend, daß ich herumfuhr, um zu sehen, wer oder was sich da hinter mir befand. Es war ein Schmetterling.

In der Annahme, daß sie Halluzinationen hatte, wandte ich mich ihr wieder zu und wollte mich eben damit »rächen«, eine Diagnose aufzustellen und ein Beruhigungsmittel zu verschreiben. Aber sie erzählte mir, daß ihr Vater vor vier Jahren mit offenem Mund gestorben sei. Wenn das geschieht, dann entweicht die Seele aus dem Körper und verwandelt sich in einen Schmetterling. Das Mädchen, seine Familie, die Bewohner seines Heimatdorfes und der umliegenden Ortschaften – sie alle wußten, daß dies die Wahrheit war. War es auch Realität?

Richard Llewellyn schildert den Prozeß gegen einen Massaikrieger, der einen weißen Siedler getötet hatte, nachdem dieser die Schwester des Kriegers umgebracht und aufgegessen hatte. Die Massaischwester war eine Kuh, die als Kalb von der gleichen Kuh genährt worden war, die auch die Milch für den späteren Massaikrieger gegeben hatte. Obwohl sein Anwalt sich nach Kräften bemühte, die englischen Richter von der Realität der Verwandtschaft zwischen dem Krieger und der Kuh zu überzeugen, wurde der Massai schuldig gesprochen[1]. Llewellyns Schilderungen des Lebens der Massai sind von großer Anschaulichkeit. Mein Sohn und ich waren von der Lektüre so begeistert, daß wir noch eine ganze Zeitlang danach, wenn wir einander Respekt oder Anerkennung bezeigen wollten, auf den Fußboden spuckten und dazu sagten: »Ich sehe einen Massai!«, und dies alles so, wie es unserer Meinung nach bei den Massai eben gehandhabt wurde. Das Spucken, ein Symbol des Respekts in Wüstenlandschaften, hat in unserer Kultur natürlich eine ganz andere Bedeutung. Aber ist die Realität der britischen Gesetze denn realer als die Realität der Maissai?

Sol Worth und John Adair befaßten sich mit der Frage, was die Menschen sehen – im Gegensatz zu dem, was sie zu sehen behaupten. Sie unterwiesen eine Gruppe junger Navajos in der Handhabung einer Filmkamera[2]. Der Film, der so entstand, erschien mir als unzusammenhängende Folge von Einzelaufnahmen: eine Flußschleife, eine Straße, Pferde, Bäume. Für die Navajo-Indianer verbanden sich die Aufnahmen ohne weiteres mit einem ihrer Stammesmythen. Gegen Ende der sechziger Jahre arbeiteten Richard Chalfen und Jay Haley an einem ähnlichen Projekt: Eine Gruppe junger schwarzer Großstädterinnen schrieb das Drehbuch zu einem Film, in dem dann alle diese Mädchen eine Rolle erhielten. Die Handlung entpuppte sich als ein Familiendrama, in dessen Verlauf Streitigkeiten, Trunkenheit, Liebe, Fürsorge und Herzlichkeit in eindrucksvoller

Unmittelbarkeit vorgeführt wurden. Im Rahmen des gleichen Projektes drehte auch eine Gruppe weißer Mädchen aus der Mittelschicht einen Film. Er enthielt Weitwinkelaufnahmen von Himmel, Landschaft und Häusern und lange Einstellungen auf Gegenstände, aber keine Menschen. Welche Sicht der Welt ist die Richtige[3]?

Was ist Realität? Was ist eine Rose? Man könnte Gertrude Stein paraphrasieren und erklären, »eine Rose ist eine Rose ist eine Rose« – in der Hoffnung, daß die Wiederholung Intensität, Redundanz und Wahrheit bewirkt. Aber sieht jeder Mensch die gleiche Rose?

Ortega y Gasset schreibt über die Realität: »Die Esche hier ist grün und steht rechts von mir. Daß sie grün ist und sich rechts von mir befindet, sind Eigenschaften, die sie besitzt, aber der Besitz bedeutet bei der einen nicht dasselbe wie bei der anderen. Wenn die Sonne hinter dem Hügel versunken ist, werde ich einen von diesen ausgetretenen Pfaden einschlagen, die in dem hohen Gras aufklaffen wie Gedankenfurchen . . . Dann wird die Esche weiterhin grün sein, ihre andere Eigenschaft aber eingebüßt haben: sie wird nämlich nicht mehr zu meiner Rechten stehen . . . Wie wenig wäre ein Ding, wenn es nur das wäre, was es in der Vereinzelung ist. Wie arm, wie unfruchtbar, wie unansehnlich wäre es dann. Man könnte sagen, in jedem Ding stecke so etwas wie die geheime Kraft, viel mehr zu sein als es gerade ist, eine Kraft, die dann frei wird und sich entfaltet, wenn andere Dinge, eins oder mehrere, zu ihm in Beziehung treten. Man könnte sagen, ein jedes Ding werde von den übrigen befruchtet; könnte sagen, daß es sie zueinander dränge wie Mann und Weib, und daß sie danach trachten, sich zu vermählen, sich zu Gesellschaften, Organismen, Gebäuden, Welten zusammenzufinden . . . Der ›Sinn‹ eines Dings ist die höchste Form seiner Koexistenz mit den anderen Dingen . . . Ich muß auch seinen ›Sinn‹ erkennen, das heißt den mystischen Schatten, den das übrige Universum auf ihn wirft.«[4]

Das heißt also, die Realität ist die Rose oder die Esche *zuzüglich der Ordnung, nach der du und ich sie arrangieren.* Es ist die Bedeutung, die wir jener Ansammlung von Fakten beimessen, die wir als solche erkennen. Und es bedarf noch eines weiteren Schrittes. Realität muß mit anderen geteilt werden – mit anderen, die sie für gültig erklären.

Die Entwicklung eines Weltbildes

Dieses sozial validierte Weltbild gestaltet dann die Realität, die ihrerseits den Menschen formt. Der Mensch, der schon sehr zeitig in seinem Leben lernt, die Realität, die ihm geboten wird, als objektiv vorhanden zu erkennen, entwickelt jene Filter und Linsen, die ihn dann durch sein ganzes Leben begleiten. Diejenigen, die dem kleinen Kind diese Realität vermitteln, werden von Herbert Mead als »die signifikanten anderen« bezeichnet, die dem Kind ihre Definition der Situation aufdrängen: »Das Individuum erfährt sich als solches nicht direkt, sondern indirekt, nämlich vom jeweiligen Standpunkt anderer individueller Mitglieder der gleichen sozialen Gruppe oder vom verallgemeinerten Standpunkt der ganzen sozialen Gruppe, der es angehört . . . Der soziale Prozeß als solcher . . . ist verantwortlich für das Sichtbarwerden des Selbst; es existiert nicht etwa als ein von dieser Erfahrung abgetrenntes Selbst.«[5]
Mead fokussiert hier nicht mehr auf der simplen Tatsache von Ursache und Wirkung, sondern hat auch die Rückmeldungen im Auge. Ihm geht es um den Tanz. Er sieht die Dinge organisch: das Selbst im Kontext ist zugleich Teil des Kontextes der signifikanten anderen.
Harry Stack Sullivan bringt Meads Konzepte des dialektischen Austausches zwischen dem Selbst und dem Kontext in seiner Theorie der interpersonalen Psychiatrie zur Anwendung: »Die Zugeständnisse und Versagungen von seiten der Eltern und der signifikanten Bezugspersonen finden Eingang in das Selbst . . . Da die Zustimmung von seiten einer wichtigen Bezugsperson notwendig ist, ihre Mißbilligung andererseits Unbehagen und Angst verursacht, wird das Selbst hochbedeutsam. Es mißt allen Äußerungen, die Billigung oder Mißbilligung nach sich zu ziehen geeignet sind, höchste Wichtigkeit bei, steht aber, ganz ähnlich wie das Mikroskop, der Beachtung der übrigen Welt hemmend im Wege.«[6]
Ausgehend vom Einfluß wichtiger Bezugspersonen auf das Kind kommt Sullivan zunächst zu der Erkenntnis, daß das frühe Selbst eine Synthese aus dem Selbst und dem Kontext ist. Aber als sich das individuelle und lineare Paradigma als zu eng gefaßt herausstellt, wendet Sullivan sich vom Selbst in seinem Kontext ab und postuliert nun die Internalisierung der wichtigen Bezugspersonen. Es ist, als ob der Lebenstanz introjiziert würde und die anhaltenden Transaktionen mit wichtigen Bezugspersonen zur Schaffung von Realität nicht mehr erfassen kann. Das Zustandekommen der individuellen Realität läßt sich verfolgen, indem man

beobachtet, wie der Kontext vom Individuum internalisiert wird; man kann die Frage aber auch von der entgegengesetzten Richtung her angehen und sich mit der Art der Einflußnahme der gesellschaftlichen Institutionen auf das Individuum beschäftigen. Mit beiden Möglichkeiten sind gewisse Schwierigkeiten verbunden, und zwar dort, wo sie einander berühren. Die Soziologen stehen der spezifischen Realität des Individuums zu fern, sie wenden sich nur der homogenisierten Realität der Institutionen zu. Die Individualtheoretiker bleiben in der gewaltigen idiosynkratischen Komplexität hängen, mit der ein Individuum in seinem Kontext interagiert. Und beiden Ansätzen kann der Rhythmus des Tanzes entgehen.

Um die organischen Merkmale des Individuums im Kontext zu erforschen, bedarf es einer kleineren Institution. Die Familie ist jene Matrix, in der gesellschaftliche Regeln auf die spezifischen individuellen Erfahrungen zugeschnitten werden. Der Familientherapeut steht daher gerade in der richtigen Entfernung, um das System des individuellen und des sozietalen Kontextes zu erforschen, und muß sich nicht allzuweit von beiden wegbegeben. Er hält sich einerseits an den spezifischen Charakter der Erfahrungen der einzelnen Familienmitglieder, hat andererseits in der Gruppe einen günstigen systemischen Ausgangspunkt und kann die individuellen und die familialen Holons als Teil und als Ganzes einbeziehen.

DIE VALIDIERUNG DES WELTBILDES

Die Familie entwickelt ihre Struktur in der gleichen Art, in der die Gesellschaft sich ihre Institutionen schafft, und sie validiert diese Struktur auch in eben dieser Weise. Das heißt also, der Therapeut kann sich am Beispiel der Legitimation der Institutionen der Gesellschaft darüber unterrichten, wie die Familie ihr Weltbild aufrecht hält und wie man dieses Weltbild in der Therapie herausfordern kann. Peter Berger und Thomas Luckmann unterscheiden vier Ebenen der Legitimation gesellschaftlicher Institutionen. Ihr Schema eignet sich auch für die Beschäftigung mit der Validierung, die die Familie ihrem Weltbild angedeihen läßt. Die erste Ebene ist die verbale Ebene, die Präsentation der Realität durch die Sprache. Das Kind lernt, daß der Gegenstand, den es in der Hand hält, ein Löffel ist. Das ist gewissermaßen die allerunterste Realität, »die Grundlage des ›Wissens‹ als Gewißheit, auf der alle späteren Theorien ruhen müssen«. Die zweite

Ebene der Legitimation enthält einfache Erklärungsschemata, die den Fakten ihre Bedeutung geben. Diese Schemata sind »höchst pragmatisch, direkt und mit konkretem Tun verbunden«. Sprichwörter, Lebensweisheiten, Legenden und Volksmärchen sind typisch für diese Ebene. Die Ebene drei der Legitimation enthält die explizite Theorie, die auf einem »differenzierten Wissensbestand« aufbaut und den Bezugsrahmen für das Verhalten schafft. Wegen ihrer hohen Komplexität wird Legitimation auf dieser Ebene von einem spezialisierten Personenkreis vermittelt. Die vierte Ebene der Legitimation bilden die »symbolischen Sinnwelten«, die »verschiedene Sinnprovinzen integrieren und die institutionale Ordnung als symbolische Totalität überhöhen«.[7]

Jede dieser Ebenen hat ihre Entsprechung in der Entwicklung des Weltbildes einer Familie, und jede stellt einen therapeutischen Ansatzpunkt dar, von dem aus sich die Validierung, die die Familie ihrer Realität gibt, herausfordern läßt. Das muß nicht notwendig in Form von Konfrontationen geschehen. Es kann sich ebensogut um eine Verlagerung oder eine Erweiterung handeln, durch die das, woran die Familie sich gewöhnt hat, nicht etwa abgewertet, sondern noch bereichert und vermehrt wird.

Auf der ersten Ebene, die das Grundvokabular umfaßt, achtet der Therapeut besonders aufmerksam darauf, wie die Familie die Sprache benützt und welche Worte für sie wichtig sind. Dabei ist ihm klar, daß die Bedeutung der Worte im Zusammenhang mit dem jeweiligen familialen Kontext steht. In einer Familie, in der Liebe hochbewertet wird, sagt der Therapeut etwa zu einem der Familienmitglieder: »Sie sind ein Gefangener. Ihr Gefängnis ist die Liebe, aber es ist ein Gefängnis.« An diesem Punkt nimmt das Wort *Liebe* für die Familie eine völlig neue Bedeutung an.

Ebene zwei der Legitimation umfaßt die erklärenden Schemata und schließt auch – in der Sprache der Familie – jene Mythen und Familiengeschichten ein, die sowohl die Gegenwart als auch die Zukunft der Familie steuern und beeinflussen. Die Mitglieder einer Familie betrachten einander in einer ganz bestimmten Weise, und diese Sicht hält an, selbst wenn die Realität, wie sie von einem außerhalb der Familie stehenden Beobachter gesehen wird, ganz anders aussieht. Der Therapeut braucht die Familienmythen nicht direkt herauszufordern, er kann sie neu ausrichten oder auch erweitern, zum Beispiel indem er einem Kind, dessen Vater als allmächtig angesehen wird, erklärt, daß wahrer Respekt vor einem solchen Vater zwangsläufig zum Widerspruch führt.

Die Ebene drei der Legitimation ist das Wissen der Experten. Der Familientherapeut ist ein solcher Experte und hat den Auftrag und das Recht, der Familie Normalität und Devianz in verständlicher Weise nahezubringen. Bei seinen Interventionen stützt er sich auf die Theorie und seine Berufsgruppe.

Ebene vier der Legitimation hat mit den grundlegenden Aspekten des Zusammenhangs zwischen Familie und ihrer Umwelt zu tun, das heißt also mit den Grundfragen des Lebens, z. B., daß Familienmitglieder in sozialen Kontexten geboren werden, aufwachsen und leben und daß sie einerseits unabhängig sind, andererseits familialen Holons angehören, die ihrerseits in größere Holons eingebettet sind. Diese universalen Realitäten lassen sich heranziehen, wenn der Therapeut die Loyalität angreifen will, die die Familienmitglieder gegenüber ihrer idiosynkratischen Realität haben.

DIE HERAUSFORDERUNG EINES WELTBILDES

Wenn von Validierung die Rede ist, dann taucht unweigerlich auch der Gedanke der Devianz auf. Legitimation ist in Wahrheit ein anhaltender dialektischer Vorgang. Nach Berger und Luckmann lehnen die meisten Gesellschaften eine monolithische Validierung ab; es gibt also eine ständige Interaktion alternativer Definitionen der Realität: »Wir müssen nun bedenken, daß die meisten modernen Gesellschaften pluralistisch sind, das heißt, daß sie alle bestimmte gemeinsame Grundelemente einer Sinnwelt aufweisen, die als solche Gewißheitscharakter haben, daß aber zusätzlich verschiedene Teilsinnwelten bestehen, die im Status gegenseitiger Übereinkunft koexistieren.«[8]

Die Sinnwelt der Familie gibt den Mitgliedern die Sicherheit, in einem ihnen bekannten Territorium beheimatet zu sein. Leider setzt sie ihnen unter Umständen auch gewisse Grenzen, die gar nicht vorhanden sein dürften. Sie ruft die Familienmitglieder zur Verteidigung von Flaggen auf, die im Grunde nicht die ihren sind, und bläst zum Angriff auf Bastionen, die nicht eigentlich von ihren Feinden bemannt sind. Noch schlimmer, sie hält sie in Unwissenheit über Dinge, die sie wissen oder wissen könnten, sie hemmt ihre Neugier in bezug auf die Welt, die sie bewohnen, und sie hindert sie an der Erkundung von Welten, die sie durchaus bewohnen könnten.

Der Therapeut bemüht sich, der Familie einige der Teilsinnwelten zu präsentieren, die außerhalb ihrer eigenen Teilsinnwelt liegen und zu denen die Familienmitglieder bisher keinen Zugang hatten. Er weiß, daß die Familie ihre Realität aus der Perspektive ihrer eigenen Holons interpretiert. Das heißt also, die Interpretation der vermittelten Sinnwelten und der Abweichung ist eine Frage der Perspektive. Und die Perspektive kann sich ändern.

Als meine Kinder noch klein waren, pflegte ich ihnen Gutenachtgeschichten zu erzählen, in denen ein Kind namens Yankele Mehesforem in verschiedenen Ländern auf ganz unterschiedliche Regeln, Bräuche und Mythen traf. Ich versuchte, diese Kulturen so zu sehen, wie sie ein kleines Kind aus der amerikanischen Mittelschicht sehen würde – und so enthielten die Geschichten insofern immer lustige Begebenheiten, als in ihnen unterschiedliche Kulturen aufeinanderprallten und die verschiedenen Realitäten einander den Platz streitig machten. Was den Inhalt anging, so brauchte ich nur die Erfahrungen heranzuziehen, die ich selbst in verschiedenen Ländern gemacht hatte. Mit diesen Geschichten wollte ich meinen Kindern eine pluralistische Sicht der Realität nahebringen. Diese Sicht muß sich auch der Therapeut aneignen, damit er der Familie eine alternative Weltsicht anbieten kann.

Solche Alternativen sollten allerdings nicht als eine andere Welt dargestellt werden; die Menschen scheuen nun einmal vor dem Neuen zurück. Überdies sind nur wenige Menschen bereit, sich von einer Realität, die sich bewährt und immer wieder als gültig erwiesen hat, wie von einem alten Schuh zu trennen. Der Therapeut muß vielmehr gewissermaßen im Vorübergehen eine Erweiterung der Realität anbieten – den Hinweis auf etwas Neues und Anderes, etwas, das die Grenzen der bekannten Welt modifiziert. Der Therapeut verfügt über eine Vielzahl von Techniken, mit deren Hilfe er die Art und Weise angreifen kann, in der die Familie ihre Struktur legitimiert: er kann kognitive Konstrukte heranziehen, Paradoxien benutzen und nach den Stärken und positiven Eigenschaften der jeweiligen Familie suchen.

Nach alldem kann ich der Versuchung nicht widerstehen, dem Leser die Worte von Captain Mallet anläßlich der Jahresversammlung des »Identity Club« nahezubringen: »Meine Herren, dies ist ein historischer Augenblick. Länger als ich zurückdenken kann, haben wir unser Leben in der Abgeschlossenheit unseres Londoner Domizils verbracht und uns um die großartige Theorie bemüht, die die einigende Kraft in unserem Leben ist. Es war stets unsere Überzeugung, daß diese Theorie sich am glänzendsten in der Isolation zur Vollendung bringen lassen würde. Die Erfahrung hat uns hinlänglich bewiesen, daß eine Theorie, sobald sie dem rüden Alltag ausgesetzt wird, den Schmelz verliert, der ihre Schönheit ausmacht. Die meisten Clubs – und heute gibt es sehr viele Clubs –

lassen es hier an der gebotenen Vorsicht fehlen; sie schreien ihre Theorie den Gegnern draußen geradezu entgegen, so daß ihr Fortbestehen allein von der hysterischen Streitsucht ihrer Urheber und Befürworter abhängt. Soweit, so gut – wir sind allerdings immer der Meinung gewesen, daß Clubs schließlich geschlossene Zirkel sind und keinerlei Abweichungen von ihren Regeln zulassen, und daß es daher ganz sinnlos ist, den loyalen Anhänger eines Clubs dem Tumult einer Debatte überhaupt auszusetzen. Warum sich mit einem Mitglied eines anderen Clubs auseinandersetzen, wenn wir doch wissen, daß beide sich unerschütterlich zu ganz entgegengesetzten Theorien bekennen, daß das Nachgeben in auch nur *einem* Punkt für beide etwa soviel bedeutet wie der Verlust eines Armes oder eines Beines? O nein, meine Herren! Jeder Club ist bestrebt, der einzige Club zu sein, und jede Theorie zielt darauf, die einzige Theorie zu bleiben – und deshalb ist es so, wie wir es in *unserem* Club machen, ganz sicher das Beste. Wir leben in der Tat isoliert von der Welt – das heißt also, ebenso wie alle anderen Clubs auch –, nur daß unsere Isolation behaglicher ist und wir Aufgeschlossenheit gar nicht erst vorgeben müssen. Unsere geliebte Theorie, die einzig wahre Theorie der Welt, ist zugleich die einzige, mit der wir etwas zu tun haben wollen. Identität ist die Antwort auf alle Fragen. Es gibt nichts, was sich nicht vor dem Hintergrund dieser Vorstellung betrachten ließe. Daran kann nicht der geringste Zweifel bestehen . . . Wir Mitglieder dieses Clubs stehen insofern weit über allen anderen Clubs, als wir unseren Patienten jene Identität zugestehen, die sie am ehesten nutzen können. Wir besorgen alle denkbaren Identitäten, ob sie sich nun auf Freud, auf die Kultur der Halbstarken, auf Marx oder Christus berufen.

Und was uns an uns selbst so gut gefällt, das ist die Unbekümmertheit, mit der wir unsere Arbeit anpacken. Andere Clubs bestreiten hartnäckig, daß sie ihre Patienten mit neuen Identitäten zu versorgen bemüht sind. Sie sagen immer wieder, daß sie ja nur Identitäten von neuem aufdecken, die den Blicken gewissermaßen entrückt gewesen sind. Gott sei Dank, meine Herren, daß wir niemals so sein werden wie diese anderen! Stolz erfüllt uns bei dem Gedanken, daß wir tatsächlich an der Spitze des Fortschritts stehen, daß wir jede unbekannte Größe in ein erkennbares Selbst verwandeln können und daß wir es nicht nötig haben, heuchlerisch vorzugeben, daß wir die Dinge ja nur aufgedeckt und freigelegt hätten.«[9]

Anmerkungen

[1] Llewellyn, Richard: A Man in a Mirror. Garden City, N. Y.: Doubleday 1961; dt. Der Mann im Spiegel. Konstanz-Zürich: Diana-Verlag 1963.

[2] Worth, Sol, und John Adair: The Navajo as a Filmmaker: A Brief Report of Some Recent Research in the Cross-Cultural Aspects of Film Communication, in: American Anthropology 69 (1967), S. 76–78.

[3] Chalfen, Richard, und Jay Haley: Reaction to Socio-Documentary Film Research in a Mental Health Clinic, in: American Journal of Orthopsychiatry 41, Nr. 1 (Januar 1971), S. 91–100.

[4] Ortega y Gasset, José: Meditations on Don Quixote. New York: W. W. Norton 1961, S. 87; dt. Meditationen über Don Quijote. Stuttgart: DVA 1959, S. 99–101.

[5] Mead, George Herbert: On Social Psychology. Chicago: University of Chicago Press 1977, S. 202, 207.

[6] Blitsten, Dorothy R.: The Social Theories of Harry Stack Sullivan. New York: William-Frederick Press 1953, S. 138.

[7] Berger, Peter, und Thomas Luckmann: The Social Construction of Reality. New York: Doubleday 1967, S. 94 f.; dt. Die gesellschaftliche Konstruktion der Wirklichkeit. Frankfurt: S. Fischer 1969.

[8] Berger und Luckmann, The Social Construction of Reality, S. 125.

[9] Dennis, Nigel: Cards of Identity. New York: Vanguard Press 1955, S. 118.

15 Konstrukte

Die Familie schafft sich ihre eigene Realität, indem sie die Wirklichkeit so gestaltet, daß ihr Ordnungssystem erhalten bleibt. Es gibt natürlich noch andere Sichtweisen, aber die Familie hat einen bestimmten und von ihr als bevorzugt erklärten Bezugsrahmen ausgewählt. Dieser Bezugsrahmen kann und sollte angegriffen und verändert und neue Modalitäten der familialen Transaktion sollten verfügbar gemacht werden.

Der Therapeut versucht zunächst einmal, das von der Familie bevorzugte Bild zu erschüttern. Auch geht er über viele Fakten hinweg, die die Familie ihm mitteilt, und wählt die »therapeutische Realität« im Einklang mit dem Therapieziel aus; was für ihn eine große Verantwortung bedeutet. Der Therapeut muß sich darüber im klaren sein, daß seine Eingabe (input) das Interventionsfeld gestaltet und somit das, womit die Familie ihre Realität begründet, verändert. Das Konzept der Interpretation umgeht diese wichtige Aufgabe, denn die Aufgabe des Therapeuten besteht dort nur darin, die Wahrheit zu entdecken. Aber wenn man sich die Position des Therapeuten innerhalb des therapeutischen Systems näher ansieht, kann man es sich nicht mehr so leicht machen: Die Realität der Familie ist ein therapeutisches Konstrukt.

Die Möglichkeiten des Therapeuten, Realitäten zu schaffen, haben ihre Grenzen in seinem eigenen Werdegang, in der begrenzten Realität der Familienstruktur und in der idiosynkratischen Art und Weise, in der die Familie ihre Struktur entwickelt hat. Das heißt, der Therapeut kann nur beschränkt verändern. Die Familie kann Kontrolle über ihn ausüben, indem sie Einfluß auf seine komplementären Reaktionen nimmt. Sie kann ihn auch dazu bewegen, ihre eigene Realität zu unterstützen. Dennoch ist das, was er einbringt, ein Faktor, der bei der Definition dieses Feldes eine Rolle spielt.

Es gibt eine Reihe von Techniken zur Übermittlung der Botschaft, daß der Familie und den Familienmitgliedern noch andere Möglichkeiten zur Verfügung stehen als die von ihnen bevorzugten Formen der Transaktion. Das Ziel besteht immer darin, der Familie zu einem anderen Weltbild zu verhelfen – ohne ein Symptom zu benötigen –, zu einer flexibleren und pluralistischen Sicht der Realität innerhalb eines komplexen, symbolischen Universums zu kommen, die Raum für Vielfalt läßt. Die Techniken für eine Veränderung der Familienrealität lassen sich in drei Kategorien unterteilen: die Heranziehung universaler Symbole, die Heranziehung von Familienwahrheiten und der Rat des Experten.

Die Heranziehung universaler Symbole

Im Rahmen dieser Technik interveniert der Therapeut so, als stünde dahinter eine Institution oder ein allgemeiner Konsensus. Es scheint also, als sei er mit der objektiven Realität befaßt.

Einigen Familien gegenüber kann man verlauten lassen, daß eine moralische Instanz – Gott, die Gesellschaft, Anstand und Sitte etwa – den richtigen Weg vorschreibt. Vom gleichen Gedanken geht auch Ivan Nagy aus, dessen besonderes Anliegen das Füreinander und Miteinander von Familienmitgliedern ist. Bei dieser Art der Intervention nimmt der Therapeut eine moralische Position ein und wird zum Befürworter moralischen Handelns[1].

Die Familie West ist zur Therapie gekommen, weil der Vater (von Beruf Pfarrer) Schwierigkeiten mit seinen beiden heranwachsenden Töchtern hatte. Er spricht von seiner Frau und den Töchtern immer als von den »drei Mädchen«. Der Therapeut erhebt sich, um »die Uhr anzuhalten«, und verkündet einen moralischen Grundsatz: »Sie müssen Schwierigkeiten in Ihrem Verhältnis zu Gott haben, da Sie anscheinend gar nicht verstehen, daß Er auch eine gewisse Hierarchie in der Familie geschaffen hat. Es gibt einen richtigen Platz für die Eltern und einen richtigen Platz für die Kinder.« Hier zieht der Therapeut also ein universales Konstrukt heran, das in das Weltbild dieser Familie paßt, und schlägt zugleich eine Neuordnung der familialen Holons vor.

In gleicher Absicht kann man auch an den gesunden Menschenverstand appellieren oder auf allgemein anerkannte und jedem geläufige Dinge verweisen. »Jedermann weiß«, daß die Dinge ein bestimmtes Aussehen haben; es ist also nicht notwendig, sich über das Aussehen zu verständigen. Gewisse Zeiten sind dem Spiel, andere der Arbeit vorbehalten. Von älteren Kindern erwartet man mehr Verantwortungsbewußtsein als von jüngeren. Manchen Familien sollte man sagen: »Sie sind schließlich älter . . . jünger . . . die älteste Tochter . . . der

Ernährer der Familie; also sollten Sie . . ., die anderen sollten . . .« Der Therapeut arbeitet hier kraft der von ganzen Gruppen getragenen Überzeugungen, um
seinen Vorstellungen Nachdruck zu verleihen.
Wichtig ist auch der Hinweis auf die Tatsache, daß die Tradition einen bestimmten Kurs vorschreibt: Jede Gesellschaft erzieht ihre Menschen dazu, daß sie auf
die Zauberkraft vorgeschriebener Abfolgen ansprechen, und jedes Individuum
hat in seiner eigenen Entwicklung bereits eine Ordnung erfahren. Deshalb
können auch Konstrukte, die auf allen Menschen geläufigen Ritualen aufbauen,
etwas von jener Zauberkraft besitzen, die schließlich Veränderung bewirkt.
Die Macht solcher universalen Konstrukte beruht darauf, daß sie immer mit
Dingen zu tun haben, die »jedermann kennt«. Sie vermitteln keine neuen
Informationen; sie werden ohne weiteres als eine allen gemeinsame Realität
anerkannt. Der Therapeut nutzt diesen Konsensus, um von hier aus eine andere
Realität für die Familie zu schaffen.
In der Familie Mann sieht die Realität folgendermaßen aus: der achtundzwanzig-
jährige Sohn Bill kehrt mit einem psychotischen Schub – er ist agitiert-depressiv
– nach fünfjähriger Tätigkeit im Ausland nach Hause zurück. Die Störung ist
allem Anschein nach dadurch ausgelöst worden, daß ein Freund ihn durch
unseriöse Geschäfte um tausend Dollar betrogen hat. Bills Familie – sein Vater
Paul, seine Mutter Mary und sein dreiundzwanzigjähriger Bruder Rob – antworten mit einer Mischung aus Anteilnahme, Schutz und Angst auf das desorgani-
sierte Verhalten des identifizierten Patienten.
Als dysfunktional fällt an der Struktur dieser Familie die übermäßige Beschäftigung der Familienmitglieder miteinander auf; insbesondere gilt dies für das
Vater-ältester Sohn-Holon. Der Sohn begegnet dem Vater mit einer Loyalität
und einem Respekt, die schon an Ehrfurcht grenzen; daneben hegt er einen tiefen
Groll gegen den Vater, den er allerdings nicht zum Ausdruck bringt. Die Mutter
und der jüngere Sohn haben an dieser verstrickten Dyade keinen Anteil; sie
können sie auch nicht verändern.
Das therapeutische Konstrukt, wie es in der ersten Sitzung erarbeitet wird, kreist
um die akute Symptomatik des identifizierten Patienten. Der Therapeut stellt die
Situation des Patienten als normal dar, indem er sein Verhalten mit dem Hinweis
darauf erklärt und rechtfertigt, daß allgemein mit dem Erwachsenwerden eine
Verengung der Möglichkeiten und ein teilweises Sterben verbunden sind. Der
Therapeut schlägt vor, eine Art Trauerritual abzuhalten und so das alte Selbst
aufzugeben und die neue Realität anzuerkennen: Bill ist jetzt ein erwachsener

Mensch. Dem jüngeren Bruder und der Mutter kommen in diesem Ritual spezifische Aufgaben zu, während der Vater abseits gehalten wird. Dieses Konstrukt dient der Veränderung der Familienstruktur, der Differenzierung des älteren Sohnes, der Entwicklung eines geschwisterlichen Holons und der Distanzierung des übermäßig um seinen Sohn besorgten Vaters.

Minuchin (zu Bill): Wie steht's? Ihr Vater hat mich gestern Ihretwegen angerufen. Und heute hat auch Ihre Mutter mit mir gesprochen, weil sie sich Sorgen machen.

Bill: Ja, also . . . *(fängt an zu weinen).* Ich möchte mich gar nicht so aufregen, *(Sieht seinen Vater an, der ebenfalls weint).* Es tut mir leid, Papa, wirklich. Es tut mir so leid. Ich möchte nicht . . . Ich weiß nicht, wie ich es sagen soll. Es tut mir leid. *(Schluchzt weiter vor sich hin.)*

Vater (weinend): Es ist schon gut. Es macht ja nichts.

Minuchin (zum Vater): Paul, wenn Sie ihm nicht helfen können, dann gehen Sie besser aus dem Zimmer. Es ist nicht richtig, daß Bill sich auch noch Ihretwegen Sorgen macht, wenn er doch weinen möchte, denn dann ist er ja nicht frei. Bill muß oder möchte jetzt weinen, und er sollte ruhig weinen dürfen, ohne sich sagen zu müssen, daß er Sie beschützen muß. *(Zu Bill)* Also, weinen Sie ruhig weiter. Wenn Sie weinen müssen, dann weinen Sie, und wenn Sie damit fertig sind, dann können wir reden. Aber jetzt weinen Sie nur ruhig weiter. *(Zur Frau)* Warum muß Paul jetzt weinen?

Mutter: Ach, so ist er nun mal.

Minuchin: Das hilft uns aber nicht weiter, wie Sie sehen, denn dann meint Ihr Sohn, er müsse seinen Vater beschützen. Es gibt Augenblicke, in denen die Menschen das Gefühl haben, weinen zu müssen. Geht Ihnen das auch manchmal so, Rob?

Rob: Manchmal ja. Allerdings nicht sehr häufig.

Minuchin: Na ja, Sie sind noch jung. Wie alt sind Sie?

Rob: Dreiundzwanzig.

Minuchin: Und was machen Sie?

Rob: Ich bin Student.

Der Therapeut beginnt damit, daß er auf das Recht zu weinen verweist. Weinen ist etwas, auf das die Menschen ein Recht haben. Er fordert die einschränkende Art des Vaters Bill gegenüber heraus, wenn er sagt, daß Weinen ein normales Anliegen oder Bedürfnis sei; dadurch, daß er Bill das Weinen gestattet, deutet er an, daß das Weinen unter der Kontrolle des Therapeuten steht. Dann wendet sich der Therapeut von Bill ab und unterhält sich mit Rob über ganz unverfängliche Dinge; er möchte zunächst abwarten, daß Bill aufhört zu weinen und er sich ihm wieder zuwenden kann. Wenige Minuten später ist das der Fall.

Minuchin: Bill, seit wann sind Sie wieder zu Hause?
Bill: Seit drei Wochen.
Minuchin: Und Sie sind ein ganzes Jahr in Venezuela gewesen?
Bill: Ich war alles in allem vielleicht zwei Jahre in Venezuela.
Minuchin: Und haben Sie außer Venezuela noch andere südamerikanische Länder besucht?
Bill: Ganz Südamerika. Ich habe in Kolumbien und in Ecuador gearbeitet.
Minuchin: Sprechen Sie Spanisch?
Bill: Ja.

Das Gespräch wird während der nächsten fünf Minuten auf Spanisch weitergeführt. Bill erzählt, daß er bei einer geschäftlichen Transaktion mit einem »Freund« Pech gehabt hat. Er ahnte schon, daß er übers Ohr gehauen werden würde, aber er hat dann doch tausend Dollar in die Sache investiert, weil er nicht wußte, wie er sich aus dem Unternehmen zurückziehen konnte. Der Therapeut nutzt die Möglichkeit, Spanisch mit ihm zu sprechen, um auf diese Weise eine Grenze zu schaffen – nämlich selbst näher an den Patienten heranzurücken und ihn zugleich von seiner Familie zu trennen. Wieder beginnt Bill zu weinen.

Minuchin: Ich möchte, daß Bill weint, wenn ihm danach ist. Wenn er dann meint, wieder sprechen zu können, dann wird er auch wieder mit mir sprechen. Paul, was glauben Sie, was mit Ihrem Sohn los ist?
Vater: Die Familie ist sein Ein und Alles. Meiner Meinung nach jedenfalls – ich weiß nicht, ob meine Frau mir da zustimmt – würde er alles für seine Familie tun. *(Beginnt zu weinen.)*
Minuchin: Und warum weinen Sie dann? Mir wäre es lieb, wenn Sie hinausgingen und erst wiederkämen, wenn Sie sich wieder gefaßt haben. *(Zur Frau)* Ihre Männer haben wohl beide nahe am Wasser gebaut, Mary? *(Der Vater steht auf, um hinauszugehen. Bill streckt seinen Arm aus, so, als wollte er ihn aufhalten, aber der Therapeut blockiert diese Bewegung. Bill setzt sich wieder hin und schluchzt vor sich hin.)*
Mutter: Sie sind eben weich.

Minuchin: Aha. Also, ich muß jemanden haben, mit dem ich reden kann. Weder Paul noch Bill sind dazu imstande, und deshalb möchte ich, daß Sie sich hier zu mir setzen, damit ich mit Ihnen reden kann, Mary. *(Die Mutter setzt sich auf den Stuhl, auf dem zuvor ihr Mann gesessen hat.)* Bill, weinen Sie nur, bis Sie so weit sind, daß Sie mit mir reden können. Mary, was meinen Sie denn zu all dem?

Mutter: Ich glaube, daß er seelisch ganz einfach überlastet war. Er hat diesen herrlichen Posten vor sechs Jahren bekommen und ist die ganze Zeit nur immer gereist.

Der Therapeut erhöht die Intensität des zunächst gelieferten Konstrukts (vom »Recht« auf das Weinen), indem er den Vater hinausschickt und Bill in seinem Weinen noch bestärkt, während er die Tränen des Vaters als nicht angemessen bezeichnet. Dann unterhält er sich eine Weile mit der Mutter und mit Rob.

Minuchin: Rob, können Sie mal hinausgehen und Ihren Vater bitten, wieder hereinzukommen, wenn ihm das möglich ist? Sagen Sie ihm aber, daß er lieber nicht wiederkommen soll, wenn es zu mühsam für ihn ist! *(Zu Bill)* Sind Sie soweit?

Bill: Ja.

Minuchin: Ich meine, daß Menschen manchmal einfach weinen müssen. Also, wenn Ihnen nach Weinen zumute ist, dann weinen Sie – ich werde inzwischen mit den anderen reden und erst später wieder mit Ihnen.

Bill: Ja.

Minuchin: Ich verstehe noch immer nicht, wie Ihre Lage im Augenblick aussieht.

Bill: Ich werde es Ihnen erklären . . .

Minuchin: Aber wenn Sie weinen müssen, dann weinen Sie; ich setze mich dann solange zu den anderen.

Bill: Ja. Vor etwa einem Monat, nein, vor etwa sechs Wochen war ich im Büro und war schecklich unter Druck – vielleicht war ich selbst daran schuld –, jedenfalls, eines Tages ging ich ins Büro, und ganz plötzlich war mir, als ob etwas in meinem Kopf knackte. Ich weiß nicht, was es war, aber es knackte so komisch *(fängt an zu weinen),* und von diesem Tag an . . .

Minuchin: Wenn Sie weinen müssen, dann weinen Sie. Klar? Ich komme zu Ihnen zurück, sobald Sie . . . *(Wendet sich ab, um mit der Mutter zu sprechen.)*

Bill: Ich wollte nur . . .

Minuchin: Nein, nein nein. Ich glaube nicht, daß Sie jetzt können.

Bill (holt tief Luft): Es geht schon.

Minuchin: Dann gut.

Bill: Und dann, ganz plötzlich hatte ich so ein unwirkliches Gefühl. Ich war ganz desorientiert. Ich konnte nicht schlafen, und mir war . . . *(Beginnt wieder zu weinen.)*

Minuchin: Rob, vielleicht können Sie sich dort aus der Schublade ein paar Taschentücher nehmen? *(Zu Bill)* Sie müssen jetzt erst mal ruhiger werden, ich komme nachher wieder. Ich möchte, daß Sie weinen, bis Sie wirklich damit fertig sind.

Der Therapeut wendet sich von Bill ab und spricht mit den übrigen Familienmitgliedern. Er hat das Weinen zu einer normalen Sache erklärt: es ist ein Geschehen, das den Weinenden am Sprechen hindert, aber man kann damit fertig werden, indem man einfach abwartet. Er hat die Kontrolle über das Weinen außerdem nun Bill übertragen und zugleich die Wirkung dieses Symptoms innerhalb des Systems abgeschwächt. Fünf Minuten später fragt er Rob, ob er eine Freundin habe, und sieht in diesem Augenblick, daß Bill wieder zuhört.

Minuchin: Bill, haben *Sie* denn eine Freundin?

Bill: Nein.

Minuchin: Haben Sie jemals eine gehabt?

Bill: O ja, mehrere.

Minuchin: Und wie lange jeweils?

Bill: Ach, nur für ein paar Monate. Meine Arbeit ließ mir kaum die Möglichkeit, eine feste Freundin zu haben, weil ich ja immerzu auf Reisen war.

Minuchin: Wenn Sie sagen, daß Sie ständig auf Reisen waren, was heißt das?

Bill: Ich bin jeden Monat zwei Wochen lang unterwegs gewesen. Das erste Jahr, nein, die ersten fünfzehn Monate war ich in Lateinamerika. Dann wurde ich nach Fernost und Australien geschickt, und dort bin ich . . .

Minuchin: Fernost und Australien! Meine Güte, das sind ja schöne Entfernungen.

Bill: Dann war ich zweieinhalb Jahre in Fernost und bin dort praktisch die ganze Zeit gereist.

Minuchin: Auch immer für zwei Wochen?

Bill: O, manchmal bin ich sechs Wochen am gleichen Ort geblieben.

Minuchin: Dann haben Sie ja gar kein Zuhause.

Bill: Doch, hier. Hier ist mein Zuhause.

Minuchin: Sie haben überhaupt kein Zuhause. Sie sind fünf Jahre von hier fortgewesen und haben an keinem anderen Ort Wurzeln geschlagen.

Bill: Das stimmt.

Minuchin: Wie alt sind Sie jetzt?

Bill: Siebenunzwanzig. *(Beginnt zu weinen.)*

Minuchin: Also gut. Ich spreche Sie später wieder an. Jetzt möchte ich über etwas anderes reden.

Der Therapeut spricht mit den Angehörigen, bis er bemerkt, daß Bill nicht mehr weint.

Vater: Herr Doktor, könnte ich nicht wenigstens eine Sache erwähnen, die sich in letzter Zeit zugetragen hat, als er wieder zu Hause war?

Minuchin: Nein, nein. Ich möchte nicht, daß Sie über Bill sprechen, wenn Bill nicht über sich selbst sprechen kann.

Der Therapeut ist der Meinung, daß die depressive Episode zwar in Venezuela zum Ausbruch kam, daß die Symptomatik im Augenblick aber dadurch am Leben gehalten wird, daß Vater und Sohn allzu eng aneinander gebunden sind. Der Therapeut besitzt noch nicht sehr viele Informationen über den dysfunktionalen Umgang der beiden, aber er hält sich an eine Faustregel: Man muß solche verstrickten Strukturen angreifen. Er wiederholt sein grenzenschaffendes Vorgehen immer wieder, um so seine Botschaft ganz deutlich zu machen, daß der identifizierte Patient über Möglichkeiten und Kräfte verfügt, die er bisher noch nicht voll ausgeschöpft hat.

Bill: Das einzige ist, daß . . .

Minuchin: Sind Sie soweit?

Bill: Ja.

Minuchin: Sind Sie sicher? Denn wenn Sie . . .

Bill: Es ist schon in Ordnung. Eines Tages ging ich also ins Büro, und dieses Ding in meinem Kopf knackte, und dann hatte ich dieses Gefühl der Unwirklichkeit und der Desorientiertheit. Ich konnte nicht schlafen. Eines Abends habe ich nach der Arbeit noch einen Freund mit nach Hause genommen; ich wollte ihn nicht fortlassen, und dann lief es irgendwie über, ich bin immerzu herumgerannt und . . .

Minuchin: Möchten Sie aufhören?

Bill: Ich hatte mich nicht mehr unter Kontrolle. Es war, als ob ich außerhalb meines eigenen Körpers gestanden hätte, und ich . . . irgendwie lief es über . . .

Ich wußte gar nicht, wo ich war. Ich habe dieses Gefühl, dieses ständige Gefühl, daß ich mich nicht in der Gewalt habe. Ich habe ein Gefühl der Unwirklichkeit. Ich weiß, ich bin zu Hause, aber ich kann nicht . . . Ich fühle einen ständigen Druck, wie einen Knoten. Immer dieser Druck. Nachts kann ich nicht . . . Alles zerrt an mir, ich habe Schmerzen in . . . Ich habe ein ständiges Druckgefühl hier, und ich kann einfach nicht schlafen und nicht . . . Ich bin nicht ich selbst. Ich möchte ganz einfach wieder normal sein.

Minuchin: Nein, Sie können noch nicht normal sein, denn dazu müßten Sie erst gewisse Realitäten erkennen, die mit dieser Erfahrung zusammenhängen. Ihr Selbstvertrauen ist erschüttert. Vielleicht sollten Sie einmal etwas länger in den Spiegel sehen. *(Zeigt auf den Einwegspiegel.)* Sie haben eine seltsame Vorstellung davon, wer Sie sind, und der Schlemihl, den Sie im Spiegel sehen, gefällt Ihnen überhaupt nicht. Deshalb haben Sie jetzt das Gefühl einer sehr großen Unsicherheit.

Der Therapeut greift ein Moment aus der Schilderung des jungen Mannes heraus und setzt es an den Anfang einer Reihe von Konstrukten, die Schritt um Schritt die depressiv-psychotische Organisation abbauen sollen, die der identifizierte Patient seiner Realität gegeben hat. Dieser Prozeß ist sorgfältig geplant: Der Therapeut beginnt seinen Angriff auf die Realität des Patienten damit, daß er ihn bittet, in den Spiegel zu schauen und so seine Aufmerksamkeit auf das zu beschränken, was der Therapeut ihm nun von sich erzählen wird.

Bill: Ja, und ich denke an ganz verrückte Sachen, und ich kann nicht . . . Ich weiß nicht, wo ich bin, tatsächlich – und das erschreckt mich natürlich.

Minuchin: Das passiert den Menschen manchmal, wenn ihr Selbstvertrauen erschüttert ist. Sie gehen wieder nach Hause, aber weil sie inzwischen erwachsen sind, finden sie ihren Platz auch zu Hause nicht mehr. Es stimmt schon, daß Ihre Familie sehr eng zusammenhält, aber das ist nicht Ihr Zuhause. Seit fünf Jahren schon haben Sie kein Zuhause mehr gehabt.

Bill: Aber jetzt möchte ich es zu meinem Zuhause machen.

Die Realität von den schreckerregenden Gespenstern des identifizierten Patienten wird nicht herausgefordert, sondern nur erklärt, und zwar vor dem Hintergrund allseits bekannter und anerkannter »objektiver« Tatsachen.

Minuchin: Was Sie schildern, ist das Gefühl, daß Ihr bisheriges Leben erschüttert worden ist, und jetzt möchten Sie sich ein neues Leben aufbauen. Aber das geht nicht so schnell. Zunächst müssen Sie einmal über die vergangenen fünf Jahre weinen – über die Möglichkeiten, die Sie nicht gehabt haben, die Freundschaften, die Sie nicht schließen konnten, die Träume, die nicht wahr geworden sind, die Enttäuschungen, die Sie wahrscheinlich mehr als einmal und nicht nur eben jetzt erlebt haben, die Hoffnungen, die Sie sich gemacht hatten, die Mädchen, mit denen Sie nicht ausgegangen sind, die Freunde, die Sie beinahe, aber dann eben doch nicht gefunden haben. Ich glaube, daß Sie um all das weinen müssen, und ich glaube, Sie weinen tatsächlich um alle diese Dinge. Sie weinen über Ihr Leben, so, als wären diese letzten fünf Jahre vergeudete Jahre gewesen, und wenn Sie so empfinden, dann müssen Sie tatsächlich weinen. Sie wissen ja, ich könnte Ihnen jetzt ein Beruhigungsmittel verschreiben, aber ich fürchte, wenn ich das tue, dann werden Sie nicht mehr weinen. Sie sollen aber weinen.

Der Therapeut führt jetzt ein universales Konstrukt ein: Jeder Mensch hat »einen bestimmten Weg nicht eingeschlagen«. Der Therapeut hat nicht sehr viele Informationen über diesen Patienten, aber er weiß, daß der junge Mann das Gefühl hat, Gelegenheiten nicht genutzt zu haben, die sich ihm boten. Sorgfältig errichtet er seine Konstrukte aus den Fakten, die der Patient ihm geliefert hat, und achtet dabei darauf, daß der Patient seine Realität auch wirklich erkennt. Zugleich macht er schon fast ein Ritual aus der immer wieder geäußerten Aufforderung zum Weinen, durch die er zugleich Vertrautheit schafft und sich Autorität sichert, und erleichtert es dem Patienten auf diese Weise, der Aufforderung nachzukommen.

Minuchin: Ich bin in den nächsten vier Tagen nicht da und möchte Sie gerne am Montag wiedersehen. In diesen vier Tagen sollen Sie in Ihrem Zimmer bleiben. Ist schon jemand aus Ihrer näheren Verwandtschaft gestorben?
Bill: Ja. Mein Großvater.
Minuchin: Haben Sie Schiva gesessen? (Schiva ist ein jüdisches Trauerritual.)
Bill: Ja.

Wieder fügt der Therapeut der universalen Symbolik ein Element aus dem Leben des Patienten an. Dadurch entsteht ein ganz spezifischer Zusammenhang zwischen seinem Auftrag und der Realität des Patienten.

Minuchin: Ich möchte, daß Sie jetzt vier Tage lang, also von morgen bis Montag, in Ihrem Zimmer bleiben. Sie können lesen, aber vor allem möchte ich, daß Sie weinen und über die letzten fünf Jahre Ihres Lebens nachdenken und um alle

Gelegenheiten trauern, auf die Sie zunächst Ihre Hoffnungen gesetzt und die Sie dann doch nicht genützt haben. Verstehen Sie, was ich möchte? Ich möchte, daß Sie auf Ihr Leben zurückblicken und es im Hinblick darauf betrachten, was Sie daraus hätten machen können, aber nicht gemacht haben. Ich möchte, daß Sie ganz genau und im einzelnen erkennen, daß Sie sich in Venezuela eine Heimat hätten schaffen oder eine Freundschaft hätten aufbauen können und es eben nicht getan haben, daß Sie in Australien eine Freundin hätten haben können, die Sie auf ganz besondere Weise geliebt hätte, daß Sie sie aber nun einmal nicht hatten. Ich möchte, daß Sie darüber nachdenken, daß dies alles verpaßte Gelegenheiten sind, und zwar in aller Ausführlichkeit – vier Tage sind nicht zu viel, um sich an fünf Jahre zurückzuerinnern. Ab und zu, wenn Sie das Gefühl haben, mit jemandem darüber sprechen zu müssen, sollten Sie Rob rufen. Nicht Ihren Vater oder Ihre Mutter, denn die sind zu alt – rufen Sie Rob. Rob, haben Sie morgen Vorlesungen?

Rob: Ja.
Minuchin: Und am Freitag?
Rob: Nein.
Minuchin: Können Sie den Vorlesungen morgen mal fernbleiben?
Bill: Ich möchte das nicht.
Minuchin: Ich habe nicht Sie gefragt. Das ist eine Anweisung. Können Sie morgen Ihren Vorlesungen fernbleiben, Rob?
Rob: Ja.
Minuchin: Dann möchte ich, daß Sie ebenfalls zu Hause bleiben. Gehen Sie aber nur dann in Bills Zimmer, wenn er Sie darum bittet. Oder haben Sie ein gemeinsames Zimmer?
Rob: Nein, ich habe mein eigenes.
Minuchin: Also, Bill: Sie wissen, daß Rob zu Hause und – das ist besonders wichtig – immer erreichbar ist, wenn Sie über etwas sprechen möchten, was Sie vor drei Jahren oder vor zwei Jahren in Australien oder in Neuseeland erlebt haben. Und Sie werden ihm zuhören, Rob. Sie werden sich in ihn hineinfühlen, und er wird weinen. Sie werden auf keinen Fall versuchen, ihn vom Weinen abzuhalten, denn ich möchte, daß er weint. Es ist wichtig, Bill, daß Sie über diese verpaßten Gelegenheiten nachdenken und darum trauern, und es ist wichtig, daß Rob das respektiert. Er muß Ihren Wunsch zu trauern respektieren. Ich glaube nämlich, in dieser Familie wird die Privatsphäre des einzelnen nicht so recht

beachtet, das Recht des einzelnen, traurig zu sein oder sich zu schämen. Sie sind verwirrt und verlegen, und das ist auch ganz richtig so. Die Menschen haben ein Recht auch auf diese Dinge; sie haben ein Recht darauf, traurig zu sein, beschämt und verlegen zu sein, oder sich auch mal ganz verrückt vorzukommen.

Nun bekommen auch die übrigen Familienmitglieder ihre Anweisungen im Zusammenhang mit dem Trauerritual. Die Mutter soll eine Flasche guten Whisky kaufen und nach Art der frommen Jüdin Essen und Trinken für dieses Ritual vorbereiten. Auch soll sie den Vater beschäftigen und von Bill in seiner Trauer fernhalten, denn seine Anteilnahme würde Bill daran hindern, sich auszuweinen. Rob soll sich zur Verfügung halten und seine Anteilnahme zeigen, wenn es nötig ist. Dieses Ritual wird rund um die Realität des einen Familienmitgliedes inszeniert, weil die Intensität seines Symptoms eine sofortige Reaktion erfordert. Dennoch schafft die Beteiligung der Familie, der Umstand, daß sie im Rahmen des therapeutischen Systems an diesem therapeutischen Konstrukt teilhat, ein ganz anderes familiales Umfeld: der Vater wird vom identifizierten Patienten getrennt, und das geschwisterliche Holon wird gestützt. Der Therapeut weiß aus Erfahrung, daß solche Trauerrituale sich zeitlich von selbst begrenzen. In der Regel verbringt der Patient einen bis zwei Tage mit Weinen, aber dann hört er auf. Spätestens am Montag wird Bill zwar noch immer ängstlich und besorgt, aber weniger depressiv und wieder gefaßt sein.
In der zweiten Sitzung wird zunächst darüber gesprochen, wie Bill seiner Aufgabe nachgekommen ist und daß sich zwischen den Brüdern ein neues Gefühl der Vertrautheit entwickelt hat. Dann sagt Bill, weil seine Eltern so großzügig seien, müsse er seine Wünsche unterdrücken, da die Eltern sie sonst sofort und weit über seine eigentlichen Bedürfnisse hinaus erfüllen würden.

Bill: Ich muß mich ganz einfach zurückhalten; wenn ich nämlich zu meinem Vater sage – nur als Beispiel –: »Diese Krawatte gefällt mir«, dann kauft er mir gleich fünfzehn verschiedene. Deshalb werde ich eben nicht mehr sagen: »Diese Krawatte gefällt mir.«
Minuchin: Meinen Sie das wirklich?
Bill: Ja. Und wenn mir ein Anzug gefällt, dann kauft er mir gleich fünf Stück. Ich werde also überhaupt nicht mehr sagen, daß ich irgend etwas gerne hätte. Wenn ich um eine Flasche Scotch bitte, dann schenkt er mir einen ganzen Kasten oder doch wenigstens drei oder vier Flaschen. Und damit verliert die Sache ihren Sinn.

Verstehen Sie, was ich meine – daß er es mit der Erfüllung meiner Wünsche ganz einfach übertreibt?

Minuchin: Natürlich.

Bill: Ich meine, ich traue mich nicht mehr recht, sie um irgend etwas zu bitten, denn was es auch ist, sie übertreiben es. Also behelfe ich mich lieber ohne.

Minuchin: Ich bin sehr beeindruckt davon, was Sie gerade gesagt haben. Zunächst einmal zeugt es von einer sehr guten Wahrnehmungsgabe. Und weiter zeigt es mir, daß Sie ein Gefangener sind. Ihr Gefängnis ist Liebe, aber deshalb bleibt es eben doch ein Gefängnis. Gegenseitige Liebe, und doch ein Gefängnis. Sie dürfen keinen Wunsch haben, denn Sie bekommen ihn gleich doppelt und dreifach erfüllt. Das heißt, Sie sind ein Gefangener; Sie können nichts entgegennehmen.

Der Therapeut möchte dem identifizierten Patienten zur Differenzierung gegenüber der Familie und zu einem gewissen Abstand von seinem Vater verhelfen und bringt deshalb eine Metapher ins Spiel, mit der angezeigt werden soll, daß schrankenlose Großzügigkeit und kritiklose Loyalität einen Menschen im Grunde in seiner Bewegungsfreiheit einengen.

Minuchin: Jetzt lassen sie mich mal einen Augenblick mit Ihrem Vater sprechen, ja? Entschuldigen Sie, denn was Sie da eben gesagt haben, bekümmert mich sehr, und ich kann es gar nicht verstehen. *(Zum Vater)* Stimmt das, was Bill sagt?

Vater: Bis zu einem gewissen Grade ja. Es gibt nichts auf der Welt, was ich für meine Kinder nicht tun würde, oder was meine Frau für unsere Kinder nicht tun würde. Wir sind nun mal so, und wenn die Kinder darunter leiden, daß wir so sind, dann werden wir versuchen, uns zu ändern. In den letzten paar Tagen, als Bill ja immerzu da war, habe ich mich so weit von ihm entfernt gehalten wie nur irgend möglich. Es ist mir schwergefallen. Vielleicht können Sie ermessen, daß es einen hart ankommt, sein Kind in diesem Zustand zu sehen, wenn man es nun mal so liebt wie wir unsere Kinder eben lieben. Ich wollte ihm einen Anzug kaufen, weil er eigentlich nichts anzuziehen hat. Er trägt immerzu das gleiche schmuddlige Hemd, und dabei könnte er an meinen Schrank gehen und sich nehmen, was ihm gefällt . . .

Minuchin: Und haben Sie ihm etwas gekauft?

Mutter: Wir haben ihm nichts mehr gekauft, seit er damals wegging.

Minuchin: Sehr gut. Ja, prima, denn es geht ja darum . . .

Vater: Die Schuhe, die er jetzt anhat, gehören mir.
Minuchin: Bill, darf ich die Schuhe mal sehen?
Bill: Ja. *(Zieht einen Schuh aus und gibt ihn dem Therapeuten.)*

Während der Therapeut anhand bestimmter alltäglicher Bedürfnisse (Beklei-
dung) und üblicher Erfahrungen (Zuneigung der Eltern) des Patienten über
Fragen der Differenzierung und der Autonomie spricht, liefert der Vater ihm
eine neue Information: »Die Schuhe, die er anhat, gehören mir.« Informationen,
die in einem Zusammenhang mit dem Therapieziel stehen, sind in jedem
Augenblick der Behandlung unmittelbar von Belang. Die Mitteilung, daß Bill die
Schuhe seines Vaters anhat, ist hier gar nicht unbedingt von Nutzen, obwohl sie
natürlich sofort daran denken läßt, daß jemand »in die Fußstapfen seines Vaters
tritt«. Da der Therapeut aber bekanntlich eine Vorliebe für konkrete Metaphern
hat, bittet er Bill, ihm einen der Schuhe herüberzureichen. Er weiß noch gar
nicht genau, was er mit diesem Schuh anfangen wird, aber während er ihn
betrachtet, entscheidet er sich für eine Strategie, die er nun bis zum Ende der
Sitzung verfolgen wird.

Vater: Er hat kein einziges Paar Schuhe zum Anziehen.
Minuchin (sieht den Schuh an): Was ist das für eine Größe?
Bill: Wir haben die gleiche Größe. 41.
Minuchin: Kann ich den anderen auch haben? *(Nimmt beide Schuhe, packt sie in
ein Stück Papier ein und reicht das Paket dem Vater.)* Ich möchte, daß Sie diese
Schuhe an sich nehmen, weil sie Ihnen gehören.
Mutter: Du wirst dir ein Paar Schuhe kaufen müssen.
Minuchin (zu Bill): Warum tragen Sie die Schuhe Ihres Vaters?
Bill: Weil . . . na ja, er hat halt die gleiche Größe wie ich. Meine sind abgetragen.
Es ist ja egal, weil wir die gleiche Größe haben.
Minuchin: Wieviel Geld haben Sie auf der Bank?
Bill: Etwa viertausend Dollar.
Minuchin: Viertausend. Das ist nicht viel, denn ein Paar Schuhe wie diese hier
müssen doch wohl fünfzig Dollar kosten.
Vater: O nein. Für diese Schuhe habe ich in einem Billigladen vierzehn Dollar
bezahlt, weiß Gott, das kann ich beschwören.
Minuchin (zu Bill): Aber wenn Sie jetzt hingehen und sich ein Paar Schuhe
kaufen, dann kaufen Sie welche, die fünfzig Dollar kosten. Sie kaufen sich ein
Paar Schuhe in Ihrer Größe, und zwar zu einem Preis von fünfzig Dollar. Sie

können auch mehr ausgeben, aber weniger sollte es nicht sein. Und ich möchte, daß *Sie* es tun. Ich mache mir wirklich Sorgen – Sie können ja gar nicht wissen, wo Ihre eigene Haut aufhört, wenn Sie sich nicht allmählich darum kümmern, was Ihrer Haut am nächsten ist. Ich möchte Ihnen zeigen, wo Sie stehen, und dazu muß ich Ihnen zunächst einmal zeigen, wer Sie sind. Dabei fangen wir mit ganz einfachen Sachen an, etwa mit den Sachen, die Ihrem Körper, Ihrer Haut am nächsten sind. Ich möchte also, daß Sie hingehen und sich ein Paar Schuhe kaufen. Wissen Sie überhaupt, wie man sich etwas zum Anziehen kauft?

Der Therapeut benützt die Schuhe als Aufhänger für die Beschäftigung mit dem Thema der Differenzierung, und er geht dabei von Überlegungen aus, die jedem Menschen geläufig sind: »Es schafft doch Verwirrung, wenn Sie die Schuhe Ihres Vaters tragen« – »Sie stecken in Ihrer eigenen Haut« – »Sie können nicht wissen, wo Sie stehen, wenn Sie nicht wissen, wer Sie überhaupt sind« – »Jedermann weiß«, daß dies objektive Realitäten sind. Unter Heranziehung dieser universalen Wahrheiten formuliert der Therapeut eine Aufgabe, zu deren Erfüllung der identifizierte Patient sich notwendig in Aktivitäten mit dem außerfamilialen Bereich einlassen muß.

Bill: Indem man einfach reingeht und kauft?
Minuchin: Haben Sie sich denn selbst schon Sachen gekauft, oder sind Sie jemand, der sowieso immer die gleiche Art von Kleidungsstücken kauft?
Bill: Normalerweise kaufe ich nicht sehr viel. Und immer die gleichen Sachen.
Minuchin: Mal sehen, wie Rob das macht. *(Zu Rob)* Macht es Ihnen Spaß, etwas auszuwählen?
Rob: Ja.
Minuchin: Dann begleiten Sie Bill, aber tun sie nichts, bevor Bill Sie darum bittet. *(Zu Bill)* Wenn Ihnen ein Paar Schuhe besonders gut gefällt und Sie noch jemanden um seine Meinung fragen möchten, dann fragen Sie Rob, und Rob sagt dann Ja oder Nein. Aber fragen Sie ihn nicht, bevor Sie sich entschieden haben. Klar?
Bill: Ja.
Minuchin: Und außerdem kaufen Sie sich . . . Wieviele Hemden haben Sie?
Bill: Vielleicht sieben . . . Sechs oder sieben.
Minuchin: Aber dieses hier gefällt Ihnen besser als Ihre eigenen? *(Der Patient hat nämlich auch ein Hemd von seinem Vater an)* Warum?
Bill: Ich mag es nicht mehr und nicht weniger als die anderen.

Minuchin: Aber Sie brauchen ein paar neue Hemden?

Bill: Ja, Hemden kann ich, glaube ich, immer gebrauchen. Aber ich kann auch die von meinem Vater anziehen.

Minuchin: Nein, nein, nein, nein! Denn dann wissen Sie ja wieder nicht, wer Sie sind. Ich möchte, daß Sie allmählich begreifen, was Ihr Körper ist, indem Sie nämlich Dinge kaufen, die dann Ihnen gehören. Ich möchte, daß Sie und Rob sich überlegen, in welches Geschäft Sie gehen, um sich dann ein paar Sachen zum Anziehen zu kaufen. Sie sollen nicht immer die Sachen von Ihrem Vater tragen. Das ist doch ein großes Durcheinander! Um zu wissen, wo Sie stehen, müssen Sie zunächst einmal begreifen, was Ihr Körper ist. Sie fangen an, Ihren Körper zu kennen, indem Sie anfangen, ihn zu bekleiden. Ist das klar? Ich weiß ja gar nicht, ob ich es nun mit Ihnen oder mit Ihrem Vater zu tun habe, wenn Sie die Schuhe Ihres Vaters tragen!

Bill: Ja.

Anhand der geborgten Schuhe konstruiert der Therapeut ein universales Symbol: die Bedeutung der Individuation, das er dann dazu einsetzt, Vater und Sohn noch mehr voneinander zu trennen, das geschwisterliche Holon zu stützen und den Wiedereintritt des identifizierten Patienten in den außerfamilialen Bereich zu fördern. Die Aufgabe ist konkret: der Patient soll sich außer einem Paar Schuhe noch vier Hemden, zwei Paar Hosen und ein Dutzend Paar Socken kaufen. Er verläßt das Sprechzimmer barfuß, während der Vater das Paket mit den Schuhen trägt. Alle diese Elemente steigern die Intensität des Konstruktes, das der Therapeut entwickelt hat.

Die Therapie dauert insgesamt noch acht Monate. Der identifizierte Patient wird zu keinem Zeitpunkt hospitalisiert, obwohl er während der ersten vier Monate immer wieder einmal in Desorgnisation und Panik verfällt und von Selbstmord spricht. Eine Kontrolluntersuchung nach fünf Jahren zeigt, daß die Familie wieder gut funktioniert. Bill hat sich eine eigene Wohnung genommen und eine neue Stelle gefunden; der jüngere Bruder ist im Geschäft des Vaters tätig; die Eltern beachten die Grenzen und respektieren die Autonomie des einzelnen.

Der Therapeut achtet sorgfältig darauf, wie die Familie ihre Transaktionen begründet und rechtfertigt, und benutzt dann genau das gleiche Weltbild, um ihr zu einem besseren Funktionieren zu verhelfen. Das heißt, er betreibt eine Art Aikido (= japanisches System der Selbstverteidigung) –, er nutzt die Impulse, die von der Familie ausgehen, um die Richtung zu ändern: »Weil Sie verantwortungsbewußte Eltern sind, werden Sie Ihrem Kind den notwendigen Raum zugestehen, damit es wachsen kann.« – »Sie werden ihm seine Stimme nicht nehmen.« – »Sie werden ihre Verdrahtung auflösen.« – » Sie werden Respekt verlangen.« – »Sie werden ihr erlauben, Fehler zu machen.« Wenn der Therapeut sich vor dem Hintergrund der Kultur der betreffenden Familie erst einmal für solche Metaphern entschieden hat, die die eingeengte Realität dieser Familie versinnbildlichen, dann setzt er sie, wo immer sie auftauchen oder sich ins Spiel bringen lassen, als Konstrukte ein, wobei er sie jeweils in ein Etikett umwandelt, das die Realität der Familie und auch die Richtung deutlich angibt, in die eine Veränderung gehen muß. »Aha, die Drähte werden mal wieder fester gezogen!« Diese Metapher macht die Erfahrung der unerwünschten Fesseln noch deutlicher. Diese Technik entspricht der zweiten Ebene von Berger und Luckmanns Typologie: Neuanordnung einfacher erklärender Schemata.

In der Familie Scott sieht die Realität so aus, daß der siebzehnjährige Sohn John die Schule schwänzt und Ladendiebstähle begeht, obwohl die Familie im guten wie im bösen versucht hat, ihn davon abzubringen. Die Eltern meinen, daß etwas mit ihm nicht richtig ist, denn kein normales Kind würde weiterhin Ladendiebstähle begehen, nachdem man ihm zur Strafe dafür seine HiFi-Anlage und sein Motorrad weggenommen hat. Die Struktur dieser Familie ist insofern dysfunktional, als die Mutter und die Kinder – John und sein jüngerer Bruder – ein Holon miteinander bilden, aus dem der Vater, der Erziehungsberater ist, ausgeschlossen bleibt.

Aufgrund des therapeutischen Konstrukts erfährt die Sicht der Familie von ihrem Sohn und Bruder eine drastische Einschränkung auf zwei unannehmbare Alternativen: Entweder ist der Junge delinquent, oder er ist sich seiner Handlungen nicht bewußt, also verrückt. Als die Mutter beide Definitionen weit von sich weist, gibt der Therapeut noch eine dritte Möglichkeit zu bedenken: Sie soll doch einmal den Vater nach seiner Meinung zu der Situation befragen. Dieses therapeutische Konstrukt bietet dadurch die Möglichkeit eines Wandels in der

Familienstruktur, daß die Position des Vaters im exekutiven Holon gestärkt wird. Zehn Minuten nach Beginn der ersten Sitzung haben die Mutter, John und der jüngere Bruder die Psyche des identifizierten Patienten bereits erklärt. Damit ist sein Verhalten gerechtfertigt.

Minuchin (zur Mutter): Darf ich Sie mal fragen, ob Sie glauben, daß er verrückt ist?

Mutter: Ob ich glaube, daß John verrückt ist? Nein!

Minuchin: Meinen Sie, er weiß, was er tut?

Mutter: Wenn Sie mich das gleich zu Anfang, im letzten Dezember, gefragt hätten, dann hätte ich wohl Ja gesagt. Er schwänzt die Schule, weil er völlig normal ist und dort eben raus will; er hat andere Interessen. Nachdem wir ihm dann allmählich die Sachen weggenommen haben, an denen ihn so viel gelegen ist, habe ich angefangen, mir Sorgen zu machen.

Minuchin: Dann halten Sie ihn also für verrückt?

Mutter: Was verstehen sie unter verrückt?

Minuchin: Wenn jemand bestimmte Dinge tut und sich dabei nicht eigentlich bewußt ist, sie zu tun.

Mutter: O, er weiß schon, was er macht, aber er weiß nicht, warum er es macht.

Minuchin: Glauben Sie, daß sein Verhalten komisch ist?

Vater: Meine Frau hat mir widersprochen, als ich den Ausdruck »abnorm« benützte.

Minuchin: Vielleicht halten Sie ihn für delinquent?

Mutter: Delinquent? Nein. Nein, denn zu Hause ist dieser Junge . . .

Minuchin (zum Vater): Jetzt will ich Sie mal fragen: Halten Sie ihn für delinquent?

Vater: In seinem Verhalten, ja.

Minuchin: Das heißt also, Ladendiebstahl ist in Ihren Augen delinquent?

Vater: Ja, natürlich.

Minuchin (zur Mutter): Aber Sie halten ihn nicht für delinquent?

Mutter: Ja, wenn Sie sagen »delinquent«, dann möchte ich doch ein umfassendes Bild haben. Delinquent insoweit, als er bestimmte Dinge getan hat, ja; aber insgesamt, so wie er sich zu Hause benimmt und alles . . .

Minuchin: Glauben Sie nicht, daß er weiß, daß er nicht stehlen darf?

Mutter: Natürlich weiß er das.

Minuchin: Aber delinquent ist er nicht?

Mutter: Er ist delinquent insofern, als er das tut, aber er weiß, daß er es eigentlich nicht tun darf.

Minuchin: Es gibt zwei Möglichkeiten. Er ist entweder delinquent oder verrückt . . .

Mutter (flüsternd): Delinquent oder verrückt?

Minuchin: Wenn er Ladendiebstähle begeht und weiß, daß er das nicht tun darf, und wenn er nicht delinquent ist, dann muß er ja wohl verrückt sein.

Der Therapeut hat sehr genau auf die Ausdrucksweise dieser Familie geachtet und absichtlich Verwirrung geschaffen, indem er die logischen Aussagen der Mutter akzeptiert und sie zu einem pseudo-logischen Ergebnis geführt hat, das unannehmbar ist. Er will mit diesem Vorgehen an der Realität der Familie – nämlich an ihrer Überzeugung, daß die Mutter die Dinge in der Hand hat – rütteln und dann die Realität des Vaters als eine bedenkenswerte Alternative ins Spiel bringen.

Mutter: Ja, also, wenn Sie wollen, daß ich hier eine Wahl treffe, dann muß ich sagen, daß er delinquent ist. Er hat etwas Falsches getan.

Minuchin: Sie ziehen also delinquent vor?

Mutter: Ja. Er hat etwas getan, von dem ich meine, daß er es für falsch hält.

Minuchin (zu beiden Eltern): Ich glaube, Sie müssen sich da entscheiden, denn dann können Sie auch etwas bewirken. *(Zur Mutter)* Ich habe den Eindruck, Sie wollen mir entwischen, indem Sie sagen, daß John krank ist. Damit bewirken Sie aber nichts.

Mutter: Wir sagen nicht, daß er krank ist. Andere haben uns das gesagt . . .

Minuchin: Und das glauben Sie nicht.

Mutter: Nein, ich nicht. Deshalb sind wir ja hier . . . Ich bin nicht zu diesem Ergebnis gekommen.

Minuchin: Ich glaube, Sie helfen John.

Mutter: Ich beschütze meine Kinder. Insofern muß ich Ihnen recht geben.

Minuchin: Ich glaube, Sie helfen John, delinquent zu sein.

Mutter: Wollen Sie mir dann bitte sagen, wie ich das verhindern kann?

Die Frau ist bereit, ihre Konstrukte aufzugeben, aber sie möchte die Kontrolle über die elterlichen Funktionen behalten, und akzeptiert daher die Ansicht des Therapeuten. Wenn der Therapeut ihr jetzt einen Rat geben würde, dann würde sie das in ihrem Monopol als Erzieherin bestätigen, auch wenn sie anscheinend bereit ist, sich auf eine Alternative einzulassen. Der Therapeut entschließt sich statt dessen, ein pluralistisches Weltbild zu entwickeln und zu stützen, in dem auch der dialektische Austausch zwischen den Eltern möglich ist.

Minuchin: Ich glaube, Ihr Mann könnte es.
Mutter: Sie glauben, er könnte . . .
Minuchin: Haben Sie ihn schon gefragt?
Mutter: Wonach? Ob er mir helfen kann? Ich hätte gar nicht daran gedacht . . . Nein.
Minuchin (zu John, der zwischen den Eltern sitzt): Geh mal da weg. *(Zum Ehemann)* Setzen Sie sich neben Ihre Frau und sprechen Sie mit ihr darüber, wie Sie ihr helfen können, so daß sie John nicht länger so verrückte und delinquente Dinge tun läßt. Denn das macht dieser Junge ja. Er dreht krumme Dinger.
Mutter: Da stimme ich Ihnen zu. Ich sage ja auch, daß er delinquent ist, nur . . .

Die Frau möchte ihre Kontrollposition beibehalten; deshalb stimmt sie dem Therapeuten zu und besteht darauf, sich weiter mit ihm zu unterhalten.

Minuchin: Sprechen Sie mit Ihrem Mann. Er hat nämlich ganz klare Vorstellungen. Ihre Meinung ist dagegen recht verschwommen, und ich denke, daß er Ihnen helfen kann.

Der Therapeut stützt das eheliche Holon und verleiht den Konstrukten des Mannes Bedeutung.

Mutter (zu ihrem Mann): Also, dann brauche ich wohl Hilfe, hm?
Vater: Wir sehen die Dinge verschieden, das habe ich dir ja schon gesagt, soweit es dieses bestimmte Verhalten angeht. Daß er die Schule schwänzt oder aus dem Unterricht wegläuft, das reiht ihn in die Gruppe derjenigen Menschen ein, denen es gleichgültig ist, was aus ihnen oder aus ihrem Leben wird. Und wenn Eltern so etwas zulassen, dann ist es ihnen eben auch nicht so wichtig, ob ihre Kinder das Richtige tun oder nicht.

Im Fortgang der Sitzung stützt der Therapeut auch weiterhin die Ansicht des Vaters als eine brauchbare Alternative zur jetzt erschütterten Sicherheit der Mutter. Diese Neuordnung der Fakten in der Familie wird den Wandel erleichtern und das Auftauchen einer flexibleren Realität begünstigen.

DER RAT DES EXPERTEN

Mit dieser Technik ist nichts anderes gemeint, als daß der Therapeut eine andere Erklärung der Familienrealität liefert, die auf seiner Erfahrung, seinem Wissen und seiner Vertrautheit mit ähnlichen Fällen beruht: »Ich kenne Fälle, in denen . . .« – »Wenn Sie diesen Bereich näher erkunden, dann werden Sie feststellen . . .« Der Therapeut kann auch einmal die Position wechseln und sich die Tatsache zunutze machen, daß er als Leiter des Systems sich der Perspektive eines anderen Familienmitgliedes anschließen oder seine Sicht der Familie und ihrer Situation verändern kann. Aus dieser Position heraus kann er die Realität der einzelnen Familienmitglieder interpretieren und die Ansicht vertreten, daß Devianz nicht Abweichung bedeuten muß, sondern daß man auch ein Recht darauf haben kann, deviant zu sein. Die Verschreibungen der Therapeuten, die paradox arbeiten, gründen sehr häufig auf dieser Expertenposition.

In der Familie Mullins sieht die Realität folgendermaßen aus: Die Mutter hat seit ihrer Scheidung vor zwei Jahren Schwierigkeiten mit ihren beiden heranwachsenden Töchtern. Die fünfzehnjährige Alice ist die identifizierte Patientin. Sie ist eine sehr schlechte Schülerin, obwohl ihr die Schule einen Lehrer vermittelt hat, der ihr bei den Hausarbeiten hilft. Die vierzehnjährige Kathy ist eine mittelmäßige Schülerin, aber die Mutter macht sich Sorgen wegen des Desinteresses und der mangelnden Leistungsbereitschaft beider Kinder. Sie empfindet Unsicherheit in bezug auf ihr eigenes Leben und neigt jetzt dazu, die Schwächen und Fehler ihrer Familie überzubewerten.

Die Dysfunktionalität der hier gegebenen Struktur hat noch mit der veränderten Familienorganisation nach der Scheidung der Eltern zu tun; das System ist übermäßig verstrickt. Die Mutter arbeitet nicht und kann ihre Aufmerksamkeit ganz auf die Töchter richten; sie übt elterliche Kontrolle in dem Augenblick verstärkt aus, in dem die Kinder größere Selbständigkeit wünschen.

Das therapeutische Konstrukt baut auf Einsicht und Verständnis für die Sorgen der Mutter über die mangelnden Leistungen ihrer Tochter auf, enthält daneben aber auch den Gedanken, daß jeder Mensch selbst wissen muß, was er leisten kann und will. Nur wenn Alice es ohne Hilfe versuchen und möglicherweise versagen wird, kann sie herausfinden, wo ihre Stärken liegen, und sich darüber klar werden, daß ihr Versagen »ihre Sache« ist. Dieses Konstrukt bestätigt die Realität sowohl der Mutter als auch der Tochter und läßt zugleich eine Grenze zwischen ihnen entstehen.

Minuchin: Worin besteht das Problem? Sie müssen es mir sagen und mich ernsthaft davon überzeugen, daß Sie ein Problem haben, damit ich Ihnen helfen kann.

Mutter: Also, für mich besteht die Schwierigkeit mit den beiden Mädchen – und sehr viel stärker mit Alice – darin, daß sie so gar kein Verantwortungsgefühl haben, was ihre Arbeit in der Schule angeht. Und dann auch ihre Einstellung, ihre Ziele im Leben! Was Alice betrifft – die ist verschreckt, sieht alles negativ und . . .

Alice: Ich kann's nicht ändern.

Minuchin: Aha, das ist also Ihre Meinung von den Schwierigkeiten. Alice, jetzt möchte ich deine Meinung hören, und da deine Mutter dich ja auch einschließt, Kathy, möchte ich auch hören, was du dazu meinst. Ich bin nämlich nicht so rasch zu überzeugen. Bist du einverstanden mit dem, was deine Mutter gesagt hat, Alice?

Die Mutter präsentiert die Familie so, als neige sie insgesamt zum Fehlverhalten und als könne man dagegen nichts unternehmen; der Therapeut begegnet dieser Schilderung mit Zweifeln; er möchte, daß die Familie die Verantwortung übernimmt, ihm diese zu beweisen. Damit hat er es in der Hand, gerade die therapeutisch relevanten Familienfakten auszuwählen.

Alice: Nein. Sie sagt, sie wird noch ganz verrückt, weil Kathy und ich nicht wissen, welches unsere Ziele im Leben sind und was unsere Einstellung zur Schule ist. Sie kann einfach nicht glauben, daß ich es in der Schule noch einigermaßen packe. Man kann es ihr noch so oft sagen, sie glaubt einem doch nicht, sie ist immer hinter einem her.

Minuchin: Dann bist du also recht gut in der Schule?

Alice: Nicht sehr gut – es geht gerade so.

Minuchin: Aha. Also, deiner Meinung nach gibt es gar keine Schwierigkeiten in der Schule, und was das Leben angeht, so wartest du ab, denn du bist ja noch jung und brauchst dich noch nicht zu entscheiden. Ist das etwa das, was du denkst?

Alice: Ja, so ungefähr.

Minuchin: Und trotzdem kannst du deine Mutter nicht davon überzeugen, daß alles in Ordnung ist. Warum ist sie denn nur so verwirrt?

Alice: Das wüßte ich auch gerne.

Minuchin: Kannst du es herausfinden, warum sie so durcheinander ist?

Alice (zur Mutter): Warum regst du dich so auf?

Mutter: Wegen deiner Einstellung zu den Dingen. Ich möchte nicht, daß du versagst, denn du bist ein intelligentes Mädchen.

Alice: Du willst einfach nicht glauben, daß ich in der Schule doch ganz ordentlich mitkomme. Du klammerst dich an etwas, das du für die Wahrheit hältst.

Mutter: Und du hättest doch alle Möglichkeiten!

An diesem Dialog zwischen Mutter und Tochter läßt sich erkennen, wie die Mutter die Realität ihrer Tochter festlegt. Die Mutter macht beharrlich immer wieder auf die »relevante Realität« aufmerksam, das heißt auf eine Realität der Schwächen und Defizite.

Minuchin: Soll ich dir mal sagen, was ich hier sehe?

Alice: Hm.

Minuchin: Ich sehe, daß du so an deine Mutter gekettet bist, als wärest du nicht fünfzehn, sondern viel jünger. Deine Mutter hat das Gefühl, daß du ohne sie nicht zurande kommst, denn sie hält dich für faul oder für ängstlich oder für zu nichts zu gebrauchen. Gut, ich meine, es ist ja dein Leben, und ich kenne viele Kinder, die sich nicht im geringsten anstrengen und doch irgendwie durchkommen. Ihre Sache, nicht wahr. Und das kann deine Mutter einfach nicht hinnehmen.

Alice: Ja, so ist sie nun mal. Sie nimmt nichts hin.

Minuchin: Ich meine, du solltest dann schon aus eigenem Antrieb durch die Prüfung fallen.

Alice: Ich will aber gar nicht durchfallen.

Minuchin: Aber es ist doch so, daß sie schon dafür sorgen, daß du dich gar nicht anzustrengen brauchst . . .

Alice: Ich strenge mich aber an!

Minuchin: . . . nicht durchzufallen. Deine Mutter und die Lehrer erlauben dir doch gar nicht, von dir aus durchzufallen. Ich meine, du solltest jetzt tatsächlich durchfallen und dir sagen, daß du durchgefallen bist, und dann lernen, was du tun mußt. *(Zur Mutter)* Warum lassen Sie sie nicht durchfallen?

Alice: Ich werde nicht durchfallen!

Der Therapeut streicht die Konsequenzen, die sich aus einem Versagen ergeben, als konstruktive Möglichkeiten heraus. In diesem Konstrukt stecken mehrere Elemente: Zum einen wird durch die übertriebene Darstellung des »Mutter-

Tochter-Tanzes« und durch das hartnäckige Festhalten an der Möglichkeit des Versagens der Widerstand der identifizierten Patientin geweckt, die immer wieder sagt, daß sie schon nicht durchfallen wird. Zum anderen gibt der Therapeut mit dem immer wieder geäußerten Hinweis, daß man erst durch ein solches Versagen seine Stärken erkennt, der identifizierten Patientin zu verstehen, daß er ihre unbekannten Fähigkeiten und Stärken akzeptiert. Das steht in einem deutlichen Gegensatz zu der immer wieder und voller Sorge geäußerten Überzeugung der Mutter, daß es hier nur Angst und Defizite gibt.

Bei der Erkundung des geschwisterlichen Holons entdeckt der Therapeut, daß Kathy ebenso wie die Mutter ihrer Schwester Alice unbedingt helfen möchte. Er erweitert jetzt sein Beobachtungsfeld, setzt bei der erklärten Hilfsbereitschaft von Kathy an und sagt zu ihr, daß sie die Rolle des Anwaltes und des Dolmetschers ihrer Schwester innehat, und verweist dann auf die hier vorhandene Komplementarität: Kathys Hilfe ist eine Reaktion auf Alices Bitte um Hilfe.

Minuchin: Also, Alice, nicht nur deine Mutter und deine Lehrerin, auch deine Schwester hilft dir. Das ist ja wirklich toll! Wie hast du es denn nur angestellt, soviele Helfer um dich zu versammeln?

Alice: Sie mögen mich alle. Sie wollen mir helfen.

Minuchin: Das kann nicht nur Glück sein. Du mußt ja ein wahrer Meister der Inkompetenz sein.

Kathy: Wie kann man denn darin Meister sein?

Minuchin: Hast du bemerkt, was eben passiert ist, Alice? Ich habe dir eine Frage gestellt, und Kathy hat sie beantwortet!

Kathy: Alice hat zuerst gesprochen . . .

Minuchin: Und jetzt kommt deine Schwester dir zu Hilfe. Ich möchte nur, daß du das auch bemerkst.

Alice: Ja, ja. Ich weiß.

Minuchin: Ich glaube, du verstehst es meisterhaft, andere deine Arbeit tun zu lassen.

Alice: Überhaupt nicht!

Der Therapeut fokussiert weiterhin auf der aktiven Rolle, die Alice insofern innehat, als sie die Reaktionen ihrer Familie steuert. So wird sichtbar, daß die Kontrolle, die die Familie über Alice ausübt, sich komplementär zu der Kontrolle verhält, die Alice über ihre Angehörigen ausübt.

Minuchin (zur Mutter): Sie haben also eine jüngere Tochter, die die ältere Schwester Ihrer älteren Tochter ist, und ich habe nicht den Eindruck, daß hier irgend jemand Alice eine Chance läßt. Alice, du taugst nichts in der Schule, aber das liegt daran, daß niemand dir gestattet, erwachsen zu werden.

Alice: Meine Mutter erwartet zu viel von mir und weiß nicht, wie es in meinem Kopf aussieht. Sie sagt, daß ich dies tun kann und jenes nicht tun kann, und vielleicht kann ich es wirklich nicht.

Minuchin: Dann mußt du eben mehr arbeiten. Aber sie lassen dich ja nicht. Wenn du anfangen würdest, von dir aus etwas mehr zu tun, dann würdest du vielleicht feststellen, daß du fast so gescheit bist wie deine jüngere Schwester.

Diese Intervention enthält sowohl eine Herausforderung als auch eine Unterstützung. Mit der Vermutung, die Schwester sei vielleicht intelligenter, provoziert der Therapeut Alice, die ihm nun beweisen muß, daß er im Unrecht ist. Mit der Aufforderung, sich etwas mehr anzustrengen und den anderen so ihren Irrtum zu beweisen, hebt der Therapeut Alices Stärken hervor.

Die Realität der Familie Reynolds sieht folgendermaßen aus: Die Eltern, Vera und George, haben zwei verheiratete Kinder und eine jüngere siebzehnjährige Tochter, Martha, die anorektisch ist. Abwechselnd hungert sie, um sich dann wieder wahren Freßorgien hinzugeben. Die Reynolds halten sich für besorgte Eltern, die zwei ihrer Kinder erfolgreich erzogen haben und sich nun auch alle Mühe mit der identifizierten Patientin geben. Martha widmet ihr Leben sehr weitgehend ihren Eltern, die nicht mehr miteinander reden, und bemüht sich, ihre Bedürfnisse nach Kameradschaft und Ansprache zu befriedigen.

Diese dysfunktionale Struktur hat sich im Laufe einer langen Ehe herausgebildet, in der die Eltern den zwischen ihnen bestehenden Konflikten immer aus dem Weg gegangen sind, indem sie die Tochter benutzen, um ihre Konflikte zu umgehen. Hier gibt es keine Dyade, die nicht binnen kurzem in eine Triade verwandelt würde.

Das therapeutische Konstrukt soll die Bedeutung des Symptoms verändern; der Therapeut beschließt, aus seiner Expertenposition heraus die Beziehungen unter den Familienmitgliedern neu zu ordnen. Wenn den Dingen Bedeutung durch den »Schatten des Universums (zukommt), der auf sie fällt«, dann wird die Übernahme des Symptoms in ein anderes Universum seine Bedeutung verändern[2]. Von dieser Überlegung ausgehend bemüht der Therapeut sich, neue Pfade der Transaktion zu finden, um das Mädchen vom ehelichen Holon zu lösen.

Minuchin (zur Mutter): Was arbeiten Sie?

Mutter: Ich bin bei der Stadtverwaltung angestellt.

Minuchin: Das heißt, Sie arbeiten acht Stunden am Tag?

Mutter: Ja.

Minuchin: Haben Sie eine Hilfe für den Haushalt?

Mutter: Nein. Ich habe nie eine gehabt. In letzter Zeit hat mein Mann mir immer geholfen.

Martha: Mama, das ist doch gelogen, und das weißt du genau. Ich helfe dir doch immer. Ich mache den Abwasch, und ich sauge und wische die Böden, wenn ich in den Sommerferien zu Hause bin, und ich setze das Abendessen auf, bevor du nach Hause kommst.

Mutter: Also, Martha, jetzt spiel dich nicht so auf . . .

Martha: Ja, wenn du sagst, daß du keine Hilfe hast, dann muß ich das aber doch . . .

Mutter: Manchmal hatte ich tatsächlich eine Hilfe. Wenn ich darum gebeten habe, dann habe ich sie auch bekommen, das stimmt, Martha.

Martha: Und manchmal hast du auch nicht drum gebeten, und ich habe trotzdem geholfen.

Vater: Martha hat immer ganz schön geholfen.

Mutter: Also gut, das hat sie. Sie hat manchmal das Abendessen gerichtet. Aber du kannst nicht sagen, daß sie das etwa regelmäßig jeden Abend getan hätte. Das stimmt nämlich nicht.

Vater: Eine Zeitlang war es doch ziemlich regelmäßig.

Martha: Aber ja!

Diese Triade funktioniert folgendermaßen: Sobald die Auseinandersetzung zwischen Mutter und Tochter einen kritischen Punkt erreicht hat, schaltet der Vater sich ein und ergreift Partei für die Tochter. Der Therapeut weiß noch nicht, ob es sich dabei um den bevorzugten »Tanz« der Familie oder nur um eine einzelne Bewegung innerhalb eines figurenreicheren Tanzes handelt, bei dem das dritte Familienmitglied immer dann auf den Plan gerufen wird, wenn die beiden anderen miteinander in Konflikt geraten.

Mutter: Ja. Genau bis zu dem Zeitpunkt, an dem es ganz schlimm mit ihr wurde.

Minuchin: Vera, sind Sie der Meinung, daß George und Martha sich manchmal zusammentun und Sie klein machen? Gerade eben hat Martha so etwas wie einen Marschbefehl erhalten und Ihnen einen Schlag versetzt.

Mutter: Das macht mir nichts. Das passiert oft.

Minuchin: Und was passierte mit George?

Mutter: Er ist ihr zu Hilfe gekommen.

Vater: Bin ich das?

Minuchin: Ja. Ganz eindeutig. Macht er das auch zu Hause?

Mutter: Er macht es auch zu Hause. Jetzt, wo Sie es erwähnen, merke ich es. Ja. Denn immer, wenn ich sie ermahnt oder gescholten habe, hat er mir gesagt, ich solle doch still sein und nicht so ein Theater machen und sie in Ruhe lassen. Er hat sie immer verteidigt.

Vater: Manchmal ist es auch umgekehrt. Manchmal habe ich Martha auch gesagt, sie solle die Mutter zu bestimmten Zeiten des Tages nicht belästigen. Ich versuche eben, für Frieden und Ausgleich zu sorgen. Ich stehe im Hintergrund und beobachte nur.

Es ist ganz offensichtlich, daß der Vater mit unterschiedlichen Partnern tanzen kann, ohne den Schritt zu verändern. Aber indem er bestimmte Fakten besonders hervorhebt, lenkt der Therapeut die Aufmerksamkeit der Familienmitglieder auf das Muster ihrer Transaktionen.

Minuchin: Vera hat aber den Eindruck, als stünden Sie doch eher auf Marthas Seite als auf ihrer. *(Zu Martha)* Bist du denn besonders schwach? Ich habe nämlich gesehen, daß du es deiner Mutter ohne alle Schwierigkeiten gegeben hast. Du hast keine Angst, es ihr zu geben. Du hättest seine Hilfe gar nicht gebraucht.

Martha: Nein.

Minuchin: Nein. Passiert das öfters, daß dein Vater meint, er müßte dir mit allem Nachdruck zu Hilfe kommen, wenn du mit deiner Mutter streitest? Versucht er, den Frieden wiederherzustellen, indem er sich auf deine Seite schlägt?

Martha: Nein, eigentlich nicht. Er sagt höchstens: »Jetzt reg dich doch ab und laß sie in Ruhe«. Oder: »Warum hörst du denn nicht auf, sie zu ärgern; laß sie doch machen, was sie will.« Und dann habe ich ein schlechtes Gewissen, weil meine Mutter sich dann verletzt fühlt und ich ja nicht möchte, daß irgend jemand sich verletzt fühlt.

Der Therapeut hat eine ganz automatische Transaktion, ein eher belangloses Gespräch unter den Familienmitgliedern, aufgegriffen und zum Aufhänger der Frage gemacht, wer für wen Partei ergreift, wenn es zu Streitigkeiten kommt.

Auf diese Weise läßt er wie durch Zauberkraft jene Themen aufscheinen, um die es in den Transaktionen dieser Familie geht: Autonomie, Macht, Koalition, Schuldgefühle.

Vater: Sie sollten jetzt aber keinen falschen Eindruck gewinnen. Sie haben doch wohl den Eindruck, daß ich es immer so mache. Und das stimmt nicht. Es ist selten, daß ich mal deutlich werde.

Martha: Aber wenn er mal deutlich wird, dann sieht das eben *so* aus.

Vater: Ich sehe es nun mal nicht gern, wenn zwei Leute so dumm miteinander streiten. Es ist wirklich ein dummer Streit. Wenn ich im Zimmer sitze und höre, daß in der Küche gestritten wird, und zwar dumm gestritten wird – die eine sagt dies, die andere sagt das, es ist nichts Konstruktives, es ist einfach blöd –, und sie sich beide in Hitze reden, dann schreite ich natürlich ein.

Minuchin: Sie machen also den sachverständigen Schiedsrichter?

Vater: Ja, so kann man es vielleicht nennen.

In dieser Familie, in der jeder Konflikt vermieden wird, hat der Vater nach Darstellung des Therapeuten die Funktion des Konfliktüberwachers übernommen.

Minuchin (zur Mutter): Warum macht er das? Sind Sie rasch verletzt?

Mutter: Früher war ich es; jetzt habe ich ein dickeres Fell.

Vater: Wir haben eine Feuersäule hier *(zeigt auf seine Frau)* und eine Feuersäule da *(zeigt auf seine Tochter)*. Zwei positive Pole, sozusagen. Die sagen deutlich, was sie denken. Alle beide.

Minuchin: George, ist es notwendig, die Streitereien zu überwachen?

Vater: Nein, es muß nicht unbedingt sein, aber ich meine, ich sollte doch eingreifen, bevor eine von ihnen etwas sagt, was ihr dann später leid tut.

Minuchin: Sie haben es nicht gern, wenn bei Ihnen gestritten wird?

Vater: Nein.

Minuchin: Und wie ist es zwischen Ihnen und Vera?

Mutter: Wir sprechen nicht miteinander.

Vater: Wenn ich merke, daß ein Streit in der Luft liegt, daß meine Frau sich erregt oder ich mich aufrege – aber bei ihr ist es schlimmer als bei mir – und es geht immer weiter, bis ich schließlich meine, man sollte dem nun besser ein Ende machen, dann stehe ich eben auf und gehe aus dem Haus oder wenigstens in ein anderes Zimmer, damit die Sache ein Ende hat.

Minuchin: Und das klappt?

Vater: Es klappt; allerdings ist sie dann ein paar Tage lang wütend auf mich. Sie spricht dann kein Wort mehr mit mir.

Mutter: Es ist schon vorgekommen, daß du einen ganzen Monat lang nicht mit mir gesprochen hast – und da mache ich es natürlich genauso.

Minuchin (zu Martha): Und was tust du in solchen Fällen?

Martha (lacht): Ach, ich ziehe mich in meine eigene Welt zurück. Da ist es ruhiger und sicherer.

Minuchin: Das heißt also, die Mama sitzt in ihrer Ecke, der Papa in seiner, und du gehst in deine Ecke? Eine prima Familie! Und wie kommst du da wieder 'raus? Versuchst du nicht, mit der Mama oder mit dem Papa zu sprechen oder den Streit zu schlichten?

Martha: Natürlich versuche ich das, aber es ist sehr unangenehm. Sie sprechen nicht miteinander, und dann denke ich immer, ich hätte etwas angestellt, weil meine Mutter mich dann auf einmal wegen irgend etwas anfährt, ohne daß sie es merkt. Ich überlege mir, was ich denn nur gemacht haben könnte, und daß es wohl das Beste wäre, den Mund zu halten, und dann gehe ich eben in meine Welt, da brauche ich nicht zu befürchten, daß sie mich wieder zurückweisen – mich vielleicht wieder tadeln oder so.

Vater: Martha, ich schimpfe doch nicht mit dir!

Martha: Nein, aber die Mama macht es. Mein Vater spricht trotzdem immer mit mir. Zum Beispiel sagt er: »Also, wenn deine Mutter nicht reden will – bitte schön.« Sowas in der Art sagt er eigentlich immer. Aber dann habe ich ein schlechtes Gewissen, weil ich vielleicht irgend etwas unternehmen sollte. Ich lebe ja im gleichen Haus, und ich sollte vielleicht dafür sorgen, daß sie ein etwas schöneres Leben miteinander führen. Ich sollte vielleicht dafür sorgen, daß sie miteinander sprechen und ihr Leben genießen.

Minuchin: Kannst du das denn?

Martha: Nein. Und dann bestrafe ich mich dafür und fange an zu fressen.

Minuchin: Und hilft dir das?

Martha: Ja, mir schon. Es macht die Dinge im Augenblick etwas leichter. Es ist wie Alkohol oder Drogen. Es hilft aber nicht.

Minuchin: Also, wir haben hier schon zwei Therapeuten – deinen Vater, der immer versucht, die Wogen zu glätten, wenn du mit deiner Mutter streitest, und dich, die immer versucht, über diese beiden zu wachen und ihnen zu helfen. Dabei bist du kein sehr guter Therapeut. Du hast keine großen Erfolge zu verzeichnen.

Nachdem er den Vater als Schiedsrichter bezeichnet hat, macht der Therapeut darauf aufmerksam, daß dem Symptom der Tochter eine ähnliche Funktion zukommt. Daneben bezeichnet er die Tochter aber auch als »Heilerin« der Familie.

Martha: Das ist ja auch gar nicht möglich. Sie lassen mich ja nicht. Sie sagen: »Kümmere dich um deine eigenen Angelegenheiten.«
Mutter: Es geht dich ja auch nichts an, was zwischen uns vorgeht.
Martha: Und das ist für mich eine Zurückweisung, denn ich habe das Gefühl, ich bin Teil der Familie. Ich sollte irgend etwas tun.
Minuchin: Wie lange versuchst du denn schon, sie zu heilen?
Martha: Darüber habe ich noch nie nachgedacht. Ich will mal überlegen. Ja, vielleicht seit der Zeit, als die Anorexie anfing

Die identifizierte Patientin akzeptiert das therapeutische Konstrukt und lokalisiert es zeitlich. Das Symptom nimmt jetzt eine andere Bedeutung an: es ist nicht länger eine individuelle Krankheit, sondern es wird zum Zwecke der Heilung der Familie eingesetzt.

Minuchin: Das heißt also, du versuchst ihnen schon seit vier oder fünf Jahren zu helfen?
Martha: Ja.
Minuchin: Mein liebes Mädchen, dazu brauchst du anscheinend doch bessere Techniken als die, die du bisher eingesetzt hast. Im Verlauf von vier oder fünf Jahren solltest du sie eigentlich verändert haben. *(Zu den Eltern)* Sie versucht, Sie zu heilen. Sie bemüht sich um Ihr Glück, aber sie ist nicht besonders geschickt darin. *(Zur Tochter)* Hast du schon mal überlegt, daß du es vielleicht lernen könntest, die Harmonie und die Eintracht in der Familie zu fördern?

Im Plauderton schlägt der Therapeut der Symptomträgerin eine Alternative vor: sie soll von den unsinnigen Freßtouren ablassen und die Schwierigkeiten auf vernünftigere Weise angehen und lösen.

Martha: Nein. Ich habe sie immer nur gefragt: »Warum sprecht ihr denn nicht miteinander?« Dann heißt es: »Das geht dich überhaupt nichts an!« Dann merkt man natürlich, daß es ihnen unangenehm ist, wenn man versucht, etwas zu unternehmen. Deshalb habe ich auch nicht weiter darüber nachgedacht, daß ich vielleicht den Therapeuten machen könnte, aber jetzt denke ich, daß ich dieser Familie helfen kann.

Minuchin: Vielleicht bist du kein Therapeut, sondern ein Friedensstifter – jemand, der für Versöhnung und Ausgleich sorgt, der versucht, Harmonie und Eintracht in der Familie zu bewirken. Ich möchte gerne, daß du mit deinen Eltern darüber sprichst, daß und wie sie deine Versuche, ihnen zu helfen, immer wieder abwimmeln.

Der Therapeut benutzt das Konstrukt, demzufolge das Mädchen als Friedensstifterin die Art der Beziehungen in der Familie verändert, indem er die passive Position der Anorektikerin in eine anspruchsvolle Aufgabe im zwischenmenschlichen Bereich verwandelt, die Aktivität verlangt. Der identifizierten Patientin wird die Verantwortung für ihre Eltern übertragen, und zwar in dem Gedanken, daß diese sich daraufhin sofort veranlaßt sehen werden, eine solche verstärkte Einmischung in ihre Angelegenheiten zurückzuweisen.

Martha (zu den Eltern): Wie soll ich das jetzt so sagen, daß ihr es verstehen könnt? Mir ist immer, als müßte ich mich schuldig fühlen, weil ihr nicht miteinander sprecht. Ihr seid meine Eltern, ich liebe euch, aber wenn ihr euch nicht auch liebt, dann fühle ich mich schuldig, und es ist kein Leben für mich, wenn ich sehe, daß ihr nicht glücklich und zufrieden seid. Ich weiß schon, ihr versucht immer, es zu verbergen. Ihr sagt, das gehe nur euch etwas an, aber es geht eben nicht nur euch an, denn ich lebe mit euch zusammen und muß es mitansehen. Was mich stört, sind nicht die Streitigkeiten. Mich stört, daß ihr nicht miteinander redet.
Mutter: Auf diese Weise kommt es gar nicht erst zum Streit.
Martha: Und was habe ich davon gehabt? Ich sehe, daß ihr mit niemandem redet, und also gehe ich in die Schule und habe auch irgendwie das Gefühl, daß ich nicht mit den Leuten reden kann. Ich weiß gar nicht, wie ich das machen soll. Wenn ich es mal erleben würde, daß ihr einen Streit wirklich austragt und zu einer Lösung findet, dann könnte ich daraus lernen.
Mutter: O Martha, wir haben dreißig Jahre gebraucht, um an den Punkt zu kommen, an dem wir jetzt sind – dreiunddreißig Jahre!
Martha: Aber die Sache ist doch die, daß ich nicht glücklich und zufrieden sein kann, wenn ihr nicht auch glücklich und zufrieden seid.
Mutter: Ich bin ganz zufrieden in meiner kleinen Welt, und dein Vater ist auch ganz zufrieden in seiner kleinen Welt.
Beide Eltern: Und du solltest in deiner kleinen Welt auch zufrieden sein!

Martha: Glaubt ihr, es könnte besser sein? Ich weiß schon, daß ihr das gar nicht wollt, aber könnte es vielleicht besser sein?

Minuchin (zu den Eltern): Sehen Sie, das ist sehr interessant, was Martha da eben gesagt hat. Sie hat gesagt, daß Sie Ihre Tochter sehr dringend brauchen, weil Sie beide es nämlich nicht schaffen . . .

Martha: Ich meine, daß ich euch doch irgendwie Glück und Zufriedenheit verschaffe, oder?

Minuchin: Ich glaube nicht, daß deine Eltern dich verstehen. Ich glaube nicht, daß sie verstanden haben, was du eben gesagt hast.

Martha: Ich glaub's auch nicht.

Minuchin: Ich glaube nicht, daß sie dich überhaupt hören. Du sagst etwas sehr Einfaches. Du sagst, daß sie es gar nicht schaffen können, wenn du ihnen nicht helfen darfst.

Der Therapeut feuert die identifizierte Patientin jetzt schon seit mehr als einer Viertelstunde immer wieder an, ihre Bemühungen um Frieden und Ausgleich zwischen den Eltern fortzusetzen. Inzwischen wendet die Patientin sich an beide Eltern gemeinsam, während sie früher immer mit jedem von ihnen einzeln verhandelt hat. Die – teils ärgerlichen, teils versöhnlichen – Reaktionen der Eltern sind die Reaktionen eines Holons. Daß das therapeutische Konstrukt so übertrieben ausfällt, soll die Eltern veranlassen, das Hilfsangebot der Tochter zurückzuweisen, und einen gewissen Abstand zwischen ihnen und der Tochter bewirken.

Minuchin: Sprich mit ihnen beiden.

Martha: Ja, also . . . ihr zwei meint wohl, daß das euer Leben ist und ich gefälligst draußen bleiben soll. So denkt ihr doch wohl? Das wollt ihr mir doch wohl zu verstehen geben?

Mutter: Hm.

Martha: Ich verstehe es aber nicht. Es kommt mir alles so sinnlos vor.

Minuchin: Weißt du, Martha, ich habe das Gefühl, deine Eltern wissen recht gut, daß sie dich brauchen. Du würdest dir vielleicht gar nicht so heftig wünschen, ihnen helfen zu dürfen, wenn sie dir nicht im Grunde sagen würden . . .

Martha: Daß sie das wollen?

Minuchin: Genau: daß sie das wollen. Wie läßt deine Mutter dich wissen, daß deine Hilfe ihr willkommen ist? Irgendwie müssen sie dich das ja merken lassen.

Ich weiß nicht, ob sie selbst wissen, wie sie es machen, aber sie müssen es ja wohl machen. Sie müssen es dir in irgendeiner Weise sagen. Also – wie machen sie es?

Der Therapeut siedelt den Ort der Kontrolle über das Leben des Mädchens jetzt an anderer Stelle an: Jetzt wird sichtbar, daß die Tochter auf die von den Eltern ausgeübte Kontrolle reagiert. Das heißt, das Bild hat eine radikale Veränderung erfahren. Bisher stand die Patientin ja als »Täterin« im Brennpunkt. Mit dieser veränderten Darstellung der Dinge soll erreicht werden, daß die Patientin sich endlich von ihren Eltern distanziert.

Minuchin: Martha, bist du wirklich ein kleines ausgenutztes Mädchen? Du bist hübsch, du bist siebzehn Jahre alt, und du hast keinen Freund. Hast du denn wenigstens viele Freundinnen?

Martha: Nein, ich kann mit niemandem so richtig warm werden. Dazu bin ich zu ängstlich. Das kann ich nicht.

Vater: Du hattest mal eine sehr gute Freundin.

Martha: Wen? O nein, das ist keine enge Freundschaft. Nein.

Vater: Aber sie ist nun mal deine beste Freundin.

Mutter: Sie war deine beste Freundin.

Vater: Ihr habt die Ferien zusammen verbracht.

Minuchin (zu den Eltern): Einen Augenblick!

Martha: Woher wollen sie wissen, daß ich so eng mit ihr befreundet bin? Wie können sie sowas sagen? Wie kommen sie überhaupt dazu?

Minuchin: Das ist auch so ein Beispiel dafür, daß und wie sie dich bedrängen. Gerade eben erzählst du mir etwas über dein Leben, und gleich . . .

Martha: Sie glauben, sie wüßten etwas darüber.

Minuchin: Sie haben sich eingemischt und dich bedrängt. Also weißt du, ich fürchte, daß du diese Familie nie, nie verlassen wirst.

Der Therapeut bedient sich einer ganz einfachen Transaktion, um seinem Konstrukt – dem Gedanken der strengen Kontrolle durch die Eltern – noch mehr Nachdruck zu verleihen.

Minuchin (zur Mutter): Wie alt sind Sie?

Mutter: Vierundfünfzig.

Minuchin: Vierundfünfzig. Das heißt also, Sie haben vielleicht noch – fünfundzwanzig Jahre vor sich?

Mutter: Wenn ich Glück habe.

Minuchin: Wenn Sie achtzig werden. Und wie alt sind Sie, George?

Vater: Auch vierundfünfzig.

Minuchin: Gut. Das heißt – Martha, du bist wie alt? Siebzehn. Sie sterben mit etwa achtzig Jahren, du bleibst also noch rund fünfundzwanzig Jahre bei ihnen. Fünfundzwanzig und siebzehn – dann wirst du also eine höchst unreife alleinstehende Frau von zweiundvierzig Jahren sein, wenn du endlich soweit bist, daß du dein Elternhaus verlassen kannst.

Martha: Nein, ich möchte nicht, daß es dahin kommt.

Der Therapeut malt eine sehr düstere und hoffnungslose Zukunft, um Widerstand zu provozieren und den Abstand der identifizierten Patientin zu ihren Eltern zu vergrößern.

Minuchin: Ich denke schon, daß es dahin kommen wird, denn sie sind ja eifrig damit beschäftigt, dich um Hilfe zu bitten, damit sie etwas glücklicher und zufriedener sind. Und du verbringst deine ganze Zeit damit, auf deinen Vater und deine Mutter zu starren. Du starrst sie so unentwegt an, daß dir gar keine Zeit mehr bleibt, noch irgendwo anders hinzusehen. Warum hast du denn keinen Freund?

Martha: Ich bin zu ängstlich. Ich gehe nicht gern aus dem Haus.

Minuchin: O, das ist . . . das heißt . . . Willst du damit sagen, daß du sie ebenfalls für deine Zwecke einsetzt? Sie benutzen dich, und du benutzt sie?

Martha: Ja. Da gibt es einen Jungen, der mich immer anruft, und ich bitte meinen Vater immer, ihm zu sagen, daß ich nicht zu Hause bin. Und das macht er auch. Er sagt: »O, da hast du sie aber gerade verpaßt. Sie ist eben aus dem Haus gegangen.«

Minuchin: Du setzt sie also zu deiner Verteidigung gegen die Welt draußen ein?

Martha (lachend): Das sind so meine Waffen.

Minuchin: Sie sind eine sehr interessante Familie. Es ist sehr, sehr interessant, denn Martha benutzt Sie beide auch, das ist gar nicht zu übersehen. Erst dachte ich, daß nur Sie beide Ihre Tochter benutzen – jetzt sehe ich, daß Ihre Tochter Sie beide ebenfalls benutzt.

Der Therapeut wendet sich nun wieder den Eltern zu und fordert sie heraus, weil sie sich von der identifizierten Patientin ausnutzen und für deren Zwecke (Meidung der Außenwelt) einspannen lassen. Die Sitzung dauert noch weitere drei Stunden, und der Therapeut verlagert in dieser Zeit den Fokus; er macht immer und immer wieder darauf aufmerksam, daß die Familienmitglieder einander wechselseitig für ihre jeweiligen Zwecke einsetzen. Aber welches Konstrukt der Realität er auch vertritt – immer erklärt er eine Struktur für legitim, die die Eltern von ihrem Kind distanziert und die Differenzierung fördert.

Wenn der Therapeut sich dem Weltbild einer Familie zuwendet, tut er dies aus der Distanz heraus. Er bringt Konzepte ins Spiel, durch die andere Konzepte herausgefordert werden. Theoretisch ist seine Absicht schon *die Intervention,* denn indem die Familie sich mit den neuen Begriffen und Vorstellungen vertraut macht, läßt sie sich auf eine Verwirrung, Krise und Neuanpassung ein. Es ist, als ob ein Stein in einen Teich geworfen würde: es kommt zu einem Kräuseleffekt, der nichts mit der Beschaffenheit des Steines oder mit dem zu tun hat, der ihn hineingeworfen hat.

Tatsächlich aber läßt sich die Absicht nicht von dem Therapeuten trennen, der sie eingeführt hat. Die beiden zu trennen wäre ein künstliches Konstrukt, bei dem die Gefahr besteht, daß der Absicht allzuviel Gewicht zukommt und so der zwischenmenschliche Kontext, in dem sie auftaucht, zu kurz kommt. Es gibt familientherapeutische Schulen, die die kognitive Herausforderung lange Zeit für das wichtigste Element der Veränderung hielten und deshalb versuchten, nur mit dem provozierenden begrifflichen Schema zu arbeiten, nicht aber mit Wirkung und Einfluß des Therapeuten. Inzwischen gilt dieser Standpunkt als überholt, und die Teilnahme des Therapeuten als Herausforderer wird anerkannt.

Die Voraussetzung, eine Familie von einem neuen Konzept überzeugen zu können, ist die Teilnahme des Therapeuten. Zudem wäre die Trennung der kognitiven Herausforderung von der strukturellen Herausforderung ein künstliches Konstrukt. Die Herausforderung des Weltbildes einer Familie bedeutet zugleich eine Herausforderung ihrer Interaktionsstruktur, so wie die Herausforderung der Struktur auch eine Herausforderung des Weltbildes bedeutet. Eine kognitive Herausforderung kommt nicht einfach isoliert vor. Wenn der Therapeut sich diesen Umstand wirklich zu eigen gemacht hat, kann er kognitive Bilder aber mit gutem Erfolg heranziehen.

Anmerkungen

[1] Boszormenyi-Nagy, Ivan: Contextual Therapy: Therapeutic Leverages in Mobilizing Trust, in: The American Family, Unit IV, Nr. 2. Philadelphia: Smith, Kline & French 1979.

[2] Ortega y Gasset, José: Meditations on Don Quixote. New York: W. W. Norton 1961, S. 184; dt. Meditationen über Don Quijote. Stuttgart: DVA 1959.

16 Paradoxien

Peggy Papp

Am Ackerman-Institut wurde 1974 ein Kurztherapie-Projekt unter meiner und Olga Silversteins Leitung in Angriff genommen. Wir wollten untersuchen, ob sich die Methode der paradoxen Verschreibung für die Behandlung von Familien eignet, in denen eines der Kinder der Symptomträger ist. Zunächst meldeten sich acht Familientherapeuten zur Mitarbeit an diesem Projekt an, die zuvor alle am Ackerman-Institut für Familientherapie ausgebildet worden waren. Bei unserer Arbeit bauten wir anfangs auf dem Gedankengut anderer Therapeuten auf, die bereits mit Paradoxien in der Familientherapie experimentiert hatten – etwa Jay Haley, Milton Erickson, Mara Selvini-Palazzoli, Paul Watzlawick, John Weakland und Richard Fisch. Bald entwickelte unser Projekt dann aber Eigendynamik.

Unserer Arbeit mit Paradoxien liegen die folgenden Konzepte zugrunde: a) die Familie ist ein sich selbst regulierendes System; b) das Symptom ist ein Mechanismus der Selbstregulierung; c) (ergibt sich aus a) und b)): das System setzt der Veränderung Widerstand entgegen. Da das Symptom zur Regulierung eines dysfunktionalen Teils des Systems eingesetzt wird, bleibt dieser Teil des Systems ohne regulierenden Mechanismus, wenn das Symptom beseitigt wird.

Das bekannteste Beispiel dafür sind Eltern, die den zwischen ihnen bestehenden Konflikt dadurch in eine andere Richtung lenken, daß eines der Kinder »Symptome zeigt«. Indem das Symptom des Kindes beseitigt wird, macht der Therapeut es möglich, daß die unbewältigten Fragen und Konflikte der Eltern an die Oberfläche kommen. Parallel dazu macht sich eine erhebliche Unruhe und Angst und ein starker Widerstand gegen Veränderung in der Familie bemerkbar. Wir nutzen das Paradoxon in erster Linie dazu, diesen Widerstand zu überwinden und einen Machtkampf zwischen der Familie und dem Therapeuten zu umgehen. Familien mit symptomatischen Kindern haben gewöhnlich ein widersprüchliches Anliegen an den Therapeuten – sie bitten ihn, das Symptom zu verändern, ohne daß dabei ihr System eine Änderung erfährt. Der Therapeut begegnet diesem Widerspruch dadurch, daß er eine Reihe drastischer Neudefinitionen vornimmt, durch die das Symptom in der Weise mit dem System verknüpft wird, daß das eine nicht ohne das andere verändert werden kann. Mit diesem Vorgehen legt der Therapeut die Bedingungen für den therapeutischen Kontext fest. Die wichtigste Frage lautet jetzt nicht mehr, wie man das Symptom beseitigen könnte, sondern was geschehen wird, wenn es beseitigt worden ist; das therapeutische Anliegen insgesamt betrifft nicht mehr das »Problem« (wer hat es, wodurch ist es verursacht, wie wird man es los), sondern die Überlegung, wie die Familie wohl ohne das Problem überleben wird, wen sein Nichtmehrvorhandensein besonders berührt, wie es ihn berührt und was die Familie in diesem Zusammenhang unternehmen wird.

Durch diese systemische Neudefinition wird eine Wahrnehmungskrise bewirkt: Für die Familie wird es jetzt immer schwieriger, sich mit Hilfe eines Symptoms zu regulieren, und so fängt sie an, sich anders zu regulieren.

Ein charakteristisches Merkmal unserer Arbeit ist der differenzierte Einsatz des Paradoxons im Wechsel mit anderen Formen der Intervention. Die Erfahrung hat uns gezeigt, daß ein Paradoxon weder in allen Fällen notwendig noch immer wünschenswert ist. Ob wir mit einem Paradoxon arbeiten, hängt davon ab, auf welches Maß an Widerstand gegenüber einer Veränderung wir in jenem Teil des Systems stoßen, der von dem Symptom reguliert wird. Wir testen diesen Widerstand durch mehrere Probeläufe, und wenn sich herausstellt, daß man ihm durch direkte Interventionen beikommen kann, dann besteht kein Grund, unbedingt zum Mittel der paradoxen Verschreibung zu greifen. Ganz unangebracht wäre dieses Mittel übrigens auch in bestimmten Krisensituationen, etwa im Fall von Gewalttätigkeit, dem plötzlichen Verlust eines Menschen, bei einem Selbstmordversuch, dem Verlust des Arbeitsplatzes oder einer ungewollten Schwangerschaft, denn hier muß der Therapeut rasch zur Stelle sein, um Struktur und Kontrolle anzubieten. Wir behalten uns paradoxe Interventionen also für jene verdeckt verlaufenden, altgewohnten und stets sich wiederholenden Interaktionsmuster vor, die auf direkte Interventionen wie logische Erklärungen oder rationale Vorschläge nicht ansprechen.

Interventionen lassen sich in direkte und in paradoxe Maßnahmen unterteilen. Direkte Interventionen erfolgen dort, wo der Therapeut sich der Zustimmung der Familie sicher sein kann. Paradoxe Interventionen erfolgen, wenn der Therapeut der Meinung ist, daß die Familie seinen Maßnahmen Widerstand entgegenbringen wird[1].

DIREKTE INTERVENTIONEN
(AUF GEGENSEITIGEM EINVERSTÄNDNIS BASIEREND)

Unter direkten Interventionen verstehen wir Ratschläge, Erklärungen, Vorschläge, Interpretationen und Aufgaben, die wörtlich verstanden und befolgt bzw. ausgeführt werden sollen. Mit solchen Interventionen sollen die Regeln oder die Rollen in der Familie direkt verändert werden. Hierzu gehören die Ratschläge in Erziehungsfragen, die Neuverteilung der Aufgaben unter den Familienmitgliedern, die Einführung von Disziplinarregeln, die Regelung der Intimsphäre, die Festlegung einer Altershierarchie, die Beschaffung von Informationen, die der Familie bisher nicht zur Verfügung standen. Weitere Ziele sind die Förderung der offenen Kommunikation, das Erwecken von Gefühlen, die persönliche Rückmeldung des Therapeuten, die Interpretation der Familieninteraktion. Direkte Interventionen erfolgen also in der Erwartung, daß die Familie sich daran hält, und kommen daher immer dann zum Einsatz, wenn der Therapeut der Meinung ist, daß die Familie darauf ansprechen wird.

PARADOXE INTERVENTIONEN
(AUF DER BASIS VON WIDERSTAND IN FAMILIEN)

Eine paradoxe Intervention ist eine Maßnahme, durch deren Befolgung gerade das Gegenteil dessen zustandekommt, was anscheinend damit erreicht werden sollte. Ihr Erfolg beruht darauf, daß die Familie den Anweisungen des Therapeuten offenen Widerstand entgegenbringt oder aber sie in geradezu absurder Weise und mit entgegengesetztem Effekt befolgt. Wenn eine Familie den direkten Interventionen des Therapeuten ständig Widerstand entgegensetzt, dann kann man mit Sicherheit annehmen, daß in diesem System gewisse verborgene Interaktionen ablaufen, die dieser Intervention entgegenstehen – daß es hier also geheime Bündnisse, Absprachen oder Koalitionen gibt, die die Familie nicht gerne enthüllen und schon gar nicht aufgeben möchte. Solche verborgenen Interaktionen, die sich in einem Symptom äußern, sind das Ziel des systemischen Paradoxons. Die drei wichtigsten Techniken in diesem Zusammenhang sind die Umdefinition des Symptoms, die Verschreibung des Symptoms und schließlich die Warnung vor einer Veränderung.
Mit der Umdefinition soll die Wahrnehmung des Problems verändert werden.

Das Symptom wird von einem systemfremden Element zu einem wesentlichen Bestandteil des Systems umdefiniert. Verhaltensweisen, die das Symptom am Leben halten, werden in der besten Absicht gezeigt – sie sollen die Stabilität der Familie bewahren. Zorn gilt dementsprechend als ein Zeichen der Fürsorge, Leiden ist Selbstaufopferung, Abstand dient der Wiederherstellung von Nähe. Der Therapeut macht also nicht den Versuch, das System direkt zu verändern; vielmehr stützt er das System und respektiert seine innere emotionale Logik, auf der es aufgebaut ist.

Wenn dieser symptomproduzierende Kreislauf der Interaktionen in der Familie erst einmal positiv definiert worden ist, wird er der Familie – nach deren Logik es ja gar keine andere Möglichkeit geben kann – verschrieben. Bewußt inszeniert verliert nun aber ein solcher Kreislauf sein symptomproduzierendes Potential. Jetzt werden die geheimen Regeln des Spiels sichtbar, und die Familie muß die Verantwortung für ihre Handlungen selbst übernehmen. Bei Michel Foucault heißt es sinngemäß, daß die Familie durch einen Zustand hindurchgeleitet wird, in dem sie mit sich selbst konfrontiert wird und gezwungen ist, gegen die Forderungen ihrer eigenen Wahrheit anzukämpfen[2].

Vorbedingung für die Verschreibung dieses Kreislaufs ist die genaue Kenntnis des Zusammenhangs zwischen dem Symptom und dem System und der Art, in der die beiden einander gegenseitig aktivieren.

Wenn die beiden soeben geschilderten Schritte konsequent durchgehalten werden sollen, dann muß der Therapeut die Familie, sobald sie Anzeichen einer Veränderung erkennen läßt, vor dieser Veränderung warnen: Wenn das Symptom wirklich ein für das Funktionieren dieses Systems wesentlicher Bestandteil ist und der Therapeut das System respektiert, dann kann er über eine Veränderung nur beunruhigt sein. Auf die Entdeckung hin, daß die Familie vor der Verschreibung zurückschreckt und auf eine Veränderung drängt, reguliert der Therapeut nun das Tempo. Er macht unaufhörlich auf die Folgen einer Veränderung aufmerksam, er sagt, daß sich damit zweifellos neue Schwierigkeiten ergeben werden, er schildert der Familie, wie diese Schwierigkeiten sich auf das System auswirken werden, und erlaubt der Familie schließlich zögernd, sich trotz dieser Schwierigkeiten zu verändern.

Ein solches systemisches Paradoxon kommt in der Therapie mit der Familie Allen zur Anwendung. Der achtjährige Sohn ist ein Schulversager. Der Therapeut stellt fest, daß das Symptom der Mutter dient, denn weil sie die Enttäuschung, die sie über ihren Mann empfindet, diesem nicht zeigen kann, richtet sie

sie lieber gegen ihren Sohn. Der Mann hat Pech im Beruf, und anstatt seine Anstrengungen zu verdoppeln, verfällt er in Apathie. Der Mutter ist damit eine schwere Last aufgebürdet. Der Mann läßt erkennen, daß er zusammenbrechen würde, wenn man ihn offen mit diesem Sachverhalt konfrontieren wollte, und seine Frau arbeitet insofern mit ihm zusammen, als sie ihn schützt. Immer wenn sie sich über seinen mangelnden Ehrgeiz und seine fehlende Initiative ärgert, nörgelt sie an Billy herum, er solle sich jetzt einmal zusammenreißen und etwas aus sich machen, seine Hausaufgaben erledigen, Geige üben, sein Zimmer aufräumen. Am Ende kommt es zum heftigen Streit zwischen der Mutter und Billy, während der Vater sich in den Fernsehsessel rettet. Beide Eltern leugnen, daß es irgendwelche Schwierigkeiten in ihrer Ehe gibt, und die Frau sagt: »Mein Mann liebt Auseinandersetzungen nicht, und das habe ich akzeptiert.«

Der Therapeut sagt zur Mutter, es sei sehr wichtig, daß sie sich auch weiterhin über Billy enttäuscht zeige, denn sonst könnte es sein, daß sie ihre Enttäuschung über ihren Mann erkennen ließe. Das aber wäre riskant, denn ihr Mann könnte unter Umständen Depressionen bekommen; Billy dagegen sei jünger und nicht so schnell unterzukriegen, er könne das alles besser verkraften. Billy erhält die Anweisung, seinen Vater weiterhin zu beschützen, indem er dafür sorgt, daß die Enttäuschung der Mutter auch in Zukunft nur ihm gilt; der Vater erhält ein Lob für seine Bereitschaft zur Zusammenarbeit. Die Mutter schreckt vor dieser Empfehlung zurück und sagt: »Sie raten mir, mit meinem achtjährigen Kind zu streiten anstatt mit meinem Mann, einem erwachsenen Menschen? Warum sollte ich meinem Sohn schaden, um meinen Mann zu schonen?« Damit kennzeichnet sie die außerordentlich schwierige Lage, in der sie sich befindet. Der Mann stellt sich hinter den Therapeuten und sagt, daß er seinen Vorschlag gut findet, »denn an Billy prallt das doch ohne weiteres ab. Bei ihm dauert das nicht sehr lange, und es trifft ihn auch nicht so schwer wie mich. Außerdem wissen wir ja gar nicht sicher, ob es ihm überhaupt etwas ausmacht.« Die Mutter findet es empörend, daß ihr Mann sich der Meinung des Therapeuten anschließt, und beginnt, ihm offen entgegenzutreten. Der Fokus des Konfliktes sind nun die Eltern, während Billy aus seiner Position zwischen Vater und Mutter entlassen ist. Die Definition und die zugleich zutreffende und unannehmbare Verschreibung ihres Systems macht es der Familie unmöglich, sich weiterhin daran zu halten.

Bei dem Versuch, dieses Vorgehen anzuwenden, können dem Therapeuten eine Reihe von Fehlern unterlaufen. Der am weitesten verbreitete Fehler besteht darin, daß man einfach das Symptom verschreibt, ohne es mit dem System zu verknüpfen; »Billy, du solltest weiterhin ein schlechter Schüler und eine Enttäuschung für deine Mutter sein.« Hier fehlt der therapeutische Druck, der sich erst daraus ergibt, daß man das Symptom neu und als dem System dienlich definiert, sodann Symptom und System als positiv bezeichnet und der Familie beides verschreibt.

Häufig wird auch der Fehler begangen, daß nur das System verschrieben wird: »Billy, sei weiterhin ein schlechter Schüler und eine Enttäuschung für deine Mutter; Mutter, streite und kämpfe weiter mit Billy; Vater, zieh dich weiterhin aus allem zurück.« Auch hier fehlt die zirkuläre Verknüpfung und Umdefinition von System und Symptom.

DIE UMKEHRUNG – EINE FORM DER INTERVENTION, DIE SICH ZUGLEICH AUF DAS EINVERSTÄNDNIS UND AUF DEN WIDERSTAND DER FAMILIE STÜTZT

Die Umkehrung ist eine Intervention, mit der der Therapeut ein Mitglied der Familie anweist, seine Einstellung oder sein Verhalten im Zusammenhang mit einem wichtigen Sachverhalt umzukehren, in der Hoffnung, daß dies eine paradoxe Reaktion von seiten eines anderen Familienmitgliedes hervorruft. Diese Methode beruht sowohl auf dem Einverständnis als auch auf dem Widerstand der Familie. Sie erfordert den Willen der Zusammenarbeit auf seiten desjenigen Familienmitgliedes, das vom Therapeuten entsprechend unterwiesen worden ist, und den Widerstand desjenigen anderen Familienmitgliedes, das das Ergebnis dieser Anweisungen zu spüren bekommt. Die Methode empfiehlt sich, wenn ein Mitglied der Familie sich kooperativ zeigt und den direkten Ratschlägen folgt, während ein anderes Familienmitglied solchen Ratschlägen Widerstand entgegenbringt. In der Familie Gordon beispielsweise, in der sich die Frau über die enge Beziehung zwischen ihrem Mann und seiner Mutter ärgert, weist der Therapeut die Frau unter Ausschluß der übrigen Familie an, ihre Einstellung zu dieser Beziehung umzukehren: Anstatt wie üblich dagegen zu opponieren, was den Zustand nur noch weiter verfestigt, soll sie Wege finden, dieses so seltene und innige Verhältnis zwischen Mutter und Sohn zu rühmen und ihren Mann dazu ermuntern, noch mehr Zeit als bisher mit seiner Mutter zu verbringen. Wie erwartet fügt die Frau sich den Anweisungen des Therapeuten; wie erwartet setzt der Mann den Forderungen der Frau Widerstand entgegen, indem er die Bindung an seine Mutter lockert.

Die Methode der Umkehrung läßt sich beispielsweise einsetzen, wenn es darum geht, Eltern im Umgang mit ihren aufsässigen Kindern zu helfen. Der Erfolg tritt schon nach kurzer Zeit ein, wenn die Eltern bereit sind, sich wirklich an die Anweisungen des Therapeuten zu halten. Wenn Umkehrungen vereinbart werden, dann sollte dasjenige Familienmitglied, auf das sie gerichtet sind, nicht anwesend sein, denn der Erfolg der Maßnahme hängt davon ab, daß der Betreffende überrascht wird und spontan auf die unerwartete Änderung der Einstellung des anderen ihm gegenüber reagiert. Nehmen wir als Beispiel den Fall der Familie Draper. Der dreizehnjährige Sohn wird von seinen Eltern ständig zu guten schulischen Leistungen angespornt und versagt in Reaktion auf diese Forderungen vollständig. Die Eltern erhalten die Anweisung, dem Jungen zu sagen, daß sie sich im Grunde gar nicht solche Sorgen um sein Zeugnis machen, denn wenn er zu Hause bleibe und in den Ferien Nachhilfeunterricht nähme, dann wüßten sie doch wenigstens, daß ihm nichts zustoße, und sie könnten den ganzen Sommer über ein Auge auf ihn haben.

Umkehrungen werden eingesetzt, wenn der Therapeut der Meinung ist, daß ein Mitglied der Familie dazu fähig ist, eine zentrale Position umzukehren, die Einfluß auf ein anderes Mitglied der Familie hat. In der einen oder anderen Weise kommt diese Technik in der Behandlung fast aller Familien irgendwann einmal zum Zuge, je nachdem, wie der Therapeut den Faktor von Einverständnis und Widerstand beurteilt.

DIE BERATERGRUPPE ALS GRIECHISCHER CHOR

Ein weiteres charakteristisches Merkmal unseres Vorgehens ist die Heranziehung der Beratergruppe mit dem Ziel, den Interventionen des Therapeuten Nachdruck zu verleihen. Eine solche Gruppe setzt sich aus Kollegen zusammen, die sich gegenseitig durch den Einwegspiegel beobachten. Die Gruppe ähnelt einem griechischen Chor, sie liefert ständig ihren Kommentar zu den Interaktionen zwischen der Familie und dem Therapeuten. Sie ist die Stimme des Familienpropheten, sie verkündet die Wahrheiten des Familiensystems und sagt den zukünftigen Gang der Ereignisse voraus. Ihr wichtigstes Anliegen ist die Veränderung des Systems. Die Gruppe sendet regelmäßig Botschaften in den Therapieraum, die sich mit diesem Gegenstand befassen – wie die Veränderung zustande-kommen wird, welche Folgen sie haben wird, wer davon in welcher Weise berührt werden wird, welche Alternativen zu dieser Veränderung bestehen.

Die Botschaften kommen in Zusammenarbeit mit dem Therapeuten zustande, der ihren Inhalt bestimmt und darüber entscheidet, welche Position er ihnen gegenüber einnehmen will. Nach dem Belieben des Therapeuten kann die Gruppe dazu eingesetzt werden, die Familie zu stützen, zu konfrontieren, zu verwirren, anzugreifen oder zu provozieren, wobei es dem Therapeuten frei-steht, ob er sich der Gruppe anschließt oder aber sich dagegen wendet.

Die Gruppe wird der Familie so vorgestellt, daß ihr ein Höchstmaß an Autorität sicher ist. Die Familienmitglieder erfahren, daß es ein besonderer Vorzug ist, daß diese spezielle Gruppe für ihren Fall zur Verfügung steht, und daß es sich durchweg um Fachleute handelt, die sich gerade mit dem besonderen Problem dieser Familie bestens auskennen. Wenn die Familie es wünscht, wird sie der Gruppe vorgestellt, hat sonst aber keinen weiteren Kontakt mit ihr. Die Gruppe bleibt in einer gewissen Distanz, ist unsichtbarer Beobachter, anonymer Kom-mentator und garantiert Objektivität.

Der Einsatz der Gruppe kann in verschiedener Weise erfolgen. Wir sind aller-dings der Meinung, daß wir die Möglichkeiten, die in ihrem Einsatz liegen, noch längst nicht voll erkannt haben.

Manchmal wird die Gruppe nur dazu eingesetzt, bestimmte Aspekte der Familie, denen eine Festigung gut täte, lobend hervorzuheben oder zu unterstützen. Das ist etwa in der Familie Collins der Fall. Herr Collins ist ein Mann von rauhem Äußeren, aber mit einem weichen Kern. Seine Frau nimmt sein sanftes Wesen, das eher in Gesten als in Worten zum Ausdruck kommt, häufig überhaupt nicht wahr. Das wiederum hält ihn davon ab, ihr weiterhin entgegenzukommen; er zieht sich zurück und denkt: »Das ist mir doch vollkommen gleichgültig.«

Als er ihr zum Geburtstag einen Band mit ihren Lieblingsgedichten schenkt, nutzt die Gruppe diesen Anlaß, um ihn als romantisch zu bezeichnen; sie sendet die Botschaft herein: »Die Frauen in unserer Gruppe waren ganz gerührt über Toms schönes Geschenk für Myrna. Sie wünschten, ihre Männer würden sich auch einmal so etwas einfallen lassen. Sie haben schon immer das Gefühl gehabt, daß Tom auch eine romantische Seite besitzt, und sie sind gespannt, wie diese Seite sich in Zukunft äußern wird. Sie haben schon Wetten darüber abgeschlos-sen, wollen dazu aber natürlich noch nichts sagen.«

Während der Behandlung der Familie Blake sendet die Gruppe einmal eine

Botschaft herein, die das Recht des Mannes auf eigene Entscheidungen bezüglich der Frage unterstreicht, ob er an den therapeutischen Sitzungen teilnehmen will oder nicht. Zu den ersten beiden Sitzungen ist er nämlich nicht gekommen, weil seine Frau ihn ständig bedrängt hat, und nun, da er eingewilligt hat, zur dritten Sitzung mitzukommen, nutzt sie das Zusammentreffen, um ihn wegen seines mangelnden Interesses an der Familie zu beschimpfen: »Dir wäre es doch vollkommen schnuppe, wenn wir alle sterben würden.« Die Beratergruppe kontert: »Die Gruppe, die Jim bisher noch nie gesehen hat, ist beeindruckt davon, wie gut er für sich selbst zu sorgen versteht. Irgendwie hat die Familiensaga uns glauben gemacht, daß es anders sei. Wir respektieren seine Entscheidung, auf seine eigene Weise mit dem Leben zurechtzukommen, und sind sicher, daß seine Frau das ebenfalls tun wird.« Als er sich in dieser Weise bestätigt und unterstützt sieht, kommt der Mann regelmäßig zu den Sitzungen.

In anderen Fällen gibt die Gruppe so etwas wie die öffentliche Meinung wieder, was den weiteren Verlauf der Dinge angeht. Mit dem Fortgang der Sitzungen ändert sich vielleicht die Meinung der Gruppe, je nachdem, in welche Richtung sie wirken möchte. In der Familie Richards möchte der Therapeut die Eltern dazu bringen, daß sie die Kinder aus ihren ehelichen Angelegenheiten heraushalten. Er beginnt das Interview mit der Feststellung, daß die Gruppe gespalten ist, was die wichtige Frage angeht, ob die Eltern imstande sein werden, die Kinder an einer »Sabotage« ihres neuerdings wieder zärtlichen Verhältnisses zueinander zu hindern. Die Hälfte der Gruppe glaubt, daß die Kinder gewinnen werden, die andere Hälfte macht Stimmung für die Eltern. Als sich dann abzeichnet, daß die Eltern verlieren werden, ändern sich die Wetten, und der Therapeut berichtet der Familie, daß nach der letzten Umfrage die Gruppe nun bis auf einen einzigen Teilnehmer der Meinung ist, daß die Eltern ihren Kampf verloren haben. Dieser eine Teilnehmer hält weiter aus, denn er glaubt, daß der Vater stärker ist als alle drei Kinder und wohl wieder Boden gewinnen wird.

Es gibt verschiedene Möglichkeiten, die Meinung der Gruppe zu spalten, um auf ein therapeutisch wichtiges Moment aufmerksam zu machen. Man kann sie nach dem Geschlecht aufteilen, um in dem Kampf der Geschlechter, der sich draußen vor dem Einwegspiegel abspielt, die Macht beider Partner zu erhöhen: »Alle Frauen in der Gruppe sagen voraus, daß der Ehemann die nächste Krise herbeiführen wird, weil er zuviel trinkt; dagegen sind alle Männer der Meinung, daß die Frau die Krise auslösen wird, weil sie ihre Mutter an ihren ureigenen Angelegenheiten teilhaben läßt.«

In Familien, in denen die Frauenfrage ein heißes Eisen ist, kann man die Meinung der Gruppe zur Entschärfung der Gegensätze nutzen. In der Gruppe wird so etwas wie ein Spiegelbild der strittigen Fragen errichtet und durch Rückmeldung an die Familie geleitet.

In der Familie Palmer hat die Mutter eine ambivalente Einstellung zur Frage ihrer eigenen Emanzipation; sie schwankt zwischen dem nahezu besessenen Engagement für die Triangel, die sie mit Mann und Kind verbindet, und dem Vorhaben, ihr anthropologisches Studium abzuschließen. Die Gruppe definiert und übertreibt den Konflikt: »Die schwierige Lage der Mutter hat eine politische Spaltung unter den Frauen in der Gruppe bewirkt. Ein Drittel ist der Meinung, sie solle zu Hause bleiben und sich ganz ihrem Mann und ihrem Sohn widmen, denn das ist das höchste Ziel, das eine Frau anstreben kann; ein zweites Drittel ist der Meinung, daß sie eben dies ja schon seit fünfzehn Jahren tut, ohne daß Mann oder Sohn ihre Bemühungen besonders gewürdigt haben, und daß sie nun das Recht hat, sich ihren eigenen Interessen und Möglichkeiten zuzuwenden; das letzte Drittel stimmt mit der zweiten Gruppe insoweit überein, als die Mutter ein Recht auf Selbstverwirklichung hat, macht sich aber zugleich Sorgen, daß Vater und Sohn ohne sie möglicherweise vollkommen hilflos sind, und ist daher der Meinung, daß sie lieber doch zu Hause bleiben sollte.« Nachdem die Mutter sich diese Definitionen angehört hat, kommt sie zu dem Schluß, daß nur die zweite Alternative für sie in Frage kommt. Sie promoviert und gibt den Versuch auf, Vater und Sohn zu verändern.

Überraschung und Verwirrung sind wichtige Elemente jeder Veränderung, und so wird die Gruppe gelegentlich auch dazu eingesetzt, für Überraschung und Verwirrung zu sorgen. Sie schickt dann vielleicht eine Botschaft herein, die die Neugier der Familie wecken, ihre Einbildungskraft auf den Plan rufen oder sie dazu bewegen soll, bisher verborgen gehaltene Informationen preiszugeben. Die entsprechenden Botschaften sind manchmal mit Absicht unklar gehalten; damit ist die Familie gewissermaßen aufgefordert, die Lücken zu füllen.

Herr und Frau Olsen sind außergewöhnlich verschlossene und verschwiegene Menschen, und so herrscht in der Familie eine Atmosphäre der Anzeichen und Andeutungen, die sich schwer entschlüsseln lassen. Der heranwachsende Sohn Micky provoziert die Eltern ständig mit seinem destruktiven Verhalten, um dieser tödlichen Atmosphäre irgend etwas entgegenzusetzen. Dies schafft einen Teufelskreis, in dem die Eltern einen nicht enden wollenden Kampf darum führen, sich den Sohn gefügig zu machen, und in dem der Sohn sich auf einen nicht enden wollenden Kampf mit ihnen einläßt, um sie aus ihrer tödlichen Ruhe aufzuschrecken. Die Therapeutin und die Gruppe wittern hier irgendein wohlgehütetes Familiengeheimnis als Ursache der ahnungsvollen Atmosphäre und der gleichzeitig vorhandenen Unruhe.

Die Therapeutin kehrt von einer Beratung mit der Gruppe zurück und verkündet ihre Botschaft:

Papp: Die Gruppe hat den Eindruck, daß diese Familie hier wie ein Gefängnis ist, aber es ist nicht klar, wer der Wärter und wer die Gefangenen sind. Jemand wünscht sich hier wohl in seinem tiefsten Innern, er könnte davonlaufen, aber das wäre zerstörerisch für die Familie, deren Mitglieder einander sehr nahestehen. *(Wendet sich an den Jungen)* Irgendwie, Micky, besteht deine Aufgabe wohl darin, dieses Spiel von den Gefangenen und den Wärtern in Gang zu halten, während dieser Jemand in Wahrheit wahrscheinlich recht gerne einen Fluchtversuch unternehmen würde.

Micky: Ich bin der, der eingesperrt ist.

Papp: Da bin ich nicht so sicher – bist du eingesperrt, oder sperrst du die anderen ein?

In der nächsten Sitzung enthüllt die Mutter, daß sie schon seit einiger Zeit daran denkt, ihre Angehörigen zu verlassen. Nun, da dieser Punkt zur Sprache gekommen ist, kann er zwischen den Eltern verhandelt werden, und das Verhalten des Jungen bessert sich merklich.

Eine besonders wichtige Aufgabe kommt der Beratergruppe im Rahmen der sogenannten therapeutischen Triangel zu, wie sie als Folge eines anhaltenden und bewußt herbeigeführten Konfliktes zwischen dem Therapeuten und der Gruppe entsteht. In dieser Triangel nimmt die Gruppe gewöhnlich die Position eines Gegners der Veränderung ein, während der Therapeut, der ja die persönliche Beziehung zur Familie unterhält, als Befürworter der Veränderung auftritt. Die Gruppe warnt den Therapeuten immer wieder vor den Folgen einer Veränderung des Systems und macht immer wieder auf jenen Teil des Systems aufmerksam, der einer Veränderung entgegenwirkt. Der Therapeut schwankt entsprechend dem von der Familie gezeigten Widerstand: einmal stimmt er mit der Gruppe überein, dann wieder stellt er sich gegen sie.

In der Familie Marble besteht das Symptom darin, daß es die Tochter nicht schafft, ihr Elternhaus zu verlassen. Hier könnte der Therapeut sich zunächst einmal gegen die Gruppe stellen und sagen: »Ich bin nicht der Meinung der

Gruppe, daß Linda zu Hause bleiben muß, um ihre Mutter vor dem Alleinsein mit dem Vater zu beschützen. Ich halte die Mutter für imstande, mit dem Vater zurechtzukommen, und glaube, daß die beiden es auch allein schaffen werden.« Wenn die Eltern dann erkennen lassen, daß ihnen das eben gerade nicht möglich ist, kann der Therapeut eine andere Position einnehmen: »Ich verstehe jetzt, was die Gruppe mir sagen wollte – daß es für Sie beide schwierig ist, allein miteinander zu sein. Es tut mir leid, daß ich die Situation falsch eingeschätzt habe. Mir scheint, die Gruppe hatte recht; vorläufig muß Linda wohl zu Hause bleiben, um ihrer Mutter zur Seite zu stehen.«

Die therapeutische Triangel, in der sich die Gruppe, die Familie und der Therapeut nun miteinander befinden, verleiht dem Therapeuten eine ganz außergewöhnliche Beweglichkeit und Manövrierfähigkeit, weil er nämlich in beruhigender Entfernung steht. In dem Buch »Reise nach Ixtlan« rät Don Juan, der indianische Philosoph, dem Autor folgendes: »Wenn man seine Mitmenschen *anhalten* will, dann muß man sich immer außerhalb des Kreises befinden, der sie bedrückt. Auf diese Weise kann man den Druck immer dirigieren.« Der Autor Carlos Castaneda hat Don Juan um Rat gefragt, wie einer seiner Freunde wohl mit seinem schwer zu lenkenden Sohn fertigwerden könnte. Don Juans Antwort lautet, daß der Vater sich »aus der Gosse sehr sorgfältig einen scheußlich aussehenden kaputten Typ auswählen« und ihn veranlassen soll, ihm nachzugehen oder an einer Stelle auf ihn zu warten, wo er mit seinem Sohn vorüberkommen wird. Auf ein verabredetes Zeichen hin, das jedesmal gegeben werden soll, wenn das Verhalten des Jungen zu beanstanden ist, soll der Mann aus einem Versteck hervorspringen, das Kind packen und es aus Leibeskräften versohlen. Dann soll der Vater dem Sohn gut zureden und ihm helfen, sein Vertrauen wiederzugewinnen. Dieses Verfahren soll mehrfach und an verschiedenen Orten angewendet werden. Don Juan versichert, daß der Junge seine Vorstellung von der Welt daraufhin sehr rasch ändern wird[3].

Der Beratergruppe kommt hier die gleiche Funktion zu wie dem »scheußlich aussehenden kaputten Typ« – beide wirken »außerhalb der Welt, die die anderen bedrückt«. Der Therapeut ist in der gleichen Lage wie der Vater, er »leitet und lenkt den Druck«.

Technisch betrachtet kann der Einsatz der Gruppe ganz unterschiedlich aussehen. Wir gehen in der Regel so vor, daß der Therapeut sich gegen Ende der Sitzung für einen Augenblick entschuldigt, weil er sich in einem anderen Zimmer mit der Gruppe beraten möchte. Dabei bleibt die Videokamera eingeschaltet, um die Transaktionen der Familie weiterhin aufzuzeichnen. Dann kehrt der Therapeut mit einer Mitteilung zurück, die gewöhnlich schriftlich gegeben und nun von ihm laut und mit der gebotenen Feierlichkeit vorgelesen wird. Alle Familienmitglieder erhalten dann mit der Post eine Kopie dieser Mitteilung zugesandt, so daß sie sich nach Belieben weiter damit beschäftigen können. Das verleiht der Botschaft zusätzliche Bedeutung und Wichtigkeit. Nachdem er die Mitteilung vorgelesen hat, beendet der Therapeut die Sitzung sofort und verhindert so, daß die Familie eine Diskussion beginnt und den Inhalt etwa wieder zerredet. Vielmehr soll die Botschaft wie eine Zeitbombe wirken, nämlich erst dann explodieren, wenn die Familie sie fassen und begreifen kann.

Die Gruppe darf die Sitzung jederzeit unterbrechen bzw. den Therapeuten herausrufen, um ihm Vorschläge zu machen. Man kann sich auf ein bestimmtes Signal einigen, durch das die Gruppe die Vorgänge unterbrechen kann, weil sie eine Botschaft abgeben möchte. Wenn ein Kotherapeut beteiligt ist, muß die Strategie entsprechend abgewandelt werden.

In diesem Zusammenhang wird häufig die Frage gestellt: »Was macht man denn aber, wenn man keine Gruppe hat?« Das Prinzip läßt sich natürlich auch anwenden, wenn man regelmäßig mit einem Kotherapeuten arbeitet; dann nehmen die beiden Therapeuten zu bestimmten Fragen eben entgegengesetzte Positionen ein. Oder ein angehender Therapeut und ein Supervisor kommen überein, bezüglich eines zentralen Themas verschiedener Meinung zu sein. Aber auch der allein arbeitende Therapeut darf seine Meinung ändern: »Ich habe lange Zeit über Ihre Familie nachgedacht, und dabei ist mir aufgefallen, daß es ganz falsch war, die Mutter und Suzie von ihren Streitereien miteinander abbringen zu wollen. Denn nur wenn sie miteinander streiten, ist auch der Vater in dieser Familie zugegen; wenn sie nicht mehr miteinander streiten würden, dann könnte es sein, daß der Vater vollkommen von der Bildfläche verschwindet. Vorläufig ist es also ganz richtig, Suzie, daß du mit deiner Mutter streitest – bis sie eine andere Möglichkeit findet, den Vater im Hause zu halten.«

Häufig wird auch die Frage gestellt, wie sich ein solches Vorgehen auf ein Kind auswirkt: »Ist es nicht gefährlich, dem Kind zu sagen, daß es sein destruktives Verhalten nur ruhig fortsetzen soll, um seine Eltern zu retten?« Wir sind überzeugt, daß das Kind eben dies tatsächlich tut, und indem wir diese verborgenen Gegebenheiten aufdecken, befreien wir es aus der Position des Retters und machen zugleich die Eltern auf die Zusammenhänge aufmerksam.

DAS SYSTEMISCHE PARADOXON DURCHHALTEN

Wenn das Paradoxon formuliert und der Familie präsentiert worden ist, kommt als nächstes die schwierige Aufgabe, es tatsächlich bis zum Ende durchzuziehen. In aller Regel verliert die Familie in der nächsten Sitzung kein Wort über die Botschaft, die sie erhalten hat. Familien verfallen auf alle möglichen Methoden, um diese Botschaft auszulöschen; sie ignorieren oder vergessen sie, sie tun sie als belanglos ab, sie widersprechen ihr oder haben sogar eine neue Krise zur Hand, die nichts mit dem ursprünglichen Problem zu tun hat. Der Therapeut muß zunächst hartnäckig an seiner zirkulären Definition des Problems festhalten und das Verhalten der Familie ständig dem neuen Bezugsrahmen anpassen. Das setzt voraus, daß er von der Richtigkeit und Genauigkeit seiner Wahrnehmungen überzeugt ist. Anfänger empfinden es oft als schwierig, eine paradoxe Botschaft auszusenden, weil ihnen eben diese Überzeugung noch fehlt. Sie fürchten, ihre Worte könnten absurd klingen, werden demzufolge unsicher und verkünden ihre Botschaft schließlich so zögernd, daß die Familie glaubt, sie wollten sich einen Spaß machen oder ihre Gesprächspartner verspotten. Wenn die Botschaft aber wirken soll, muß sie mit äußerstem Ernst und größtmöglicher Glaubwürdigkeit verkündet werden, und das wiederum ist nur möglich, wenn der Therapeut überzeugt ist, die systemische Wahrheit der Familie zu kennen. Nach unserer Erfahrung kann eine solche Botschaft noch so absurd klingen – irgend jemand in der Familie bestätigt in der Regel ihre Gültigkeit. Beispielsweise ist Herr Allen durchaus der Meinung, seine Frau solle lieber mit ihrem Sohn streiten als mit ihm. Dies hat uns zu der tröstlichen Erkenntnis verholfen, daß es schwierig, wenn nicht unmöglich ist, ein emotionales System an Absurdität noch zu übertreffen.

Die Familie Miller wurde zur Behandlung überwiesen, nachdem die Mutter einen Selbstmordversuch unternommen und sich dann im Krankenhaus geweigert hatte, ihren Tablettenkonsum zu reduzieren. Dem Selbstmordversuch war ein Streit der Eltern über den elfjährigen »Problemsohn« Gary vorausgegangen. Die Mutter war wieder einmal nicht mit ihm fertiggeworden und hatte deshalb den Vater um Hilfe bitten wollen. Der aber schlief und kam ihr nicht zu Hilfe, woraufhin sie ins Bad ging und eine Überdosis Schlaftabletten schluckte.

In den vergangenen zwei Jahren hatte der Vater mehrere schwere Herzanfälle gehabt; sein Zustand ist inoperabel. Der Arzt hat ihm verboten, noch weiterhin zu arbeiten, und so bleibt Herr Miller jetzt zu Hause und führt das Leben eines

Halbinvaliden. Die Familie hat mit allen möglichen Problemen – finanzieller, rechtlicher, gesundheitlicher, sozialer und emotionaler Art – zu kämpfen und gerät von einer Krise in die andere.

Nicht nur Garys Schwierigkeiten datieren weit zurück, sondern auch der Konflikt zwischen den Eltern besteht schon seit vielen Jahren. Vor fünf Jahren haben sie es mit einer Paartherapie versucht und hatten, wenn man ihnen glauben darf, erfahren, daß ihre Ehe ein hoffnungsloser Fall sei und sie am besten die Scheidung einreichen sollten. Statt dessen schickten sie Gary drei Jahre lang in Einzelbehandlung. Die Eltern befinden sich in einem Machtkampf über alle nur denkbaren Aspekte ihres Zusammenlebens, ob es nun darum geht, wo sie leben wollen – in einer Wohnung oder einem Haus, in der Nähe seiner oder in der Nähe ihrer Eltern –, wieviel Geld sie ausgeben sollten, wer welche Pflichten im Haushalt hat, wo sie ihre Ferien verbringen sollen oder wer die Kinder erziehen muß. Alle Streitigkeiten bleiben ungelöst. Derjenige, der eine bestimmte Sache tun kann, tut sie schließlich auch. Die Familienregel lautet: Sag niemals: »Ich will nicht.« Sag: »Ich kann nicht!«

Gary steht schon seit Jahren im Mittelpunkt dieses Machtkampfes. Der Zyklus, durch den das Symptom aufrechterhalten wird, sieht folgendermaßen aus: Gary benimmt sich in einer belanglosen Sache schlecht; die Mutter ist ärgerlich auf den Vater, weil dieser den Sohn nicht bestraft oder zur Ordnung ruft. Anstatt ihren Ärger zum Ausdruck zu bringen, versucht sie Gary selbst zu bestrafen, und dies in einer Weise, die ihn nur veranlaßt, sich noch sehr viel schlechter zu benehmen. Dann wird sie krank, und nun muß der Vater ihre Aufgaben übernehmen. Das strengt ihn an, er hat einen Anfall von Angina pectoris, und beide Eltern schieben am Ende Gary die Schuld zu. Körperliche Symptome werden zu Mitteln der Kontrolle des Sohnes, und beide Eltern sorgen für Eskalation. Im Augenblick ist der Vater in diesem Zwist um einen Schritt voraus, weil der Zustand seines Herzens schlecht ist. Die Mutter rächt sich und zählt auf, was sie einzusetzen hat: ihre Kolitis wird immer schlimmer, der Rücken schmerzt stärker als noch vor kurzem, sie leidet an Depressionen, was schließlich zu einem Selbstmordversuch geführt hat.

Die Auseinandersetzung zwischen den Eltern läßt sich am besten mit den Worten beschreiben: Der, der verliert, gewinnt – der Gewinner braucht sich nämlich um das Weiterbestehen der Familie nicht zu kümmern. Die beiden Kontrahenten kämpfen sich buchstäblich zu Tode; die Mutter bemüht sich verzweifelt, ein Symptom zu entwickeln, das noch schwerer wiegt als das

Herzleiden ihres Mannes. Mitten in ihren Versuchen, mit Gary fertigzuwerden, fällt sie plötzlich zu Boden, weil sie einen Anfall von Kolitis hat und, wenn man ihr glauben darf, »dann immer stundenlang in ihrem Blut liegt und einfach nicht aufstehen kann«. Oder sie bekommt Rückenschmerzen und muß eine Woche lang aufs Streckbett. Nach jedem Krankenhausaufenthalt des Vaters muß sie wegen eines ihrer Leiden ebenfalls wieder stationär aufgenommen werden. Hin und wieder droht sie damit, Gary in eine Erziehungsanstalt zu geben, und schreit: »Wenn er hierbleibt, dann bringe ich ihn um – oder er bringt mich um«, und so geht es endlos weiter.

Die Kinder ahmen die Kontroverse zwischen den Eltern nach: die jüngere Schwester Sally, die neun Jahre alt ist, entwickelt ähnliche Symptome wie ihre Mutter, um auf diese Weise Kontrolle über den Bruder und die Eltern auszuüben. Sie zählt ein ganzes Repertoire dramatischer Beschwerden auf – Alpträume, Schlafstörungen, Ohnmachtsanfälle, Magenschmerzen, Kopfweh – und fragt in einer Sitzung unter Tränen: »Und was ist mit mir? Ich habe so schreckliche Probleme, ich bin auch emotional gestört«, worauf die Mutter sofort fragt, ob die Tochter nicht in Einzelbehandlung gehöre.

Direkte Interventionen, etwa der Versuch, die Eltern zur Zusammenarbeit – zum festen und konsequenten Auftreten dem Sohn gegenüber oder zur direkten Mitteilung ihrer eigenen Bedürfnisse – zu bewegen, sind zum Scheitern verurteilt. Es gibt immer wieder einen anderen Grund, weshalb sie unseren Vorschlägen einfach nicht Folge leisten können, und wenn sie es doch tun, sind die Vorschläge nicht hilfreich. Die Kontroverse ist deshalb so heftig, weil sie sich »außerhalb des Bewußtseins« der Beteiligten abspielt und ihr deshalb mit Vorschlägen, Erklärungen und Konfrontation gar nicht beizukommen ist.

Mit der Entscheidung, hier ein systemisches Paradoxon einzusetzen, sieht die Therapeutin sich der schwierigen Aufgabe gegenüber, diesen Kontext positiv umzudefinieren. Das geschieht in der Weise, daß die Machtkämpfe so dargestellt werden, als seien sie von Liebe und Fürsorge diktiert. Die Therapeutin liest eine Botschaft der Beratergruppe vor, in der es heißt, daß die Mitglieder dieser Familie einander ihre Liebe dadurch zeigen, daß sie unglücklich sind, so daß die anderen sich deswegen glücklicher fühlen können.

Diese Botschaft erfährt in den Sitzungen mit dieser Familie immer wieder eine dramatische Aufführung, und zwar im elterlichen wie im geschwisterlichen Subsystem. Beispielsweise erzählt Sally einmal, daß sie beim Sportfest ihrer Schule im Augenblick den ersten Platz hält. Sie hat sich das zwar heftig

gewünscht, aber jetzt beschwert sie sich darüber, denn die anderen Kinder sind eifersüchtig. Auf diese Weise bringt sie es fertig, die positive Erfahrung eines Sieges in die negative eines Verlustes umzukehren. Nach Beratung mit der Gruppe kommt die Therapeutin mit der folgenden Botschaft zurück: »Sally hat recht, daß sie im Augenblick ihres größten Triumphes, nachdem sie den ersten Platz errungen hat, klagt und jammert. Indem sie keine Freude darüber empfindet, folgt sie dem Beispiel ihrer Mutter – sie gestattet es sich nicht, Freude und Vergnügen auszukosten, weil sie befürchtet, daß die übrigen Familienmitglieder jetzt meinen, sie seien weniger vom Glück begünstigt. Wir glauben daher, daß es nur richtig ist, wenn der Vater und Gary den beiden noch zureden, unglücklich zu sein, denn auf diese Weise zeigen sie ihre Anerkennung für das, was Sally und die Mutter zugunsten des engen Verhältnisses in dieser Familie unternehmen.« Die Familie reagiert auf diese Botschaft mit Ungläubigkeit. Zum ersten Mal spricht die Mutter das Wort Veränderung aus. »Kann man das denn nicht irgendwie ändern? Das klingt ja schlimm. Ist es denn nicht möglich, daß es allen gut und keinem schlecht geht?«
Die Therapeutin meint, das empfehle sich eigentlich nicht, denn in dieser Familie beweise man doch dadurch, daß man sich elend fühle, gerade seine Liebe zu den Angehörigen.
Zu Beginn der folgenden Sitzung fragt die Therapeutin, ob die Familienmitglieder sich an die Empfehlungen der Beratergruppe gehalten haben.

Sally: Ach ja, jetzt fällt es mir wieder ein. Wir sollten uns nicht gestatten, froh und glücklich zu sein, weil die anderen dann vielleicht unglücklich sein könnten.
Gary: Meine Mutter hat so einen psychologischen Ratgeber. Darin heißt es, wenn einer unglücklich und der andere glücklich ist, dann wird der erste noch unglücklicher, und daraufhin sollte auch der zweite traurig werden, damit der erste sich nicht ganz so elend fühlen muß.
Papp: Die Gruppe hat den Eindruck, daß genau das in dieser Familie vorgeht und daß ihr euch eure Liebe dadurch zeigt, daß ihr unglücklich, traurig und krank seid.
Mutter: Kann man das denn nicht irgendwie ändern oder . . . das Muster durchbrechen?
Papp: Warum denn?
Mutter: Weil mir das sehr ungesund und unnormal erscheint.
Papp: (zum Vater): Was meinen Sie?

328

Vater: Ich weiß nicht . . . Ich verstehe nicht ganz . . . äh . . . Mir ist das alles nicht ganz klar.

Papp: Hm. Und du, Gary?

Gary: In dem Ratgeber steht auch, daß man das umdrehen kann. Man soll umschalten, also der eine soll sich schlecht fühlen, damit es dem anderen besser geht *(macht bei dieser Vorstellung ein gequältes Gesicht),* aber ich finde das nicht gut.

Papp (beschließt, die Kontroverse ganz deutlich zu verschreiben): Ich möchte Ihnen etwas vorschlagen. Wenn Gary seinen nächsten Wutanfall hat, dann möchte ich, daß du, Sally, dich elend fühlst.

(Alle lachen.) Probier es mal aus. Kennst du die Anzeichen?

Sally: Ich kann seine Schreie hören. Erst ächzt und stöhnt und winselt er . . .

Papp: Ja, und in dem Augenblick, in dem du merkst, daß er jetzt einen seiner wöchentlichen Wutanfälle bekommt, könntest du dich dann vielleicht noch schlimmer aufführen – anfangen zu heulen, über deine Freundinnen in der Schule zu jammern . . . *Sally kichert.)*

Gary: Dann wüßte ich ja schon, daß sie das gleich tun wird.

Papp: Das macht nichts. Würdest du das für ihn tun?

Sally: Ja, aber manchmal mußt du auch nett zu mir sein.

Papp: Wir sprechen noch darüber, wie er es wettmachen kann, aber erst wollen wir mal sehen, ob ihm das vielleicht hilft. Bei den ersten Anzeichen dafür, daß er seinen Wutanfall kriegt, machst du einen anständigen Lärm. Das wird ihm wohl helfen.

Gary: Und umgekehrt.

Papp: Willst du es machen?

Sally: Ich werd's versuchen, aber er soll mir nachher auch einen Gefallen tun.

Gary: Ich weiß schon wie. Ihre Ausdrucksweise ist unmöglich, und Papa kann das nicht leiden, und dann schickt er sie immer raus . . .

Papp: Du meinst, wenn sie in Schwierigkeiten ist, dann willst du ihr helfen, indem du auf dich aufmerksam machst, oder?

Gary: Ja. Das meinen Sie doch so?

Sally: Dann macht er auch was für mich.

Gary: So habe ich es gemeint.

Papp: Das ist sehr nett von dir.

Gary: Ich meine nicht, daß es nett sein soll, nur . . .

Papp: Nein?

Gary: Nein. *(Die Eltern lachen.)* Mir paßt das sowieso alles nicht.

Papp: Was würdest du denn machen, wenn sie einen Anfall kriegt?

Gary: Ich würde anfangen zu jammern und zu klagen – aber ich hab' ja schon gesagt, ich bin gegen diese ganze Sache.

Sally: Was passiert, wenn einer eine solche Bitte nicht ernstnimmt?

Gary: Ja, genau. Wenn der eine seinen Anteil an der Sache nicht macht?

Papp: Dann könnte der andere ihn vielleicht daran erinnern. Wenn du wütend wirst, könntest du zu Sally sagen: Bitte komm mir zu Hilfe. *(Großes Gelächter.)*

Gary: Und was ist, wenn ich ihr helfe und sie später nicht hilft – ich meine, soll ich sie dann daran erinnern?

Papp: Ja, erinnere sie, und du *(zu Sally)* erinnerst ihn.

Nun bietet Sally an, sich zu opfern. Sie wird dem Bruder nicht zeigen, wie stolz und glücklich sie über ihre Erfolge beim Schulsportfest ist.

Sally: Ich kann schon dafür sorgen, daß er zufrieden ist – ich vergesse einfach, was in der Schule los ist. Die Spiele dauern nur noch ein paar Tage. Jeder ist froh, wenn er ein Geheimnis oder irgendwas hat, das . . . hm . . . Irgendwie hilft man dann auch den andern. Man fühlt sich besser, man fühlt sich einfach toll. Aber ich werde nur das Schlechte nach außen hin zeigen und das, was gut für mich ist, für mich behalten.

Papp: Aha – um Gary zu helfen. Findest du das nicht nett von ihr?

Gary (ungerührt): Hm.

Sally: Wenn du es nicht nett findest, dann mache ich es eben nicht.

Gary: Es klappt sowieso nicht, weil du mir schon gesagt hast, daß du nur so tun wirst, als wärest du unglücklich.

Sally: Aber du weißt ja nicht wann. Laß doch nur! Du wirst schon nicht unglücklich sein. Ich werde schon machen, daß du zufrieden bist.

Gary: Das kannst du nicht, wenn ich weiß, daß du es vorhast.

Sally: Du wirst es schon wieder vergessen.

Gary: Das glaube ich nicht.

Sally: Versuche ganz fest, nicht daran zu denken. Das geht schon. Nach außen bin ich unglücklich, und nach innen bin ich zufrieden. Wie willst du denn wissen, wie ich mich innen fühle? Das kannst du ja gar nicht!

Die geheime Kontroverse ist ganz offen verschrieben und damit ihrer tödlichen Macht beraubt worden; jetzt nimmt sie die Züge eines harmlosen Spiels an. Als

Motive sind zunächst Fürsorge und Schutzbereitschaft genannt worden, und in eben diesem Geist erfolgt nun die Inszenierung. Anschließend wendet die Therapeutin sich den Eltern zu und verschreibt auch ihnen ihre Kontroverse:

Papp: Wenn einer von Ihnen sich so richtig elend fühlt – wie könnte der andere es dann erreichen, sich noch schlechter zu fühlen, um den anderen wieder aufzurichten?

Vater: Weiß ich nicht.

Papp: Was sind denn die Anzeichen?

Vater: Ich ermüde schneller.

Papp (zur Mutter): Können Sie erreichen, daß er sich körperlich besser fühlt, indem Sie rascher ermüden als er, und indem Sie . . .

Vater: Aber das macht sie ja schon.

Papp: Das macht sie schon?

Vater: Ja. Sie ist immer schneller müde als ich.

Papp: Wie wäre es dann, wenn Sie sich noch schlechter fühlen als er, damit er sich stark und gesund vorkommt? Können Sie das vielleicht machen?

Mutter: Ich glaube nicht, daß das klappt.

Vater: Das macht sie doch längst.

Papp: Wirklich?

Vater: Bis zu einem gewissen Grade macht sie das. Mal ist es der Rücken, mal ist es die Kolitis . . .

Papp: Mag sein.

Vater: Wir nehmen uns etwas vor, und wenn der Tag dann gekommen ist, dann ist ihr einfach nicht danach, und dann geben wir unser Vorhaben auf, und der Tag verläuft so öde wie alle anderen.

Papp: Wie lassen Sie es Ihren Mann denn merken, daß Sie in einem schlechteren Zustand sind als er?

Mutter: Ich weiß nicht. – Wenn ich es bin, dann bin ich es eben. Warum sollte es eigentlich nicht allen zur gleichen Zeit gut gehen?

Eltern und Kinder sind sich jetzt insgeheim darüber einig, daß sie fürs erste ihren Streit beenden müssen. Sie sprechen darüber, daß es ihnen allen gut geht und sie gemeinsam etwas unternehmen wollen. Am Ende berichtet der Vater über eine Sache, die sich kürzlich zugetragen hat. Er wollte Theaterkarten kaufen, aber dann gab es Streit darüber, welches Stück sie ansehen wollten. Schließlich ist die Mutter krank geworden, so daß sie überhaupt nicht ins Theater gehen konnten.

Papp: Ich glaube nicht, daß es damit getan ist, daß es Ihnen beiden gleichzeitig gut geht.

Wieder versuchen die Kinder, zu einer Kompromißlösung für die Eltern zu kommen, aber dieser Versuch führt zu nichts.

Papp (zu den Kindern): Ihr versucht, euch etwas auszudenken, so daß sie beide zufrieden sind, aber ich glaube nicht, daß das klappt. *(Zum Mann)* Sie müssen sich noch schlechter und unglücklicher fühlen, wenn Sie sehen, daß sie elend ist, damit Sie sie wieder aufrichten. Und Sie *(zur Frau)* müssen noch unglücklicher sein, um Ihren Mann wieder aufzurichten.

Vater: Sie meinen, wenn einer unglücklich ist, dann soll der andere sein eigenes Unglück vergessen, um dem Partner auf diese Weise zu helfen?

Papp: Ja, genau.

Vater: Das habe ich doch schon erlebt. Ich kenne das. Jetzt nicht mehr so sehr, aber früher, als ich noch kränker war. Wenn ich mich früher manchmal sehr schlecht gefühlt habe, dann ging es dir auch sehr schlecht. Einer von uns mußte irgend etwas machen – das Essen kochen oder so etwas –, und mir ging es schon schlecht, und dann sagtest du ganz plötzlich, daß es dir heute schlechter geht, und dann mußte ich eben gehen und das Essen machen. Ich war dann immer sehr ärgerlich auf dich, weil du plötzlich immer dann krank warst, wenn ich es auch war. Darauf läuft es bei uns doch immer hinaus.

Papp: Aber bedenken Sie doch, es war gut für Sie, denn Sie sind aufgestanden und haben gemacht, was zu machen war.

Vater: Daß ich es gemacht habe, heißt ja noch nicht, daß es mir besser gegangen wäre.

Papp (zur Mutter): Irgendwo, ganz tief in Ihrem Innern, haben Sie Ihrem Mann damit geholfen.

Vater: Weil es mich auf die Beine brachte?

Papp: (zur Mutter): Ganz tief in Ihrem Innern wußten Sie: wenn es Ihnen schlechter ging, dann würde er es tun, und es würde ihm gut tun – Sie hatten also etwas für ihn getan. Und wann kommen Sie Ihrer Frau auf diese Weise zu Hilfe?

Vater: Sie meinen, wann ich so etwas bewußt mache?

Papp: Oder auch unbewußt.

Vater: Vielleicht mache ich es und weiß es im Unterbewußten.

Papp: Na gut. Es ist auch egal. Denken Sie doch mal darüber nach, wann Sie so etwas unbewußt machen. Wann fühlen Sie sich schlechter, um zu erreichen, daß es ihr besser geht?

Vater: Wenn ich mich schlechter fühle, dann glaube ich nicht, daß ich so etwas anfange.

Papp: Sie sind nicht so fürsorglich Ihrer Frau gegenüber wie sie es Ihnen gegenüber ist?

Vater: Wenn sie sich schlecht fühlt, dann versuche ich, ihr etwas abzunehmen.

Dann berichtet der Vater, wie er der Mutter bei der Erziehung des Sohnes zu Hilfe kommt.

Papp: Man könnte sagen, daß es für Sie nicht so schwierig ist wie für Ihre Frau, wegen Ihres Gesundheitszustandes. Sie sind immer schlechter dran als Ihre Frau.

Vater: Ich glaube nicht, daß es mir in letzter Zeit schlechter gegangen ist als ihr.

Die Therapeutin bittet, sie einen Augenblick zu entschuldigen, weil sie sich mit der Gruppe beraten möchte, und kehrt dann mit einer Botschaft von der Gruppe zurück, die verstärkend wirkt.

Papp (liest vor): »Die Gruppe möchte die Mutter zu ihren Versuchen beglückwünschen, noch unglücklicher zu sein als ihr Mann. Sie liebt ihn und weiß, daß die beste Art, ihm wieder aufzuhelfen, wenn er sich elend fühlt, darin besteht, noch elender und mutloser zu sein als er. Dann kann er sich den Dingen stellen und ihr helfen. Sie weiß, daß er vollends zum Invaliden werden würde, wenn sie die Initiative ergreifen und die Dinge in die Hand nehmen würde.
Deshalb empfehlen wir ihr, sich immer dann noch elender zu fühlen als er, wenn sie sieht, daß ihr Mann versucht ist, seiner Krankheit nachzugeben. Wenn sie das Signal überhört, dann soll er ihr das sagen, und zwar so, wie er es für richtig hält. Sally und Gary sollen ihren Eltern weiterhin mit gutem Beispiel vorangehen, nämlich einander helfen, sobald einer von ihnen in Schwierigkeiten ist.«

Der verborgene Machtkampf ist nicht länger verborgen. Er ist durch seine Aufdeckung und Planung machtlos geworden. Die Ausreden und Unwahrheiten, die diesen Machtkampf begleiten, werden bewußt abgelöst, was es schwierig macht, in der bisherigen boshaften Art weiterzumachen.

Anmerkungen

[1] Rohrbaugh, Tennen, u. a.: Paradoxical Strategies in Psychotherapy, Vortrag, gehalten auf der Tagung 1977 der American Psychological Association in San Francisco.

[2] Foucault, Michel: Madness and Civilization: A History of Insanity in the Age of Reason. New York: Pantheon 1965; dt. Wahnsinn und Gesellschaft. Frankfurt: Suhrkamp 1981.

[3] Castaneda, Carlos: A Journey to Ixtlan. New York: Simon & Schuster 1973, S. XI; dt. Reise nach Ixtlan. Die Lehre des Don Juan. Frankfurt/M.: S. Fischer 1975, S. 11 f.

17 Die Stärken der Familie

Ein Therapeut arbeitet mit der Familie Bao, die aus Vietnam stammt und seit vier Jahren in den Vereinigten Staaten lebt. Es handelt sich um eine verwitwete Mutter von Ende dreißig und vier jüngere Kinder. Die Hierarchie in dieser Familie ist insofern etwas durcheinandergeraten, als – wie dies in Emigrantenfamilien häufig der Fall ist – die Kinder besser Englisch sprechen und besser mit dem täglichen Leben in der neuen Umgebung fertig werden als ihre Mutter. Der Therapeut, Jay Lappin, hat große Mühe, die Stärken der Mutter zu entdecken, auf die er dann mit besonderem Nachdruck verweisen könnte, weil ihr schlechtes Englisch ein großes Hindernis für die Kommunikation darstellt. Als er einmal ganz verzweifelt ist, hat er einen guten Einfall: Er lehrt die Familie ein Gesellschaftsspiel. Aber sie sollen es auf Vietnamesisch spielen, und die Mutter soll das Spiel leiten.

In den folgenden Wochen gibt dieses Spiel in allen möglichen Variationen den Hintergrund ab, vor dem die Mutter sowohl ihre Kinder als auch den Therapeuten in die vietnamesische Kultur, Geographie und Kochkunst einführt. Zugleich bessern sich ihre Sprachkenntnisse und ihre Kenntnis der amerikanischen Lebensweise, weil sie ja als Dolmetscher für den Therapeuten dienen muß. Die Kinder erinnern sich wieder an das Vietnamesische und bedienen sich voller Stolz nun auch der wiedergewonnenen Muttersprache, während Frau Bao ihre neuen Kenntnisse und Erfahrungen dazu nützt, ihre frisch eingewanderten Landsleute in den Umgang mit der amerikanischen Wohlfahrtsbürokratie einzuweihen. Diese Familie vermittelt dem Therapeuten eine für seine Arbeit sehr wesentliche Erkenntnis: Jede Familie besitzt in ihrer Kultur gewisse Elemente, die, richtig verstanden und genutzt, das Verhaltensrepertoire der Familienmitglieder aktualisieren und erweitern können.

Leider haben wir Therapeuten uns diesen Grundsatz noch immer nicht völlig zu eigen gemacht. Wir sparen zwar nicht mit Worten, wenn es darum geht, der Familie ihre Stärken zu bestätigen, und wir sprechen von der Familie als der

Matrix von Entwicklung und Heilung, aber im Grunde hat man uns zu psychologischen Detektiven ausgebildet. Ganz instinktiv sind wir darauf aus, »zu suchen und zu vernichten«; wir wollen die psychische Störung festhalten, ihr eine Bezeichnung geben und sie schließlich beseitigen. Wir sind die »Experten«. Wir sind die Spezialisten, die sich die Berechtigung verschafft haben, Normalität zu verteidigen, indem wir eine Typologie aufgestellt haben, nach der Abweichungen als psychische Krankheit gelten. Es klingt wie Hohn, daß diese Überwachung und Beobachtung devianten Verhaltens an einem Modell des normalen Verhaltens ausgerichtet ist, das bestenfalls vage und undifferenziert ist. Wie der Zauberlehrling bedienen wir uns einer Mischung aus Gelehrsamkeit, Technik und Ignoranz. Gefangen in den vorherrschenden Sitten und Bräuchen unseres institutionalisierten Umfeldes erkunden wir gestörtes Verhalten wie der Arzt, der ein Virus entdecken möchte, und formulieren immer neue Definitionen der Devianz. Alle paar Jahre erleben wir eine Revision der diagnostischen Kategorien in der Psychopathologie. Manche Krankheiten werden als solche wieder gestrichen, und die entsprechenden Verhaltensweisen gelten nun wieder als normal. Jüngst sind nun die Homosexuellen in die Reihen der Gesunden zurückgekehrt, die noch kurz zuvor zu den psychisch Kranken gerechnet wurden.

Negative Aspekte der Familie

Zum Glück für die Familientherapie ist es den Therapeuten bisher nicht gelungen, diagnostische Kategorien zu entwickeln, nach denen man gewisse Familienformen als normal und andere als deviant bezeichnen kann; wenn alles gut geht, werden wir solche Kategorien nie entwickeln. Immer aber sind wir in unserer Arbeit durch die verbreitete Ansicht behindert gewesen, nach der »die Familie« und »das Individuum« einander wie zwei Pole gegenüberstehen und das Leben ein heldenhafter Kampf zwischen dem Teil und dem Ganzen ist. Familientherapeuten wissen, daß der Mensch ein Holon ist, aber irgendwie gilt die Zugehörigkeit, deren ein Holon nun einmal bedarf, als abträglich; sie bedeutet einen Verlust des Selbst.

Wenn diese kulturelle und ästhetische Vorliebe so extrem ausfällt, daß das Individuum als Ganzheit gesehen wird, dann gilt die Familie als Feind des Individuums. Ashley Montagu sieht in der Familie »eine Institution, die systematisch körperliche und seelische Schäden an ihren Mitgliedern verursacht«.

Susan Sonntag sagt von der modernen Kernfamilie, sie sei ein »psychologisches und moralisches Desaster . . . ein Gefängnis der sexuellen Repression, ein Tummelplatz der inkonsequenten moralischen Unklarheit, ein Museum des Besitzdenkens, eine Brutstätte für Schuldgefühle, eine Schule der Selbstsucht«[1]. Der moderne Mensch lebt in einer Welt, die immer weniger vorhersagbar ist, er müht sich ab für eine Welt, die immer komplexer wird, er bringt seinen Kampf mit der Gesellschaft in den Beziehungen innerhalb seiner eigenen Familie zum Ausdruck, die ja ein Mikrokosmos der größeren Gesellschaft ist.

Der Psychiater R. D. Laing, der einen Kreuzzug gegen die Familie und zur Verteidigung des Individuums geführt hat, bemerkt: »Der erste brutale Akt gegen das normale Kind ist der erste Kuß seiner Mutter.« Er spricht von seiner eigenen Familie und sagt unter anderem: »Soweit ich mich erinnern kann, habe ich immer versucht herauszubekommen, was sich zwischen diesen Menschen abspielte. Wenn ich einem von ihnen glaubte, konnte ich keinem anderen glauben.« Und weiter: »Mein Vater war der Meinung, sein Vater habe im Lauf der Jahre seine Mutter ›systematisch‹ umgebracht. Als er, wie meine Eltern sagten, das letztemal ›einen Fuß auf die Schwelle unserer Haustür setzte‹, lief das Radio; er setzte sich und forderte meine Mutter auf, es auszuschalten. Mein Vater sagte meiner Mutter, sie solle nicht auf ihn hören. Opa, wie der Vater meines Vaters genannt wurde, fordert meine Mutter auf, es auszuschalten. Und so weiter. Schließlich sagte mein Vater: ›Das hier ist mein Haus, und das Radio bleibt an, solange ich nichts anderes sage!‹ Opa sagte: ›So redest du nicht mit deinem Vater!‹ Mein Vater sagte: ›Steh auf und verlaß mein Haus!‹ Opa machte ihm noch einmal klar, mit wem er redete. Mein Vater gab zu verstehen, er wisse genau, mit wem er rede, und deshalb fordere er ihn auf, das Haus zu verlassen. Opa rührte sich nicht, worauf mein Vater sich anschickte, ›ihn am Kragen zu packen‹ und hinauszuwerfen. Die Rauferei begann. Opa in den Fünfzigern, mein Vater in den Dreißigern. Sie jagten sich durchs ganze Haus. Schließlich nagelte mein Vater Opa auf dem Bett fest und schlug auf sein Gesicht ein, bis Blut floß. Dann schleppte er ihn ins Bad und in die Badewanne, ließ kaltes Wasser über ihn laufen, zerrte ihn, von Blut und Wasser durchnäßt, heraus, schleifte ihn zur Tür, warf ihn hinaus und schleuderte seine Mütze hinterher. Dann stellte er sich ans Fenster, um zu beobachten, wie er es anstellen würde, sich aufzurappeln oder davonzukriechen. ›Er hielt sich recht gut‹, sagte Vater. ›Das muß man ihm lassen.‹«[2] Was Laing hier schildert, ist ein Konstrukt, das seiner Weltsicht entspricht. Er präsentiert einige wenige Aspekte seiner Erfahrung mit »der

Familie«, als hätten sie Allgemeingültigkeit. Selbstverständlich hätte er auch andere Familientransaktionen auswählen können.

Auch der Familientherapeut Andrew Ferber schildert seine Familie aus einem engen Blickwinkel: »Betty, meine Schwester, ist fünf Jahre jünger als ich. Sie war zwar ein hübsches und intelligentes Kind, aber der Sündenbock der Familie. Sie wurde vernachlässigt und zurückgestoßen. Erst habe ich sie gequält, später war ich ihr Held und Beschützer. Mein Vater pflegte sich mit meiner Mutter gegen mich zu verbünden, die als langweilig und dumm galt. Meine Mutter ging dafür ein Bündnis mit mir gegen meinen Vater ein, von dem es hieß, er sei selbstsüchtig und desinteressiert. Ich diente als Brücke zwischen Mutter und Vater auf der einen und meiner Schwester auf der anderen Seite. Ich wuchs als der Star und das Glanzstück der Familie auf und gefiel mir in dieser Rolle nur zu gut. Ich war ein liebenswertes Untier. Wir waren alle außerordentlich stark mit uns selbst beschäftigt, losgelöst vom anderen und von den beiden Herkunftsfamilien.«[3]

Diese beiden Konstrukte, die auf ausgewählten Erinnerungen beruhen, repräsentieren die Art und Weise, in der zwei Psychiater in die Sitten und Bräuche ihrer Kultur eingeführt wurden, einer Kultur, die dazu neigt, den Fokus vornehmlich auf Schwächen und Abweichungen zu legen, und sich nach dem Ritter auf dem weißen Pferd sehnt, der die Menschheit von ihren Drachen befreien soll. Die unendliche Vielfalt des menschlichen Lebens und aller seiner Erscheinungsformen in Raum und Zeit wird hier in homerischer Vereinfachung auf den epischen Kampf des »Menschen als Held« reduziert.

POSITIVE ASPEKTE DER FAMILIE

Inzwischen modifizieren Familientherapeuten ihre Perspektive und suchen die positiven Aspekte der Familie, weil nur die relativ wenig beachteten Eigenschaften wie nährende, fürsorgende und stützende Transaktionen der Familie das Überleben in einer komplexen Welt ermöglichen. Das sind so selbstverständliche Dinge, daß wir sie in der Regel unbesehen hinnehmen.

Man muß sich einmal am Sonntagvormittag unter die Menschenmenge mischen, die vor der Kinokasse steht, um den Film »Das Imperium schlägt zurück« anzusehen, und ihre kleinen Transaktionen beobachten. Hier stehen Familien aller Größen, Formen und Hautfarben. Ein achtjähriges farbiges Mädchen mit einer komplizierten Frisur und einem reizenden Lächeln redet auf seine dreijährige Schwester ein, die das Alphabet vor sich hinträllert, während Vater und Großmutter beifällig nicken. Eine strohblonde Mutter steht auch in der Schlange, sie hat ihre drei Jungen zwischen sechs und neun Jahren und ihre siebenjährige Nichte dabei, die bei ihr lebt und »wie mein eigenes« von ihr gehalten wird; sie kämmt die Kinder, während sie hier alle warten, und am Schluß hat jedes von ihnen eine andere Frisur. Oder der jüdische Großvater und sein achtjähriger Enkel, die einfach dastehen und sich auf die Vorstellung freuen. Wenn der Film dann zu Ende ist, muß man hören, wie die Eltern ihren Kindern den Schluß zu erklären versuchen. Wie ist es möglich, daß der Held, der junge Luke Skywalker, einen so bösen Vater hat und dabei selbst ein so guter Kerl ist? Das Familienleben ist kein Stoff für Heldengedichte. Aber an all den kleinen Transaktionen, die sich den Verallgemeinerungen eines Laing oder einer Susan Sontag entziehen, wird deutlich, was die Familie bewirken kann.

Denken wir etwa an die Familie Gage in Worcester, wie sie von Jane Howard beschrieben wird: »Nick Gage – seine Schwestern und Verwandten rufen ihn gewöhnlich bei seinem vollen Namen – ist als neunjähriges Kind aus Griechenland eingewandert. Er steckte damals voller Pläne und Vorsätze. Als guter Mathematiker dachte er, eines Tages vielleicht Ingenieur werden zu können. Als er dann den ersten Preis in einem Aufsatzwettbewerb gewonnen hatte, überlegte er es sich anders und beschloß, Schriftsteller zu werden. Mit der Zeit verdiente er Geld und unterstützte seine aus Griechenland einwandernden Verwandten. Immer mehr von ihnen kamen über den Atlantik und brauchten jemanden, der ihnen bei der Steuererklärung, beim Erwerb der amerikanischen Staatsbürgerschaft oder des Führerscheins und bei der Überwindung anderer amerikanischer Hindernisse behilflich war. Irgend jemand mußte ihnen die neue Umgebung erklären. Dieser Jemand war Nick.

»Und so ist es noch heute. ›Niemand würde auf den Gedanken kommen‹, sich ein Stück Land zu kaufen, ohne zuvor Nick um Rat gefragt zu haben‹, sagt einer seiner Vettern. Nick besorgt die Einwanderungspapiere, Nick gibt Rat in allen Dingen und arbeitet zugleich so verbissen an seinen eigenen Plänen, daß Papou schon Angst hat, er werde sich noch einmal das Gehirn ausquetschen . . .

Seine Schwester Lilia, die ihrem Mann in der Pizzeria hilft, sieht Nick nicht besonders ähnlich. Allerdings hat sie die gleichen Augen und das gleiche hellbraune Haar wie er . . . Sie steht in ihrem Clan ebenso im Mittelpunkt wie ihr Bruder und ihr Vater. Sie ist, was keine solche Gemeinschaft entbehren kann: eine Schalttafel. Sie weiß zu jeder Zeit, wo ihre achtzig engsten Verwandten sind und was sie im Augenblick bewegt. Sie weiß, wem eine Operation bevorsteht, wer sich demnächst verloben wird, wer heiraten oder sich scheiden lassen will, wem ›Ärger mit der Schule‹ bevorsteht und wer einen Flug von oder nach Athen gebucht hat. Irgend jemand von allen diesen Leuten packt immer gerade einen Koffer voller Geschenke ein oder aus – Bettlaken, Kissenbezüge, Handtücher und Schals für die andere Seite des Atlantik; Krüge mit Weihwasser und Amulette, die die Kinder sich an ihre Kleider stecken, um dem bösen Blick zu entgehen, für diese Seite.«[4]

Ähnlich und zugleich anders wird die Familie in John Elderkin Bells Beschreibung eines kleinen Krankenhauses in Kamerun gesehen: »In diesem Viererzimmer . . . sind die Betten zwar schmal, aber sie bieten doch soviel Platz, daß der alte Mann und seine Frau, die ihn besucht, hier fast den ganzen Tag lang nebeneinander sitzen können. Manchmal geht die Frau hinaus, um in einer der Küchen auf der anderen Seite des Krankenhauses etwas zu essen zu bereiten. Heute hat ihr der alte Mann, dessen Bett an der anderen Wand steht, etwas von seinem Eintopf abgegeben. Er hat ihr durch Zeichen zu verstehen gegeben, daß es ihm zu viel war – er hat kein Wort gesprochen –, und sie hat sich einen Napf geholt und sich etwas von dem Eintopf für sich und ihren Mann geschöpft. Sie saßen beisammen und aßen schweigend mit zwei Löffeln aus der gleichen Schüssel. Vielleicht sprachen sie absichtlich nicht, weil der Eintopf ursprünglich von der Frau stammte, die im Augenblick neben dem Nachbarbett am Fußboden saß und ihre eigene Portion davon löffelte. Sie war die Mutter des Schülers, der in diesem Bett lag.

Diese Mutter hatte sich ein eigenes kleines Eckchen unter dem Bett ihres Sohnes eingerichtet. Hier lag eine Matte, auf der sie schlief, und unter dem Kopfende des Bettes bewahrte sie einen Teekessel, eine Laterne, einen Kocher, eine Teekanne und eine kleine Pfanne auf. Ihr Pullover hing über der Stange am Fußende des Bettes. Soeben hatte sie auch ihrem Sohn eine Portion von dem Eintopf in seine Schüssel geschöpft. Der Junge stützte sich auf ein gesticktes Kissen, das sie ihm von zu Hause mitgebracht hatte. Sein Kopf ruhte auf einem noch reicher verzierten Kissen, das ebenfalls von zu Hause stammte. Über ihm an der Wand war ein kleines Regal befestigt, das dem Krankenhaus gehörte und auf dem sie ihr Eßgeschirr aufbewahrten.

Nicht weit von diesem Raum entfernt befindet sich ein Vierbettzimmer für Kinder. Alle Kinder haben ihre Mutter bei sich. Manche Kinder sind sehr krank. Die meisten Mütter schlafen im gleichen Bett mit den Kindern, um sie zu

schützen, warmzuhalten, über sie zu wachen, kurz um es so zu machen, wie sie
es von zu Hause gewöhnt sind, wo die Mütter ja auch mit ihren kleinen Kindern
in einem Bett schlafen.

Im Zimmer daneben liegt ein Regierungsbeamter. Auf dem Bett neben ihm sitzt
seine schwangere Frau. Sie ist seit seiner Einlieferung vor einer Woche die ganze
Zeit bei ihm geblieben. Sie haben auch eine Wiege für den kleinen Sohn ins
Zimmer gestellt, und dann ist noch die Schwester des Vaters dazugekommen, um
sich auch ein wenig um das Kind zu kümmern . . . Dieser Mann hatte sich
vermutlich um einen Posten bei der Verwaltung bemüht, nachdem er seine
Ausbildung abgeschlossen hatte, und dies nicht so sehr wegen des Gehaltes, das
niedrig ist, sondern weil er damit vielleicht einen gewissen Einfluß auf die
Stellenvergabe hat oder möglicherweise etwas für seine Verwandten tun kann
oder irgendeine Tätigkeit erhält, zu deren Vollzug auch das Eintreiben von
Gebühren gehört. Die Tradition, sich zunächst einmal selbst Vorteile zu ver-
schaffen, ist so stark ausgeprägt, daß die Versorgung auch der erweiterten
Familie dadurch, daß man eine gute Stellung innehat, schon als moralisches
Verhalten, ja als die Erfüllung einer moralischen Pflicht angesehen wird. Die
Verwaltung begegnet solchen Praktiken so lasch, daß die Konkurrenz um einen
Beamtenposten und die damit verbundenen Vorteile sehr heftig ist.«[5]

Die kleinen Transaktionen, die auf dieser Station vor sich gehen – das Zubereiten
der Mahlzeiten, das stumme Nebeneinandersitzen, das Aufgeben der täglichen
Routine zugunsten der Pflege eines hilfsbedürftigen Verwandten – all dies sind
Elemente des Familienlebens, wie wir sie überall antreffen können. So gesehen
sind sie sich alle sehr ähnlich – Nick Gages Familie in Worcester, die Familie
Minuchin in Argentinien, Israel und den Vereinigten Staaten, Bells Familien in
Kamerun und schließlich die Familie von Betty MacDonald, die nach einer
mißglückten Ehe im schlimmsten Augenblick der Großen Depression nach
Hause zurückkehrte: »Es ist ein wunderbares Gefühl, daß man zu jeder Tages-
und Nachtzeit, und woher es auch sei, einfach kommen und die Tür öffnen und
daheim sein kann. Die anderen rücken zusammen, bis man sein Plätzchen
gefunden hat, und von dem Augenblick an wird einfach alles miteinander geteilt.
Wenn man sein Geld, seine Kleider und seine Nahrung mit Mutter, Bruder und
drei Schwestern teilt, so ist die einzelne Portion nicht gerade üppig, aber nach
dem gleichen Maß wird Unglück, Einsamkeit und Angst um die Zukunft von
Mutter, Bruder und drei Schwestern mit geteilt, und da bleibt nicht mehr
schrecklich viel für einen allein.«[6]

In jeder Familie gibt es positive Elemente. Sie werden von der Ursprungsfamilie auf die neue Familie und von dieser wiederum auf die nächste Generation übertragen. Es gibt nicht nur Fehler, Unglück und Schmerz – es gibt auch Freuden: die Familienmitglieder beschenken einander; sie sorgen auf diese Weise für Wachstum und Entfaltung, sie stützen einander und stärken Selbstachtung und Selbstwertgefühl. Jede Familie ist in gewisser Hinsicht wie Laings und Ferbers Familie, aber zugleich ist sie auch wie Nick Gages Familie. Um Aesop mit einer seiner Fabeln zu paraphrasieren: Die Familie ist das Beste und das Übelste, was der Mensch besitzt.

Die Orientierung von Familientherapeuten in Richtung »Konstruktion einer Realität«, die nur die Defizite hervorhebt, wird deshalb herausgefordert. In der Familientherapie setzt sich die Ansicht immer stärker durch, daß man den positiven Kräften der Familie nachgehen muß, wenn man die Dysfunktionen angreifen und beseitigen will. Virginia Satir, die das Schwergewicht auf Wachstum legt, ist bei ihrer Arbeit immer auf der Suche nach normalen Alternativen. Das gleiche läßt sich auch von Ivan Nagy sagen, der die positive Konnotation unterstreicht und dem Wertesystem der Familie besondere Aufmerksamkeit zuwendet. Carl Whitaker greift die Position der Familienmitglieder an und sorgt zunächst für eine gewisse Rollenkonfusion, weil er nämlich der Meinung ist, daß die Familienmitglieder gerade durch ein solches in therapeutischer Absicht herbeigeführtes Chaos imstande sein werden, ihre verborgenen Kräfte zu entdecken. Jay Haleys und Cloé Madanes' Ansicht, daß das Symptom dem Schutz der Familie dient, ist ebenso wie Mara Selvini-Palazzolis paradoxe Intervention vom Gedanken an die Stärken der Familie getragen.

Ärzte, die Krebspatienten und andere Schwerkranke behandeln, sehen in der Familie ein Reservoir der heilenden Kräfte. Harold Wise bittet Angehörige und Freunde zu sogenannten »therapeutischen Familientreffen«, die bis zu einer ganzen Woche dauern können. Ross und Speck, die mit Wise zusammenarbeiten, wenden ihre Netzwerktherapie auch in der Arbeit mit Familien an, bei denen eine Disposition zu Krebserkrankungen oder zu schweren Herzleiden besteht. Die Beschäftigung mit dem ständigen Unglück einer Familie, ihrer anhaltenden Trauer oder ewigen Zerstrittenheit kann, so sagen diese Therapeuten, die Bande zwischen den Menschen festigen, sich als wirklich heilsam für das ganze System erweisen und schließlich das Leben des Patienten verlängern.

In seiner Individualtherapie wandte Milton Erickson sich immer wieder der »Tatsache« zu, daß der einzelne Mensch ein Reservoir an erlebtem und erfahrenem Wissen besitzt, das er erlernt und dann vergessen hat, das ihm aber dennoch zur Verfügung steht. Er riet seinen Patienten, es einmal mit einer anderen Art und Gestaltung ihrer Erfahrungen zu versuchen, ohne die Ursache oder Dynamik ihrer Dysfunktion zu untersuchen. Diese Suche nach brauchbaren und zweckdienlichen Alternativen ist auch in der Familientherapie anwendbar, denn die Familie ist ein Organismus, der seine Erfahrungen erheblich vielfältiger organisieren kann als er dies üblicherweise tut. Man kann also zum Beispiel so vorgehen, daß man die Grundlagen der dysfunktionalen Transaktionen übergeht und sich lieber anderen, komplexeren Formen des Miteinander zuwendet, die ein gesünderes Funktionieren versprechen.

Familien kommen zum Familientherapeuten, wenn sie sich in einer bestimmten Situation festgefahren haben und nicht glauben, daß sie die nun notwendigen Veränderungen von sich aus und aus eigener Kraft herbeiführen können. Ihr Blickwinkel ist verengt; sie sehen nur noch, welcher Druck auf einem ihrer Mitglieder lastet, und ihre Suche nach anderen Möglichkeiten wird dadurch eingeschränkt, daß sie dieses Mitglied als deviant bezeichnen. Bevor sie schließlich in die Sprechstunde des Therapeuten kommen, haben alle Familienmitglieder nach den Ursachen der Krankheit gesucht. In Wahrheit hat sich ihrer aller Weltbild verengt und zugleich verfestigt – sie sind jetzt mehr oder weniger ausschließlich auf die krankhaften Momente fixiert. Wenn man diese Sicht herausfordert und sich ganz auf die heilenden Kräfte der Familie einstellt, dann kann dies die Realität, wie die Familie sie bis dahin wahrgenommen hat, völlig verändern. Eine solche Herausforderung kann sich gegen die Reaktion der Familie auf den identifizierten Patienten wenden, sie kann aber auch in der Aufforderung bestehen, es doch mit anderen Formen des Miteinander zu versuchen.

DIE REAKTION DER FAMILIE AUF DEN IDENTIFIZIERTEN PATIENTEN

Fälle mit behinderten Kindern sind besonders aufschlußreich, weil der chronische Krankheitszustand die Familie veranlaßt, sich in ihrer ganzen Organisation an den Schwächen dieses Kindes auszurichten, was ihre Kompetenz vermindert. Ein Beispiel hierfür ist die Familie Thomas. Eine halbe Stunde nach Beginn der Sitzung hilft der Therapeut der elfjährigen Pauline – der identifizierten Patientin, die an Asthma leidet – zu beschreiben, wie ihre Angehörigen in dem Versuch, sie zu beschützen, ihre Panik angesichts eines neuen Asthmaanfalles noch steigern. Der Therapeut möchte deutlich machen, wie gut Pauline die zwischenmenschlichen Transaktionen in dieser Familie beschreibt, wie geschickt sie den Gesichtsausdruck eines anderen deutet und wie gut sie ihre Mitmenschen versteht.

Minuchin: Weißt du was, Pauline – in dieser Familie beobachten sie dich alle. Jeder macht sich Sorgen deinetwegen. Machst du dir auch Sorgen um dich selbst? Hast du Angst?

Pauline: Irgendwie schon.

Minuchin: Wann setzt denn deine Angst ein, wenn du einen Asthmaanfall hast?

Pauline: Wenn der Anfall beginnt.

Minuchin: Ah, das gefällt mir. Du hast meine Frage beantwortet. Das heißt also, du hast in dem Augenblick Angst, in dem dir das Atmen schwer wird? Und was machst du dann?

Pauline: Dann trinke ich Saft.

Minuchin: Und dann?

Pauline: Dann setze ich mich unter die Klimaanlage.

Minuchin: Und dann? Was tust du anschließend?

Pauline: Manchmal lege ich mich hin.

Minuchin: Was geschieht, wenn du dich hinlegst? Kommen dann die Mama oder Onkel Jim oder die Oma und reden mit dir?

Pauline: Mein Onkel Jim.

Minuchin: Und ist Onkel Jim dann erschrocken?

Pauline: Ja.

Minuchin: Und woher weißt du, daß er erschrocken ist? Sieh ihn mal an. Ist er jetzt auch erschrocken?

Pauline: Das kann ich nicht sagen, wenn er die Brille aufhat. *(Der Onkel nimmt die Brille ab.)* Nein.

Minuchin: Aber du kennst sein Gesicht, wenn es besorgt ist. Wie sieht es dann aus?

Pauline: Irgendwie zornig.

Minuchin: Siehst du es an seinen Augen oder an seinem Mund oder an seiner Stirn?

Pauline: Er wird rot im Gesicht.

Minuchin: Und wenn die Mama kommt, ist sie auch besorgt?

Pauline: Ja.

Minuchin: Und woher weißt du, daß sie besorgt ist? Sieh ihr mal ins Gesicht. Ist sie jetzt besorgt?

Pauline: Nein.

Minuchin: Wie sieht sie aus, wenn sie in Sorge ist?

Pauline: Traurig.

Minuchin: Traurig? Und merkst du das an ihren Augen oder an ihrem Mund? Wo siehst du, daß sie traurig ist?

Pauline: An ihren Augen.

Minuchin: Aha. Sie hat also dann irgendwie traurige Augen. Kommt manchmal auch die Großmutter, wenn du einen Anfall hast? Und wie sieht sie dann aus?

Pauline: Zornig.

Minuchin: Und woran erkennst du das? An den Augen, oder woran sonst?

Pauline: An ihrem Gesicht.

Minuchin: Wie kannst du sehen, daß sie zornig ist?

Pauline: Sie macht großes Aufhebens.

Minuchin: Glaubst du, daß sie eher wütend ist, oder glaubst du, daß sie besorgt ist?

Pauline: Besorgt.

Minuchin: Sie ist besorgt. Und deshalb macht sie so viel Aufhebens. Wie macht sie das? Was tut sie?

Pauline: Na ja, so: »Ja, warum habt ihr mich denn nicht angerufen und mir gesagt, daß sie im Krankenhaus liegt?«

Minuchin: Zu wem sagt sie das? Zu deiner Mutter?

Pauline: Ja.

Minuchin: Und Tante Sarah? Woran erkennst du, ob sie besorgt ist oder nicht?

Pauline: Sie hat mich immerzu gefragt, ob es mir wieder gut geht. Und ich habe Ja gesagt. Aber es ging mir nicht gut.

Minuchin: Du meinst, sie beobachtet dich und macht sich Sorgen. Das heißt also, alle beobachten dich sehr genau, hm? Magst du es, daß alle dich so genau beobachten?

Pauline: Ja.

Minuchin: Du magst es tatsächlich! Weil du dich dann ganz sicher fühlst, wenn alle so genau aufpassen.

Pauline: Ja.

Mit solchen winzig kleinen Schritten bringt der Therapeut die Patientin in

Kontakt mit jedem einzelnen Familienmitglied und läßt sie beschreiben, wie sie deren Stimmungen und Affekte im Zusammenhang mit ihrer Person erlebt. Das ist vermutlich eine einmalige Erfahrung für eine Familie, die bisher nur auf die Bedürfnisse und Ängste der identifizierten Patientin eingegangen ist. Daß der Therapeut hier gerade auf die Kompetenzen der Patientin abhebt, läßt sie ihre Beziehung zu ihrer Familie mit anderen Augen betrachten. Das führt dazu, daß ihre Bemerkungen gegen Ende dieses Gesprächs zum Teil detaillierter ausfallen. (»Sie hat mich immerzu gefragt, ob es mir wieder gut geht. Und ich habe Ja gesagt. Aber es ging mir nicht gut.«) Sie sind erheblich länger und sagen mehr aus als das, was das Mädchen normalerweise beisteuert. Die übrigen Teilnehmer werden passiv gehalten; sie sollen zuhören, während das Mädchen zur zentralen Figur gemacht wird und über jeden einzelnen etwas zu erzählen weiß. Das ist ein Wandel gegenüber den üblichen Transaktionen dieser Familie. Hier werden Stärken und Kompetenzen betont, nicht aber krankhafte Momente und das Bedürfnis nach Schutz.

Minuchin: Was empfindest du, bevor so ein Anfall einsetzt? Manche Kinder, die Asthma haben, fühlen dann eine Art Enge in der Brust. Manche haben leichte Kopfschmerzen. In manchen Fällen sind sie kurzatmig und fühlen sich irgendwie unwohl. Aber du bist ja nicht daran gewöhnt, auf deinen Körper zu hören. Du wartest darauf, daß die Mama oder die Großmutter oder dein Onkel sich Sorgen um dich machen. Ich möchte, daß du lernst, auf deinen Körper zu hören. Was ich da sage, ist eine sehr schwierige Sache, und ich weiß nicht, ob es richtig bei dir ankommt. Verstehst du, was ich meine?
Pauline: Nein.
Minuchin (legt seine Hände sehr fest auf Paulines Brust): Was fühlst du jetzt?
Pauline: Ich fühle einen Druck.
Minuchin: Gut. Du hast deinen Körper gefühlt. Atme jetzt mal nicht. *(Drückt Paulines Nasenlöcher fest zusammen.)* Was hast du jetzt gefühlt?
Pauline: Ich habe keine Luft gekriegt.
Minuchin: Du hast etwas in dir drinnen gefühlt. Du wolltest atmen, und es ging nicht. Stimmt's?
Pauline: Ja.
Minuchin (drückt wieder auf ihre Nasenlöcher): Du hast also deinen Körper gefühlt, nicht wahr? Manchmal, bevor ein Anfall kommt, fühlst du etwas in dieser Art. Was würdest du machen, wenn ich nicht aufhöre, dir die Nase

zuzuhalten? *(Pauline öffnet den Mund und atmet.)* Ganz klar. Du hast dir gesagt: Dieser verrückte Kerl drückt mir die Nase zu. Ich will aber atmen! – Stimmt das vielleicht nicht? Also hast du etwas verändert, du hast etwas unternommen.

Das Mädchen beginnt tief ein- und auszuatmen. Therapeut und Patientin setzen diese Übung fünf Minuten lang fort, und Pauline soll dabei genau auf die Reaktionen ihres Körpers achten.

Minuchin: Machst du deine Übungen mit der Mama oder allein?
Pauline: Manchmal mit meiner Mama, manchmal allein.
Minuchin: Warum machst du sie mit der Mama?
Pauline: Sie kann mir sagen, ob es so richtig ist oder nicht.
Minuchin: Kannst du das nicht selbst? *(Zur Familie)* Es ist immer dasselbe. Sie verläßt sich darauf, daß andere Menschen ihr helfen. *(Zu Pauline)* Du bist ein liebes Mädchen, und was du sagst und denkst, das ist sehr nett und lieb, und es gefällt mir, wie du mir erzählst, daß jeder in der Familie dir hilft und daß alle so besorgt um dich sind. Aber du mußt deiner Familie helfen, nicht für dich zu sprechen und nicht für dich zu erschrecken. Wiederhol mir das einmal, damit ich sicher bin, daß du es verstehst. Was habe ich gesagt?
Pauline: Ich soll das alles selbst machen. Mehr reden.
Minuchin: Und jetzt sollst du das auch deiner Mama sagen.
Pauline: Mama, ich weiß schon, wie ich allein denken kann.
Mutter: Gut, dann zeig es mir. Wir können es ja von heute an mal ausprobieren.
Minuchin: Sprich auch mit deiner Großmutter, damit sie es weiß.
Pauline (zur Großmutter): Ich kann für mich allein denken.
Großmutter: Gut. *(Pauline stellt sich der Reihe nach dicht vor ihre Angehörigen und wiederholt mehr oder weniger die gleiche Mitteilung:* »Ich brauche deine Hilfe nicht, um für mich zu sprechen.«)

Am Ende der Sitzung läßt der Therapeut das Mädchen einige Übungen durchführen, um so sein Wahrnehmungsvermögen der eigenen Körperempfindungen zu steigern. Damit wird deutlich, daß die Patientin allein tätig werden, selbst auf die Mitteilungen ihres Körpers hören und sich zunehmend mit der eigenen Person beschäftigen kann, anstatt nur immer auf die Angehörigen zu hören, die sie beobachten. Schließlich verstärkt der Therapeut seine Botschaft noch dadurch, daß er die Patientin eine Art Ritual vollziehen, nämlich jedem der

Familienmitglieder einzeln mitteilen läßt, daß sie zum selbständigen Verhalten fähig, berechtigt und verpflichtet ist. – Ein Vierteljahr nach dieser Sitzung stellt sich bei einer Kontrolluntersuchung heraus, daß Pauline in der ganzen Zeit nicht einen einzigen Asthmaanfall gehabt hat.

Bill Simon ist dreizehn Jahre alt und blind. Er ist wegen seines destruktiven Verhaltens an die Beratungsstelle überwiesen worden; er zerschlägt Radios und andere Einrichtungsgegenstände. Seine Eltern werden nicht mit ihm fertig und fürchten, daß er seinem drei Monate alten Brüderchen etwas antun könnte. Minuchin, der als Konsulent teilnimmt, fällt vor allem auf, daß sowohl der Therapeut (H. Goa) als auch der Vater des Jungen ihre Aussagen mit einer Fülle nonverbaler Einschränkungen versehen und häufig Worte verwenden, mit denen »Sehen« impliziert wird, daß ihnen also allem Anschein nach gar nicht der Gedanke kommt, daß Bill die Welt ja notwendig anders erfaßt als sie dies tun. Minuchin hat sich dicht neben Bill gesetzt, so daß der Junge seine Nähe spürt und ihn berühren kann. Die Mutter ist bei dieser Sitzung nicht anwesend; sie hat wegen des kleinen Kindes zu Hause bleiben müssen.

Minuchin: Du bist ein Experte auf einem Gebiet, auf dem ich keiner bin, Bill. Du bist ein Experte darin, Dinge zu verstehen, ohne sie zu sehen. Nicht wahr, ich kann ja sehen, und deshalb muß ich viele Dinge gar nicht unbedingt wissen oder kennen. Wie erkennst du die Dinge?

Bill: Ich kann sie ja berühren. Man muß sie nicht sehen, um sie zu verstehen.

Minuchin: Ich weiß nicht. Man kann sie berühren; und was passiert, wenn man sie berührt? Zum Beispiel – Was ist das hier? *(Reicht Bill ein Buch.)*

Bill: Ich weiß, was das ist. Ein Buch.

Minuchin: Kannst du mir mehr darüber sagen? Ich möchte gerne wissen, wie ein Mensch, der nicht sieht, die Dinge versteht.

Bill: Also, ich weiß natürlich nicht, wie das Buch heißt, weil ich nicht lesen kann und weil es ja gedruckt ist.

Minuchin: Was noch? Sag mir, was du sonst noch über dieses Buch weißt. Ist es ein großes Buch?

Bill: Es ist ein kleines Buch. Ziemlich klein.

Minuchin: Ja. Und ist es gebunden?

Bill: Nein. Es hat einen weichen Deckel.

Minuchin: Was kannst du mir sonst noch über das Buch sagen?

Bill: Es hat viele Seiten. Ich weiß aber nicht, wieviele.

Minuchin: Gut. Also so verstehst und erfaßt du einen Gegenstand. Du berührst ihn. Kannst du ihn auch riechen?

Bill: Nein.

Minuchin: Kannst du ihn ein Geräusch machen lassen? Ich möchte gern wissen, ob du ein Buch hören kannst oder nicht. *(Raschelt mit den Seiten des Buches.)*

Bill: Ja, ich kann es hören.

Minuchin: Du kannst das Buch hören. Gut. Und wie kannst du denn deinen Bruder kennen und verstehen, wenn du ihn nicht siehst?

Bill: Ich kann ihn schreien hören. Aber ich weiß natürlich nicht im voraus, wie seine Stimme sich anhören wird oder so.

Minuchin: Schreit er zu verschiedenen Zeiten verschieden? Hat er ein sanfteres und ein schrilleres Schreien?

Bill: Erst wird er ärgerlich, und dann schreit er immer mal so auf, bis wir wissen, daß irgendwas mit ihm los sein muß, daß er hungrig oder naß ist oder so.

Minuchin: Klar.

Der Konsulent gibt zu verstehen, daß er die Welt des identifizierten Patienten nicht kennt, daß er aber gerne etwas darüber erfahren möchte. Damit führt er dem Vater wie dem Sohn das Modell einer Beziehung zwischen einem Erwachsenen und einem behinderten Kind vor, das das Programm dieser Familie herausfordert, weil es annimmt, daß auch ein blindes Kind Kompetenzen hat.

Minuchin: Ich möchte, daß du hörst, was ich Dr. Goa zu sagen habe. Als ich dir zuhörte, Bill, da ist mir der Gedanke gekommen, daß ich ja eigentlich gar nicht weiß, wie du die Dinge verstehen kannst. Für mich ist es so, daß ich viele Dinge durch Beobachten verstehe. Und du hast vermutlich andere Methoden. Ich wüßte gerne, ob du deinem Vater helfen, ob du nämlich mit ihm zusammen darüber nachdenken kannst, wie dein Vater dir helfen kann, deinen Bruder zu verstehen. Wie groß sind die Hände von einem so kleinen Kind?

Bill: Sie sind klein. Sie sind wirklich nicht groß.

Minuchin: Woher weißt du das?

Bill: Weil ich sie angefaßt habe.

Minuchin: Hast du ihn überall angefaßt? Weißt du, wie sein Körper aussieht?

Bill: Ich weiß nicht, wie er innen ist, aber außen habe ich ihn befühlt.

Minuchin (zum Vater): Ich glaube, Bill kann Sie und Dr. Goa und mich eine Menge Dinge lehren, die wir nicht begreifen. Wie ist das eigentlich, Bill, bist du vielleicht ein Geizkragen, weil du deinem Vater nicht beibringst, wie du die Welt begreifst, was er ja schließlich nicht wissen kann?

Wieder wendet sich der Konsulent gegen die Vorstellung von der Inkompetenz dieses Kindes: Er stellt die Transaktion zwischen Vater und Sohn in einer Weise dar, durch die erkennbar wird, daß der Sohn etwas zurückhält, nicht aber daß er unfähig ist.

Minuchin: Bin ich jetzt nahe bei dir, oder bin ich weiter weg?
Bill: Sie sind nahe; ich kann Sie ja hören.
Minuchin: Du kannst mich hören. Und wie erkennst du mich?
Bill: An der Stimme. Eigentlich am Akzent.
Minuchin: Aha. Was für einen Akzent habe ich denn?
Bill: Ich weiß nicht. Vielleicht philippinisch? Es klingt irgendwie so.
Minuchin: Ist er dem Akzent von Dr. Goa ähnlich?
Bill: Nein.
Minuchin: Nicht. Was für einen Akzent hat Dr. Goa?
Bill: Ich glaube, einen spanischen. Ich weiß es aber nicht.
Minuchin: Spanisch ist völlig richtig. Mein Akzent ist auch spanisch.
Bill: Dann habe ich aber nicht recht.
Minuchin: Du hast ebenfalls recht. Auf den Philippinen sprechen viele Leute Spanisch. Bin ich jung, oder bin ich alt?
Bill: Das kann ich nicht sagen.
Minuchin: Woran könntest du es denn erkennen?
Bill: Vielleicht an der Stimme? Wenn man alt ist, dann hat man eine wirklich alte Stimme, und wenn man jung ist, dann hat man auch eine junge Stimme.
Minuchin: Und wie alt ist meine Stimme?
Bill: Vielleicht vierzig?
Minuchin: Das ist schon sehr gut. Wie alt ist die Stimme deines Vaters?
Bill: Um dreiunddreißig . . .
Minuchin: Wie alt sind Sie?
Vater: Vierunddreißig.
Minuchin: Dann ist meine Stimme also älter als die deines Vaters. Siehst du, du weißt eine Menge Dinge.
Bill: Aber von der Babystimme weiß ich nichts, da muß er erst etwas älter werden.
Vater: Es ist interessant, wie er so denkt.

Minuchin: Jetzt glaube ich aber doch, daß du geizig bist, Bill. Du kannst Dinge hören und berühren, wie dein Vater das eben nicht kann, weil er ja sieht. Du hast ihm eben gezeigt, wie du mich verstehst und erkennst – du hast ein besseres Gehör als er.

Der Konsulent und der Therapeut kommen überein, daß Bill seinen Vater lehren soll, mit geschlossenen Augen im Zimmer umherzugehen. Bill hat nämlich ein Raumgefühl, das der Vater nicht besitzt.

Goa: Dein Vater macht jetzt die Augen zu . . .
Bill: Ich bin schon blind. Macht mich ja nicht zur blinden Kuh!
Goa: Keine Sorge! Dein Vater macht die Augen zu, und du führst ihn im Zimmer herum und entdeckst, was es in diesem Zimmer alles gibt. Klar? So, jetzt macht er die Augen zu. Er sieht jetzt nichts mehr. Gut? Denk dran, dein Vater sieht nichts! Du mußt auf ihn aufpassen.
Bill (nimmt seinen Vater bei der Hand und führt ihn im Zimmer herum): Da steht ein Stuhl.
Goa: Zeig ihn ihm. Denk an deinen Vater!
Bill: Das hier ist die Tür. Da drüben ist noch ein Stuhl. Und das ist die Tür.
Goa: Geh nicht aus dem Zimmer! Zeig ihm nur das, was hier drin ist.
Bill: Und hier stehen auch ein paar Stühle. Ich möchte wetten, daß da ein Schrank steht.

Am Ende der Sitzung verbindet Vater und Sohn eine neue Realität: Zu ihrer Beziehung gehört jetzt auch, daß die Kompetenzen des Sohnes anerkannt werden und daß der Vater den Gedanken hinzunehmen vermag, daß er auch von seinem behinderten Sohn etwas lernen kann. Wenn Bill mehr als bisher in die Aktivitäten der Familie einbezogen und ein größeres Verantwortungsgefühl von ihm erwartet wird, kann dieser Wandel zu einer Neuorganisation der Positionen aller Familienmitglieder führen.
Sam Scott hält sich in seiner Arbeit mit tauben Kindern an eine ähnliche Strategie. Diese Kinder erlernen in einer Gehörlosenschule die Zeichensprache. Nach Hause zurückgekehrt, stellen sie fest, daß ihre Angehörigen sprechen und hören, nicht aber die Zeichensprache beherrschen. Das schulische Programm sieht zwar vor, daß die Kinder untereinander und mit ihren Lehrern in Kontakt bleiben, aber ihre Kommunikationsfähigkeit in der Familie wird dadurch nur noch weiter beeinträchtigt. Scott macht diese Kinder deshalb zu Lehrern ihrer

Geschwister und Eltern; er richtet Kurse ein, in denen auch die übrige Familie lernt, sich durch Zeichensprache zu verständigen, um mit dem Kind kommunizieren zu können. Diese völlige Umkehrung der Position des behinderten Kindes in seiner Familie wirkt sich sehr nachhaltig auf das Familienleben aus. Die gleiche Orientierung, die Suche nach positiven Elementen in der Familie, liegt auch allen anderen Techniken zugrunde.

ALTERNATIVE TRANSAKTIONEN

Familien, die sich mit ungelösten Konflikten herumschlagen, können in der Regel gar nicht mehr anders als ihre Transaktionen in immer der gleichen stereotypen Weise abzuwickeln. Die Folge ist, daß die Mitglieder solcher Familien einander aus einem immer engeren Blickwinkel sehen und sich nur noch auf die Mängel in der Familie konzentrieren. Wenn sie zur Behandlung kommen, präsentieren sie eher die dysfunktionalen Aspekte; dies sind die Bereiche, die ihnen als relevant für die Behandlung erscheinen. Zudem neigen sie dazu, ihre kompetenten Funktionsweisen den außerfamilialen Holons vorzubehalten. Ihr eigenes Ich wird im dysfunktionalen familialen Organismus immer enger und immer weniger komplex. Der Familientherapeut sollte der Familie allerdings gar nicht erst abnehmen, daß sich ihr Zusammenleben in den dysfunktionalen Klischees erschöpft, die ihm hier präsentiert werden. Dabei handelt es sich ja lediglich um diejenigen Teile des gesamten Potentials der Familie, die im gegenwärtigen Zeitpunkt dem Organismus Familie am leichtesten zugänglich sind.

Wenn der Familientherapeut ein begeisterter Psychopathologe ist, dann wird er auf die pathologischen Aspekte reagieren, die die Familie ihm unterbreitet, und ganz irrigerweise nur die weniger tauglichen Teile des gesamten Organismus beobachten. Wenn er den Fokus seiner Erkundungen dagegen erweitert, wird er feststellen, daß die Familie durchaus über Alternativen verfügt, die sich mobilisieren lassen. Das Ehepaar Horowitz beispielsweise zeigt zunächst nur seine gleichmäßige Rivalität und seinen Mangel an Gegenseitigkeit. Der Therapeut beobachtet ihre dysfunktionalen Transaktionen und sagt: »Also, ich habe jetzt gesehen, daß Sie beide Meister darin sind, sich gegenseitig schlecht zu machen. Können Sie sich vielleicht mal etwas anderes einfallen lassen?« Diese Botschaft des Therapeuten enthält durchaus eine Bestätigung der ablaufenden Transaktionen, daneben wird mit ihr aber auch angedeutet, daß hier ungenutzte Alternativen vorhanden sind – und mit dieser Andeutung wird das Ehepaar auch schon zum Erforschen dieser Alternativen veranlaßt. Die Bemerkung des Therapeuten beruht auf der Überzeugung, daß die Familie als Organismus das Potential zu komplexeren Verhaltensweisen besitzt als sie im Augenblick zeigt. Den dysfunktionalen Komponenten wird weiter nicht nachgegangen; statt dessen erfolgt die Aufforderung, es auf andere Weise zu versuchen.

Der Therapeut stellt unter Umständen während der Sitzung fest, daß das Verhalten der Familienmitglieder sich innerhalb der Grenzen des Normalen bewegt, daß die Familie selbst es aber als dysfunktional bezeichnet. Aufgrund seiner Beobachtungen kann der Therapeut in diesem Fall die Beschreibung angreifen. Ein Beispiel für diese Konstellation haben wir im Fall der O'Rileys. Frau O'Riley kam zur Therapie, weil sie mit ihren beiden fünf- und dreijährigen Kindern nicht fertig wird. Nach halbstündiger Beobachtung hat der Therapeut noch immer kein Anzeichen gefunden, das die von der Mutter selbst beklagte Unfähigkeit, mit ihren Kindern umzugehen, beweisen könnte. Deshalb stellt er ihre Beschreibung der Dinge nun in Frage: Er erteilt der Mutter eine ganze Reihe von Aufgaben, mit denen er sich über ihre Fähigkeit zur Lenkung und Führung der Kinder informieren will. Zugleich hat er ein Auge auf die Kompetenzen der Kinder und stützt sie da, wo sie Kompetenz zeigen. Von Aufgabe zu Aufgabe erweist es sich, daß zwischen der Mutter und den Kindern eine ganz harmonische Beziehung besteht.

Da es Frau O'Riley nicht gelingt, den Therapeuten von den dysfunktionalen Aspekten ihres Familienlebens zu überzeugen, wächst ihre Enttäuschung. Schließlich geht sie dazu über, ihrer gegenwärtigen Beziehung zu ihrem übermäßig kritischen geschiedenen Ehemann und zu ihrer ebenfalls kritischen und dabei allzusehr mit ihr und den Kindern beschäftigten Mutter nachzugehen. In diesen Beziehungen kommen nur ihre ungünstigen und dem Familienleben abträglichen Eigenschaften zum Ausdruck; der Therapeut hat dagegen ihre positiven Seiten und ihre Kompetenzen hervorgehoben. Mit dieser Intervention verändert sich der Fokus dieser Familie. Im Mittelpunkt steht jetzt nicht mehr die dysfunktionale Beziehung zwischen der Mutter und ihren Kindern. Es wird sichtbar, was sich in dieser Beziehung an Kompetenz verbirgt, und jetzt kann sich die Therapie auf das Mutter-Ehemann-Holon bzw. auf das Mutter-Großmutter-Holon richten und diese Holons näher erforschen.

Nichts stört und verwirrt die Familienmitglieder mehr als ein Therapeut, der ihre

Pathologie in Frage stellt. Sie fangen dann an, Erklärungen über sich selbst abzugeben, sie wollen den Therapeuten von der Beschränktheit ihrer Transaktionen überzeugen – nur um im Verlauf der Therapie dann festzustellen, daß ihre Handlungen weit komplexer sind und es nur noch der Bestätigung und Anerkennung kompetenter und harmonischer Verhaltensweisen bedarf, um das Bild, das die Familie präsentiert, sinnvoll abzurunden.

Mit Bemerkungen, aus denen sein ungläubiges Interesse deutlich wird, kann der Therapeut immer wieder zum Ausdruck bringen, daß er der Selbstdarstellung der Familie mit großen Zweifeln begegnet. So kann er etwa sagen: »Ist das nicht wirklich seltsam, daß Sie immer nur diese eine Seite Ihres Mannes sehen können?« Oder: »Es ist kaum zu glauben, aber Sie schaffen es, Ihrem Kind immer nur die negativen Züge zu entlocken, während es mir gegenüber immer nur zeigt, daß es intelligent ist und Humor hat.«

Die Behandlung der Familie Boyle ist ein Beispiel für das eben Gesagte. Sie besteht aus den Eltern, Marion und William, die beide Mitte dreißig sind, und ihren beiden Kindern, der achtjährigen Joanie und dem fünfjährigen Dick. Marion ist Hausfrau, William hat eine kleine Tischlerwerkstatt. Sie sind zur Behandlung gekommen, weil Joanie schon im zweiten Schuljahr nicht mehr mitkommt und davon offensichtlich völlig unbeeindruckt ist. Bisher fanden vier Sitzungen statt, in denen der Therapeut eine gut funktionierende amerikanische Mittelschichtfamilie kennengelernt hat. William ist aktiv am kommunalen Geschehen interessiert, Marion arbeitet in der Gemeinde mit. Sie gelten als ideales Ehepaar.

In dieser konventionellen Familie sind die Rollen und Aufgaben ganz deutlich nach Geschlechtern verteilt. Marion ist eine sehr gepflegte Frau, die eine Kombination aus vitalem und affektiertem Verhalten zeigt, das sie als hübsche, aber kindische Frau ausweist. Sie ist die gute Mutter und für die beiden Kinder verantwortlich; Erfolg oder Versagen der Kinder gehen auf ihr Konto und nicht auf das ihres Mannes. Die Kinder sind wie kleine Erwachsene gekleidet, die zum sonntäglichen Gang in die Kirche aufbrechen. Joanie ist blond wie ihre Mutter und gilt in der Familie bereits als Dummerchen; Dick dagegen gilt als kompetent. William steht bereitwillig Rede und Antwort, wenn man ihn anspricht, aber in der Regel schweigt er und überläßt das Feld in dieser ganz auf das Kind ausgerichteten Situation lieber seiner Frau.

In den Sitzungen wird der Familientanz ganz deutlich: das eheliche Holon folgt dem Muster von Anklage und Gegenanklage, woraufhin der Mann sich zurückzieht und seine Frau versucht, ihn zu besänftigen. Marion hält sich zwar für den glücklosen Verlierer bei diesen Transaktionen, aber ihre kritischen Bemerkungen haben doch soviel Gewicht, daß William es mit Entschuldigungen versucht, während er sich zurückzieht; dies ist dann das Signal für sie, ihn wieder friedlich zu stimmen. Die Kinder sind freundlich, spielen miteinander und benehmen sich sehr gut. Was ihre Belohnung und Bestrafung angeht, so überläßt William das seiner Frau; wenn er sich aber einmal deutlich äußert, dann respektieren die Kinder das.

In den vergangenen Sitzungen hat der Therapeut Marions sehr negative Sicht ihrer Beziehung zu Mann und Tochter angegriffen. Ihm gefällt Marions lebensbejahende Art, andererseits schließt er sich William an, der der Meinung ist, daß ihm doch mehr Möglichkeiten der Beteiligung am Familienleben eingeräumt werden müßten.

Für die dritte Sitzung hat der Therapeut sich zwei Ziele gesteckt. Zum einen will er der Überzeugung entgegentreten, nach der Joanie eben ein blondes Dummchen ist, zum anderen will er die dysfunktionale Symmetrie angreifen, die das Verhältnis der Ehepartner zueinander kennzeichnet. Die Sitzung beginnt damit, daß die Kinder voller Stolz die Geschenke vorzeigen, die sie dem Therapeuten mitgebracht haben. Dick hat sein neues Werkzeug benutzt, um die Namen *Sal* und *Dick* in einen Holzblock hineinzuhämmern; für einen Fünfjährigen ist dies in der Tat eine bemerkenswerte Arbeit. Joanie hat eine etwas klischeeartige Zeichnung angefertigt, auf der eine Frau mit einem freundlichen und einem traurigen Gesicht zu sehen ist. Am oberen Rand des Blattes sieht man einige Münzen. Von Anfang an sieht Minuchin sich herausgefordert. Er möchte dem Lob für Dicks Arbeit einen ähnlich starken Beifall für Joanies Leistung an die Seite stellen, obwohl die beiden Geschenke in der Tat qualitativ sehr unterschiedlich sind.

Minuchin (zu Dick und mit einer Handbewegung auf das Geschenk hin): Ist das für mich? Darf ich es mit nach Hause nehmen? Was steht denn da?
Dick: Sal!
Minuchin: Also – das ist ja großartig! Das gefällt mir sehr. Das hast du selbst ausgeschnitten? Du kannst wohl sehr gut mit Werkzeugen umgehen. Das ist sehr schön. *(Zu Joanie gewandt)* Also, ich finde, aus deiner Zeichnung spricht sehr viel Überlegung. *(Zu den Eltern)* Das Bild ist nicht nur sehr ansprechend, sondern Joanie hat auch mit Symbolen gearbeitet. Joanie, kannst du mir sagen,

was du hier gemacht hast? Ich finde das nämlich sehr interessant. Was ist mit diesem Gesicht hier?

Joanie: Das ist jemand, der wütend oder traurig ist.

Minuchin: Kannst du mir eine Geschichte dazu erzählen? Als ich klein war, habe ich mir immer Geschichten ausgedacht. Denk dir doch auch mal eine Geschichte aus und erzähl sie deinem Vater – über einen Menschen, der wütend oder traurig ist. *(Nach einer langen Pause zum Vater)* Vielleicht können Sie ihr helfen?

Joanie: Jemand hat Mamas Geld gestohlen, dann ist sie zur Polizei gegangen, und dann hat sie ihr Geld zurückbekommen, und nun ist sie wieder froh.

Joanies Geschichte ist kurz, undifferenziert und sehr dürftig – die Art von Geschichte, wie Kinder sie zu erzählen pflegen, wenn sie »diese ganze Sache rasch hinter sich bringen« wollen. Bei alldem deckt sie sich genau mit dem, was die Familie von Joanies Fähigkeiten hält. Der Therapeut steht nun vor der Frage, wie er Joanies dürftiger Selbstdarstellung begegnen kann.

Minuchin: Ist die Geschichte damit schon zu Ende? Also, dann erzähl doch noch eine andere Geschichte, vielleicht von einem Kind. Mach sie etwas länger.

Joanie (nach einer langen Pause): Einmal habe ich ein Hündchen verloren und bin herumgelaufen und habe geweint und einem Mann gesagt, er solle es auf ein Papier schreiben, daß ich das Hündchen verloren habe; und das hat er gemacht und mir den Zettel gegeben, und da bin ich zur Polizei gegangen, und sie haben mir geholfen, solche Zettel auf Fenster und an Pfosten zu kleben, und jemand hatte mein Hündchen gefunden, und er hat auch das Schild gelesen mit meiner Adresse und meiner Telefonnummer drauf, und da ist er zu meinem Haus gefahren und hat es mir wiedergegeben.

Minuchin: Das ist eine sehr hübsche Geschichte. Du hast viel Phantasie und hast hier viele Einzelheiten verwendet. Ich habe gar nicht gewußt, daß du so lange und schöne Geschichten erfinden kannst. Sehr hübsch!

Mutter: Eigentlich wollte ich ja nichts dazu sagen, aber das war aus einem Buch, das sie einmal gelesen hat. Sie hat eine Geschichte aus einem Buch nacherzählt, die sie dieses Jahr in der Schule gelesen haben.

Der Therapeut ist zunächst sehr erfreut, daß Joanie eine längere Geschichte erzählt, und nutzt sie, um den Eltern mit ihren geringen Erwartungen an dieses Kind entgegenzutreten. Deshalb ist er um so enttäuschter über die Mitteilung der Mutter, aber er beschließt, bei seiner Herausforderung zu bleiben. Bei seinem

Gespräch mit Joanie während des ersten Teils der Sitzung hat das Kind ihm leid getan. In dem enggehaltenen Konstrukt, das die Eltern sich vom »Schicksal« ihrer Tochter zurechtgelegt haben, ist kein Platz für Kompetenz, wie sie sich in ihrem Gespräch miteinander doch anscheinend gezeigt hat.

Minuchin (zur Mutter): Ich glaube, jetzt suchen Sie wieder nach dem Haar in der Suppe! Diese Zeichnung hier ist für ein achtjähriges Kind sehr gut. *(Zu Joanie)* Könntest du uns noch eine Geschichte erzählen? *Reicht Joanie eine Zeichnung, die sie in der vorangegangenen Sitzung gemacht hat.)* Erzähl eine Geschichte über diese Familie, eine, die noch nicht erzählt worden ist. *(Pause)* Können Sie ihr helfen, Marion?

Mutter: Nun, ich habe Bedenken, weil Sie einmal nicht damit einverstanden waren, daß ich ihr geholfen habe.

Minuchin: Helfen Sie ihr so, daß sie den größten Teil der Arbeit leistet. Das ist die richtige Art, ihr zu helfen.

Mutter: Wie wär's mit einer Geschichte über einen Ausflug? Erzähl uns etwas von diesem Ausflug und von Papa. Was hat er gemacht?

Joanie: Jetzt weiß ich eine! Wir sind in Denver angekommen, und Papa wollte sehen, ob er eine Arbeit bekommen könnte, und ging in ein Büro. Und dieser Mann hier hat mit ihm gesprochen und ihm die Stelle gegeben, und als er rauskam, sind wir zum Abendessen in ein Restaurant gegangen und haben gefeiert.

Minuchin: O, das ist schön. Mach die Geschichte noch etwas länger!

Joanie: Und dann sind wir nach Hause gegangen und haben die Geschenke für ihn ausgepackt, und dabei war eines, das er sich schon immer gewünscht hatte, eine Armbanduhr, und er hat sie getragen, bis sie ganz rostig war, und dann hat er sie abgeschmirgelt, und als Dick groß genug war, hat er sie Dick gegeben. Und am nächten Tag, nachdem Dick die Uhr bekommen hatte, sind wir spazieren gegangen und kamen zu einer Wiese voller Blumen, und Dick hat mir einen Blumenstrauß gepflückt.

Minuchin: Das ist eine wunderschöne Geschichte, sie gefällt mir sehr gut. Marion – das hat sie nicht schon irgendwo gelesen?

Mutter: Nein, das hat sie nirgends gelesen.

Minuchin: Finden Sie ein Haar in dieser Suppe?

Mutter: Nein, es ist eine sehr gute Suppe. Überhaupt kein Haar drin!

Daß der Therapeut von Joanie erkennbar mehr erwartet, fällt bei ihr auf fruchtbaren Boden. Joanie bringt sich jetzt anders zur Geltung. Im Holon Therapeut–Kind reagiert Joanie auf andere Regeln und erweitert ihr Repertoire. Die therapeutische Aufgabe lautet nun, neue und andere Transaktionen im größeren familialen Holon zu begünstigen. Später erzählt Dick dann auch eine Geschichte, und dann führen die Kinder ein Puppenspiel auf, das sie zu Hause schon eingeübt hatten. Die Eltern und der Therapeut sind das sachverständige Publikum. Der Therapeut beglückwünscht die Eltern dazu, daß es ihnen gelungen ist, so interessierte und phantasievolle Kinder großzuziehen. Später werden die Kinder hinausgeschickt, und nun konzentrieren sich die Bemühungen auf das Ehepaar.

Minuchin (zur Frau): Warum glauben Sie, daß er nicht so recht bei der Sache ist?
Frau: Ach, Will ist eben arbeitswütig. Die Arbeit läßt ihn überhaupt nicht los. Er denkt immerzu daran. Selbst abends im Bett notiert er noch, was er am anderen Tag alles machen will.
Minuchin: Marion, was sollte die Frau eines Arbeitssüchtigen tun, um ihn zu verändern?
Frau: Wahrscheinlich sollte ich viel aggressiver sein. Ich bin kein aggressiver Mensch, aber wahrscheinlich sollte ich dann die Verführerin spielen und ihn immer gleich festhalten, wenn die Gelegenheit günstig ist, und ihn von der Arbeit ablenken.
Minuchin: Fragen Sie ihn doch mal, ob das etwas nützen würde.
Frau: Würde das etwas nützen, Will?
Mann: Bestimmt würde es das, denn in vieler Hinsicht hält mich ja auch die Arbeit fest – in Form von Telefonanrufen und Aufträgen. Es ist eigentlich dasselbe.
Minuchin: Ich glaube, da gibt es noch etwas, was Will Ihnen nicht erzählt, weil er es nämlich selbst nicht weiß. Wenn er nach Hause kommt, fühlt er sich irgendwie jünger als wenn er bei der Arbeit ist. Bei der Arbeit ist er vor allem ein erwachsener Mensch, der seine Sache versteht. Könnten Sie mal herausfinden, ob das stimmt?
Frau: Ist das richtig? Empfindest du tatsächlich so?
Mann: Ich weiß, daß ich mit meinen Leuten in der Werkstatt und mit den Kunden völlig anders umgehe als mit meiner Familie zu Hause. Sie erwarten von mir ja auch ein anderes Auftreten als du.
Minuchin: Er sagt also, daß er, wenn er von zu Hause fort ist, genau weiß, was er

kann, und Verantwortung und Verpflichtung empfindet. Dabei fällt mir ein, daß Sie in der letzten Sitzung gesagt haben, daß es Ihnen lieb wäre, wenn er zu Hause engagiert und verantwortungsbewußt wäre. Wie kommt es, daß er diese Eigenschaften draußen hat und daß er, sobald er nach Hause kommt, so auf seine Verteidigung und Rechtfertigung bedacht ist, sich so abhängig und schuldbewußt zeigt und Ihnen so gar nichts mehr zu geben weiß?
Frau: Ich wüßte auch gerne, wie das kommt. Wie kommt so eine Veränderung zustande?
Minuchin: Draußen ist er genau die Art Mann . . .
Frau: . . . wie ich ihn zu Hause gerne hätte, ja!

Der Therapeut geht von der theoretischen Annahme aus, daß die Regeln dieses ehelichen Holons das Verhalten seiner Mitglieder in der Weise lenken, daß sie innerhalb dieses Holons weniger kompetent sind als in ihren außerfamilialen Unternehmungen. Dieses Konstrukt soll ihm dazu dienen, daß er das Verhalten des Mannes zu Hause als Fokus nehmen kann, um die Ehepartner so zu einer anderen Art der Legitimation ihres Verhaltens zu bewegen.

Frau: Mir fällt es schwer, ihm noch zu glauben, wenn er mal wieder sagt, daß er irgend etwas im Hause machen will. Er will mir neue Küchenschränke bauen, aber wir sind jetzt sieben Jahre verheiratet, und er hat Hunderte von Plänen gehabt, was er alles zu Hause machen wollte, und nichts ist daraus geworden.
Minuchin: Wenn er aber doch so tüchtig ist, und wenn Sie einen Küchenschrank brauchen, und wenn das etwas ist, was er sehr gut kann, was er aber in sieben Jahren nicht zustandegebracht hat, dann haben Sie etwas falsch gemacht!

Indem er andeutet, daß die Tätigkeit des Mannes zu Hause ein Maßstab für Reaktionen seiner Frau gegenüber ist, eröffnet der Therapeut, der jetzt mit der Komplementarität zwischen Ehepartnern arbeitet, der Frau die Möglichkeit, das Verhalten des Mannes zu verändern. Er wählt den Küchenschrank als konkrete Metapher für die eheliche Beziehung und fördert auf dem Wege einer Therapie der Aktion ein Voranschreiten in Richtung Experimentieren mit Alternativen.

Minuchin: Und dann müssen Sie ihn ändern, Marion. Dieser Mann, ein tüchtiger und kreativer Handwerker, hat eine Wohnung, für die er im Laufe von sieben Jahren keinen Küchenschrank gemacht hat, von dem er sagen kann: »Ich bin mit meinem Werk zufrieden!« Und er hat ihn deshalb nicht gemacht, weil er Ihnen nichts geben will. Und warum will er Ihnen nichts geben?

Frau (zum Mann): Hältst du mich für selbstsüchtig? Findest du, daß ich mehr an mich selbst denke als andere es tun?

Mann: Instinktiv möchte ich Ja sagen.

Frau: Wahrscheinlich hast du recht. Ich werde allmählich zu einer ganz egozentrischen Person.

Minuchin: Marion, mich interessiert der Umstand, daß dieser Mann hier Ihnen einfach keinen Küchenschrank machen will. Ist Ihnen das denn immer noch nicht klar?

Frau: Nein, denn er kann es ja immer so hinstellen, als hätte er keine Zeit.

Minuchin: Er hat eben nur Zeit für andere gehabt. Er richtet es immer so ein, daß er für Sie keine Zeit mehr hat.

Daß die Frau ihre »Selbstsucht« als Erklärung für die hier üblichen Transaktionen ins Spiel bringt, dient der Wahrung der Homöostase. Der Therapeut verhält sich absichtlich »unfair« und bedrängt sie weiterhin, ihrem Mann eine konkrete Veränderung in seinem häuslichen Verhalten abzuverlangen.

Mann: Das kann ich vielleicht erklären. An dem Tag, an dem wir die Schiebetüren im Wohnzimmer einbauten, sagte mir einer von meinen besten Leuten, daß er nicht wieder in diesem Hause arbeiten wolle. Er konnte einfach nicht arbeiten, weil du in der Nähe warst; und ich habe da auch Schwierigkeiten – ich kann einfach nicht im gleichen Raum mit dir arbeiten. Dabei kann ich nicht mal sagen, warum das so ist . . . Es gibt irgendeine Dynamik in unserer Interaktion, die Schuld daran ist, daß ich nichts zustandebringe und daß ich auch gar nichts zustandebringen will. Und der Grund ist wohl der, daß du mich nicht unterstützt und niemals mit dem einverstanden bist, was ich mache. Du akzeptierst es nicht.

Minuchin: Können Sie Ihre Frau ändern, so daß Sie dann Dinge machen können, die für Sie beide bestimmt sind? Dieser Küchenschrank ist ein Symbol Ihrer Ehe; Sie haben einfach noch nicht geheiratet. Möchten Sie mit Ihrer Frau verheiratet sein?

Will bietet »irgendeine Dynamik« als Erklärung für den homöostatischen Weg an, den das eheliche Holon einschlägt. Der Therapeut vermeidet eine Therapie der Einsicht in Defizite und fokussiert auf der Herstellung des Küchenschrankes als einer Metapher für die Veränderung der ehelichen Beziehung.

Minuchin: Sie werden sie zunächst ändern müssen, um mit ihr verheiratet sein zu können. Denn augenblicklich besteht Ihr Umgang mit Ihrer Frau doch darin, daß Sie ihr immer dann aus dem Weg gehen, wenn sie Sie braucht. Marion, möchten Sie mit ihm verheiratet sein? Möchten Sie tatsächlich mit ihm verheiratet sein?

Frau: Ja, ich möchte.

Minuchin: Dann werden Sie ihn wohl ändern müssen, so daß er zu Hause ebenso verantwortungsbewußt und engagiert ist wie anderswo auch. Sie werden diesen Mann ändern müssen, wenn Sie weiterhin mit ihm verheiratet sein wollen.

Frau: Das wird schwer werden!

Minuchin: Das muß nicht sein. Sie haben es selbst in der Hand. Ich werde Sie jetzt mal ganz feierlich miteinander verheiraten. Ich sage Ihnen: »Verändern Sie sich gegenseitig, damit Sie ein Paar werden können.« Und dann, Will, werden Sie diesen Küchenschrank anfertigen, aber nicht für Ihre Frau. Für Sie beide! Wie kommt es, daß Sie nicht das Gefühl haben, daß dies auch *Ihre* Küche ist?

Mann: Sie hat mir gesagt, es sei nicht meine Küche.

Frau: Der Grund, weshalb ich gesagt habe, es sei meine Küche, war der gleiche wie der, den du mir immer genannt hast – daß deine Werkstatt nun mal *deine* Werkstatt ist.

Minuchin (zu beiden): Sind Sie miteinander verheiratet?

Mann: Ja, ich glaube schon.

Frau: Wie ist dir denn so zumute, wenn du mich in meiner Küche besuchst – wenn du morgens hereinkommst und frühstückst?

Mann: Ich möchte zwar nicht sagen, daß es immer so ist, aber im allgemeinen fühle ich mich sehr oft nicht so besonders wohl dort.

Minuchin (zu beiden): Sie haben eine Aufgabe. Die Aufgabe besteht in der Anfertigung einer Küche, die für Sie beide bestimmt ist. Es ist ein Ort, den Sie sich gemeinsam schaffen. Und, Will, es ist nicht allein Ihre Sache; es ist Ihrer beider Sache.

Frau (zum Mann): O, aber du hast mir mehr als einmal in aller Deutlichkeit gesagt, daß das deine Sache ist.

Minuchin: Natürlich, weil Sie noch nicht verheiratet sind. Aber wenn Sie verheiratet sind, dann ist es auch Ihre Sache. Will, möchten Sie diese Frau zur Ehefrau nehmen?

Mann: Ja.

Minuchin: Möchten Sie eine Küche für sie und für sich bauen?

Mann: Gewiß.

Minuchin: Marion, möchten Sie diesen Mann zum Ehemann nehmen?

Frau: Ja.

Minuchin: Wollen Sie ihm bei seiner Arbeit helfen?

Frau: Ja.

Mann: Bei diesem Gespräch fällt mir ein: wir sollten die Pläne noch mal durchsehen und einen Zeitplan aufstellen und die Küche jetzt wirklich in Angriff nehmen und fertig machen. *(Zur Frau)* Wäre dir das recht?

Frau: Ja. Wann fangen wir an?

Mann: Am besten heute. Ich glaube, wir müssen folgendes tun: die Küche bauen und außerdem versuchen, Interaktionsmuster zu entwickeln, die zu mehr Gemeinsamkeit führen. Und wir sollten tatsächlich symbolisch noch einmal heiraten und noch mal ganz von vorne anfangen.

Der letzte Teile der Sitzung nimmt die Form einer Trauzeremonie an. Der Therapeut vollzieht – hier gewissermaßen als Heilender – das Ritual der neuerlichen Verpflichtung der beiden Partner gegenüber einem nun veränderten ehelichen Holon.

Damit sind wir am Ende unserer Darstellung der therapeutischen Techniken angelangt. Selbstverständlich gibt es noch viele andere Techniken, die wir nicht anwenden, die aber erfahrenen Therapeuten ebenfalls gute Dienste leisten. Aber Technik ist nicht unser Ziel. Das Ziel läßt sich nur erreichen, wenn man sich von der Technik lossagt.

Anmerkungen

[1] Howard, Jane: Families. New York: Berkley Books 1980, S. 58.

[2] Laing, R. D.: Facts of Life. New York: Ballantine Books 1976, S. 2 f.; dt. Die Tatsachen des Lebens. Köln: Kiepenheuer & Witsch 1978, S. 10 ff.

[3] Ferber, Andrew, Marilyn Mendelsohn und Augustine Napier: The Book of Family Therapy. Boston: Houghton Mifflin 1972, S. 90 f.

[4] Howard, Families, S. 112 f.

[5] Bell, John E.: The Family in the Hospital: Lessons from Developing Countries. Chevy Chase, Md.: NIMH 1969, S. 3–6.

[6] MacDonald, Betty: Anybody Can Do Anything. New York: J. B. Lippincott 1950, S. 11; dt. Betty kann alles. Bern: Alfred Scherz Verlag 1951, S. 40 f.

18 Jenseits der Technik

Nach jahrelanger genauester Befolgung auch der feinsten Einzelheiten der Technik der Kriegskunst war der Samurai zum Meister seines Fachs geworden. Er wußte, wie er zu rufen, wie er abzulenken und zu parieren hatte, wann er das schwere Schwert für beide Arme nehmen und wie groß er den Schritt für den letzten gewaltigen Stoß bemessen mußte. Aber er war noch immer nicht zufrieden. Wie, wenn er die richtige Technik in der falschen Situation anwenden würde? Wie, wenn er das Schwert zu seiner eigenen Verherrlichung einsetzen würde?

Die Tradition sagte ihm, daß er seinem Metier zu nahe war. Das Schwert war noch immer ein Schwert, nicht sein verlängerter Arm. Deshalb befolgte er die vorgeschriebene Zeremonie; er wandte sich von seinem Gewerbe ab und machte sich auf die Suche nach Schönheit, Harmonie und Distanz, so daß letztlich das Schwert und er eines sein würden. Mit diesem Kapitel befolgen auch wir eine solche Zeremonie. Es ist der förmliche Abschied von den Techniken der Familientherapie; der Leser kann sie nun beiseiteschieben und sich auf die Suche nach Weisheit begeben.

Im Laufe der Jahre hat Minuchin Anekdoten, Überlegungen und Fabeln für und gegen die Techniken der Familientherapie zusammengetragen. So berichtete Carl Whitaker, daß er seine Patienten eine Zeitlang »mit der Flasche ernährte«: Eines Tages hatte eine junge Mutter das Fläschchen ihres kleinen Kindes im Therapieraum liegengelassen. Der nächste Patient machte irgendeine Bemerkung darüber, und Whitaker bot ihm die Flasche an. Von diesem Augenblick an gehörte das »Nähren mit der Flasche« zu den wichtigsten Techniken seiner Mitarbeiter, die ihre Patienten aufforderten, nur ruhig zu regredieren und sich dabei an der Flasche festzuhalten. Die Therapeuten waren begeistert von dieser Methode, und entsprechend gut verliefen die Sitzungen. Die Patienten lieferten sinnvolle und brauchbare Assozisationen, die Therapie insgesamt gewann ein neues Format. Für eine Weile sah es so aus, als habe man *die Technik* gefunden. Aber mit der

Zeit verflog die Begeisterung. Patienten wie Therapeuten zeigten sich zunächst ernüchtert und am Ende gelangweilt. Schließlich war »Milch« kein gangbarer Weg mehr, sondern ganz einfach Milch.

Inzwischen war in Whitakers Team das Ringen in Mode gekommen, und wieder glaubte man, *die Technik* entdeckt zu haben. Aber mit der Zeit erwies sich auch das Ringen nicht als der große Durchbruch, sondern schlicht als eine Methode, mit der man herausfinden konnte, wessen Arm stärker war. Was zählt, so Whitaker, ist der Umstand, daß alle diese Techniken sich so lange tatsächlich als nützlich erwiesen, als sie die Begeisterung und die Neugier des Therapeuten weckten. Es ist ähnlich wie mit der Medaille des Zauberers von Ooz (= Musical von Harold Arlen nach dem gleichnamigen Buch von Frank Baum), die nur den Mutigen Mut verlieh – die Technik ist nur ein Mittel für die kreative Erforschung des Therapeuten[1].

Frank Pittman ist ein anderer Therapeut, der *die Technik* entdeckt zu haben schien, als ihm der Zufall einen nassen kleinen Hund über den Weg schickte. An einem regnerischen Tag machte Pittman einen Hausbesuch. Mitten in der Sitzung verließ der Mann der Patientin das Haus, und die psychotische Frau wurde völlig steif. Ihr Gesicht war ganz weiß, ihre Augen wurden glasig, und schließlich fiel sie zu Boden. Pittman vergewisserte sich rasch, daß der Patientin physisch nichts fehlte, und wandte dann eine Reihe zwar sinnreicher, aber leider erfolgloser Maßnahmen an, um der Patientin wieder aus ihrer Katatonie herauszuhelfen. Plötzlich hörte er ein ungestümes Kratzen an der Tür. Er öffnete sie, und ein kleiner nasser Spaniel kam hereingerannt, schüttelte sich, spritzte den Fußboden und seine Herrin naß, sprang dann auf sie und begann eifrig und ängstlich, ihr das Gesicht zu lecken. Die Frau setzte sich auf und fing an, den Hund entsetzlich zu beschimpfen, weil er ihren guten Teppich so naß gemacht hatte. Der einzige Nachteil dieser höchst bemerkenswerten Technik, so sagt Pittman, besteht darin, daß man kaum je die nötigen Dinge zur Hand hat, um sie anzuwenden. Hätte doch jede katatonische Frau einen »guten Teppich« und einen nassen kleinen Hund[2]!

Cloé Madanes ist unendlich findig, wenn es darum geht, spezifische Techniken auf spezifische Familiensituationen zuzuschneiden. Einmal wurde ihr eine elfjährige Diabetikerin überwiesen, die auf die Behandlung durch den Kinderarzt überhaupt nicht angesprochen hatte. Die Mutter, eine Frau von Ende dreißig, war ebenfalls Diabetikerin und schien Hilfe sehr viel nötiger zu haben als das Kind. Die Familie lebte von Sozialhilfe, und die Mutter schenkte weder ihrem eigenen Zustand noch der Krankheit der Tochter die notwendige Beachtung. Nach reiflicher Überlegung bat Madanes eine Krankenschwester, die die Sitzung verfolgt hatte, der Mutter ihren weißen Kittel zu leihen. Die Mutter sollte so tun, als sei sie eine Krankenschwester, die den Anweisungen der Therapeutin zur Pflege und Versorgung der Tochter Folge leistete. Zur nächsten Sitzung brachte Madanes dann auch einen kleinen weißen Kittel für die Tochter mit und inszenierte nun ein ähnliches Spiel, bei dem die Tochter ihre Mutter zu pflegen hatte. Durch dieses Vorgehen hatte Madanes eine Reihe von Veränderungen im Mutter-Tochter-Holon bewirkt und konnte nun ohne große Schwierigkeiten auch die Kontrolle des Diabetes durch die beiden Patientinnen selbst neu regeln. Leider ist auch dies eine Technik, für die sich nur sehr wenige Familien eignen. Es ist eine Strategie ohne einen dazugehörigen Patienten[3].

Auch Milton Erickson ist bekannt für seine einfallsreichen Techniken. Einmal hatte er einen Psychotiker in Behandlung, der sich für Christus hielt. »Wie ich höre, sind Sie Schreiner«, sagte Erickson. »Können Sie mir helfen, ein paar Regale zu bauen?« Einer Mutter sagte er, sie solle so lange ihrem ungebärdigen Kind den Kopf zurechtsetzen, bis diesem die Hierarchie zwischen ihnen beiden klar geworden sein würde. Die Mutter möge sich auf eine lange Zeit einrichten und ein paar Bücher, etwas zu essen und ihr Strickzeug griffbereit neben sich haben[4].

Obwohl Ericksons Techniken spaßig und ungewöhnlich sind und der Magie eines Zauberers gleichkommen, beeindrucken uns seine auf Videoband aufgenommenen Sitzungen vor allem deshalb, weil er so warm und herzlich sprach und die Dinge in so poetischer Weise beschrieb; er war eher ein weiser und gütiger Onkel als ein Zauberer. Eine Woche vor seinem Tod besuchte ich ihn und empfand diese Begegnung mit einem wirklich bemerkenswerten Mann als Geschenk und Bereicherung. Als Heranwachsender hatte er Kinderlähmung gehabt und war fast völlig gelähmt gewesen. Damals bat er seine Mutter, einen Spiegel hoch oben an der Wand anzubringen, so daß er sehen konnte, was im Hause vorging. Er verbrachte viel Zeit damit, seine kleine Schwester zu beobachten, die gerade laufen lernte, und verfolgte mit Interesse jede Bewegung des kleinen Kindes, wenn es in seinem Bettchen aufstehen wollte: wie es die Ärmchen ausstreckte, die Finger bog, um die Stangen zu umklammern, den Körper streckte, die Füßchen anders setzte – sämtlich Bewegungen, die ein Erwachsener automatisch vollführt. Damals dachte er, daß er alle diese komplizierten Vorgänge als kleines Kind auch schon gelernt hatte und nun das

Aufstehen also nicht mehr von neuem würde lernen müssen. Er brauchte sich nur daran zu erinnern.

Auf der Grundlage dieser Vorgänge entwickelte Erickson das vielversprechende Konzept der der menschlichen Natur innewohnenden Kräfte. Er war überzeugt, daß die Menschen in der richtigen Umgebung ihre verlorenen Fähigkeiten wiedergewinnen, ausbauen und erweitern können. Seine Techniken beruhten auf dieser Grundlage: unterschiedliche Formen, eingebettet in eine Matrix von Optimismus.

Als Edgar Auerswald, Charles H. King, Braulio Montalvo, Clara Rabinowitz und ich begannen, an der *Wiltwyck School for Boys* mit Familien von straffällig gewordenen Kindern aus innerstädtischen Elendsvierteln zu arbeiten, hatten wir als Grundlage für die Techniken der Familientherapie nur einen Artikel von Don Jackson zur Verfügung. Wir arbeiteten mit einem Einwegspiegel, um einander zu beobachten und aus unseren Fehlern zu lernen. Damals war unser Vorgehen vom Gedanken der Konfrontation geprägt; das heißt, wir waren bemüht, die Familie vor der Welt und vor sich selbst zu retten. Die Entschlossenheit und der Optimismus, mit denen wir der eher dumpfen Verzweiflung der Familien begegneten, bewirkten häufig eine Veränderung: Die Familien fügten sich schließlich der hartnäckigen Überzeugung des Therapeuten, daß ihnen ja andere Möglichkeiten zugänglich seien. Heute zweifle ich an der Wirksamkeit und Richtigkeit der Technik, die wir damals anwandten; ganz sicher waren aber unser Eifer und unser Engagement sehr nützlich. Wie lange die Veränderungen sich gegen die Realitäten der rassischen und wirtschaftlichen Unterdrückung behaupten konnten, kann ich nicht mit Sicherheit sagen. Von manchen Fällen weiß ich, daß die Hilfe, die wir leisteten, von Dauer war; in anderen Fällen war die Realität der Elendsviertel stärker als alle therapeutischen Konstrukte[5].

Im Laufe der Zeit hat sich unser Ansatz in mancher Hinsicht gewandelt. Die Änderungen waren teils theoretischer und teils methodischer Art. Zugleich hat sich auch die Beschreibung unseres Vorgehens verändert. In der Frühzeit der Familientherapie mußten wir dem psychoanalytischen Establishment und übrigens auch uns selbst ja erst beweisen, daß dieser so radikal andere Ansatz der theoretischen Betrachtung und praktischen Behandlung tatsächlich wirksam war. Heute klingt das, was wir damals im Zusammenhang mit unserem Vorgehen sagten, wie unnötige Prahlerei. Wir waren nun einmal gegen die traditionelle Therapie angetreten, und so taten wir mit Verachtung ab, was wir als übertriebene Stützung, allzu deutliche Interpretation oder allzu dick aufgetragene Mitmenschlichkeit ansahen, und betonten unsere Differenzen mit der traditionellen psychodynamischen Theorie. Heute ist die Erforschung der Gemeinsamkeiten zwischen unserem und dem traditionellen Ansatz nicht mehr tabu, und das kommt der Beschreibung unserer Arbeit zugute. Es sind neue Techniken entstanden, häufig auf der Grundlage auch jener Techniken, die wir damals angegriffen haben. Es ist viel Zeit vergangen; wir haben Erfahrungen gesammelt und uns Anerkennung verschafft, so daß unsere Beschreibungen nicht mehr so schrill klingen. Unsere Techniken sind umfassender und variabler geworden.

Mein eigener Stil ist behutsamer und wirkungsvoller als früher. Ich fühle mich frei, Mitleid oder Humor beim Zugangschaffen zu Familien zu benutzen. Ich habe gelernt, meine Lebenserfahrungen und meine Zuneigung zu den Familien in den therapeutischen Prozeß einzubringen. Wie alle Menschen habe auch ich Fehler im Leben gemacht und erwarte nicht, daß meine Patienten vollkommen sind. Ich weiß, daß die Familienmitglieder tun, was in ihren Kräften steht, und daß das Ergebnis manchmal sehr destruktiv sein kann. Ich leiste Hilfestellung und biete Rückhalt, weil ich weiß, daß es keinen Winkel in der Psyche des Patienten gibt, der nicht schon von ihm und allen seinen Angehörigen durchgesprochen, untersucht und verstärkt worden wäre. Meine Angriffe sind heute schärfer und deutlicher als früher, aber ich habe auch gelernt, wie ich die Menschen dazu bewegen kann, nach Alternativen zu suchen.

Alles in allem mache ich die gleiche Sache bei geringerem Einsatz besser als früher und habe mehr Freude daran – wie Maurice Chevalier, der allen Charme und alles Können seiner Jugendjahre zu der einen Bewegung verdichtete, mit der er seinen Strohhut lüftete. Ich verurteile weniger und fordere mehr. Ich freue mich meiner Kreativität und sehe keinen Grund, Fehlschläge zu verbergen. Mit dieser Selbstbescheidung, was meine Möglichkeiten und meine Grenzen angeht, haben meine Erfolge eher zugenommen. »Die Straße ist deine Art, darauf zu gehen« – und inzwischen sind Gangart und Geher eins geworden[6].

Der Zeitpunkt ist gekommen, dieses Buch beiseitezulegen. Es ist ein Buch, das sich mit Techniken beschäftigt. Jenseits der Technik ist die Weisheit, das Wissen um die wechselseitige Verbundenheit aller Dinge. »Weisheit«, sagt Gregory Bateson, »verlangt nicht nur die bloße Erkenntnis der Kreisbewegung. Diese Erkenntnis muß vielmehr in der intellektuellen wie in der emotionalen Erfahrung wurzeln und beide Erfahrungsebenen zu einem Ganzen verbinden.«[7] Wenn solche Weisheit über dem Einsatz der Technik steht, dann wird die Therapie zum heilenden Geschehen.

Anmerkungen

[1] Whitaker, Carl A., und D. V. Keith: Experiential/Symbolic Family Therapy, in: Handbook of Family Therapy. New York: Brunner/Mazel (im Druck).

[2] Ferber, Andrew, Marilyn Mendelsohn und Augustus Napier: The Book of Family Therapy. Boston: Houghton Mifflin 1972, S. 588.

[3] Persönliches Gespräch mit Cloé Madanes.

[4] Haley, Jay: Uncommon Therapy: The Psychiatric Techniques of Milton H. Erickson. New York: W. W. Norton 1973, S. 214, 290; dt. Die Psychotherapie Milton H. Ericksons. München: Pfeiffer 1978.

[5] Minuchin, Salvador, Braulio Montalvo, B. G. Guerney, B. L. Rosman und Florence Schumer: Families of the Slums. New York: Basic Books 1967.

[6] Minuchin, Salvador: Familias y Terapia Familiar. Barcelona: Granica Editor 1977, S. 178.

[7] Bateson, Mary Catherine: Daddy, Can a Scientist Be Wise?, in: About Bateson: An Introduction to Gregory Bateson, hrsg. von John Brockman. New York: E. P. Dutton 1977, S. 69.

Literaturhinweise

Andolfi, Maurizio: Familientherapie. Das systemische Modell und seine Anwendung. Freiburg: Lambertus 1982.

Bateson, Gregory: Ökologie des Geistes. Frankfurt: Suhrkamp 1980.

Ders.: Geist und Natur. Frankfurt: Suhrkamp 1982.

Capra, Fritjof: Wendezeit. Bausteine für ein neues Weltbild. München: Scherz 1983.

Duss-von Werdt, Josef, u. Rosemarie Welter-Enderlin, Hrsg.: Der Familienmensch. Systemisches Denken und Handeln in der Therapie. Stuttgart: Klett 1980.

Haley, Jay: Direktive Familientherapie. München: Pfeiffer 1977.

Hoffman, Lynn: Grundlagen der Familientherapie. Hamburg: Isko-Press 1982.

Kaufman, Edward, u. Pauline N. Kaufmann: Familientherapie bei Alkohol- und Drogenabhängigkeit. Freiburg: Lambertus 1983.

Minuchin, Salvador: Families of the Slums. New York: Basic Books 1967.

Ders.: Familie und Familientherapie. Freiburg: Lambertus [5]1983.

Ders., Bernice L. Rosman u. Lester Baker: Psychosomatische Krankheiten in der Familie. Stuttgart: Klett 1981.

Selvini Palazzoli, Mara, u. a.: Paradoxon und Gegenparadoxon. Stuttgart: Klett [3]1981.

Watzlawick, Paul, u. a.: Lösungen. Bern: Huber 1974.

Dies.: Menschliche Kommunikation. Bern: Huber [5]1980.

Stichwortverzeichnis

Verzeichnis der Fallbeispiele